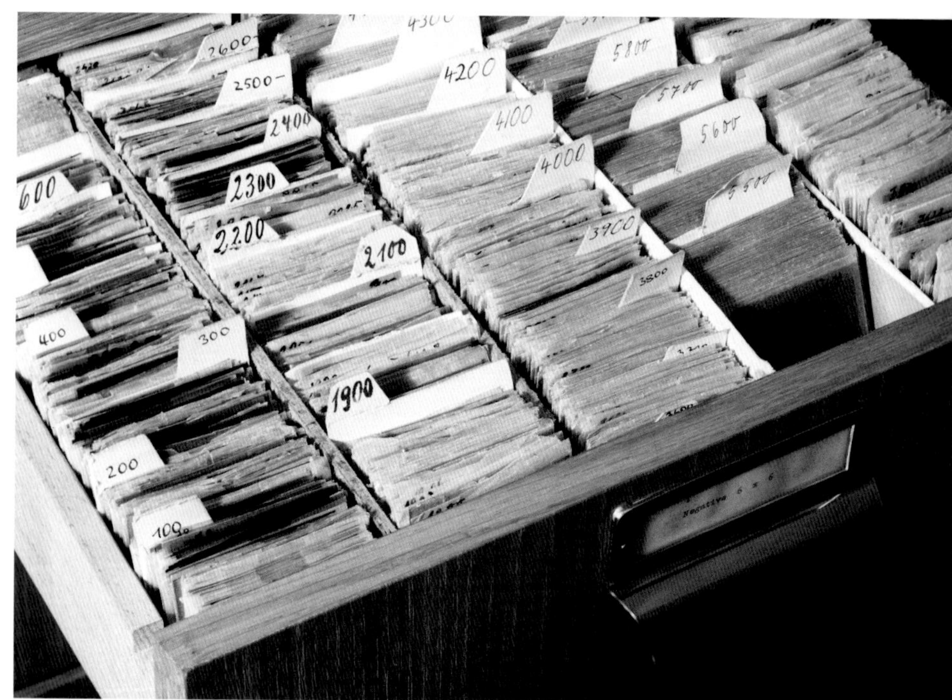

Negativkartei

Negativefile

Fichier de négatifs

Stankowski Photos

Herausgeber
Editor
Editeur
Stankowski-Stiftung

Mit Texten von
With texts by
Avec des textes de
Guido Magnaguagno
und/and/et
Karl Duschek

Hatje Cantz

Einleitung

Unbekannte Fotos der 30er Jahre von Anton Stankowski

„Als die Kameras zu schwenken begannen und die Standpunkte
sich aus ihrer Konventionalität lösten, wurde die Fotografie von
den Fesseln der naturgetreuen Wiedergabe befreit und zu einem
Instrument entwickelt, das kinetische Funktionen erfüllen
konnte. Aufgeschlossene Fotografen erfassten die unendlichen
Möglichkeiten des ‚fotografischen Sehens' und versuchten, eine
dritte Ebene, andere Perspektiven, Transzendenz und Transpa-
renz zu schaffen. Sie gingen den fotografischen Problemen nicht
mehr nur mit technischer Akkuratesse zu Leibe, sondern stellten
ihr künstlerisches Empfinden zwischen Objekt und Objektiv,
schalteten sich als Lenker des Zufalls ein. Auf diese Weise
entstanden Bilder, die ohne Absicht zu Kunstwerken wurden, ob-
schon ihr teilweise informativer Charakter ausgeprägt in Er-
scheinung trat." So Hans Neuburg in der Schweizer Zeitschrift
„Neue Grafik" vom Februar 1965. „Fortschrittliche Fotos der
dreißiger Jahre" betitelte Neuburg seinen Beitrag zu Anton
Stankowski und Hugo P. Herdeg und schrieb weiter:
„Der deutsche Grafiker-Fotograf Anton Stankowski hat sich von
jeher mit der Fotografie beschäftigt und der Leica, Rolleiflex
und anderen Apparaten die faszinierendsten Aufnahmen
abgewonnen. Die meisten seiner Fotos waren nicht Selbstzweck,
sondern dienten ihm zur Bereicherung der grafischen Entwürfe."

Hans Neuburg wusste genau, was er da schrieb, denn als
Stankowski im Herbst 1929 in der Züricher Werbeagentur Max
Dalang ein Fotostudio einrichtete, war er selbst als Mitarbeiter
von Dalang bereits anwesend und wurde als textender Kollege
einer seiner wichtigsten Freunde. Fotografie in der Werbung war
zu dieser Zeit in der Schweiz nicht geläufig. Zeichnung und Illustration waren die bekannten Darstellungen.

Max Burchartz, Lehrer von Anton Stankowski an der Essener
Folkwangschule, wurde zur legendären Ausstellung „Film und
Foto", einer internationalen Ausstellung des Deutschen
Werkbunds 1929 in Stuttgart, eingeladen. Alles, was in der Fotografie Rang und Namen hatte, war hier vertreten. Burchartz
besorgte in dieser Ausstellung zusätzlich eine Präsentation
seiner „Fachklasse für Werbegrafik und Fotografie". Stankowski
war mit zwei Fotomontagen dabei.

Max Dalang, beeinflusst durch amerikanische Werbekonzepte, sah
diese Arbeiten und engagierte Stankowski spontan für seine
Agentur in Zürich. Es war der Durchbruch für Anton Stankowski,
den Bergmannssohn aus Gelsenkirchen. Die Fotografien der
Züricher Zeit waren beeinflusst von den großen Gestaltern der
Zeit. Sein Lehrer Max Burchartz stand in Kontakt zu El Lissitzky,
Kurt Schwitters, Piet Zwart, Herbert Bayer und anderen.
Dennoch entwickelte Stankowski eine eigene Bildsprache. Foto-
Technik interessierte ihn nicht, nur die grafische Bildwirkung in
Verbindung mit Typografie war seine Welt. Er brachte die
„Grotesk-Schrift" mit und legte mit der neuen Sachfotografie
und Typografie den Grundstein für die heute legendäre
„Schweizer Industriegrafik" dieser Zeit. Freunde aus der Zeit wie
Hans Neuburg, Richard Paul Lohse, Heiri Steiner, Verena
Loewensberg und die Fotografen Heiniger, Matter und andere
haben dies mehrfach bestätigt.

Als ich 1972 in das Grafische Atelier Stankowski in Stuttgart
eintrat, um zwei Jahre später die Leitung zu übernehmen,
war das Fotoarchiv noch eine wichtige Säule für die grafischen
Entwürfc. Viele Tausende von Negativen waren, nach Sach-
gebieten geordnet, Grundlage für die tägliche Arbeit mit Foto-
motiven.
Es war die Fotografie der Schwarzweißbilder, eine Epoche, die
gerade zu Ende ging.
In der Folge wurden die Fotos von Galerien gewünscht, von
Museen angefragt, auf Versteigerungen gehandelt. Stankowski-
Fotos wurden jetzt als künstlerische Dokumente gewertet.
Das Archiv der Negative mit vielen Tausend Exemplaren ist
bislang nicht inventarisiert – eine Arbeit künftiger
Kunsthistoriker.
Hier wird ein kleiner Ausschnitt bisher unveröffentlichter (nicht
geprinteter) Negative gezeigt.
Stankowski, der die Trennung von „Frei" und „Angewandt" nicht
akzeptierte, sagte dazu: „Ob Kunst oder Design ist egal – nur
gut muss es sein."

Karl Duschek

Introduction

Recently Discovered Photographs from the 1930s by
Anton Stankowski

"When the camera began to move and points of view escaped
from the realm of convention, photography was freed from
the bonds of lifelike depiction and developed into an instrument
capable of performing kinetic functions. Innovative photographers explored the endless possibilities of 'photographic
vision' and sought to create a third level, to develop new
perspectives, transcendence, and transparency. They no longer
approached the problems of photography through technical
precision alone but also positioned their aesthetic sensibilities
between the object and the lens, intervening as manipulators
of coincidence. In this way, they produced photographs that
became unintended works of art, although their often informative
character was readily apparent." Thus wrote Hans Neuburg in
the February 1965 issue of the Swiss journal "Neue Grafik."
In his article on Anton Stankowski and Hugo P. Herdeg entitled
"Progressive Photos from the Thirties," Neuburg went on to
state that "The German graphic designer and photographer
Anton Stankowski has worked with photography for many years,
achieving fascinating images with the Leica, the Rolleiflex and
other cameras. Most of his photos were not an end in themselves but serve him as a means of enriching his graphic designs."

Hans Neuburg knew exactly what he was writing about at the time,
for when Stankowski set up a photo studio at Max Dalang's
advertising agency in Zurich in the fall of 1929, Neuburg was
already working as a copywriter for Dalang at the studio. He
soon became one of Stankowski's closest friends. The use of
photography in advertising was relatively rare at that time.
Drawings and illustrations were the most popular forms visual
representation.

Max Burchartz, Anton Stankowski's instructor at the Folkwangschule in Essen, was invited to the legendary "Film und Foto"
show, an international exhibition presented by the Deutscher
Werkbund in Stuttgart in 1929. Everyone of name and rank was
represented at the show. Burchartz organized a presentation of
the work of his "Commercial Graphic Art and Photography
Class" at the exhibition, to which Stankowski contributed two
photomontages.

Max Dalang, who was influenced by concepts of American advertising, saw these works and immediately recruited Stankowski
for his agency in Zurich. This was the breakthrough for Anton
Stankowski, the miner's son from Gelsenkirchen. His Zurich
photographs reveal the influence of some of the greatest de-
signers of his time. His mentor Max Burchartz maintained ties
with El Lissitzky, Kurt Schwitters, Piet Zwart, Herbert Bayer,
and others.
Yet Stankowski developed a visual language of his own. He was
not interested in photographic technique; his world was that of
graphic imagery in combination with typography. He brought
the Grotesque typeface with him to Zurich, and laid the
foundation for the now legendary "Swiss Industrial Graphic Art"
with his new objective photography and typography. His friends
from that period, including Hans Neuburg, Richard Paul Lohse,
Heiri Steiner, Verena Loewensberg, and the photographers
Heiniger, Matter, and other have emphasized his contribution on
a number of occasions.

In 1972, when I joined the Grafische Atelier Stankowski in
Stuttgart, whose director I became two years later, the photo
archives were still an important source of inspiration and
material for graphic designs. Thousands and thousands of negatives, ordered by subject areas, served as the basis for daily
work with photographic motifs.
This was the era of black-and-white photography, which was then
just coming to a close.
Later, these photographs were sought by galleries and museums
and sold at auctions. Stankowski photos were now looked upon
as artistic documents. The archives of negatives containing
many thousands of items has never been inventoried — a task for
future art historians. A small selection of previously unpublished
(never printed) negatives is presented here.
As Stankowski, who refused to accept the distinction between
"pure" and "applied" art, once remarked, "It makes no difference
whether it is art or design — it only has to be good."

Karl Duschek

Introduction

Anton Stankowski – Photographies inconnues des années trente

«Lorsque les appareils commencèrent à bouger pour libérer les
points de vue de leurs conventions, la photographie se délivra
des chaînes du rendu fidèle pour devenir un instrument capable
de remplir des fonctions cinétiques. Les esprits les plus ouverts
parmi les photographes saisirent les infinies possibilités de la
‹vision photographique› en essayant de créer une troisième
dimension, d'autres perspectives, une transcendance et une trans-
parence. Ils cessèrent d'aborder les problèmes photographiques
à partir de la seule précision technique pour interposer leur
propre sentiment artistique entre l'objet et l'objectif, pour inter-
venir sur le hasard. C'est ainsi qu'ils réalisèrent des images qui,
sans intention de leur part, devinrent des œuvres d'art bien que
ce soit parfois leur caractère d'information qui soit au premier
plan.» C'est ainsi que s'exprimait Hans Neuburg en février 1965
dans la revue suisse «Neue Grafik». Dans sa contribution sur
Anton Stankowski et Hugo P. Herdeg, «Les photos progressistes
des années trente», il poursuivait : «Le graphiste et photographe
Anton Stankowski a toujours pratiqué la photographie et sut
produire avec les Leica, Rolleiflex et autres appareils les images
les plus fascinantes. Il ne pratiquait pas la photographie pour la
photographie, il entendait enrichir par là ses projets graphiques.»

Hans Neuburg savait exactement ce dont il parlait ; en effet, il
travaillait déjà comme concepteur-rédacteur dans l'agence de
publicité de Max Dalang à Zurich, lorsque Stankowski y entra
à l'automne 1929, et devint rapidement un de ses plus proches
amis. A l'époque, en Suisse, la photographie n'était pas
couramment utilisée dans le monde de la publicité, contrairement
aux formes alors plus connues du dessin et de l'illustration.

Max Burchartz, professeur de Stankowski à la Folkwangschule
de Essen, avait été invité à participer à «Film und Foto», l'exposition internationale de photographie organisée en 1929 par le
Werkbund à Stuttgart et où se trouvaient réunis tous les grands
noms de la photographie de l'époque. Outre sa présentation
propre, il y proposa également une contribution de sa classe de
«graphisme publicitaire et photographie», avec notamment deux
photo-montages de Stankowski.

Après avoir vu ces pièces de Stuttgart, Max Dalang, alors influ-
encé par les conceptions américaines de la publicité, engagea
spontanément Stankowski dans son agence. C'est ainsi que
débuta la carrière de ce fils de mineur de Gelsenkirchen. A
l'époque, ses photographies étaient marquées par les grands
maîtres contemporains de la forme. Son professeur Max
Burchartz était notamment en contact avec El Lissitzky, Kurt
Schwitters, Piet Zwart ou Herbert Bayer.
Mais Stankowski sut développer son propre vocabulaire visuel.
La technique photographique ne l'intéressait pas, son univers
était celui du seul effet graphique produit par la rencontre
entre l'image et de la typographie. En imposant les caractères
sans sérif, et une nouvelle photographie objective, il posa les
premiers jalons pour le développement de ce qu'on qualifie
aujourd'hui en matière de graphisme de style suisse, comme le
confirmeront à maintes reprises ses amis de l'époque Hans
Neuburg, Richard Paul Lohse, Heiri Steiner, Verena Loewensberg et les photographes Heiniger, Matter et d'autres.

Lorsqu'en 1972 je suis entré à l'atelier Stankowski, dont je devais
prendre deux ans plus tard la direction, les archives photographiques constituaient encore un des piliers sur lesquels s'appuy-
ait le travail de graphisme. Le travail quotidien à partir de motifs
photographiques pouvait puiser dans un fonds de plusieurs
milliers de négatifs, classés par thèmes.
C'était l'époque de la photographie en noir et blanc, une époque
en train de s'achever.
Par la suite, ces photos furent convoitées par les galeries, récla-
mées par les musées, négociées dans les ventes — elles étaient
devenues des documents artistiques. Les archives n'ont pas fait
l'objet d'un inventaire, cette tâche reviendra aux historiens d'art.
Nous ne présentons ici qu'une petite partie de ces négatifs
encore inédits.
Stankowski, qui refusait la séparation entre les arts dits libéraux
et les arts dits appliqués, avait l'habitude de dire : «Peu importe
que ce soit de l'art ou du design, pourvu que ce soit bon.»

Karl Duschek

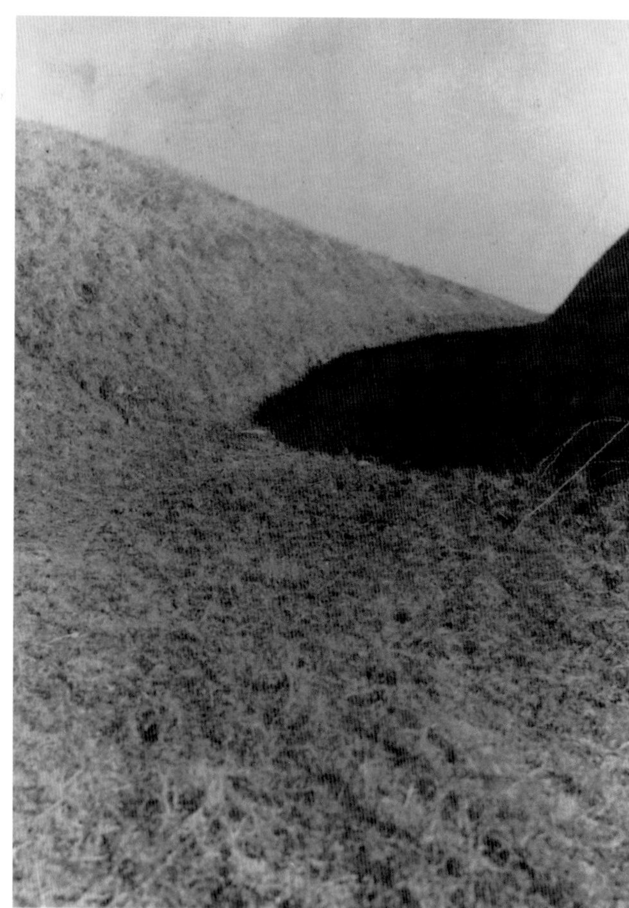

Wiesenschatten, 1928
Privatbesitz Zürich

Meadow shadows, 1928
Private collection, Zurich

Ombres sur un pré, 1928
Collection particulière, Zurich

Inventar der Gegenstände

Fotografische Nachlässe scheinen unerschöpflich. Als Anton Stankowski 1979, auf Veranlassung seines alten Züricher Kollegen und Freundes Richard Paul Lohse, im Kunsthaus Zürich endlich eine Auswahl seiner frühen Fotografien ausstellen konnte, entstand durchaus der Eindruck eines geschlossenen und abgeschlossenen Werks. Zu deutlich war jene Spur sichtbar, die den Burchartz-Schüler an der Folkwangschule in Essen ab 1927 über Renger-Patzschs „Die Welt ist schön" oder Blossfeldts „Urformen der Natur" in die Avantgarde des „Neuen Sehens" führte. Und als das Werkverzeichnis erschien, fügten sich seine fotografischen Arbeiten wie selbstverständlich in ein Gesamtwerk ein, das mit der Tätigkeit im Reklameatelier von Max Dalang in Zürich ab 1929 als „Funktionelle Grafik" begann. Mit der Typografie verband sich dabei die Fotografie zur „Foto-Grafik", und Anton Stankowski wurde einer ihrer Pioniere und herausragenden Vertreter.

Nun ist im Nachlass ein außergewöhnliches Konvolut zum Vorschein gekommen, das zwar dieses Bild nicht massiv verändert, es aber nochmals akzentuiert. Der Fotograf Stankowski, der immer auch sein eigenes Medium reflektierte (Selbstportrait als Fotograf, Reprokamera, Negativfilm oder Negativkartei), hatte sich über die Jahre ein eigentliches Reservoir an Kontaktabzügen auf Karteikarten angelegt, das ihm für seine angewandte Gestaltung jederzeit zur Verfügung stand. Sein Ateliernachfolger Karl Duschek wählte etwa 250 Motive für eine Ausstellungstournee aus, rund 180 sind in diesem Buch berücksichtigt.

Wenn es stimmt, dass bei jedem Menschen immer ein Sinn besonders ausgeprägt ist, ist es, um die berühmteste Fotomontage von Max Burchartz zu zitieren, bei Stankowski das „foto-auge". Eine unstillbare optische Neugierde muss ihn getrieben haben, eine Art Inventar der Gegenstände dieser Welt aufzubauen. Nicht nur die neuen, aufregenden Erfindungen in Industrie und Technik erregten seine Aufmerksamkeit, auch die Natur beobachtete er mit der Insistenz jener Wassertropfen, denen er eine seiner schönsten Huldigungen widmete. Natürlich konnte er dieses Arsenal an fotografisch dokumentierten Alltagsobjekten vor allem für seinen Brotberuf nützlich machen, wohl steht diese Funktion am Anfang seines Tuns, aber damit sind die Leidenschaft, der Furor, ist eine recht eigentliche Obsession noch nicht erklärt. Wenn der alte Mann, seine Zigarre schmauchend und heiter blinzelnd, im Lehnstuhl saß, konnte man dieses Talent, genauer und ohne jede Konvention hinzusehen und alles für bildwürdig zu halten, vielleicht erahnen. Er war ein „Alles-

seher". Hinter dieser unaufhörlichen Inventarisierung der „unge-
heuerlichen Warensammlung", die der Kapitalismus dem Zeitalter
beschert hatte, versteckte sich ein tiefer Glaube an die Macht
des Materiellen, die den gesellschaftlichen Fortschritt per se be-
deuteten. Georg Schmidt sprach, als er noch das Gewerbemuseum Basel leitete, von der „Wahrheit in der Werbung", die
durch die bloße unverstellte Darstellung der Produkte garantiert
sei. Die Schönheit der Technik wurde nicht nur von Stankowski
als Emblem der Zukunft gefeiert. Autos und der durch sie
mögliche Geschwindigkeitsrausch, rauchende Fabrikschlote oder
die kühle Ästhetik des Schiffbaus - die industrielle Produktion
selber und mit ihr die Segnungen der Serie und der standardi-
sierten Normen - begründeten eine Aufbruchstimmung, die sich
von den Produktionsmitteln direkt in die Ästhetik und Ideologie
des „Neuen", letztlich den „neuen Menschen", niederschlug. Mit
seinem katalogartigen Positiv-Archiv schuf sich Stankowski
selber ein Objekt und Arbeitsmittel einer neopositivistischen
Aneignung und Sichtweise von Natur, von Kultur und Zivilisation.
Sein Blick ist dabei phänomenologisch, es gibt keine Wertung,
keine Ranglisten. Das Essbesteck figuriert neben den Tautropfen, die Büroklammer neben dem Daumen. Und immer sind
die „Gegenstände des Begehrens", das nicht primär eines der
Verkäuflichkeit ist, sondern ihrer möglichst objektiven Wahr-
nehmung, vor einem neutralen Hintergrund platziert. Sie erzäh-
len nichts als ihre eigene Geschichte. Material, Form, Funktion.
Ihr ästhetischer „Mehrwert" sind bestenfalls Licht und Schatten.
Sie genügen sich selber, indem sie gebraucht werden.

Manchmal leistet sich der Fotograf formale Frivolitäten, wie bei
der wunderbaren Inszenierung eines „Bandmaßes", selten
verdoppelt er visuelle Strukturen wie mit dem Hintergrund seiner
köstlichen „Dosenerbsen", aber meistens bleibt der Blick nüch-
tern, neutral. Die Erbsenschoten, die zwei Fische, der tote Hase
mit Gewürz oder das Herz haben nichts gemein mit denselben,
beunruhigenden Sujets, die der Maler Wols fast gleichzeitig
aufnahm, der Stehkragen wird nicht wie von Paul Outerbridge
zur Skulptur stilisiert. Gelegentlich allerdings schlägt Stankowskis
legendärer Mutterwitz durch: Unter der Lupe kommt rein gar
nichts zum Vorschein, die „Spätzlebretter" promenieren als Pär-
chen, eine Nadel sticht in eine „Ei-Apologie", frei nach Hans
Finsler, noch viel lieber steckte er Hände in den „Teig" und be-
wundert den noch formloseren „Eischnee" oder eine erschlaffte
„Serviette". Jetzt kommt der begnadete Erzähler Stankowski
zum Zug, für den selbst Objekte zu Anekdoten mutierten, der in
der Zauberwelt der Waren noch spezielle Wundertüten sichtete:
Die Küchenschürze im Wind oder Seemannsschnüre, eine
Mülltonne, drei Maler auf einer Leiter, eine Bahnhofsbank. Fast
wird er zum Reporter.

Der Formwille verhindert jedoch weitere Fortsetzungsgeschichten.
Zwei eher literarische Motive zeigen exemplarisch die streng
auf Formverknappung gerichtete Intention. Nie ist eine derart
poesieumrankte Pflanze wie „Mohn" so lapidar ins Bildgeviert
gelangt, und keiner hat einem simplen „Geländer" ohne jede
Symbolik soviel atemberaubende, rein optische Präsenz
abgewonnen.

Nach der ersten Ausstellung seiner Fotos, die er um 1930 ge-
macht und erst mit fünfzig Jahren Verspätung öffentlich als
eigenständige Gestaltungsform präsentieren konnte (auch ein
Aufsatz von Hans Neuburg in der Zeitschrift „Neue Grafik"
blieb 1965 noch ohne Folgen), hatte ich einen Wunsch frei. Ich
wählte eine vollkommen unscheinbare Aufnahme, was ihn sehr
erstaunte. Es ist das Foto einer Wiesenböschung, auf die ein
großer Schatten fällt.

Mit nochmals zwanzig Jahren Abstand zeigt sich, dass selbst die
stumme Natur und die profane Warenwelt im Lauf der Zeit ihre
eigene, prägnante Geschichte und ein „Gesicht" zu erkennen
geben.

Guido Magnaguagno

Inventory of Objects

Photographic legacies are apparently inexhaustible. In 1979, when Anton Stankowski was finally given an opportunity, arranged by his old Zurich colleague and friend Richard Paul Lohse, to exhibit a selection of his early photographs at the Kunsthaus Zürich, the presentation evoked the impression of a complete and finished oeuvre. All too obvious was the connecting thread that began in 1927 and led the Burchartz student from the Folkwangschule in Essen from Albert Renger-Patzsch's "Die Welt ist schön" or Karl Blossfeldt's "Urformen der Natur" to the avant-garde of the "New Vision." And when the catalogue raisonné appeared, his photographs seemed to fit naturally and perfectly into a lifetime oeuvre that began with his first work in "functional graphic art" at Max Dalang's advertising studio in Zurich in 1929. Photography united with typography in "photo-graphic design," and Anton Stankowski became one of its pioneers and most outstanding representatives.

Now, the extraordinary convolution that has come to light in the artist's estate changes this picture dramatically, while accentuating it at the same time. Over the course of many years, the photographer Stankowski, who always reflected upon his own medium (self-portrait as a photographer, reproduction camera, negative film or negative file), built a reservoir of contact prints on file cards which was readily available to him as a source of material for his applied design work. Karl Duschek, his successor at the studio, selected some 250 images for a touring exhibition, of which about 180 are presented in this book.

If it is true that every human being has one especially strong sense, Stankowski's was the "photographic eye," to cite the most famous photomontage by Max Burchartz. It must have been an insatiable visual curiosity that drove him to develop a kind of inventory of the objects of our world. And not only the new, exciting inventions in industry and technology capture his attention; he also observed nature with the persistence of the tributes. Of course, this arsenal of photographically documented everyday objects served him well in the job with which he earned his living. This function was probably the original impulse behind his creative work, but it does little to explain the passion, the furor, and what appears to have been a genuine obsession. When one saw the old man sitting in his armchair and chewing his cigar with a cheerful sparkle in his eye, one might have suspected the presence of this talent — for looking more closely and free of all convention and for regarding everything as worthy of a picture. He was one who "saw everything." Concealed behind this incessant inventorying of this "incredible collection of goods" capitalism gave to the age was a profound faith in the power of material things, which was social progress per se. While still serving as director of the Gewerbemuseum in Basel, Georg Schmidt spoke of the "truth in advertising" that he saw as ensured by the mere natural depiction of products. Stankowski did not celebrate the beauty of technology as an emblem of the future. Automobiles and the exhilarating experience of speed they made possible, spewing factory smokestacks, and the cool aesthetics of ship-building — industrial production itself and, along with it, the blessings of serial manufacture and standardization — formed the basis of a sense of new beginning that was reflected directly from the means of production onto the aesthetics and ideology of the "new" and ultimately of the "new human being." With his catalogue-style archives of positives, Stankowski created for himself an object and a tool for a neo-positivist approach to and view of nature, culture, and civilization. His gaze is phenomenological; there are no value judgments, no rankings. The silverware works alongside the dewdrop, the paperclip alongside the thumb. And these "objects of desire," which is not primarily the desire to buy but instead to perceive them as objectively as possible, are always positioned against a neutral background. They tell nothing but their own story. Material, form, and function. Their aesthetic "added value" is, at best, light and shadow. They are sufficient unto themselves in that they are used.

On occasion, the photographer permits himself a bit of formal frivolity, as in the wonderfully staged presentation of the "Measuring tape." Only rarely does he duplicate visual structure as in the background of the precious "Canned peas." But ordinarily his gaze remains detached, neutral. The pea pods, the two fish, the dead rabbit with spices, or the heart have nothing in common with the same disturbing subjects the painter Wols depicted at about the same time. The stiff collar is not stylized into a sculpture as in the work of Paul Outerbridge. Yet Stankowski's innate wit occasionally shines through: there is absolutely nothing to see under the magnifying glass, the "Spaetzle boards" promenade as a couple, a needle penetrates an "Egg apology," an allusion to Hans Finsler. He is even more fond of putting his hand into the "Dough" and admiring the shapeless "Ice-Snow" or a drooping "Napkin." It is here that the gifted storyteller Stankowski appears, the narrator for whom even objects mutate into anecdotes, who discovered special surprises in the magical world of consumer goods: the kitchen apron in the wind or the sailor's lines, a trash bin, three painters on a ladder, a railway station bench. He almost becomes a reporter.

His formal purpose prevents him from developing more sequels
to these stories. Two rather more literary motifs exemplify his
desire to achieve strict formal abbreviation. Nowhere else is such
a poetically entwined plant as the "Poppies" depicted as plainly
and succinctly, an no one else has ever derived so much breath-
taking, pure visual presence devoid of all symbolism from a
simple "Handrail."

After the first exhibition of the photographs he made around
1930 and was able to present to the public as an autonomous
creative form only after some fifty years (even an essay by
Hans Neuburg in the journal "Neue Grafik" in 1965 had no
impact), I had one wish coming to me. I chose a totally unremark-
able photograph, which greatly surprised him. It is the
photograph of meadow embankment covered by a large
shadow.

Viewed at a distance of yet another twenty years, it becomes
evident that even mute nature and the mundane world of
consumer goods reveal their own striking history and a "face"
of their own in the course of time.

Guido Magnaguagno

Un inventaire des objets

Les fonds photographiques sont inépuisables. Lorsqu'Anton
Stankowski, à l'instigation de son ami et collègue zurichois
Richard Paul Lohse, put enfin présenter à la Kunsthaus Zurich
une sélection de ses premières photographies, l'impression
qui en ressortit fut celle d'une œuvre close et achevée –
tellement le cheminement semblait évident qui avait conduit à
partir de 1927 l'élève de Burchartz à la Folkwangschule de
Essen de la formule d'Albert Renger-Patzsch «Le monde est
beau» ou des «Formes élémentaires de la nature» de Karl
Blossfeldt jusqu'à l'avant-garde de la Nouvelle Vision. Lorsque
parut le catalogue de ses œuvres, on comprit que ses travaux
photographiques s'intégraient tout naturellement dans
l'ensemble d'une production qui avait commencé en 1929 à
Zurich dans l'atelier de Max Dalang, sous le signe du «graphisme fonctionnel». La photographie s'y combinait avec la
typographie dans un «photo-graphisme» dont Anton Stankowski
fut un des pionniers et un des plus éminents représentants.

Avec le fonds Stankowski on découvre aujourd'hui un ensemble
exceptionnel qui ne corrige pas cette image première, mais
semble encore l'accentuer. Le photographe que fut Stankowski,
dans une pratique toujours réflexive du médium – avec des
auto-portraits en photographe, l'usage du banc de reproduction,
des films négatifs ou un fichier de négatifs – s'était constitué
au fil des années un fonds de fiches de planches contact, dans
lequel il pouvait puiser pour ses applications graphiques. Son
successeur à l'atelier, Karl Duschek, a, pour l'exposition,
sélectionné 250 motifs, dont 180 environ sont reproduits dans
le présent catalogue.

S'il est vrai que chez tout individu un des cinq sens est parti-
culièrement développé, chez Stankowski, pour reprendre le
célèbre photo-montage de Max Burchartz, ce sens était sans
aucun doute l'«Œil photographique». C'est certainement une
insatiable curiosité visuelle qui l'animait quand il a dressé cette
sorte d'inventaire des objets de notre monde. Son attention
s'est portée non seulement sur les nouvelles inventions les plus
stimulantes de l'industrie ou des technologies, mais aussi sur la
nature qu'il observa avec l'insistance de ces gouttes d'eau
auxquelles il consacra un de ses plus beaux hommages. Certes,
c'est d'abord pour exercer son métier, pour gagner sa vie, qu'il
puisait dans cet immense réservoir de documents sur les
objets quotidiens; il est évident que c'est cette fonction qui est
à l'origine de sa pratique, mais cela ne suffit pas à expliquer
ce qui fut une passion, une fureur, une véritable obsession. En
voyant le vieil homme savourer son cigare en souriant malicieuse-
ment dans son fauteuil, on pouvait se faire une idée de ce
talent – celui de regarder les choses avec précision et en faisant
fi des conventions, d'envisager toute chose comme susceptible

de faire image. C'était quelqu'un qui »voyait tout«. Derrière cet inventaire permanent de l'»effrayante collection de marchandises« dont le capitalisme a fait cadeau à notre époque, il y avait chez Stankowski une foi profonde dans le pouvoir du matériel qui, à ses yeux, représentait en soi le progrès social. Georg Schmidt parla un jour, alors qu'il dirigeait encore le musée des arts appliqués de Bâle, de la »vérité dans la publicité«, celle qui relève de la simple représentation non travestie des produits. Il n'y a pas que Stankowski qui ait célébré la beauté de la technique comme emblème de l'avenir. Les voitures et l'ivresse de la vitesse qu'elles rendent possible, les cheminées des usines ou l'esthétique froide de la construction navale – la production industrielle elle-même et, avec elle, les bienfaits de la sérialisation et des normes standardisées – furent les premières manifestations d'un renouveau qui, à partir des moyens de production, se prolongea tout naturellement très vite dans l'esthétique et l'idéologie du «nouveau», et notamment de l'«homme nouveau». Les archives d'épreuves photographiques positives réunies par Stankowski en une sorte de catalogue du réel sont elles-mêmes l'objet et l'instrument d'une vision et d'une appréhension néopositivistes de la nature, de la culture et de la civilisation. Son regard est celui d'un phénoménologue, libre de tout jugement de valeur. Les couverts figurent à côté des gouttes de rosée, le trombone à côté du pouce. Et toujours on retrouve ces «Objets du désir» – le désir ne signifiant pas d'abord la représentation de leur aptitude à se vendre, mais le désir de perception objective – placés sur un fond neutre. Ils ne parlent de rien d'autre que de leur propre histoire. Matériaux, forme, fonction. Leur «sur-valeur» esthétique, c'est au mieux l'ombre et la lumière. Ils se suffisent à eux-mêmes dès lors qu'ils sont utiles.

Parfois le photographe s'autorise quelque frivolité formelle, quand il met par exemple merveilleusement en scène un «Mètre ruban», parfois, rarement, il redouble les structures visuelles comme c'est le cas de l'arrière-plan de ses délicieux «Petits pois en boîte», mais le plus souvent son regard reste neutre. Les cosses de petits pois, les deux poissons, le lièvre mort avec les épices, ou le cœur n'ont rien à voir avec les mêmes sujets qui deviennent inquiétants quand ils sont traités cette fois, et presque en même temps, par le peintre Wols; le col dur ne se transforme pas comme chez Paul Outerbridge, en sculpture. Parfois affleure il est vrai l'humour légendaire de Stankowski. Alors on voit qu'il n'y a rien à voir sous la loupe, les planches à Spätzle se promènent en couple, une épingle se pique d'une «Apologie de l'œuf», à la Hans Finsler; et il n'aimait rien plus que les mains dans la «Pâte» et admirait les «Œufs en neige» quand ils n'avaient pas encore pris forme, ou la «Serviette» quand, abandonnée, elle se relâche…Et c'est là que se dévoile la grâce de Stankowski, celle de quelqu'un qui sait raconter une histoire, quelqu'un pour qui les objets eux-mêmes deviennent anecdotes, qui jusque dans le monde magique de la

marchandise réussit encore à dénicher de vraies surprises. Le
tablier de cuisine dans le vent, le nœud marin, une poubelle,
trois peintres sur une échelle, un banc de gare – et voilà
presque Stankowski reporter.

Mais la volonté de s'en tenir à la forme est trop forte pour qu'on
poursuive cette sorte d'histoires. Deux motifs plutôt littéraires
manifestent de manière quasiment exemplaire la volonté de
rigueur et de concision dans la forme qui est celle du photographe. Jamais une plante aussi poétique que le «Pavot» n'a fait
l'objet d'un encadrement aussi lapidaire dans l'espace de
l'image, et la simple «Balustrade», sans aucun symbolisme, peut-
elle avoir ailleurs plus de présence purement optique…

Ce n'est qu'avec cinquante ans de retard, et malgré un texte
resté sans écho de Hans Neuburg dans la revue «Neue Grafik»
en 1965, que ses photos, support autonome de sa volonté de
forme, purent être présentées dans une exposition. A cette
occasion j'eus le droit d'en choisir une, et il s'étonna que je me
décide pour une image parfaitement insignifiante, le talus d'un
pré avec une ombre.

Vingt ans après encore, la nature muette et le monde profane
de la marchandise ont encore, avec le temps, une histoire qui
leur est propre et un vrai «Visage».

Guido Magnaguagno

Negativfilm

Negative film

Pellicule

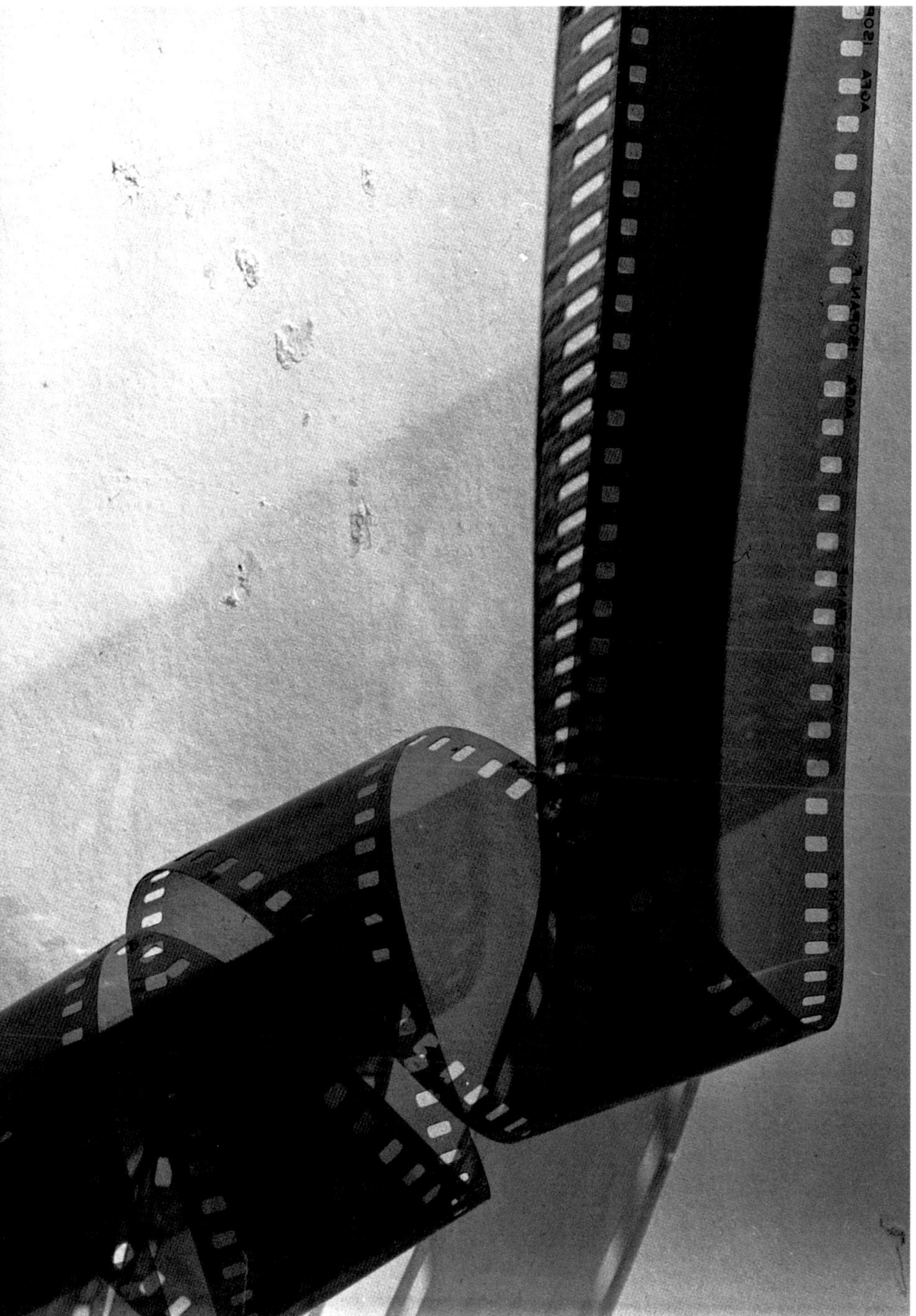

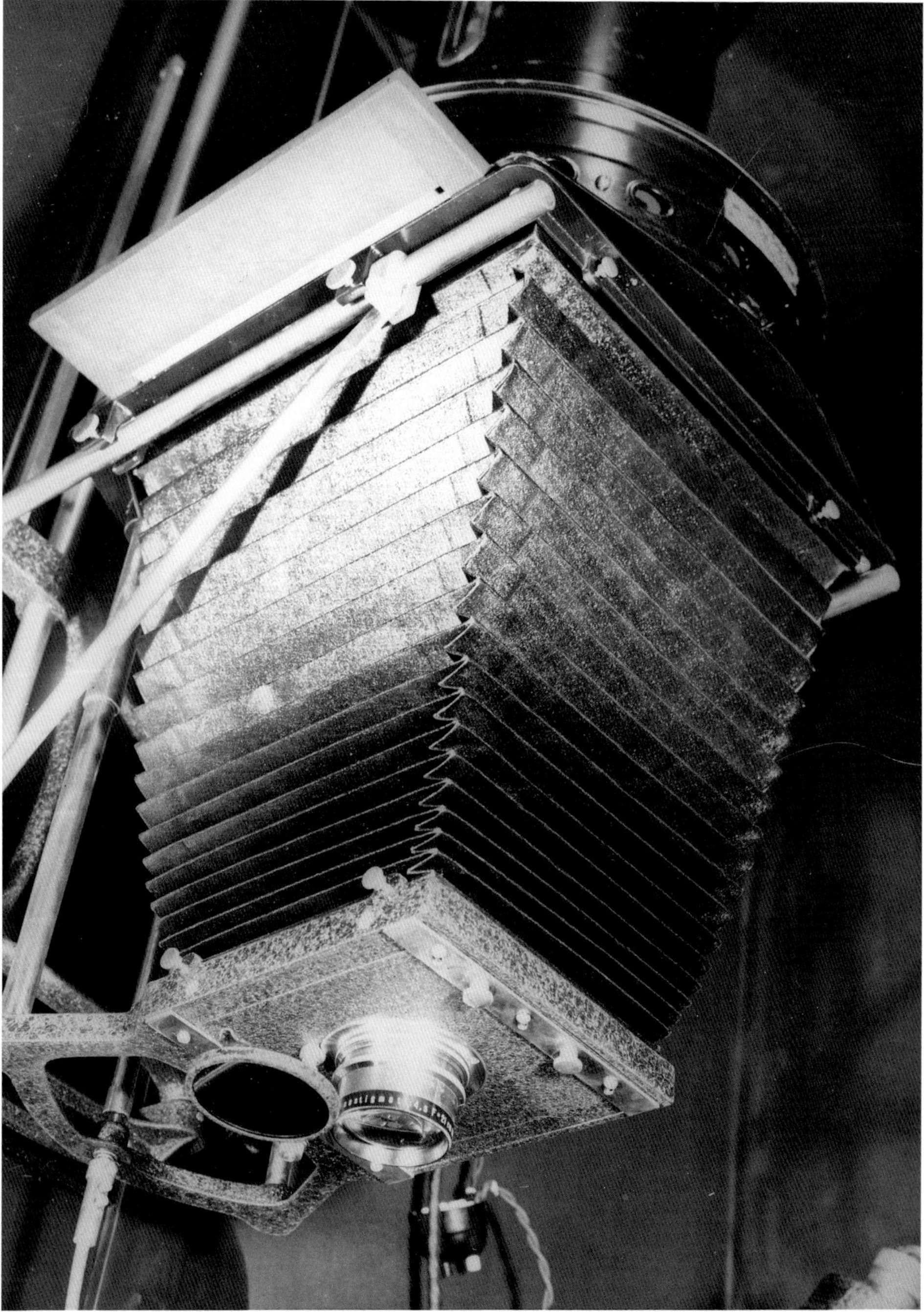

Spiegelbirne

Mirror bulb

Ampoule au miroir

26/27

Wolke

Cloud

Nuage

28/29

Zweig

Branch

Branche

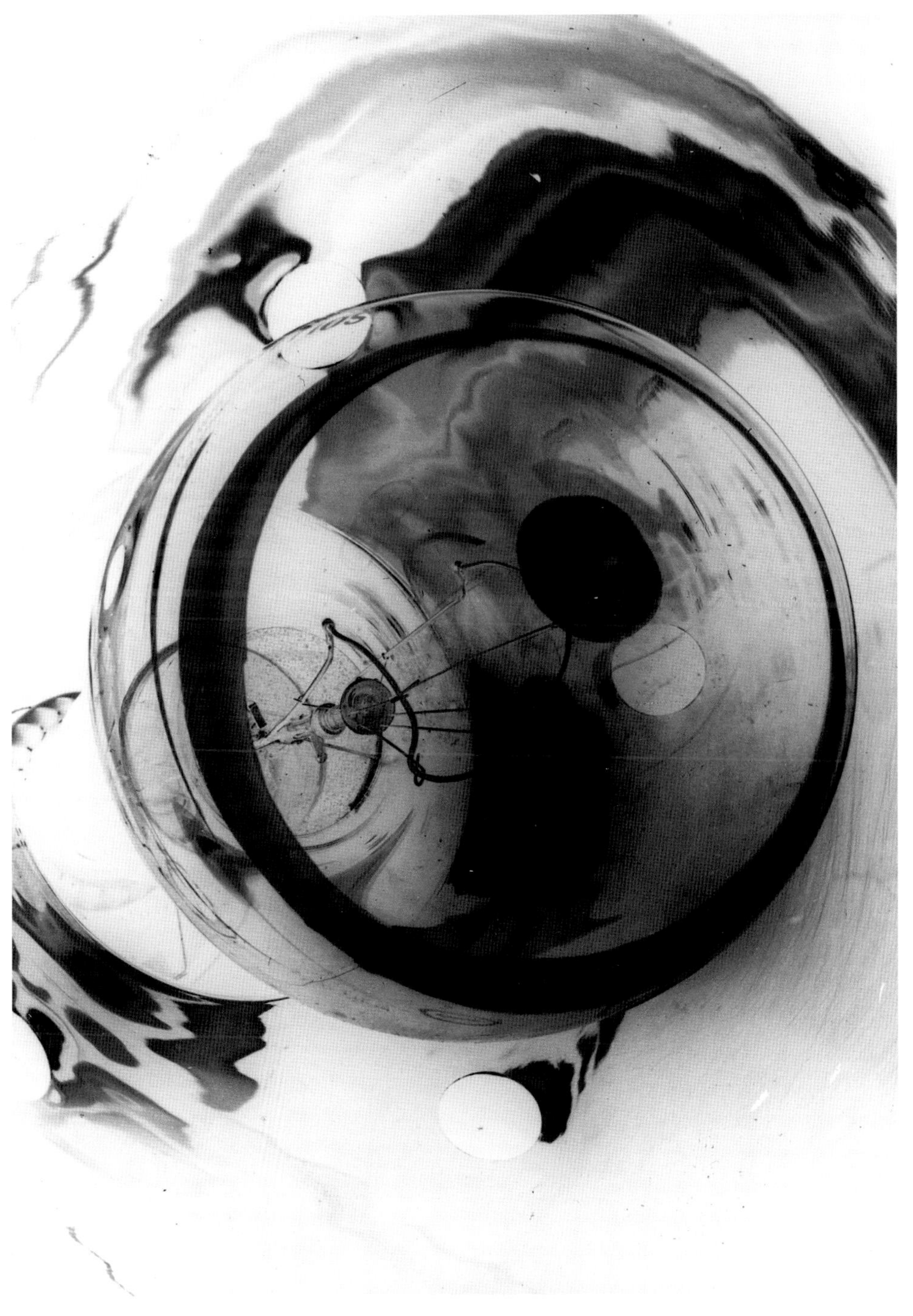

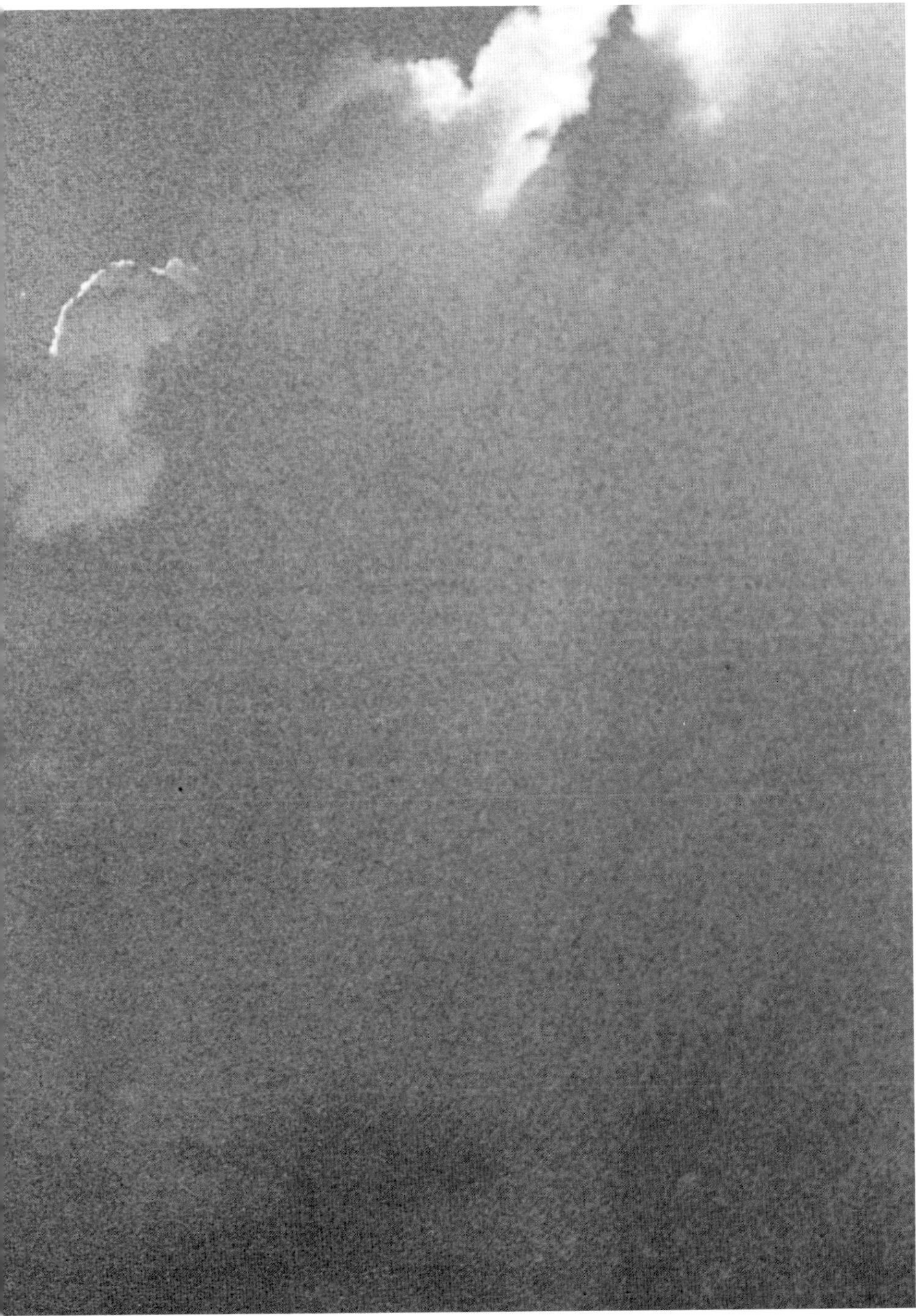

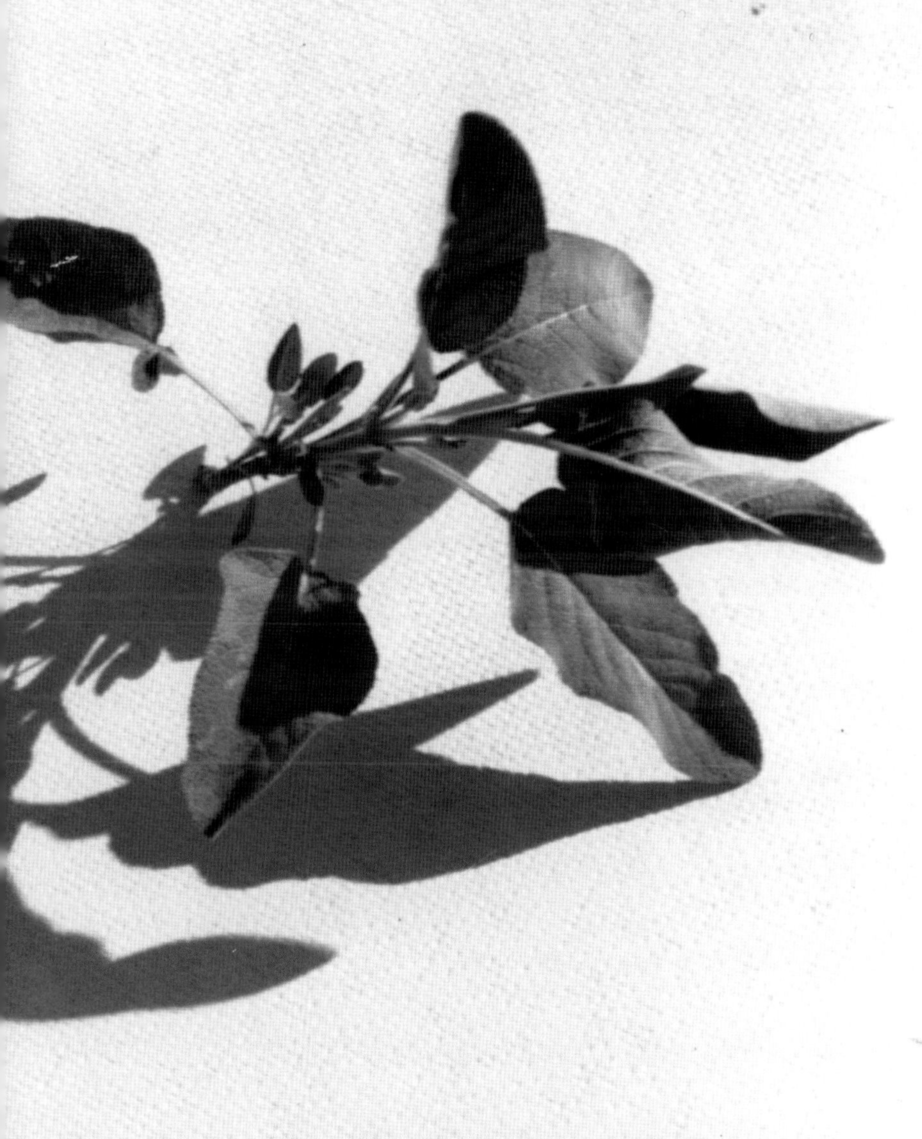

Blätter

Leaves

Feuilles

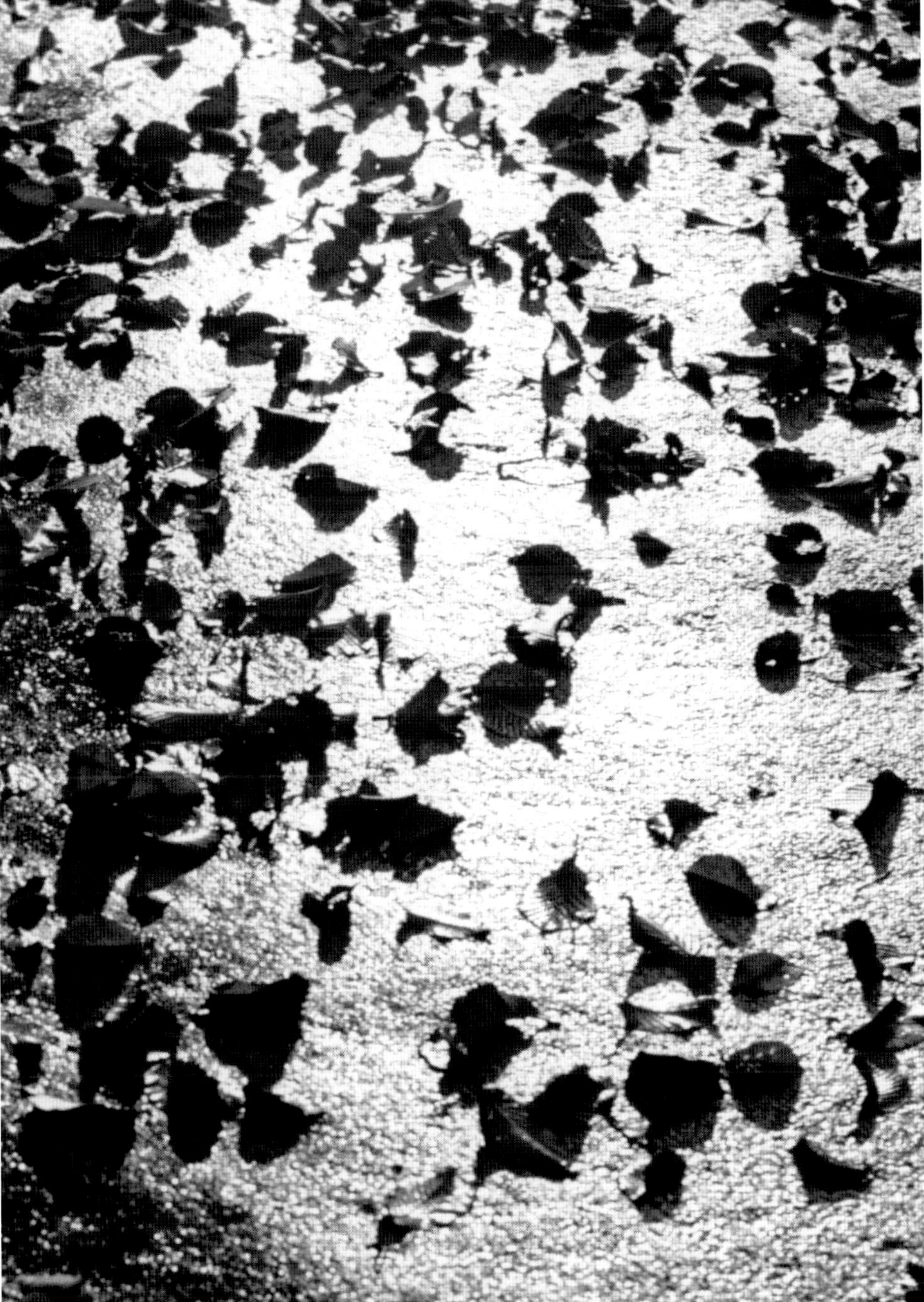

Tautropfen

Dewdrops

Gouttes de rosée

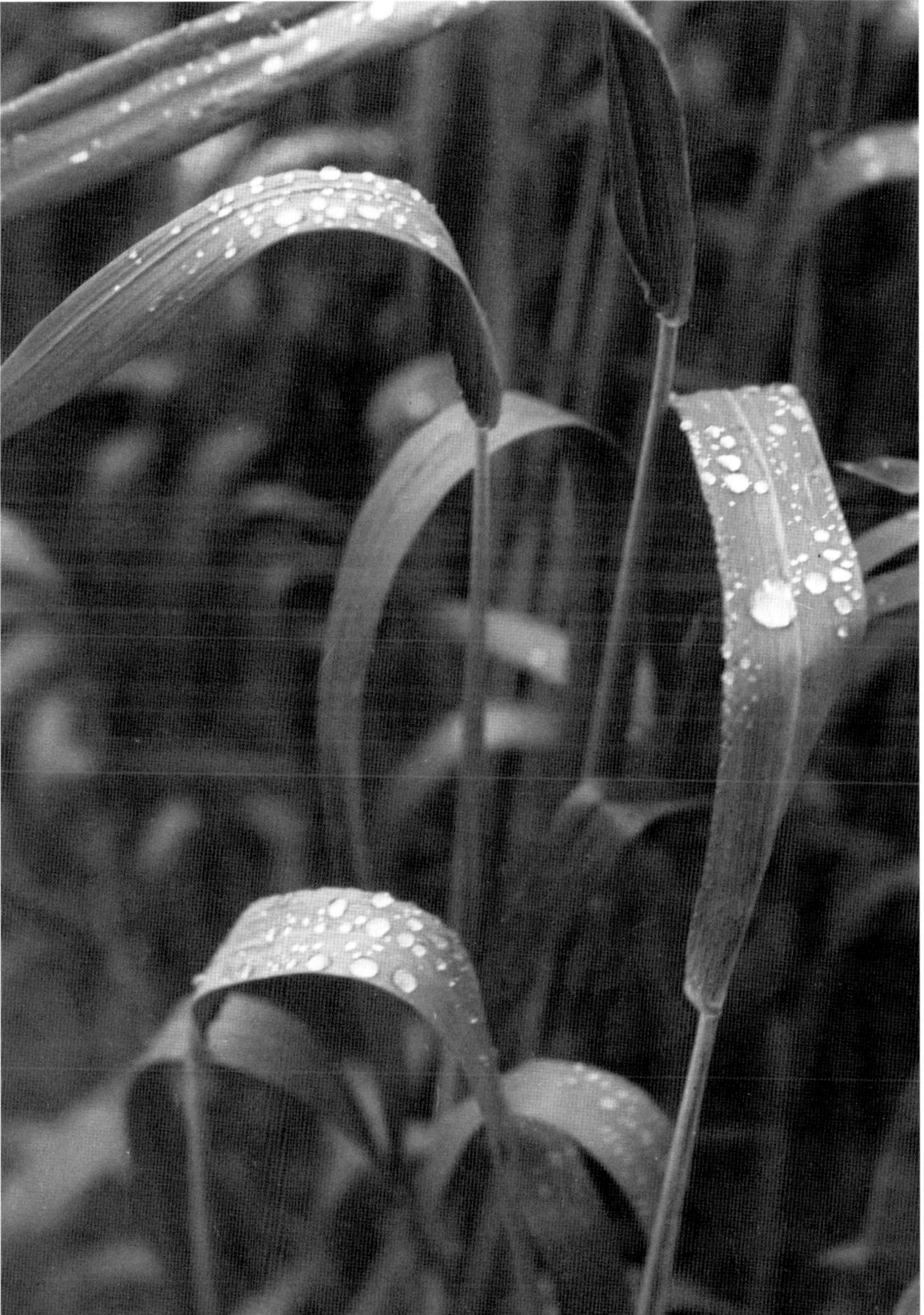

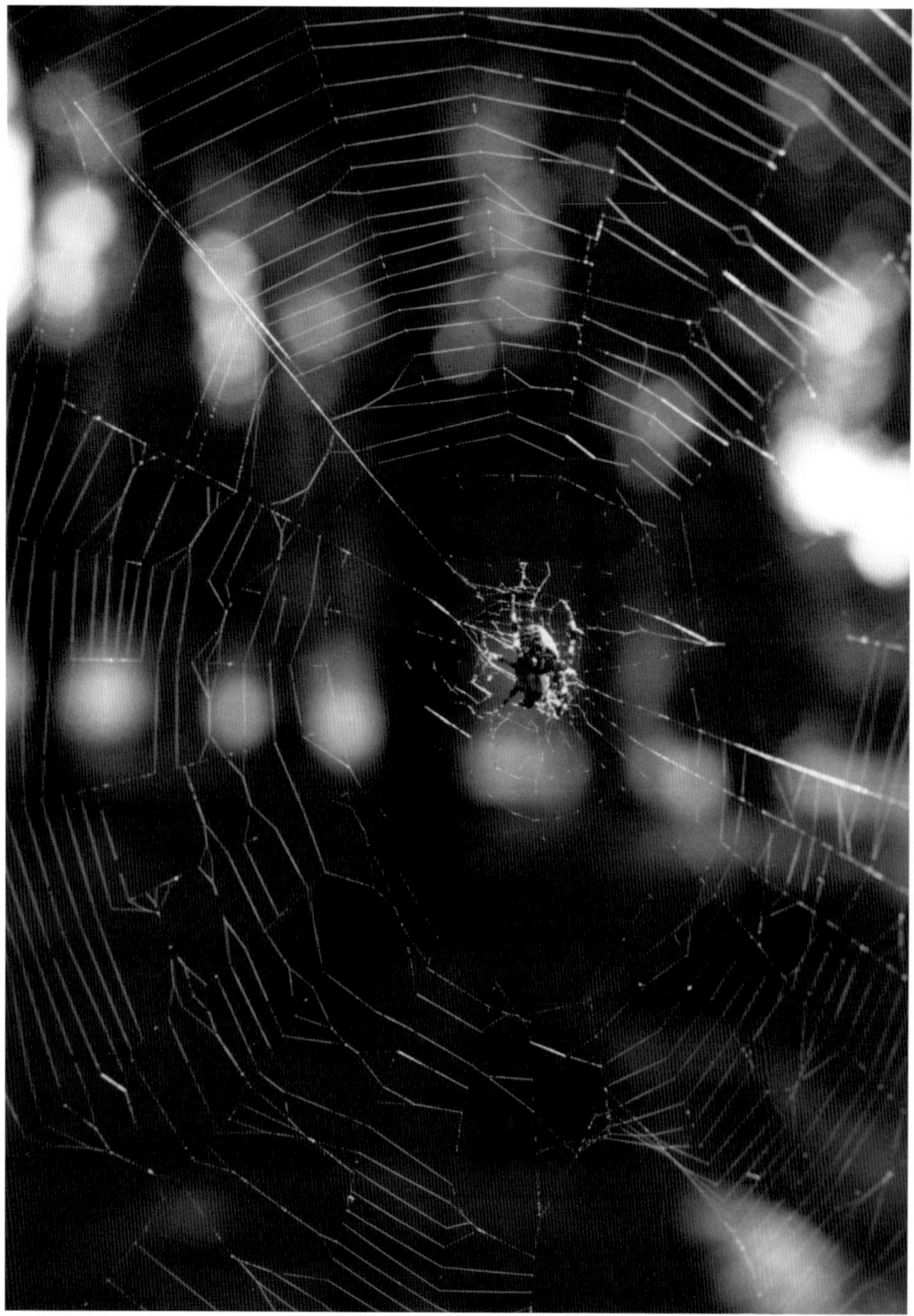

Spinne

Spider

Araignée

36/37

Mohn

Poppies

Pavot

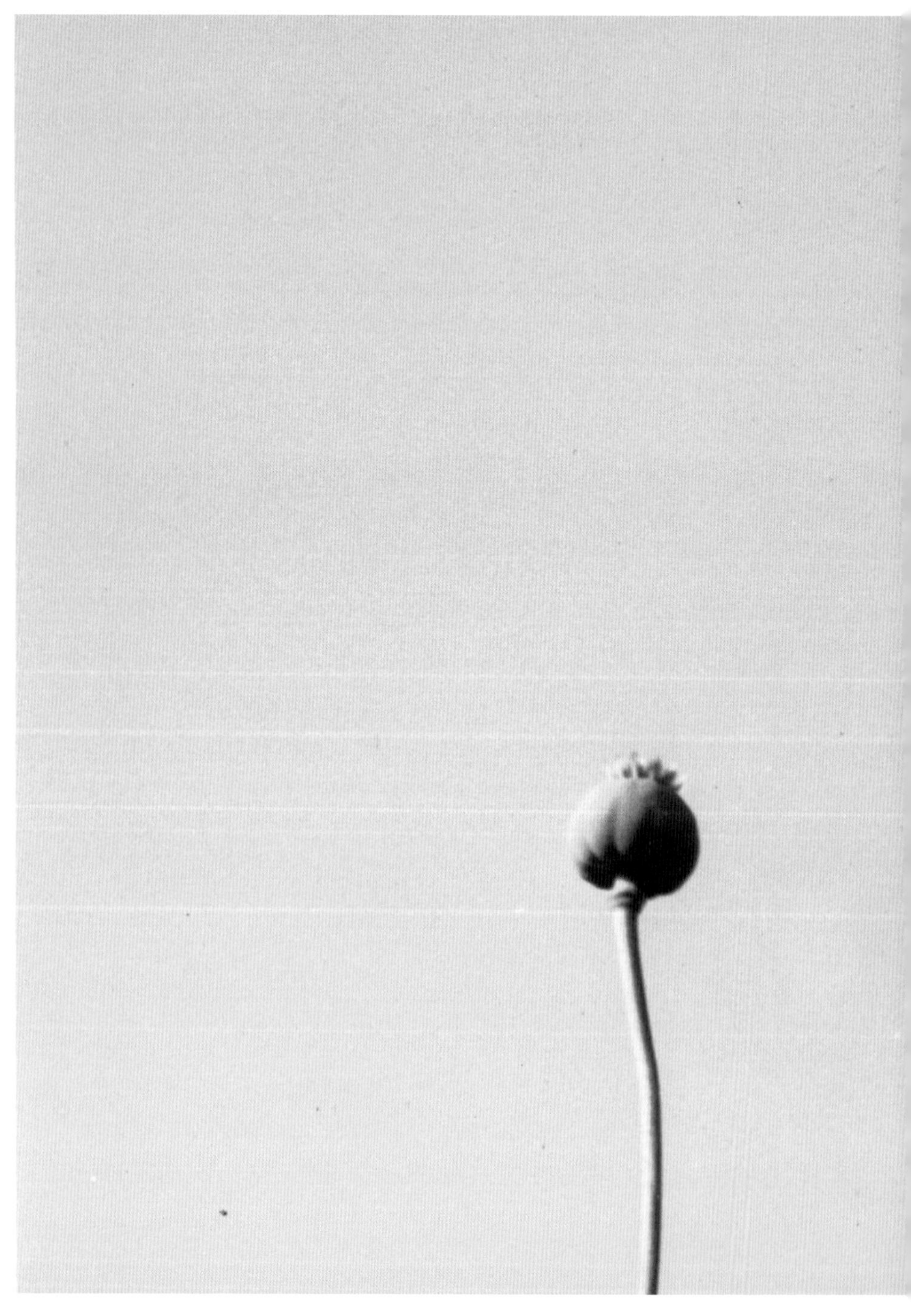

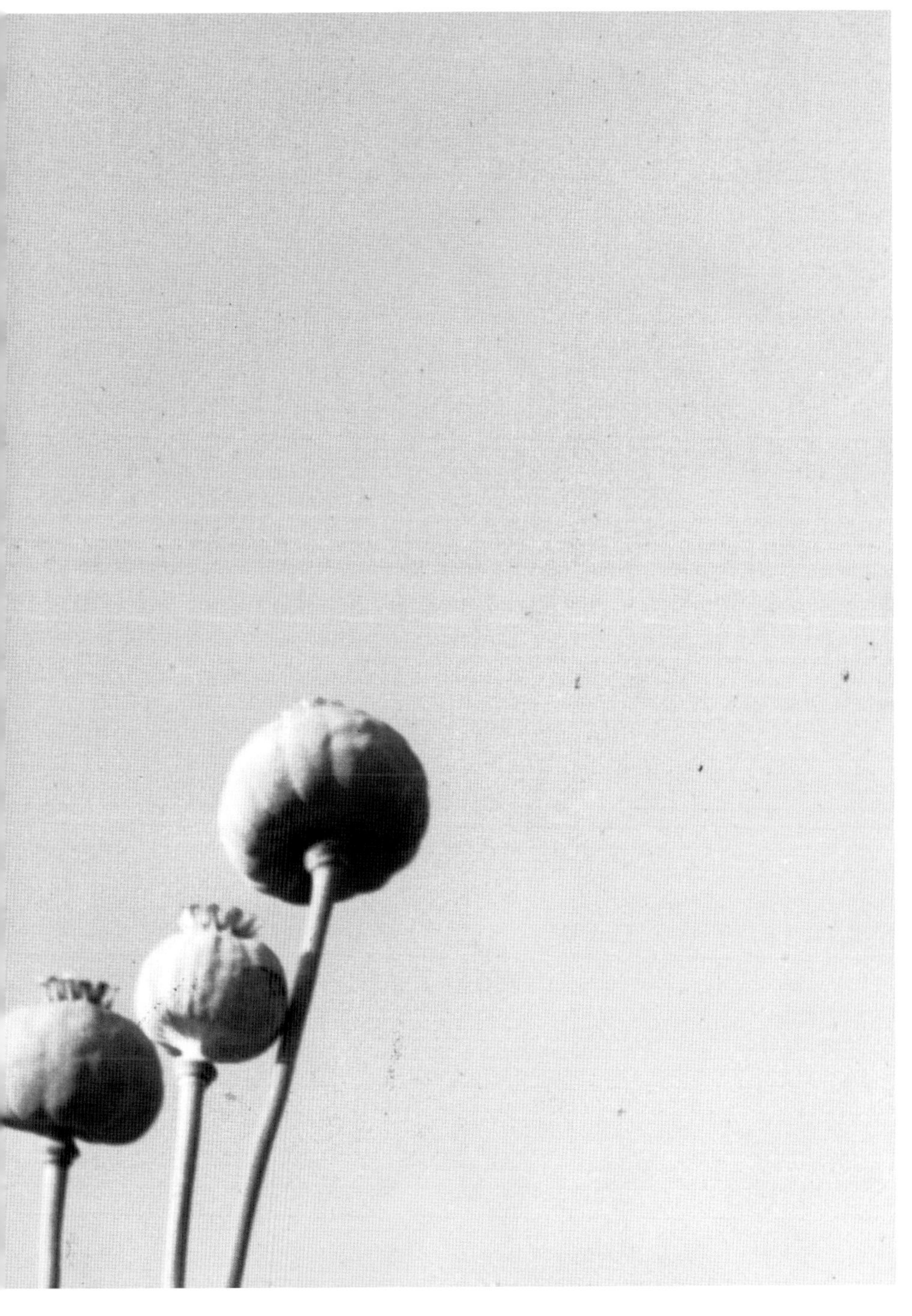

Pusteblume

Dandelion

Pissenlit

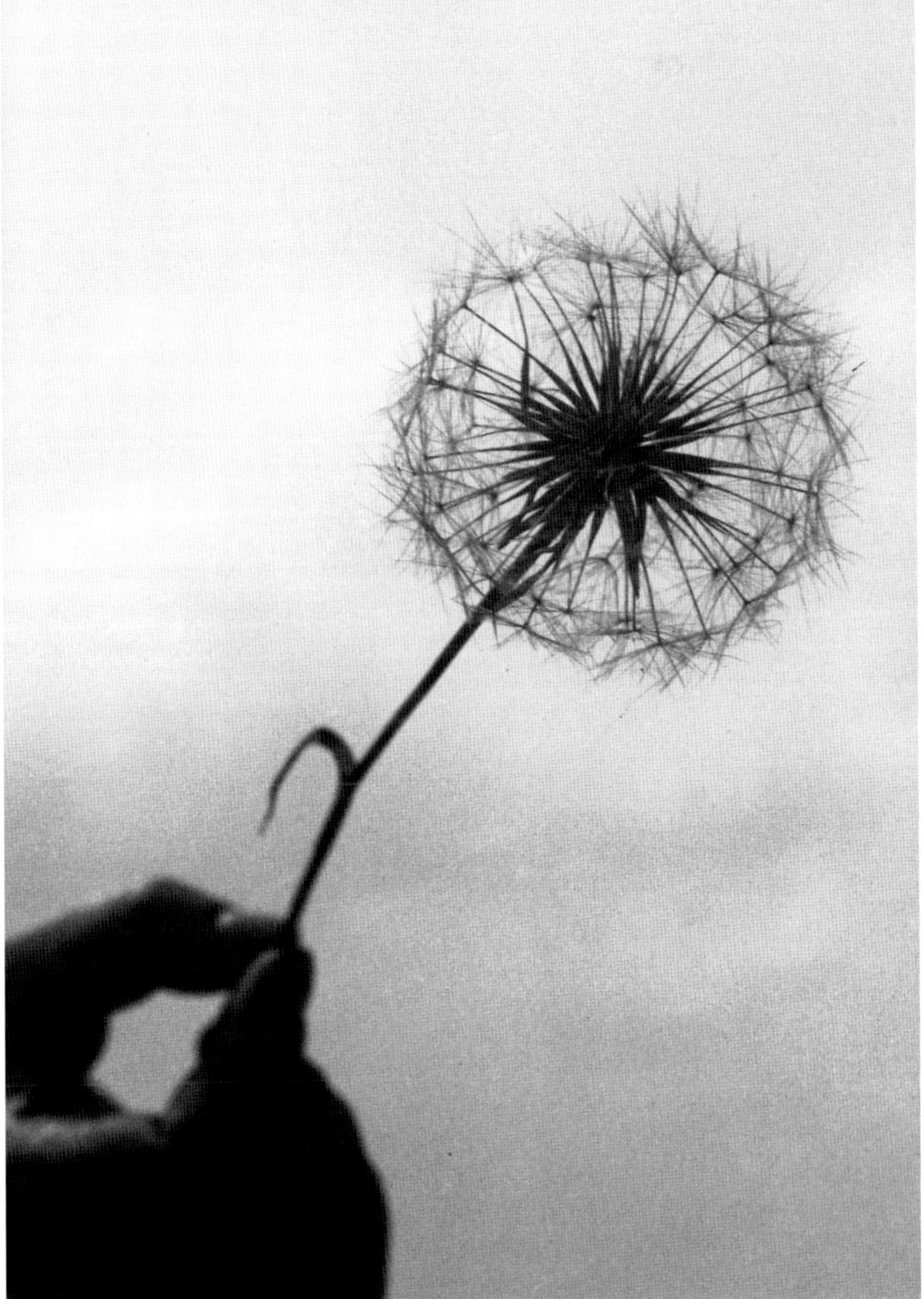

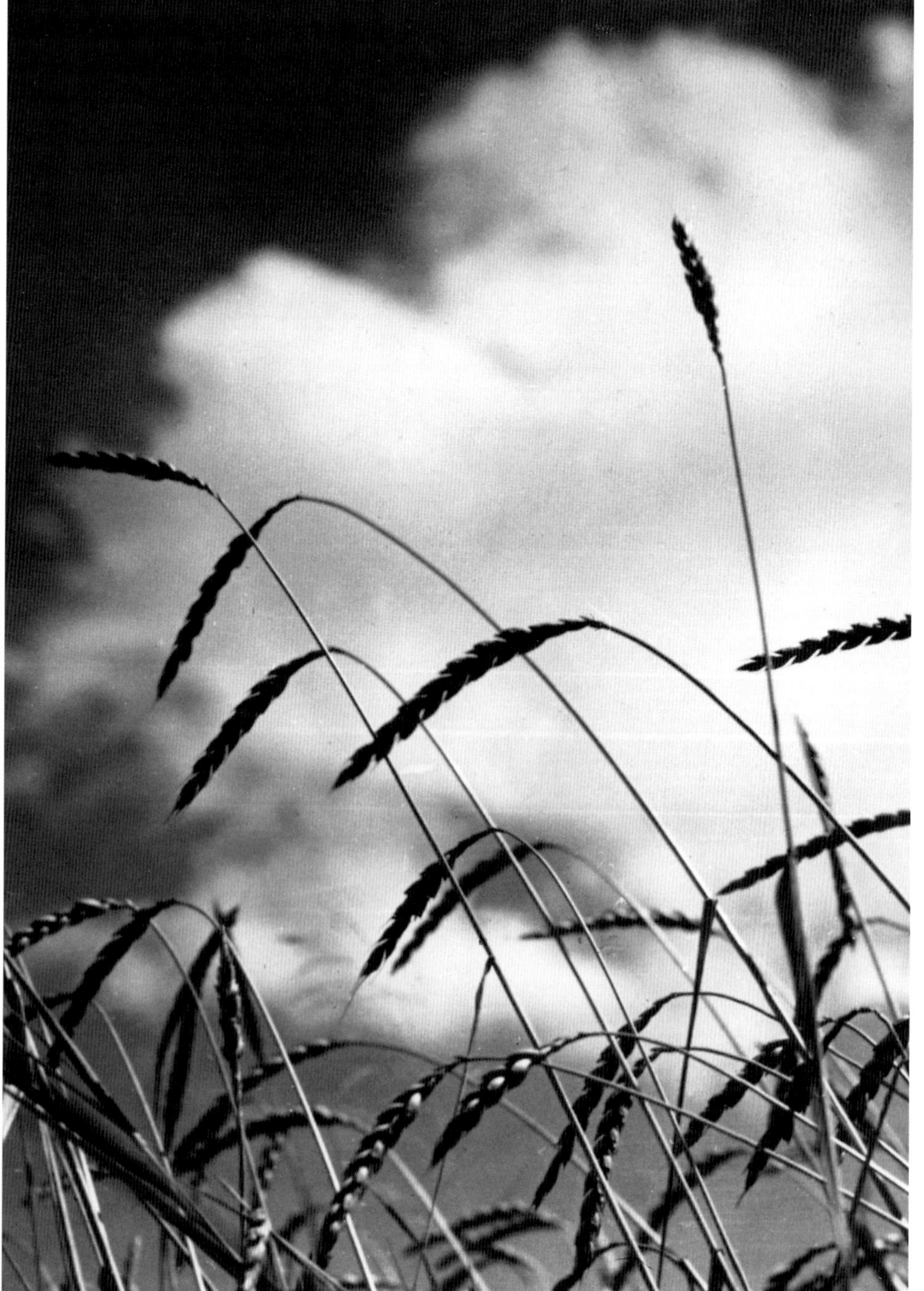

Rechen

Rake

Râteau

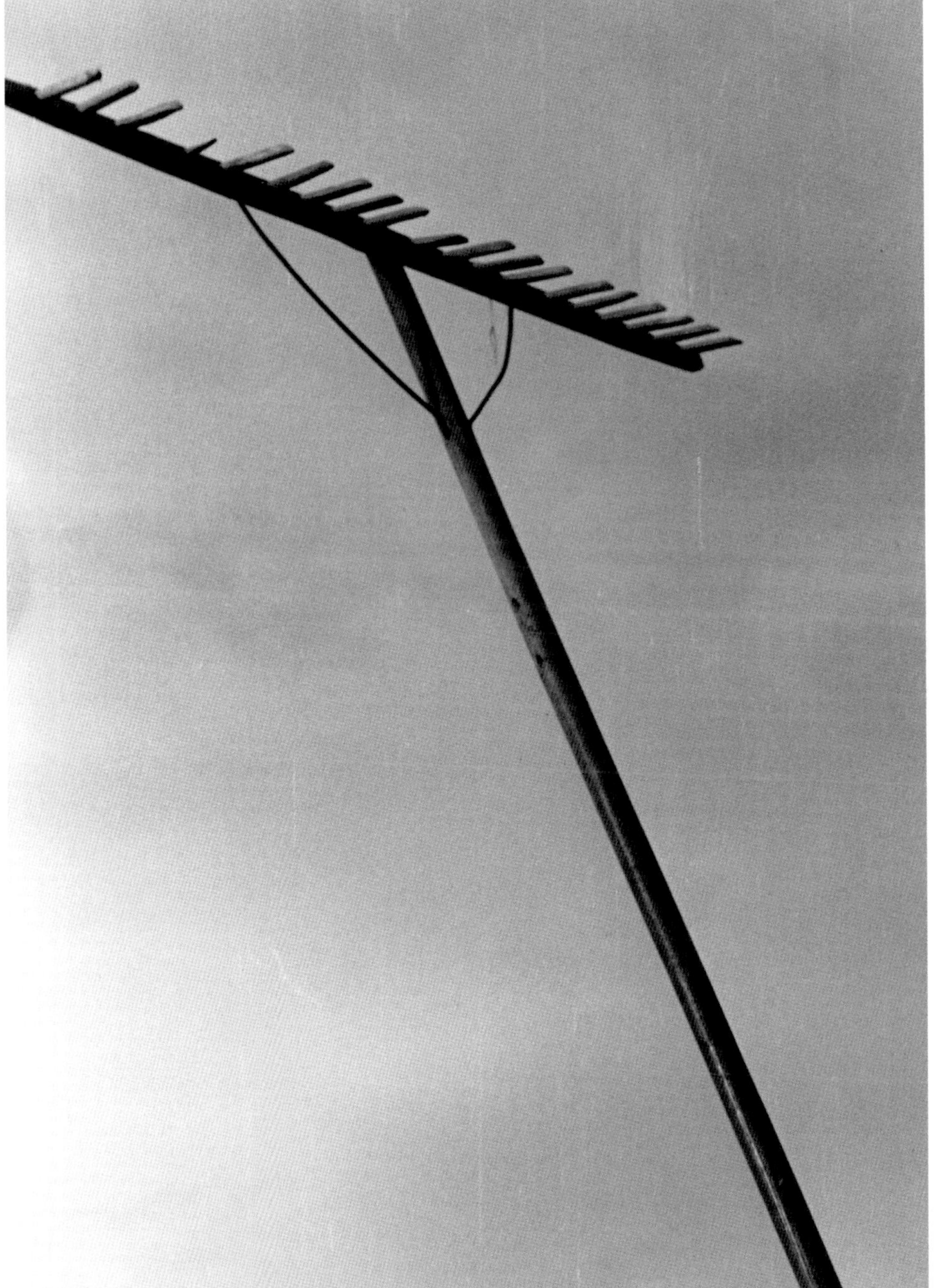

Heu

Hay

Foin

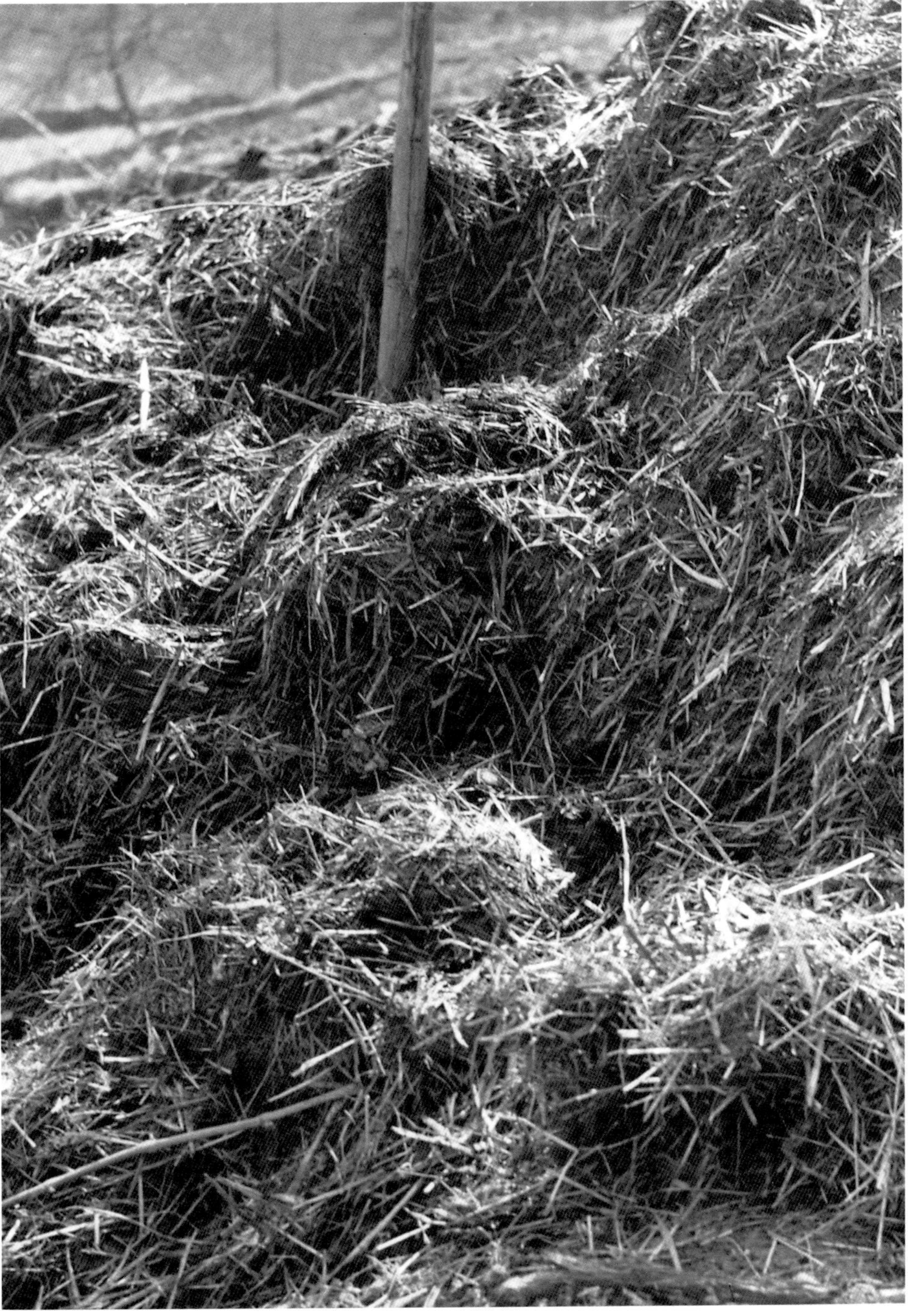

Vogelscheuche

Scarecrow

Epouvantail

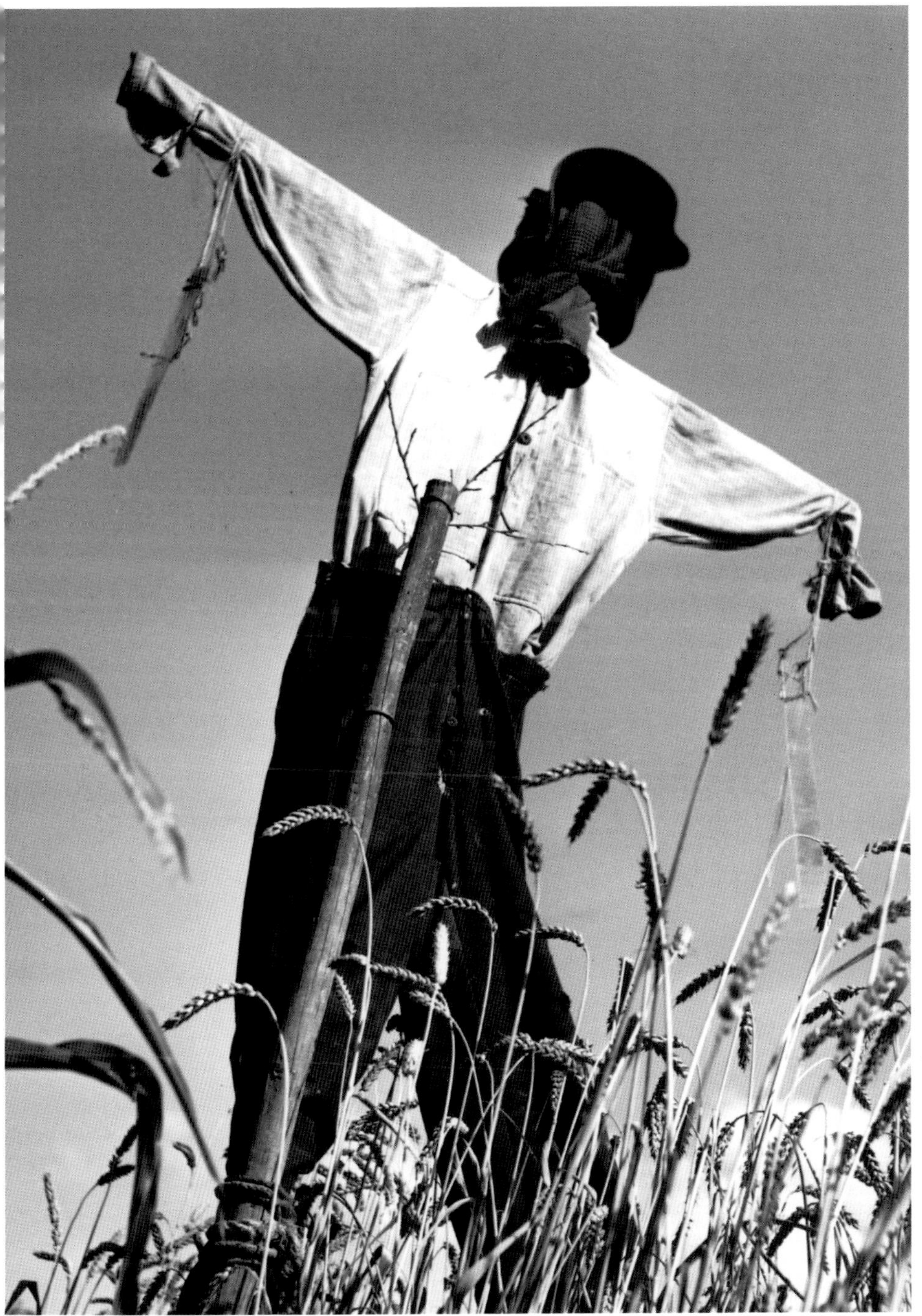

Baumringe

Growth rings

Tronc en coupe

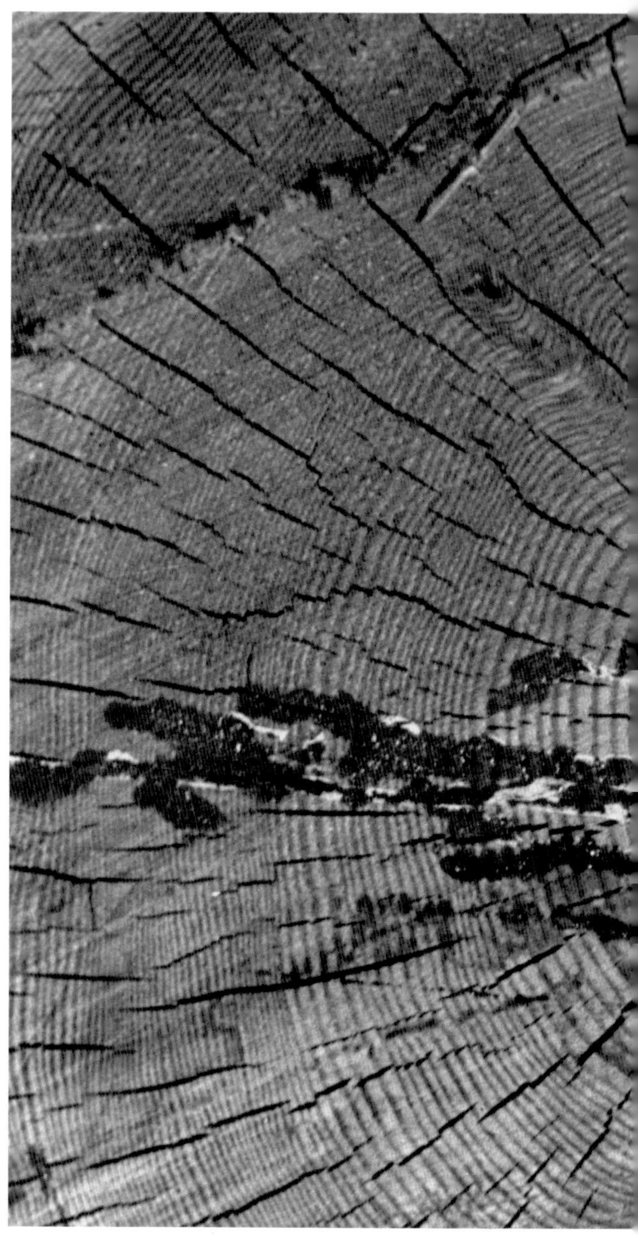

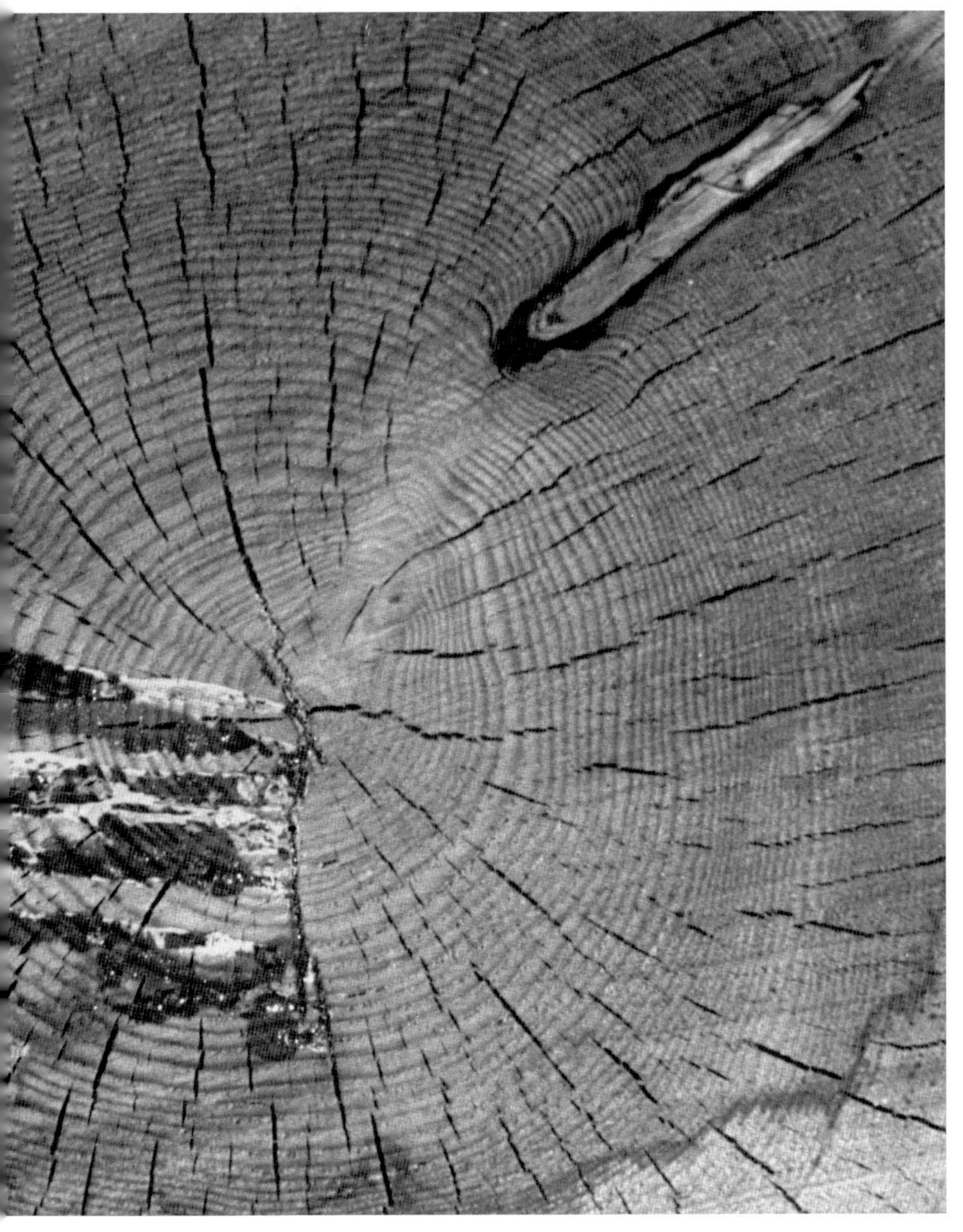

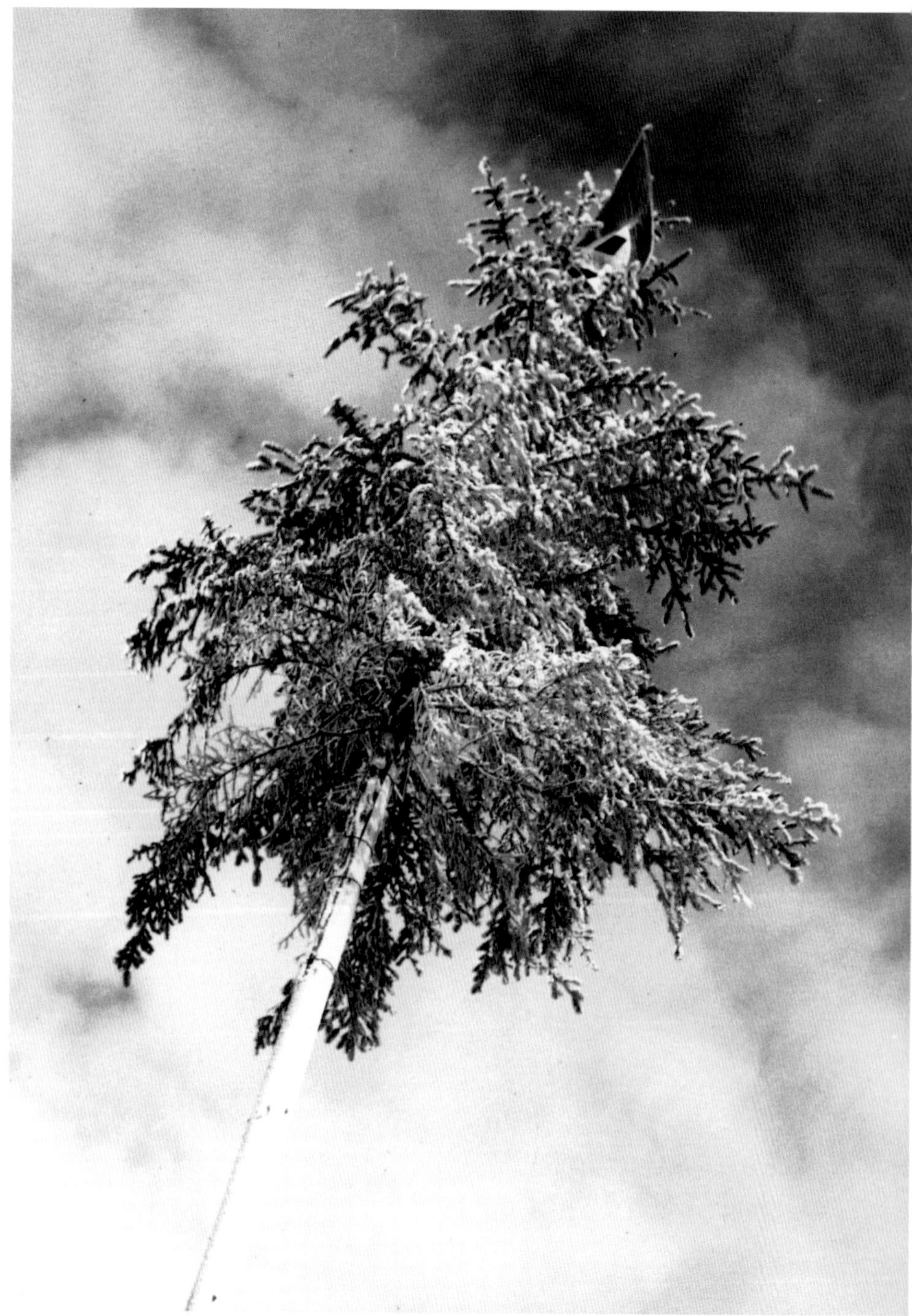

Aufgepfropft

Grafted

Greffe

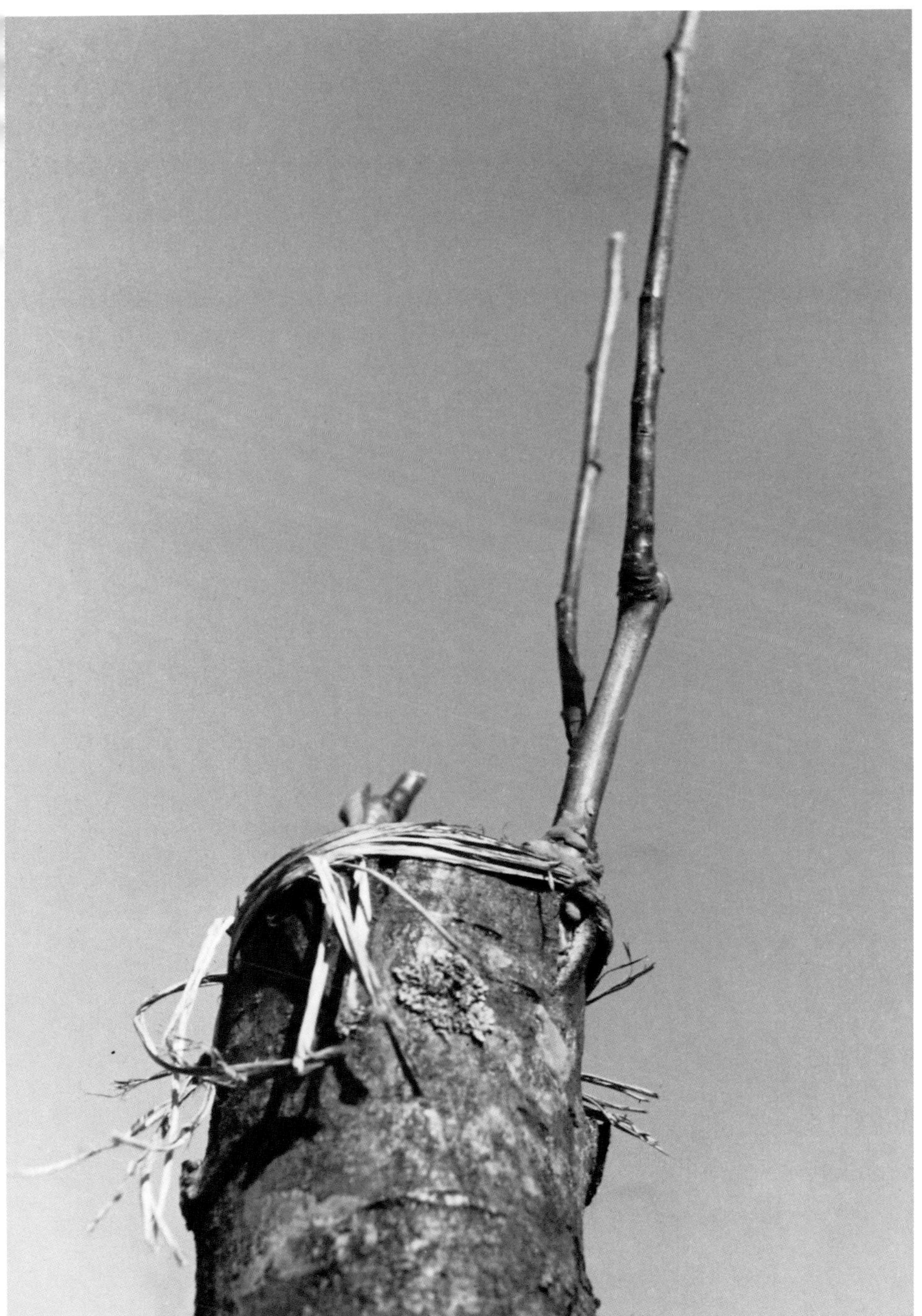

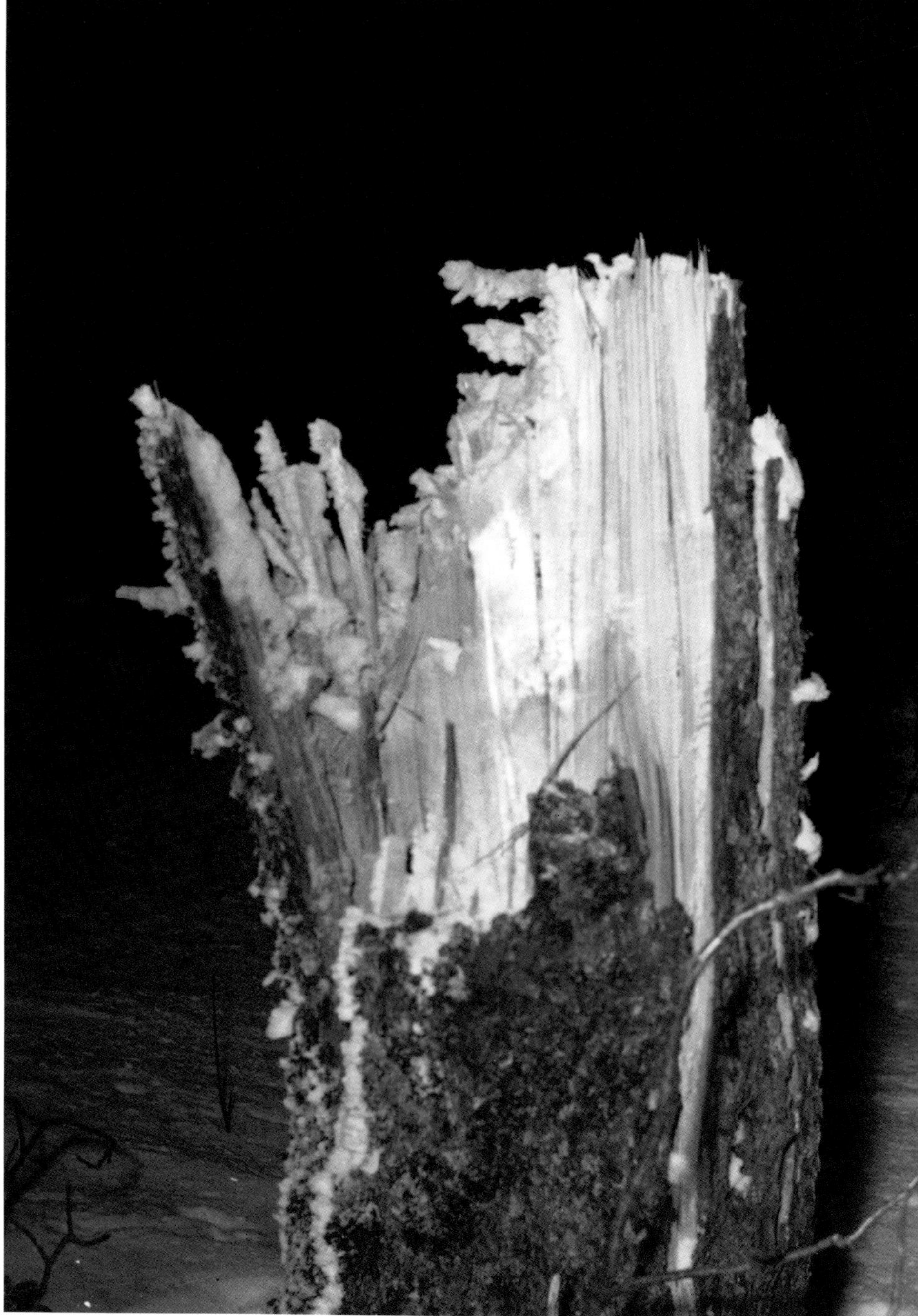

Baumstamm gesplittert

Splintered tree trunk

Eclats de tronc d'arbre

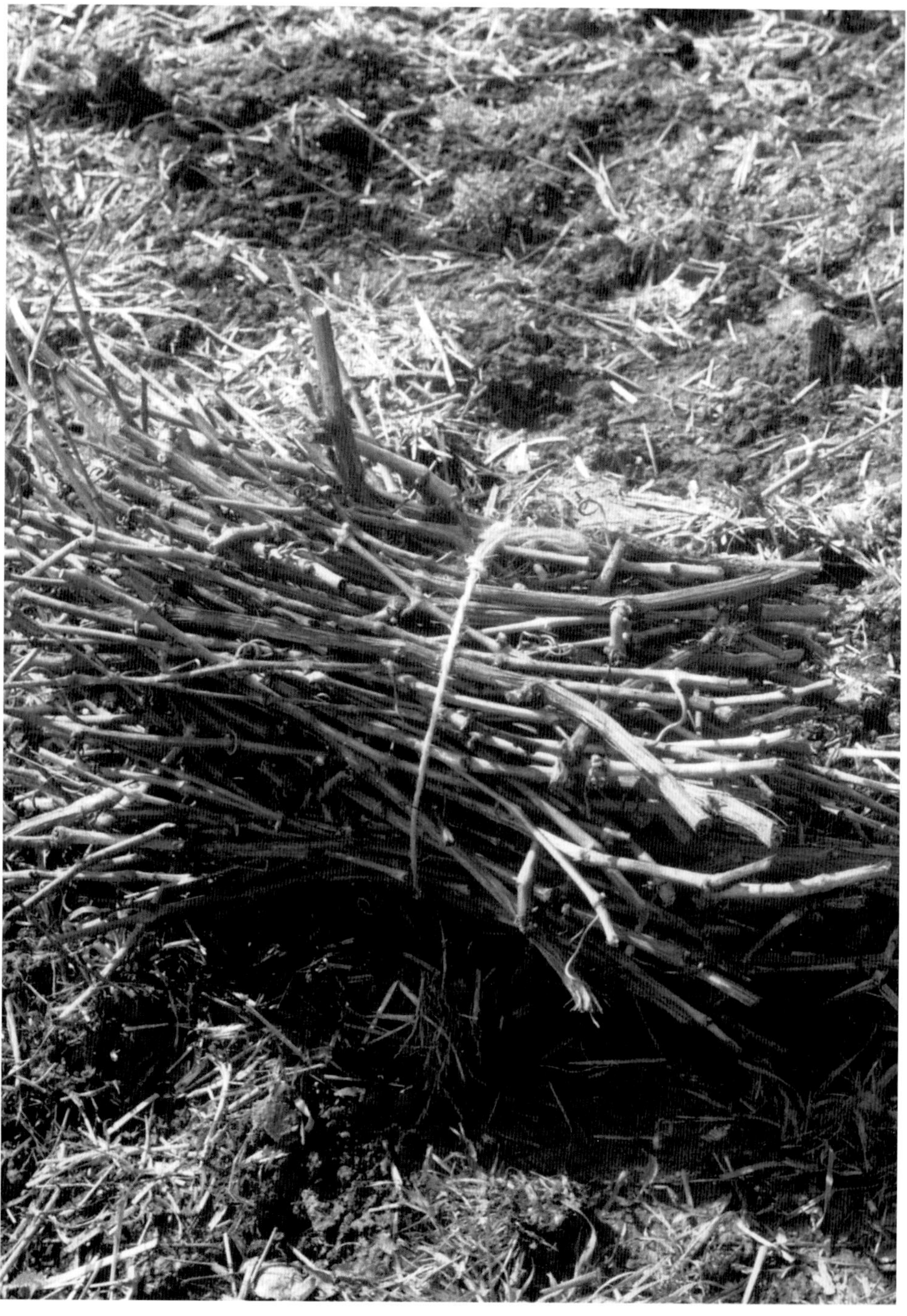

Reisigbündel

Bundle of brushwood

Fagot

Baumherz

Heartwood

Cœur d'écorce

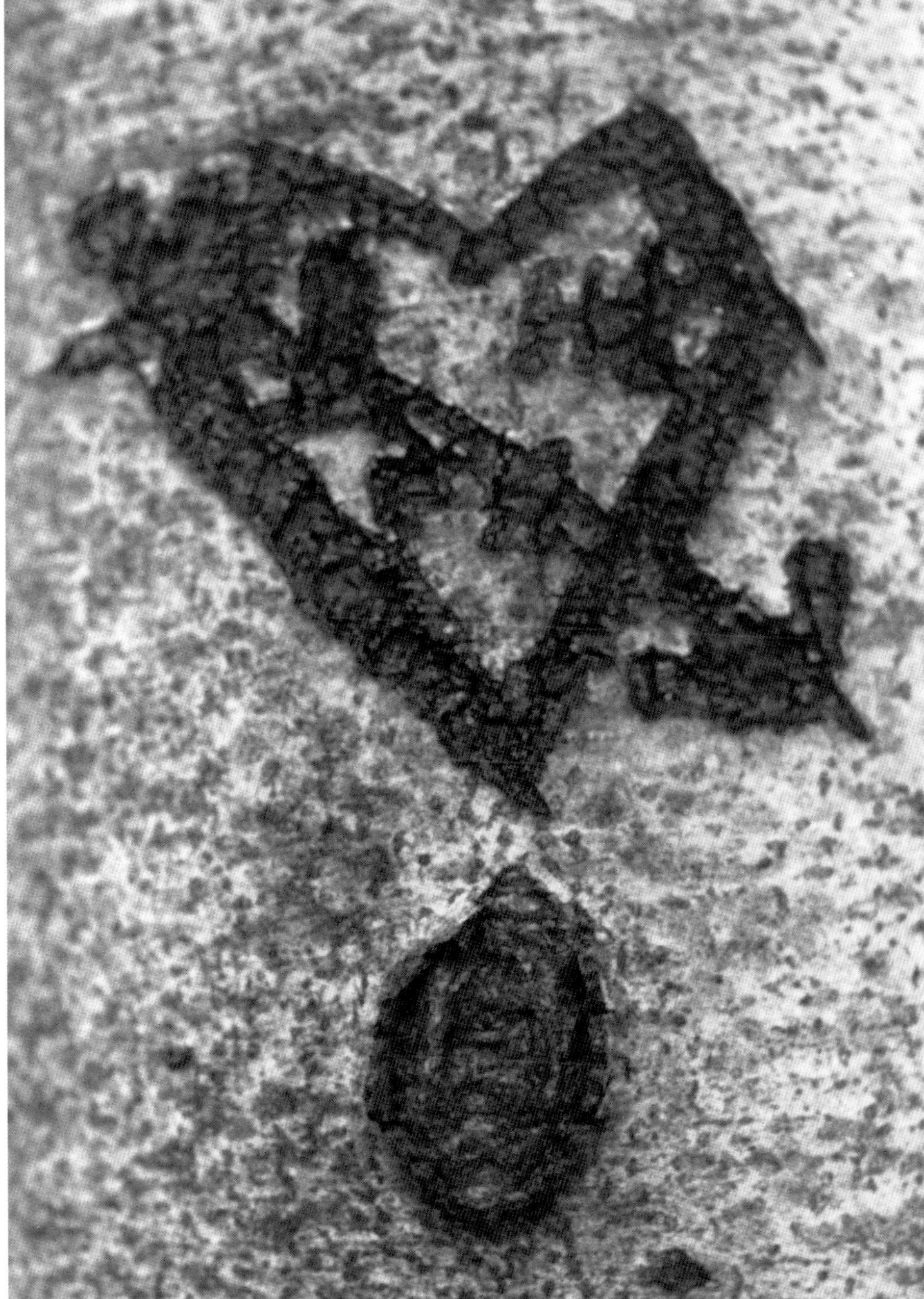

Sonnwendfeuer

Midsummer bonfire

Feu de la St Jean

Plumps

Plop

Plop

64/65

Drachensteigen

Flying kite

Cerf-volant

66/67

Kinderball

Child's ball

Ballon d'enfant

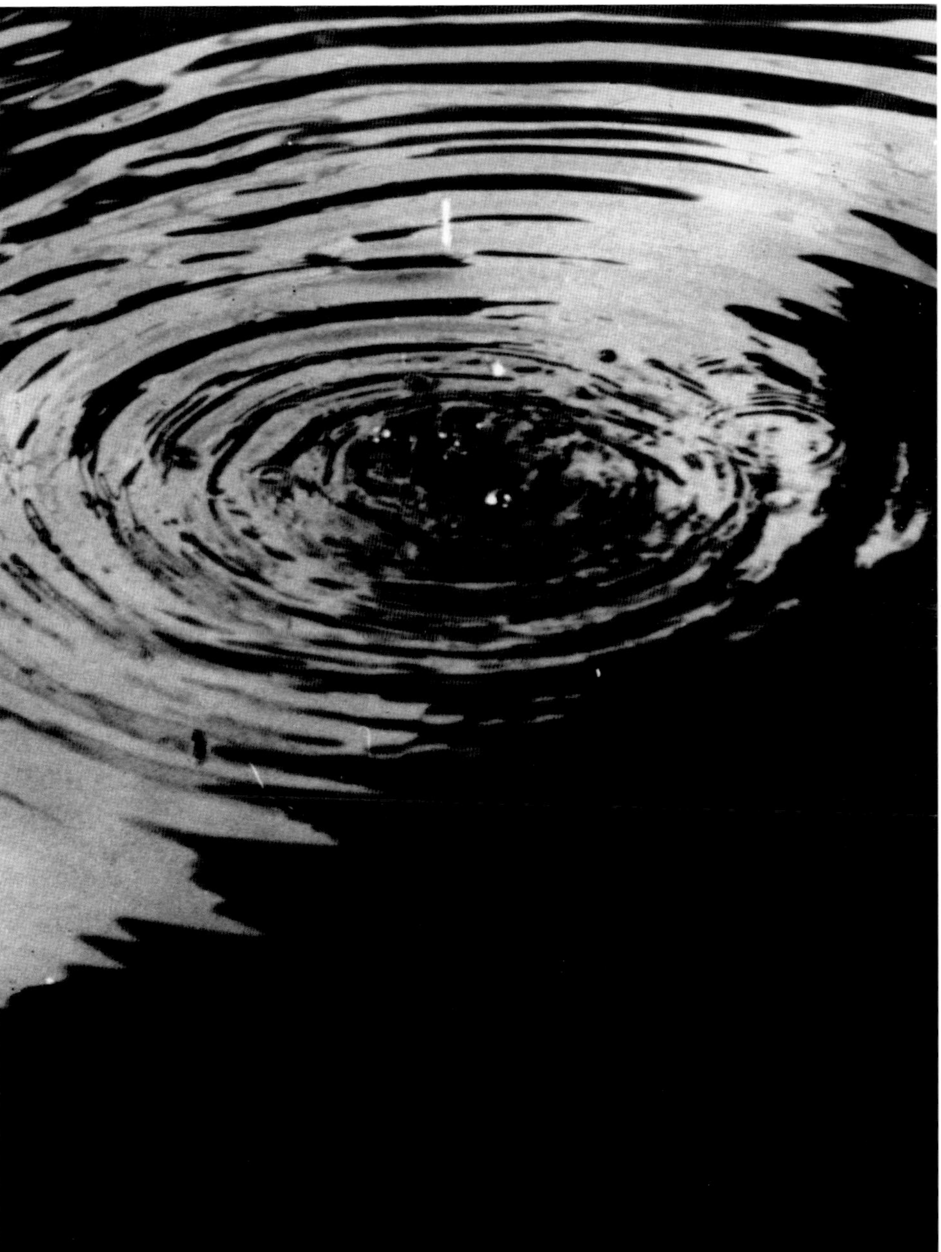

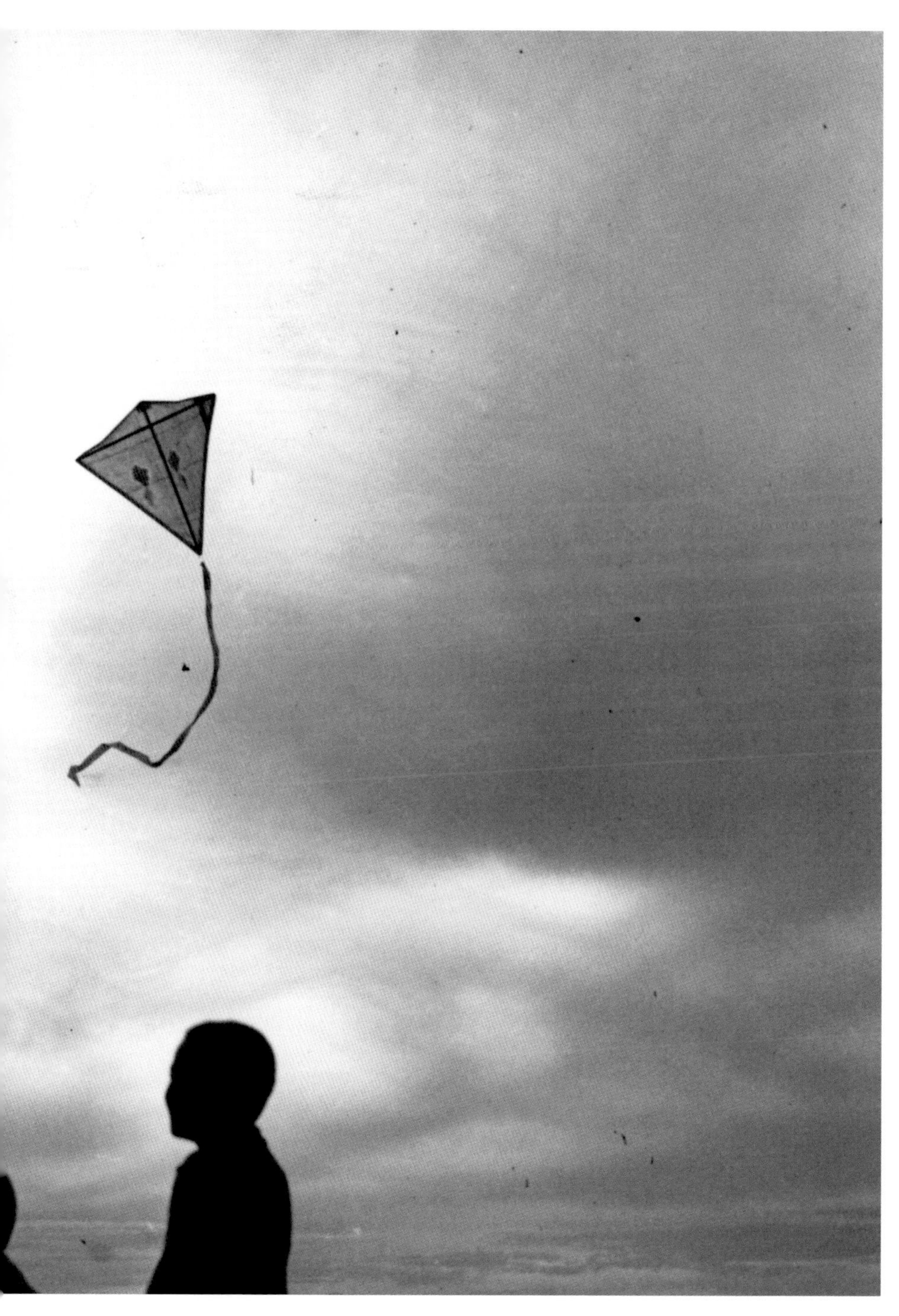

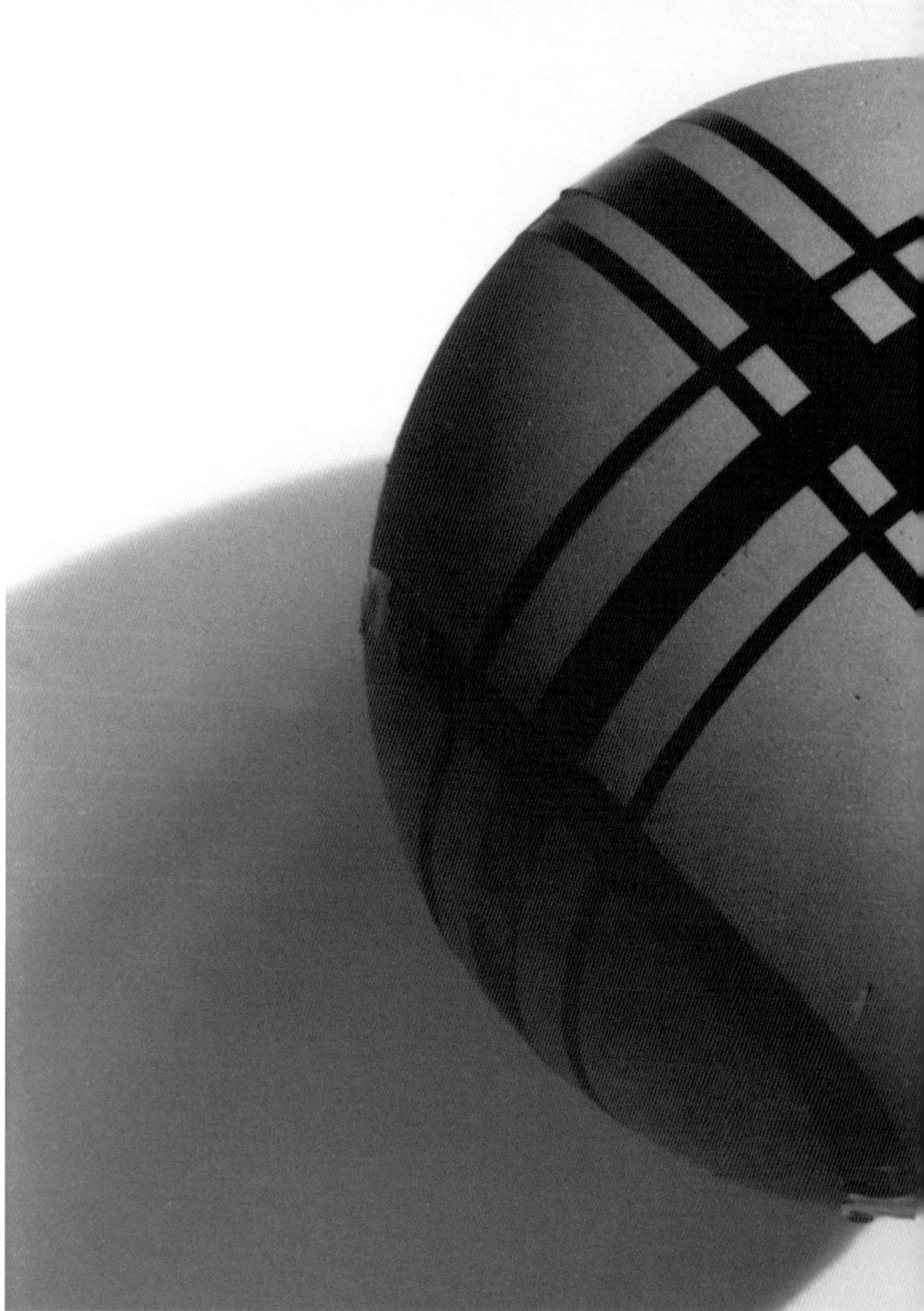

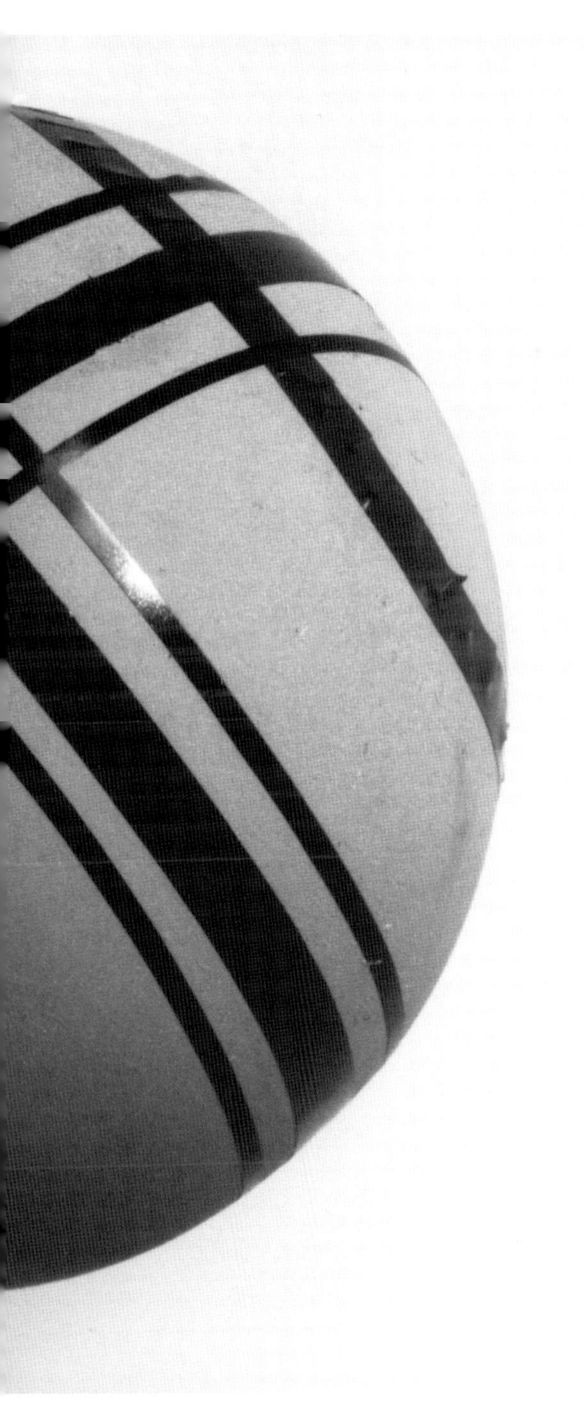

Tippelbrüder

Tramps

Clochards

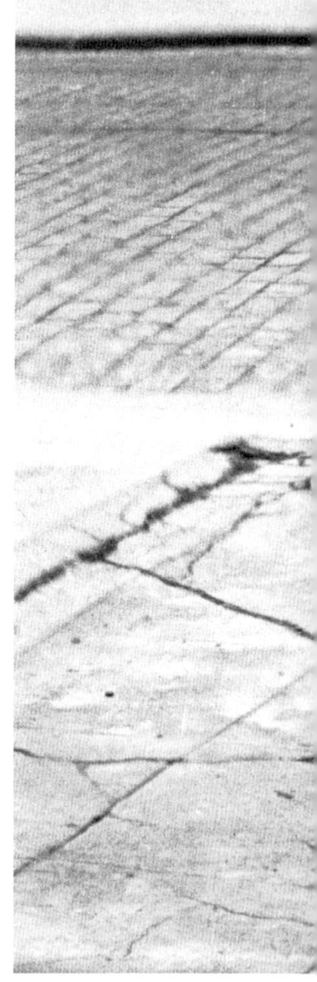

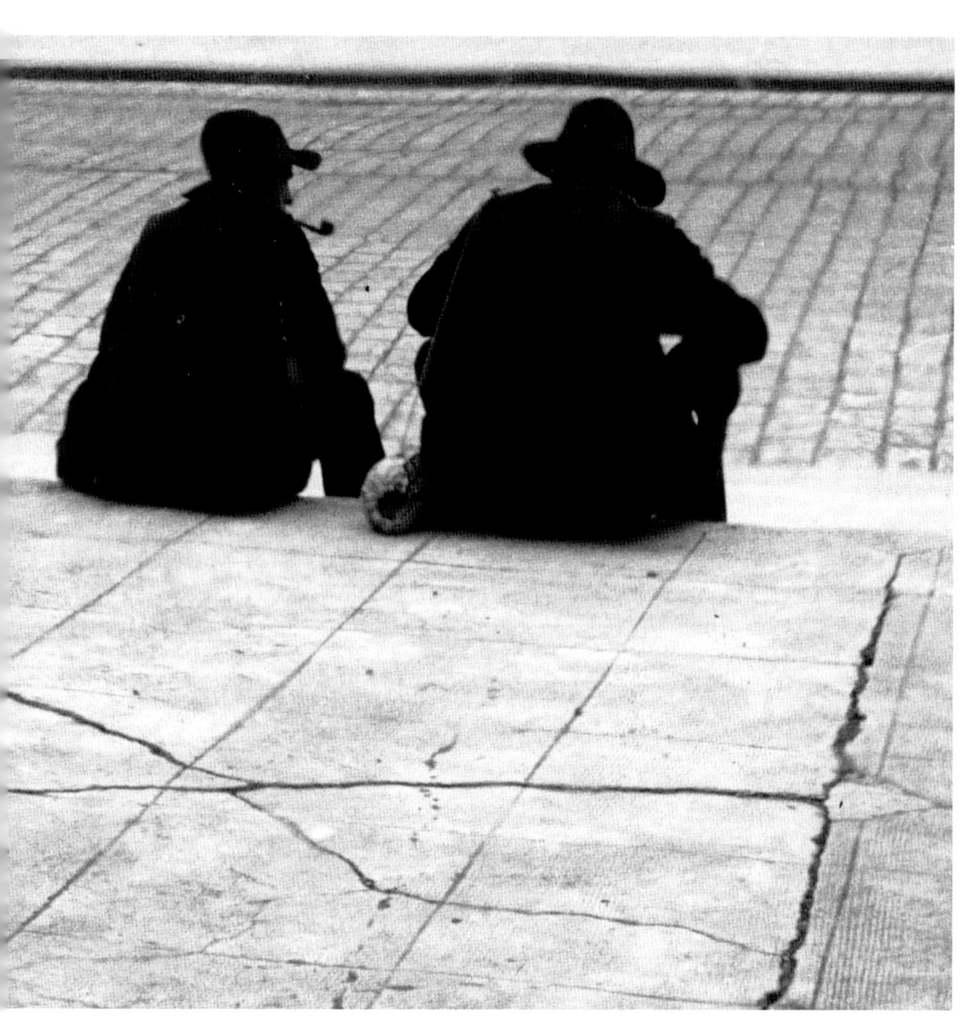

Straßenfeger

Street sweeper

Balayeur

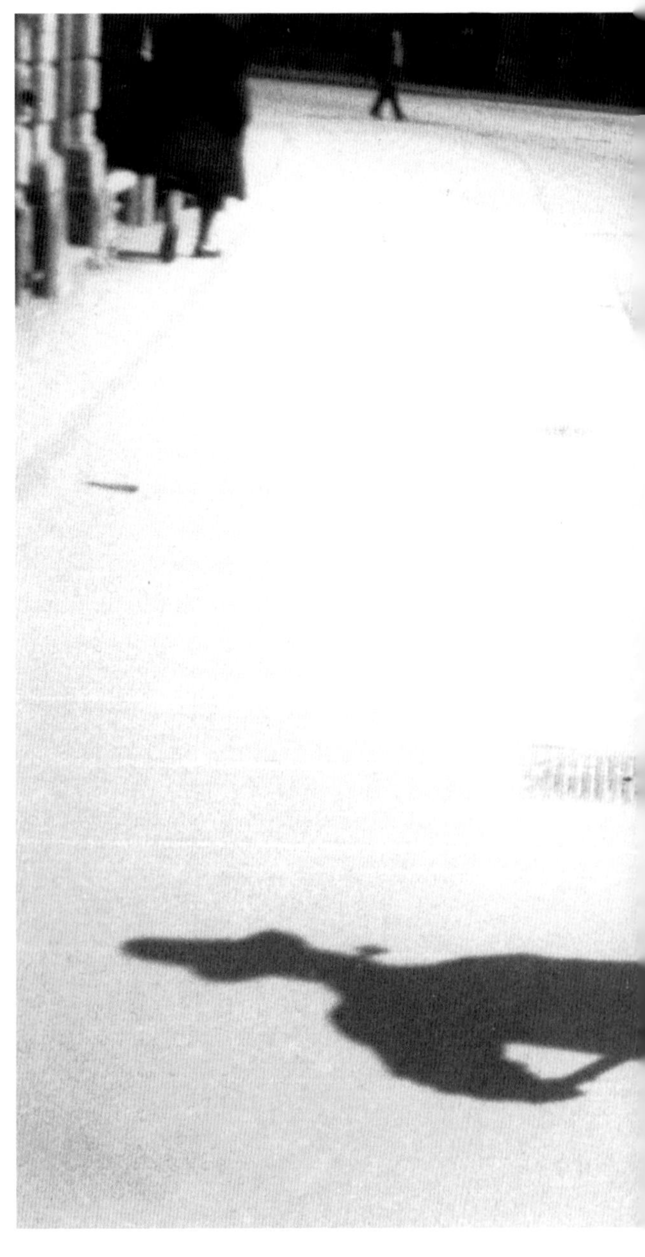

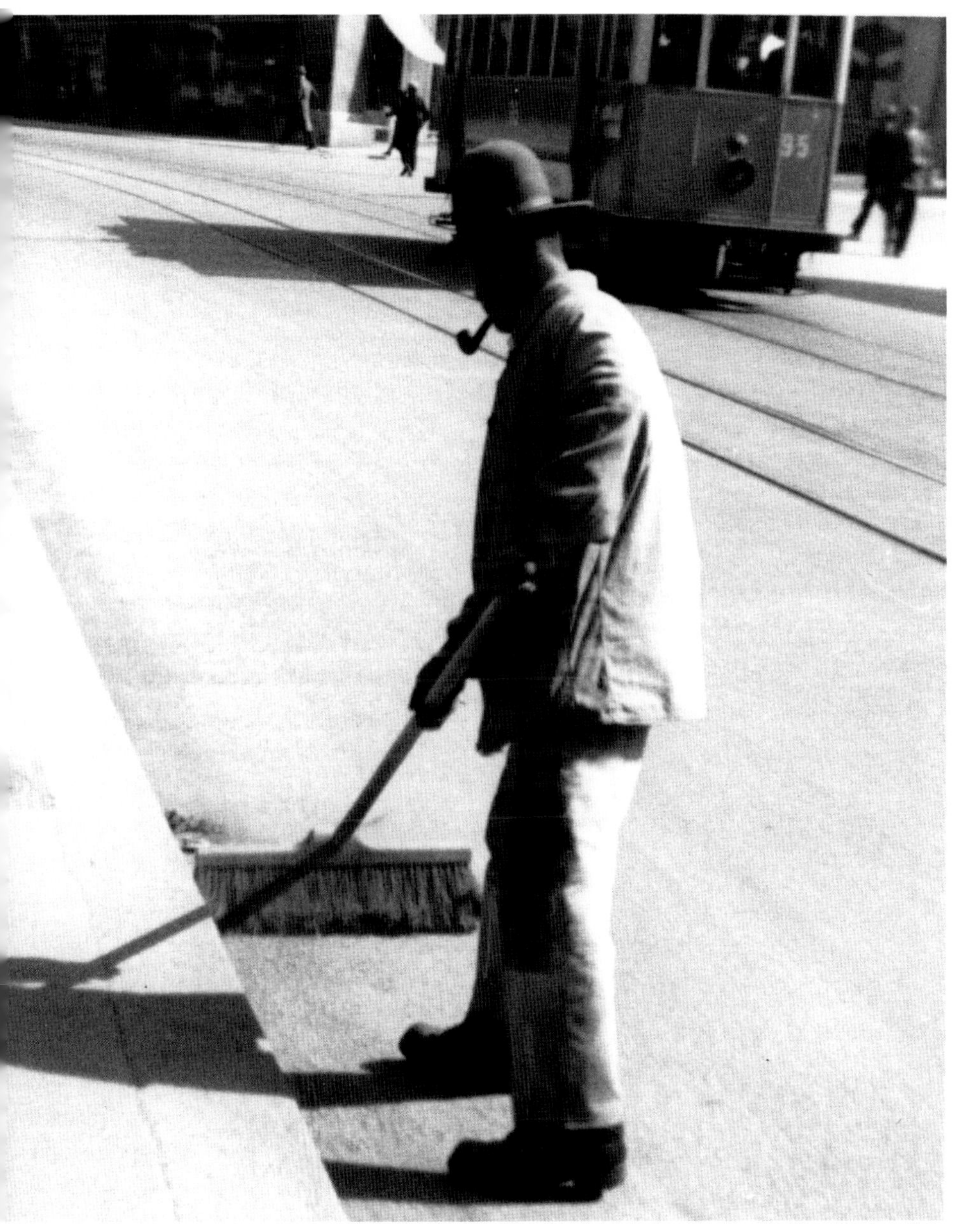

Drei Schützen

Three marksmen

Trois chasseurs

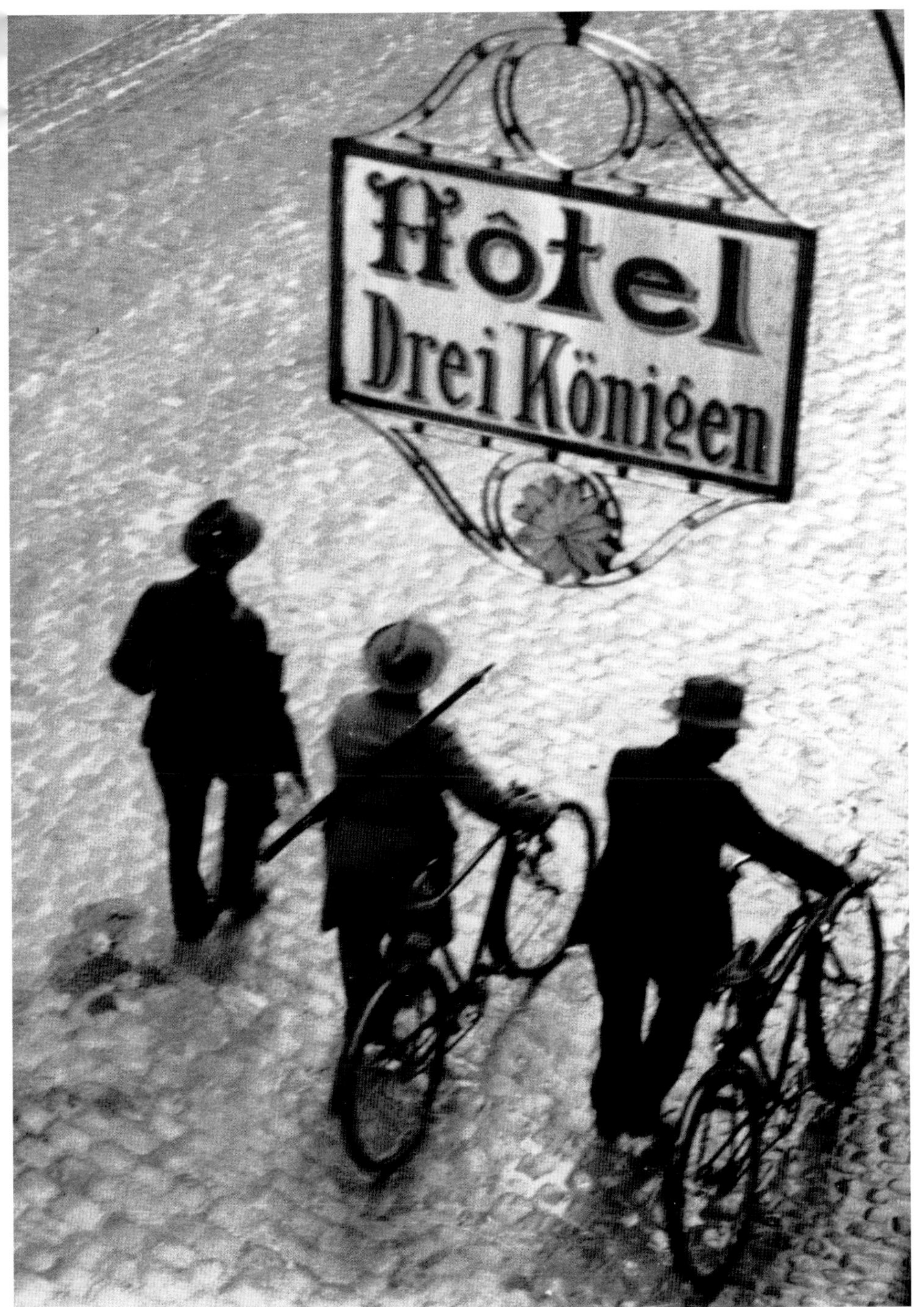
Hôtel
Drei Königen

Zum Stern

"Zum Stern" inn

A l'enseigne de l'étoile

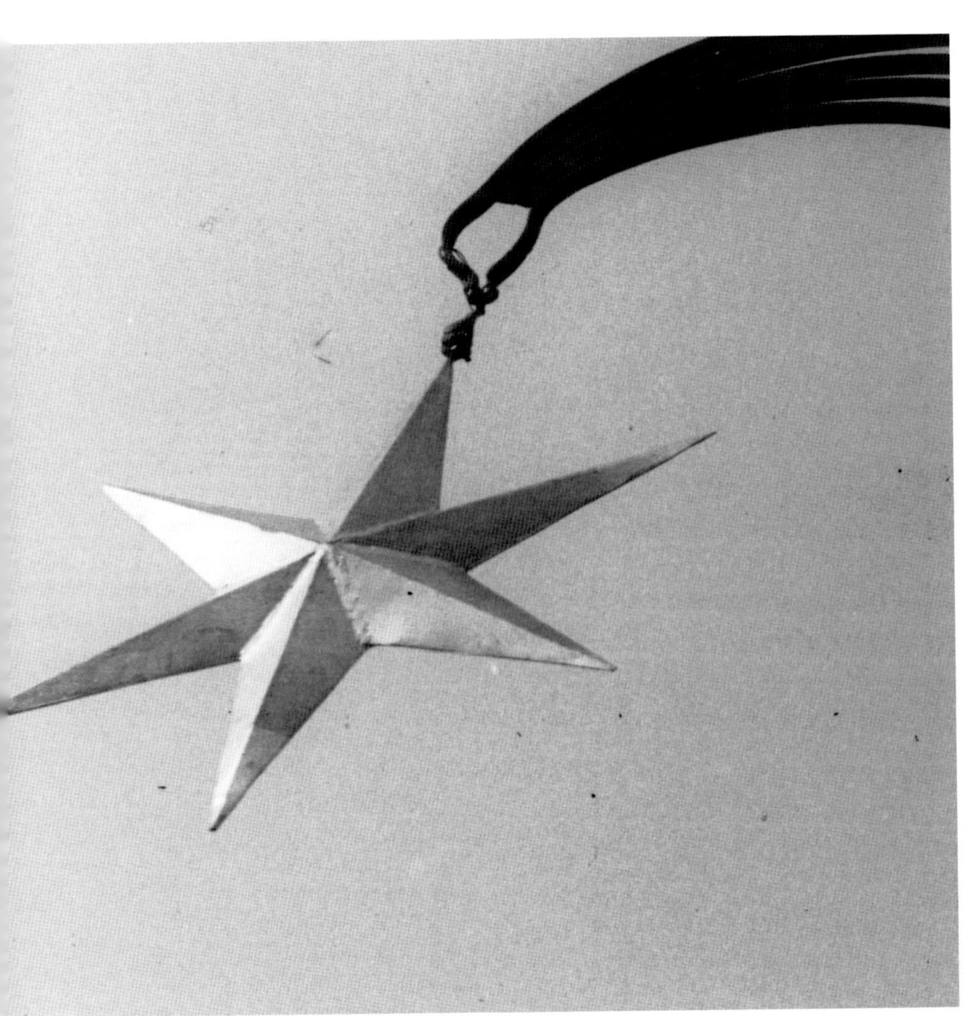

Gänsemarsch

March of the geese

Pas de l'oie

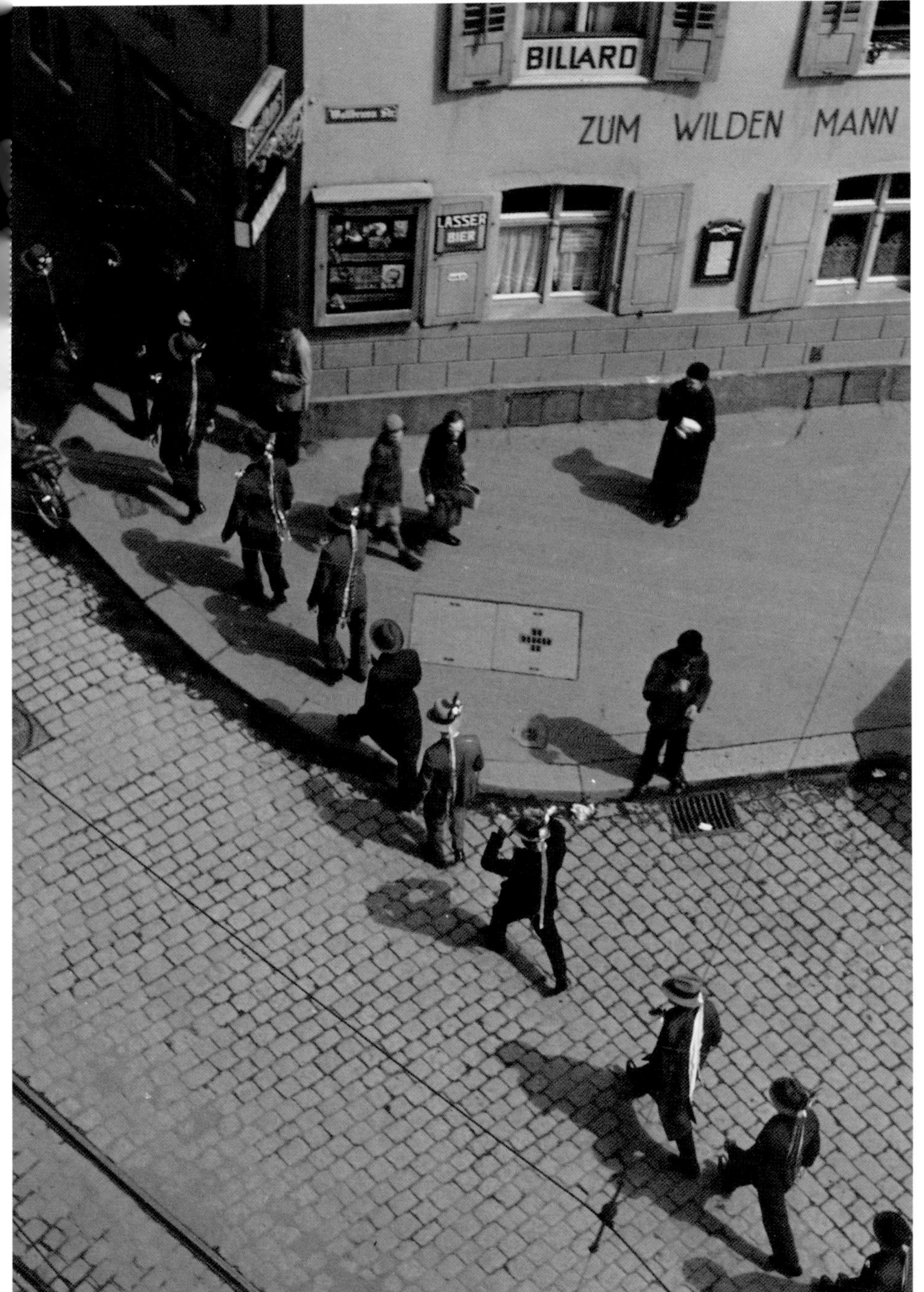

BILLARD
ZUM WILDEN MANN
LASSER BIER

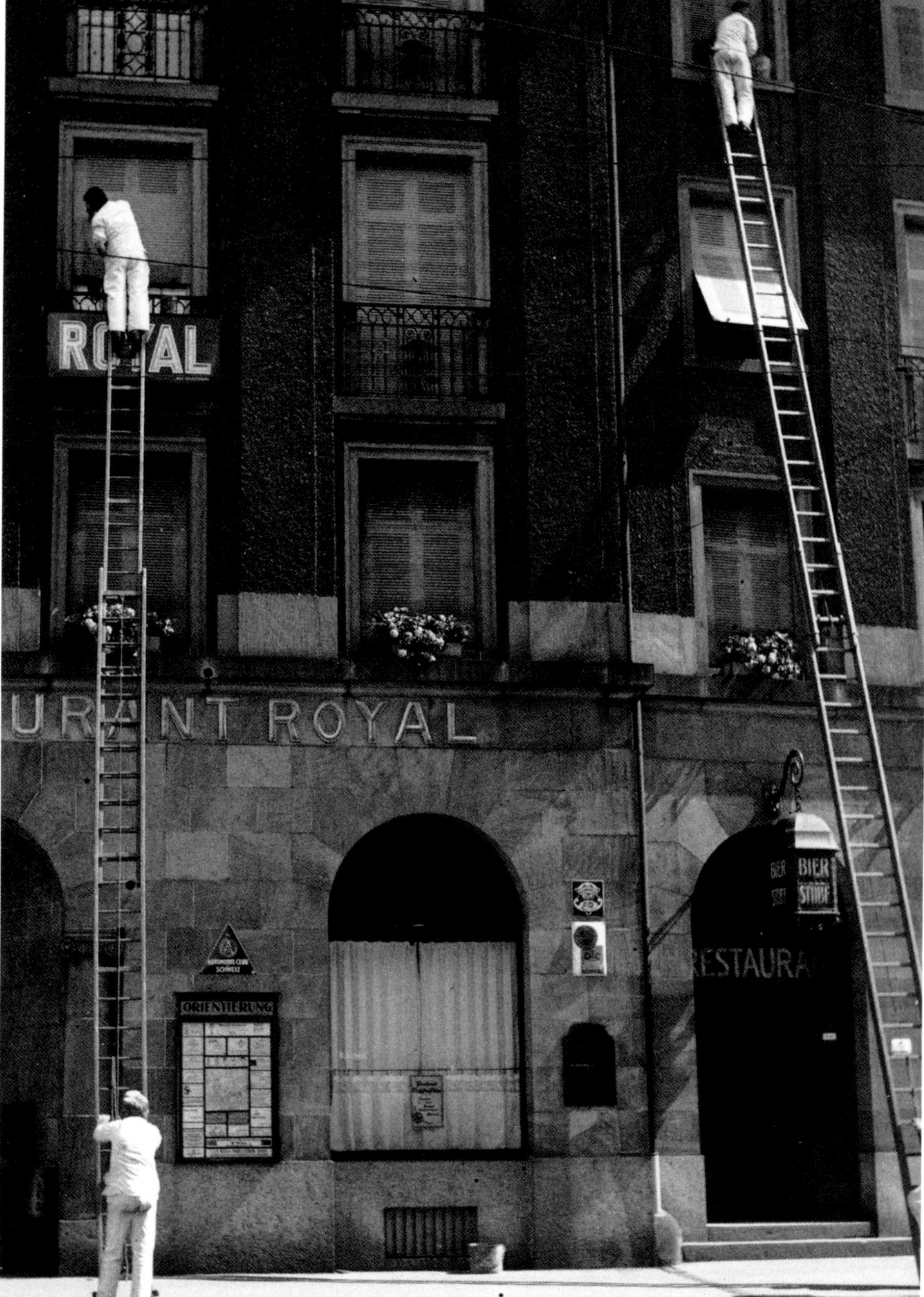
ROYAL
URANT ROYAL
AUTOMOBILE CLUB SCHWEIZ
ORIENTIERUNG
BIER
STUBE
RESTAURA

Weißer Schornsteinfeger

White chimneysweep

Ramoneur blanc

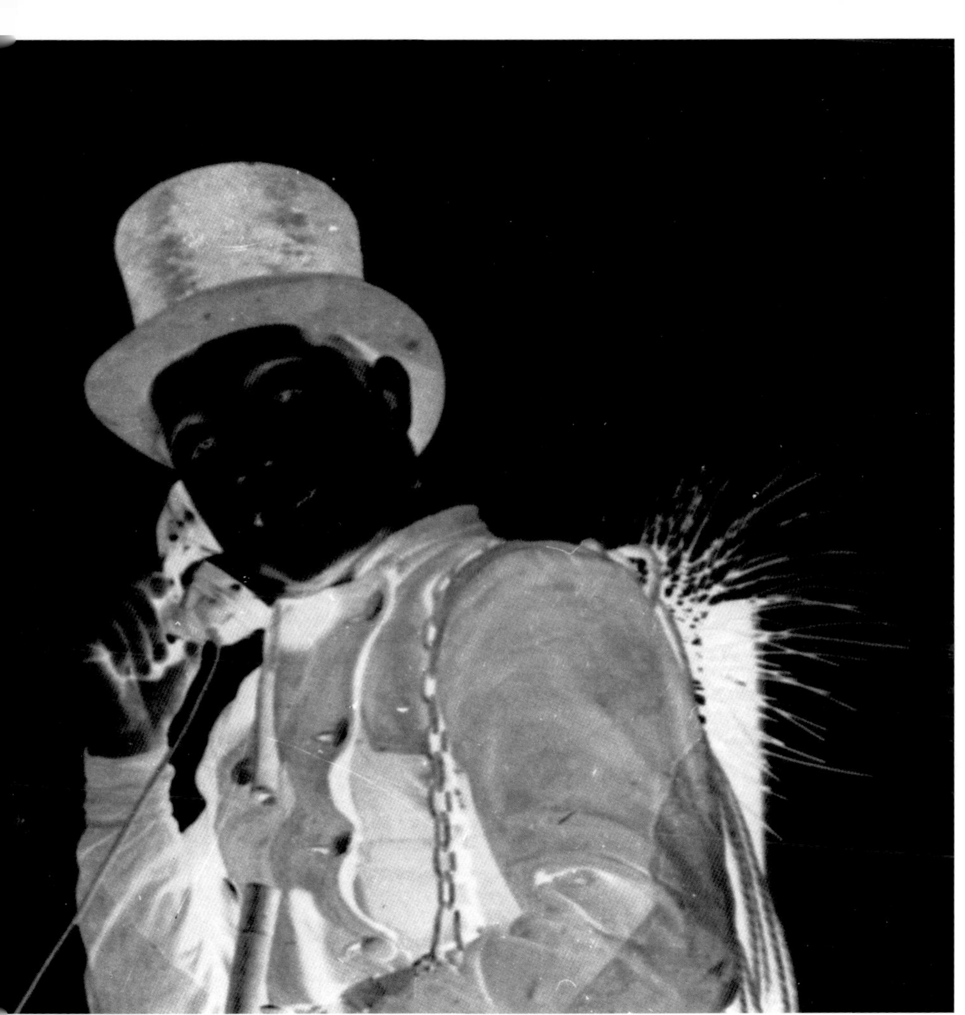

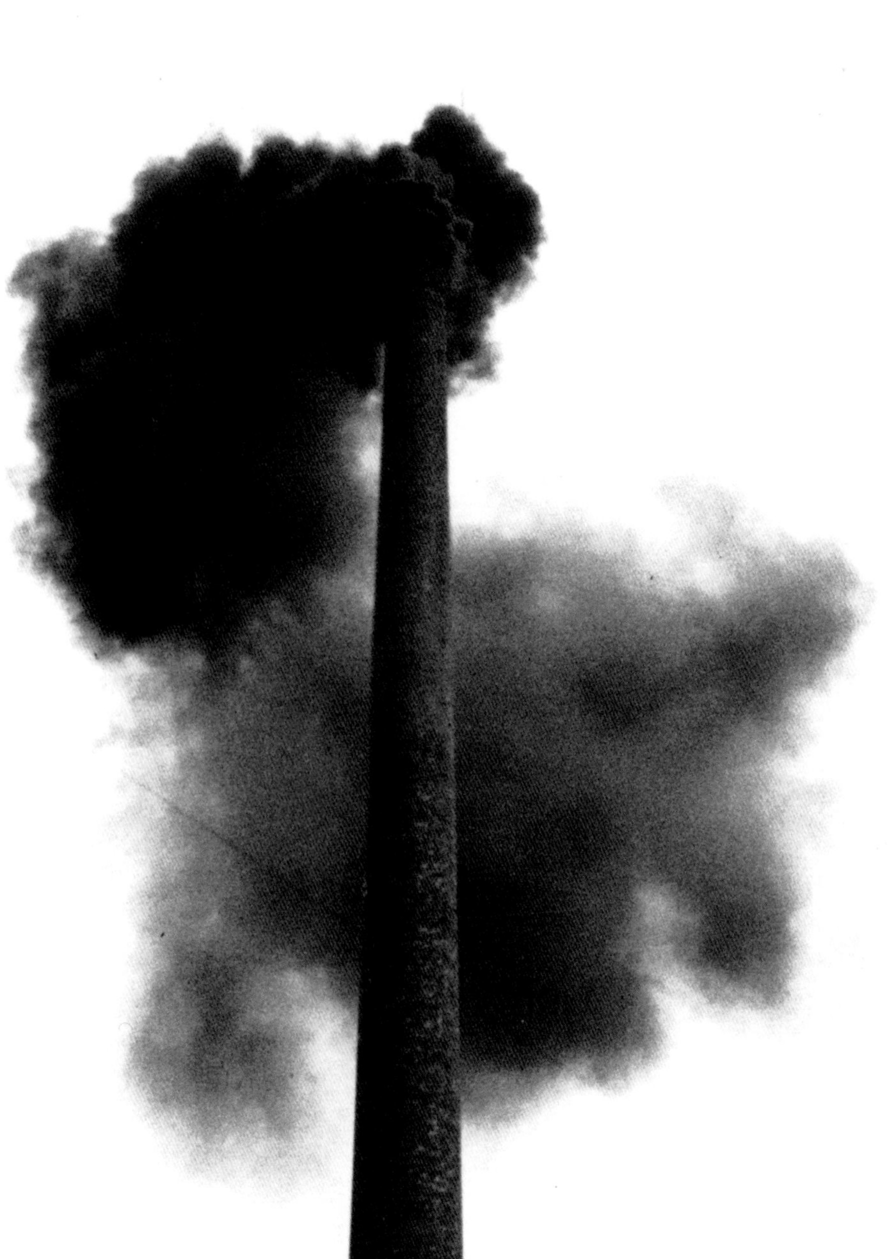

Schlot

Smokestack

Cheminée

84/85

Hochspannungsmast

High-voltage transmission tower

Pylône

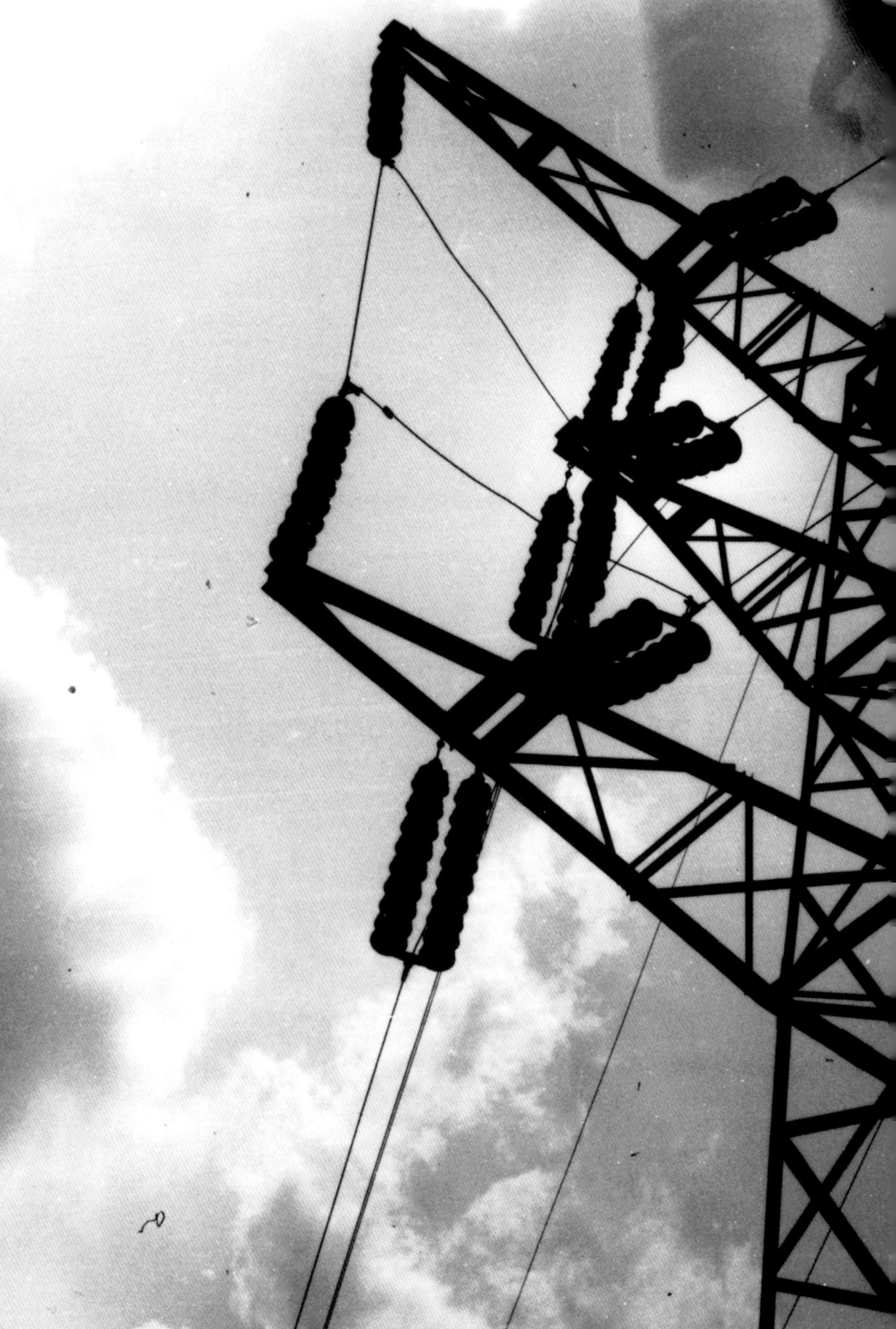

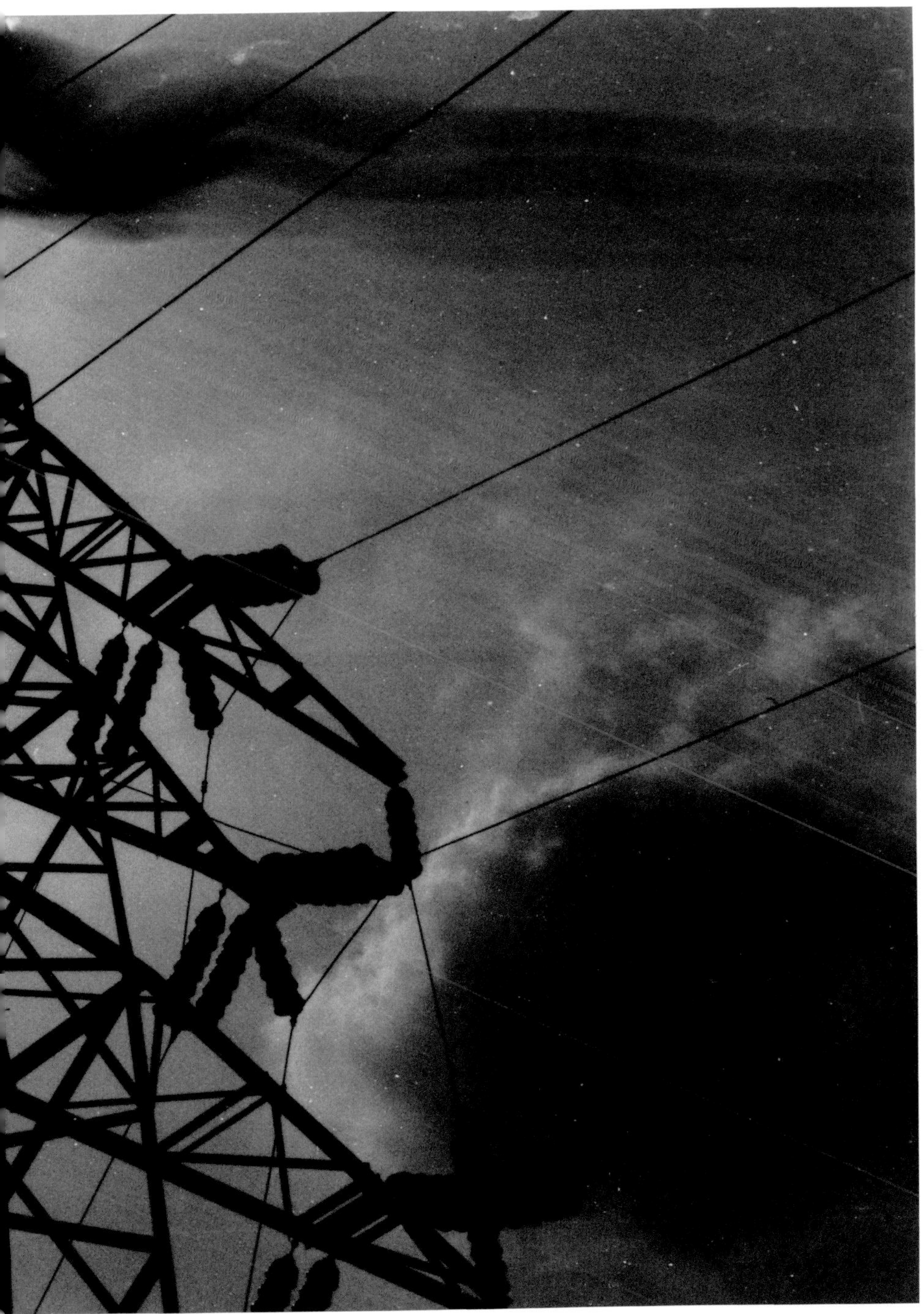

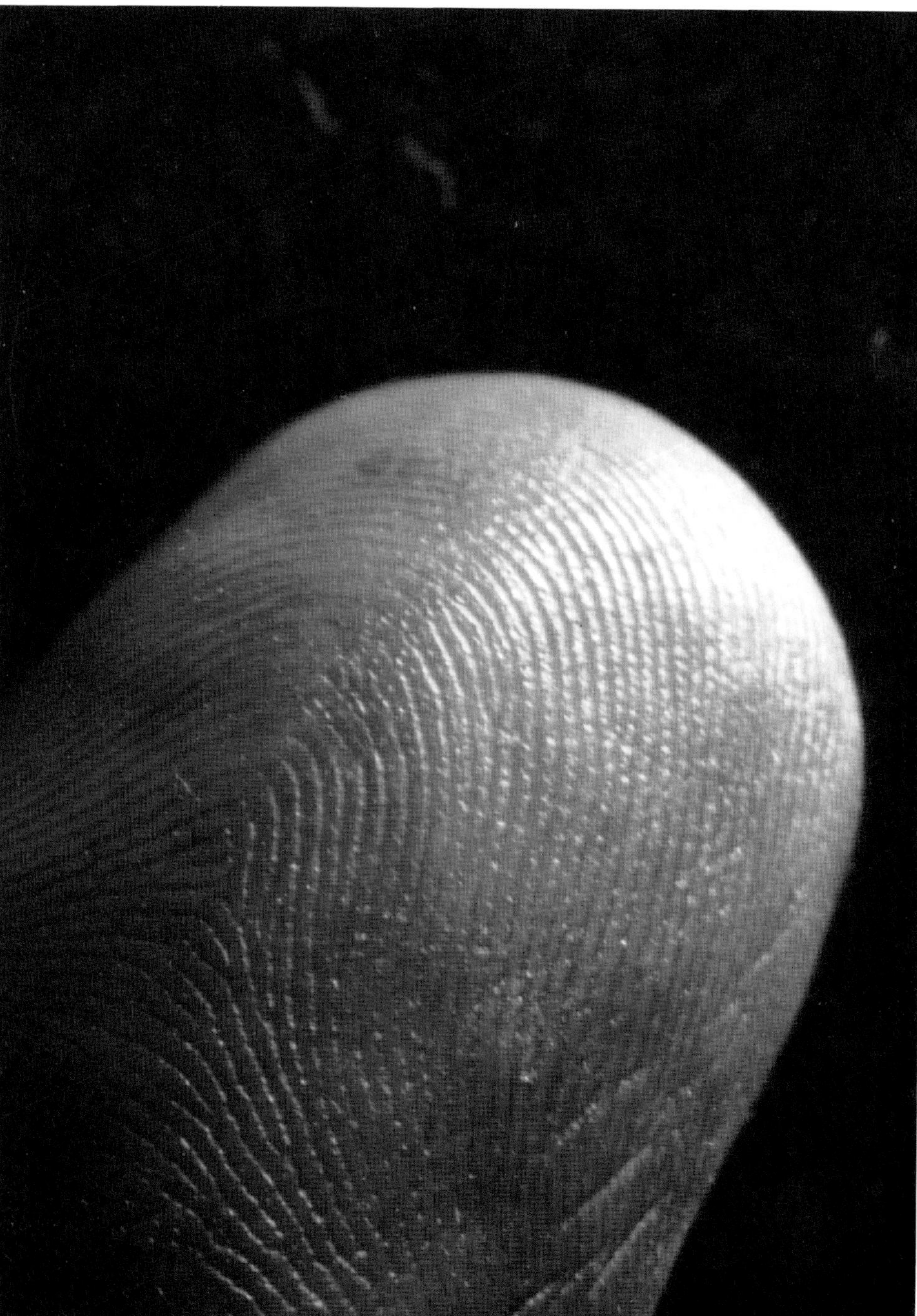

Daumen

Thumb

Pouce

Gipsfuß

Foot in plaster cast

Pied dans le plâtre

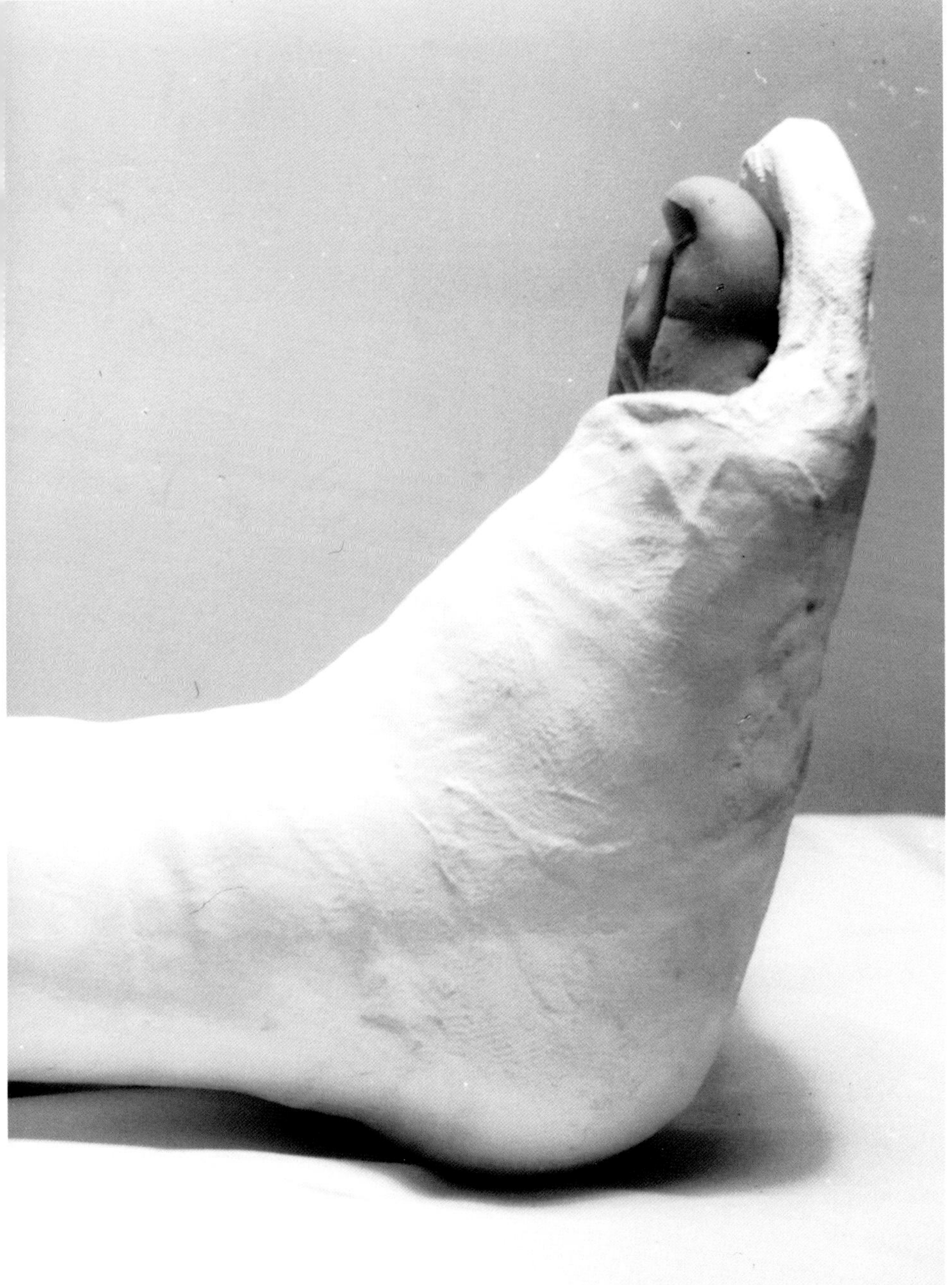

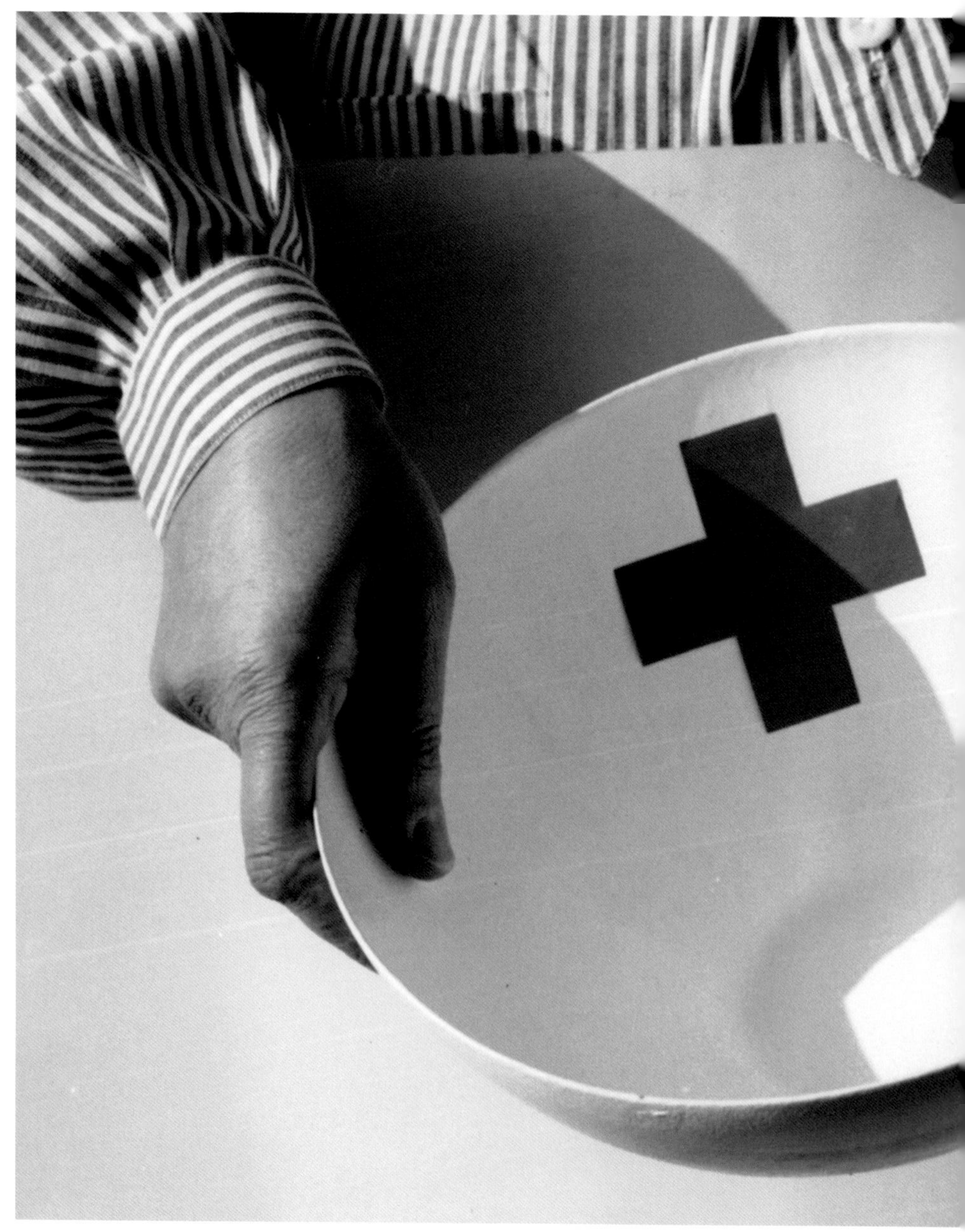

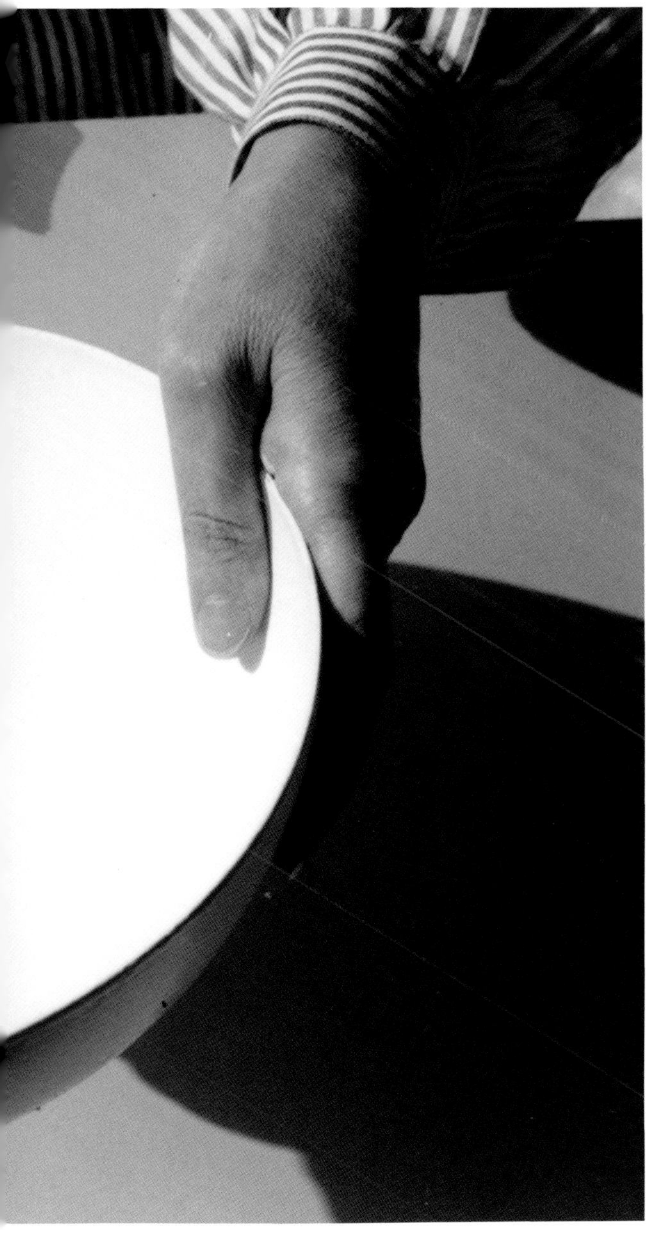

Schüssel

Bowl

Cuvette

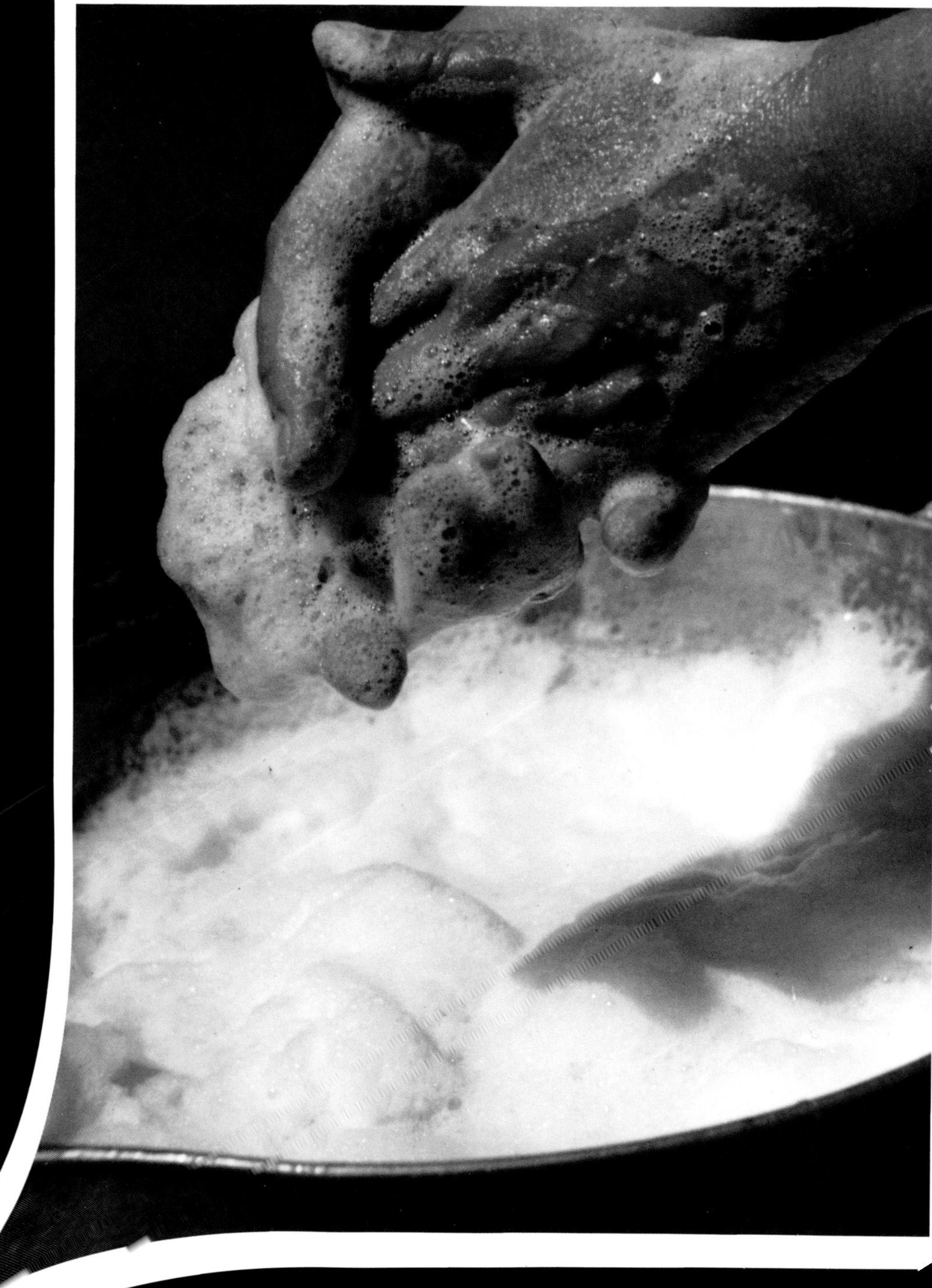

Waschschaum

Suds

Mousse

94/95

Schreibmaschine

Typewriter

Machine à écrire

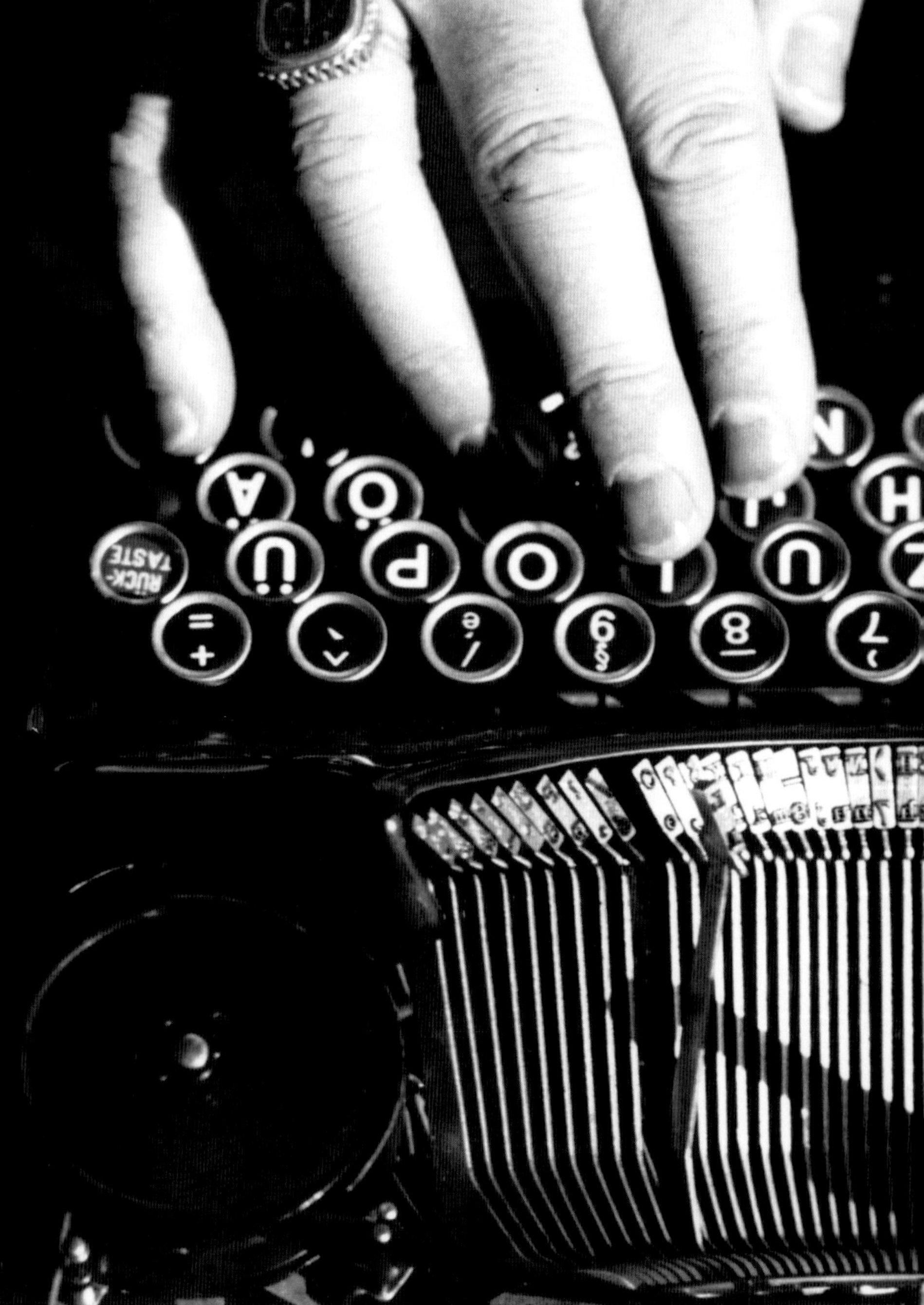

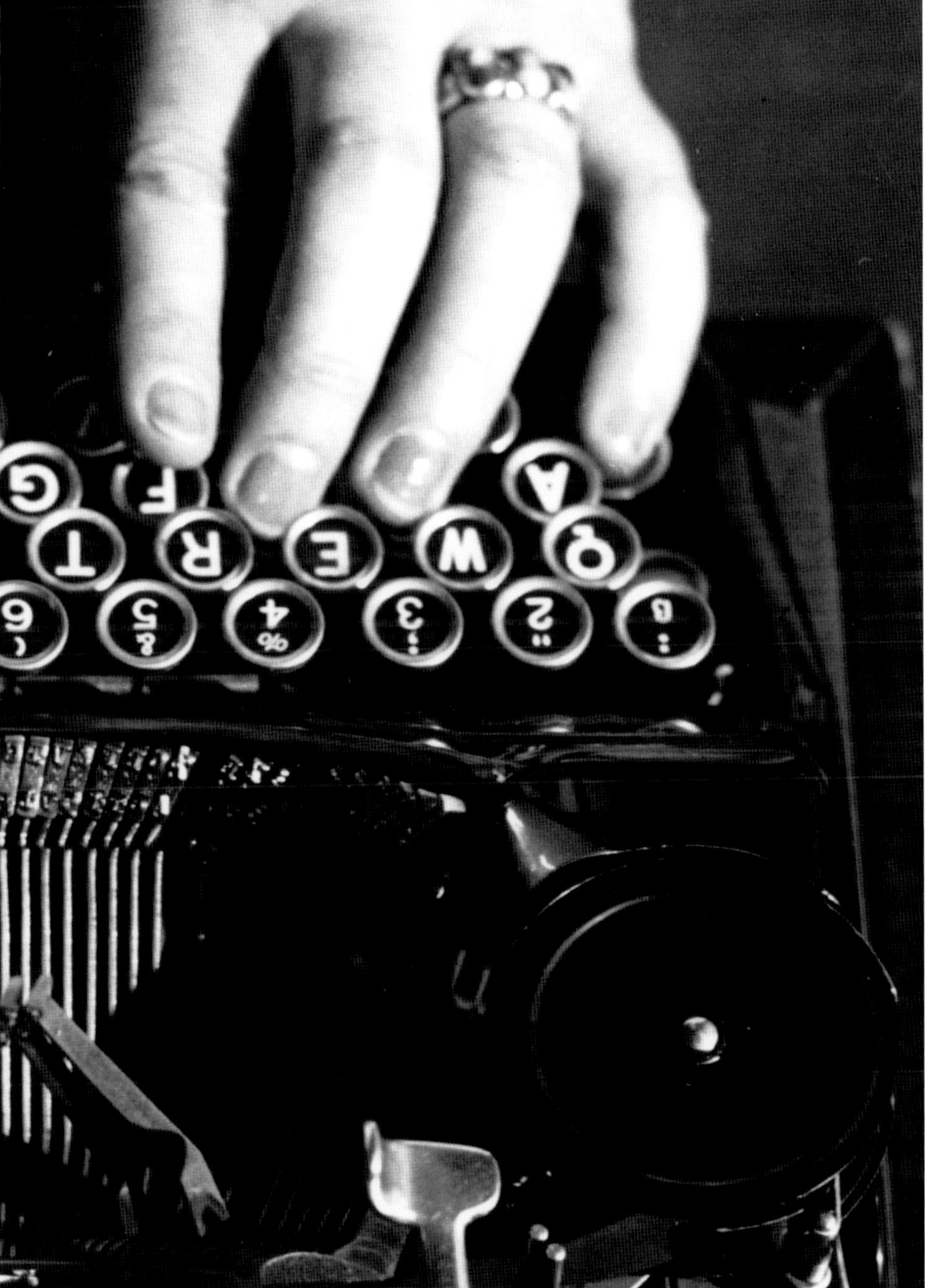

Büroklammer

Paperclip

Trombone

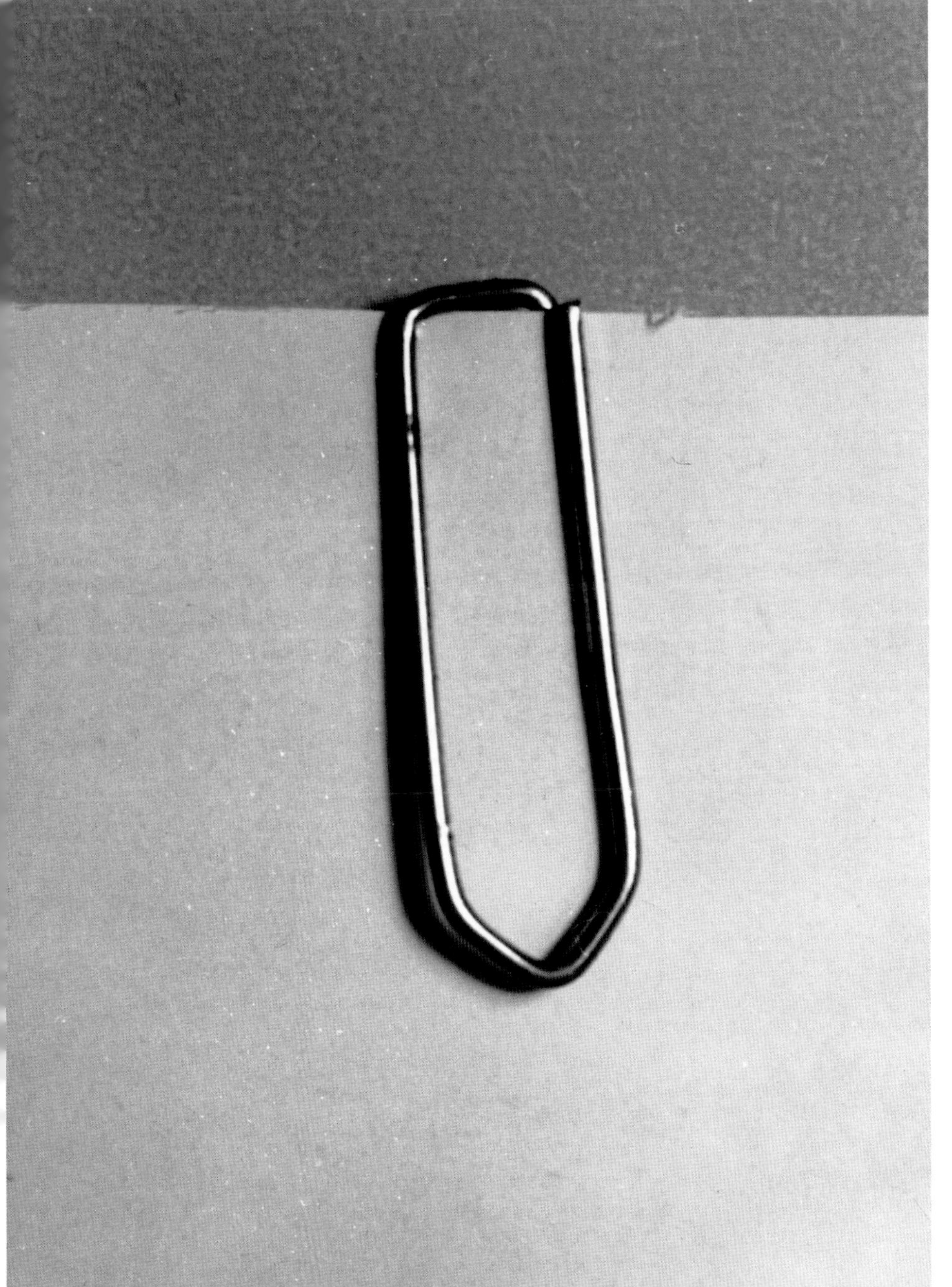

Bandmaß

Measuring tape

Mètre ruban

100/101

Schneider

Taylor

Tailleur

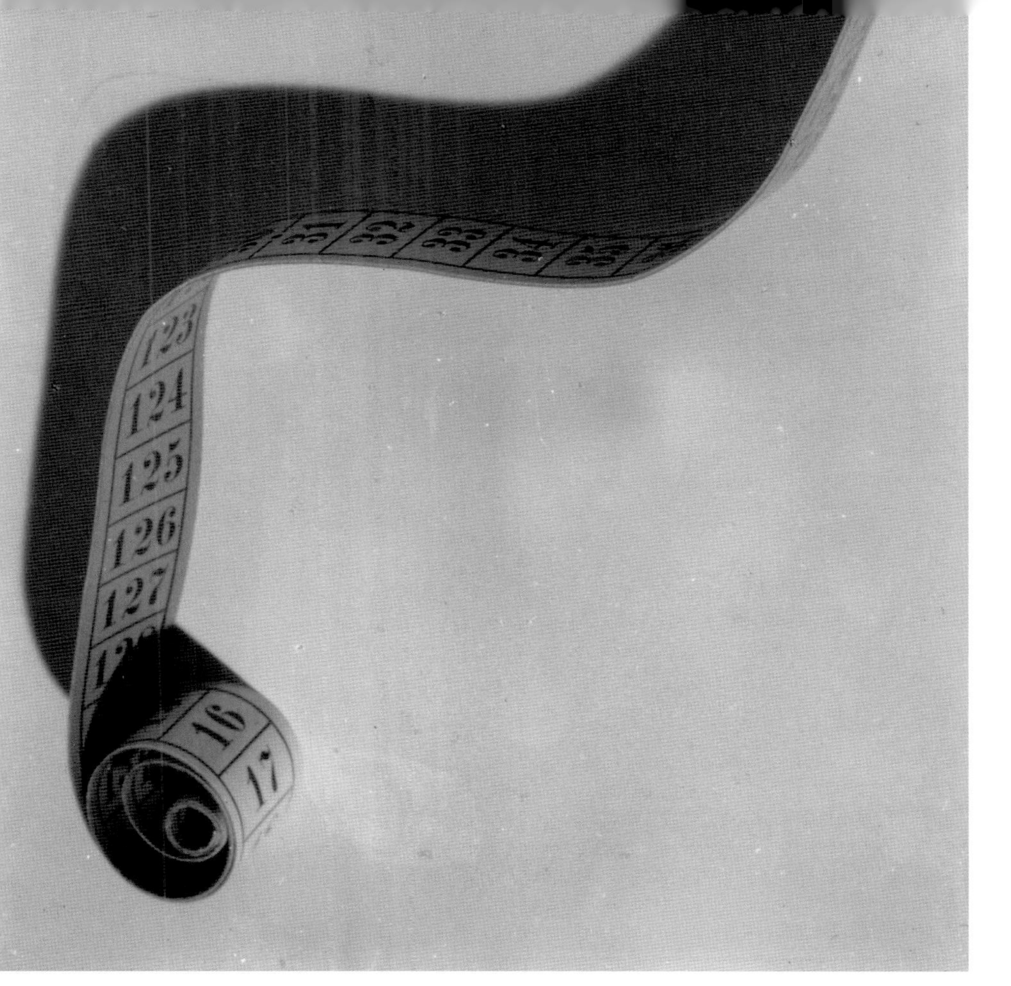

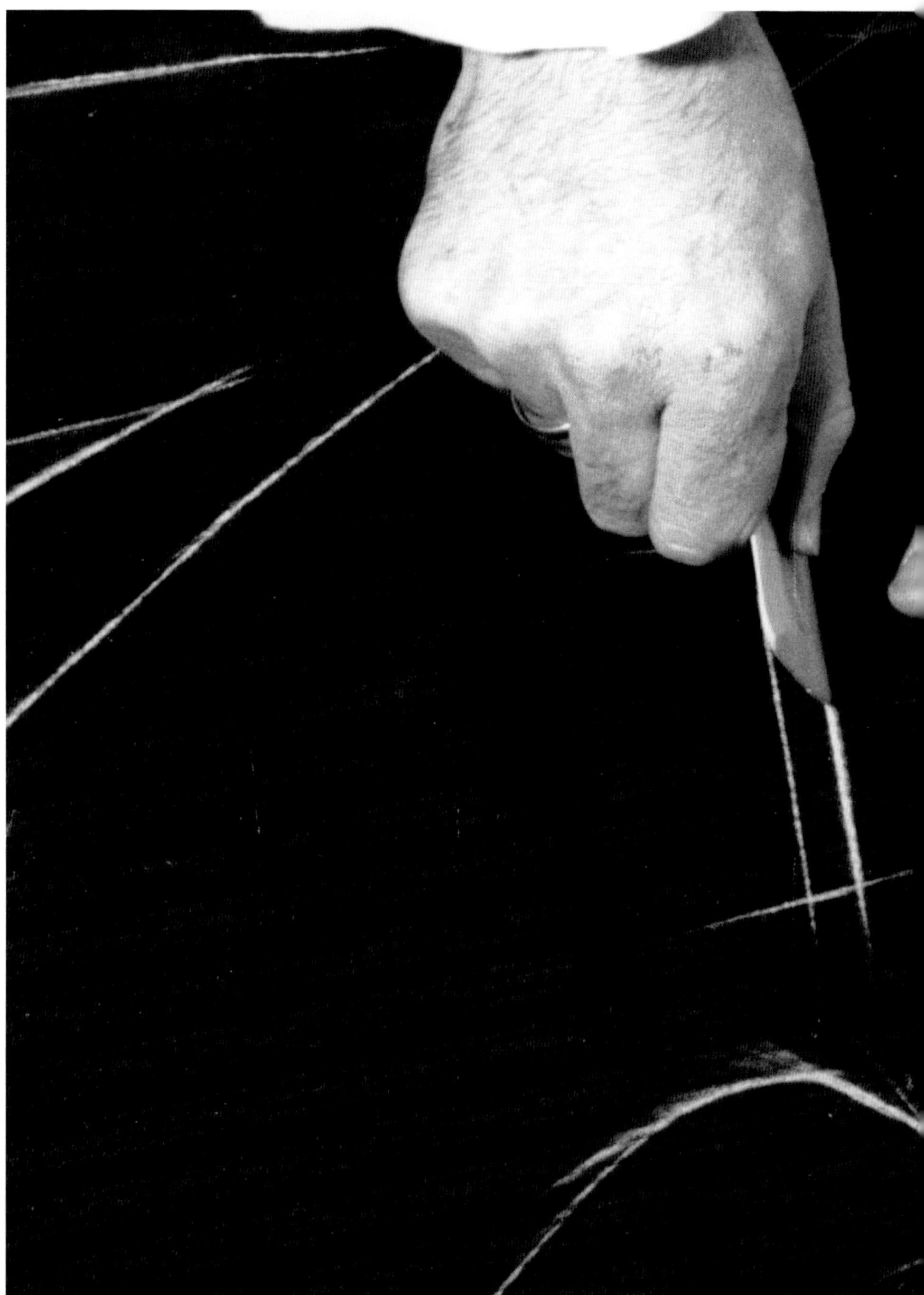

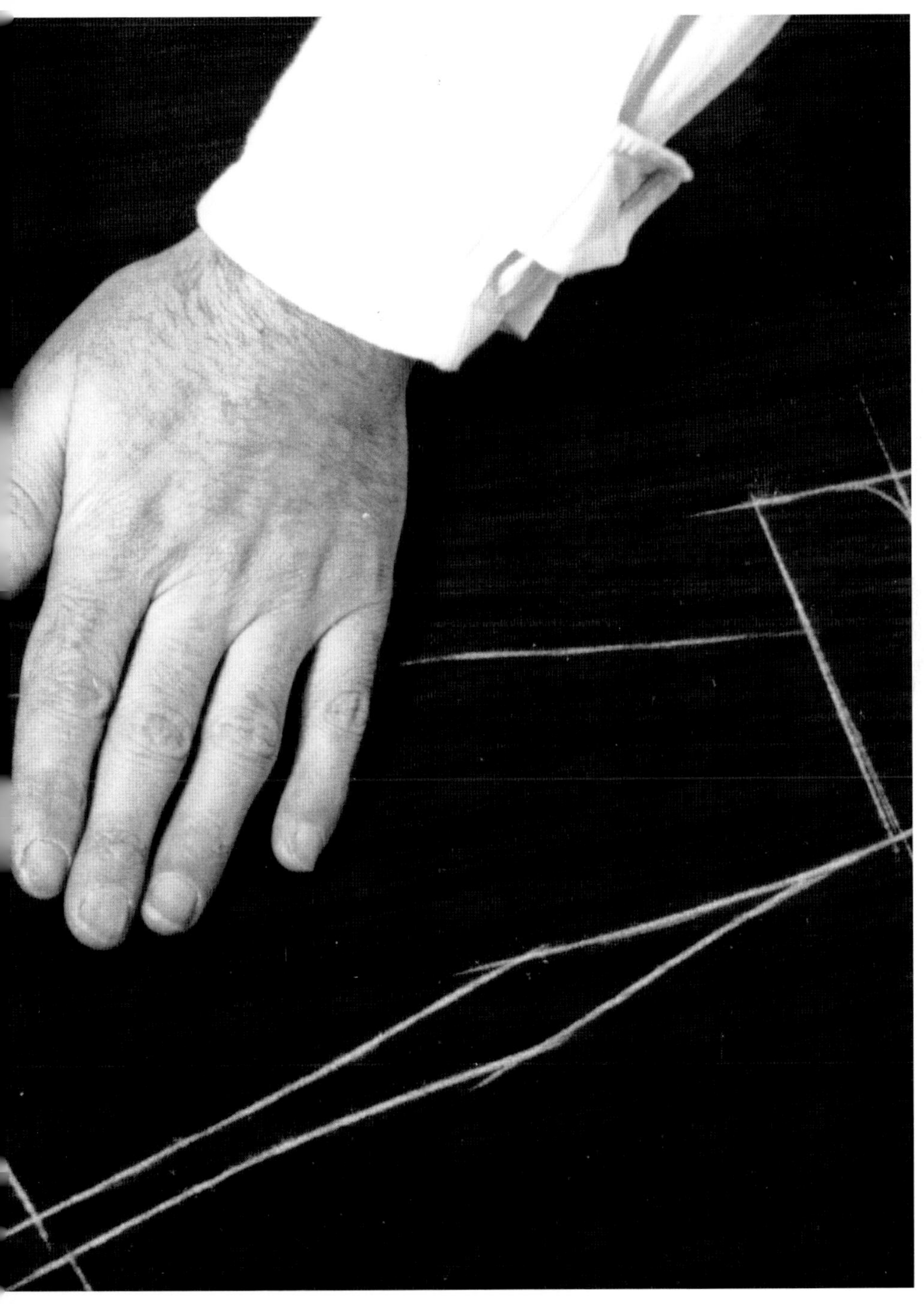

Nadel und Faden

Needle and thread

Aiguille et fil

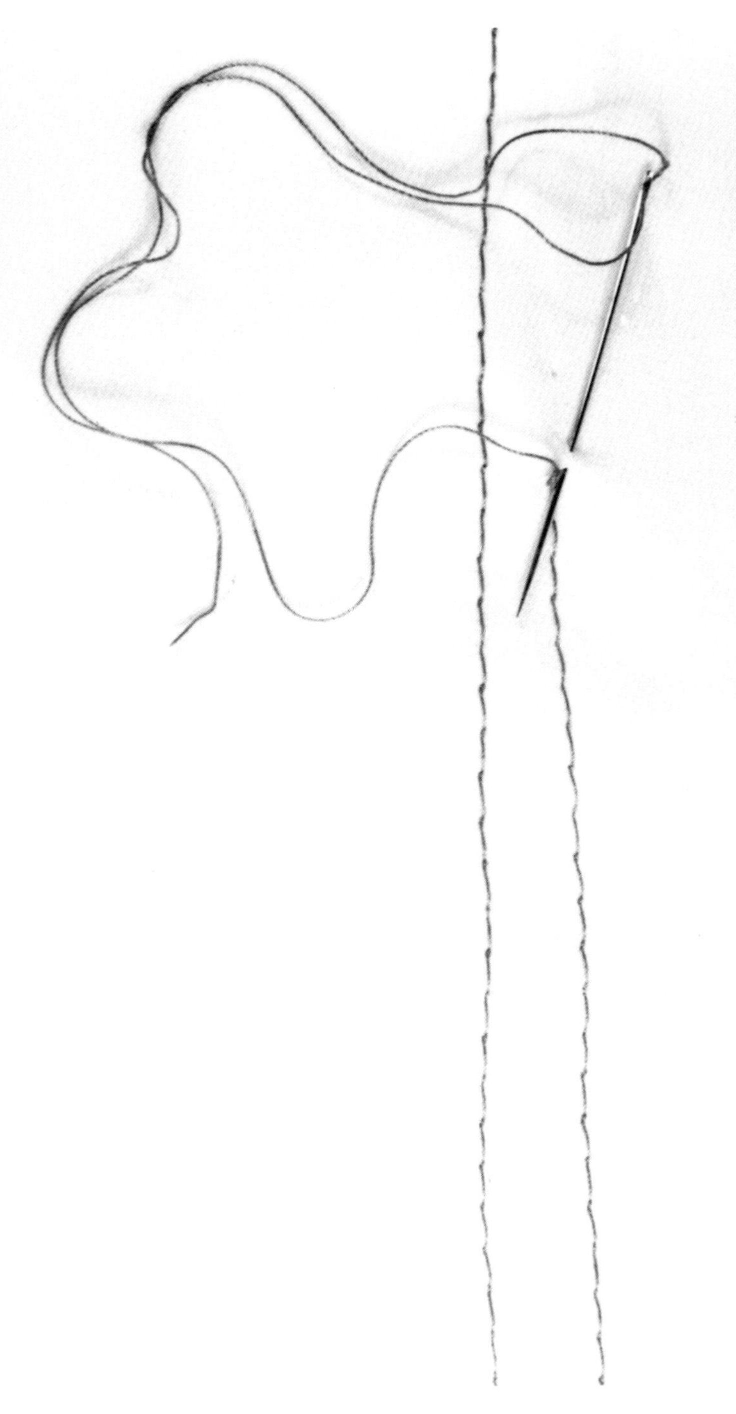

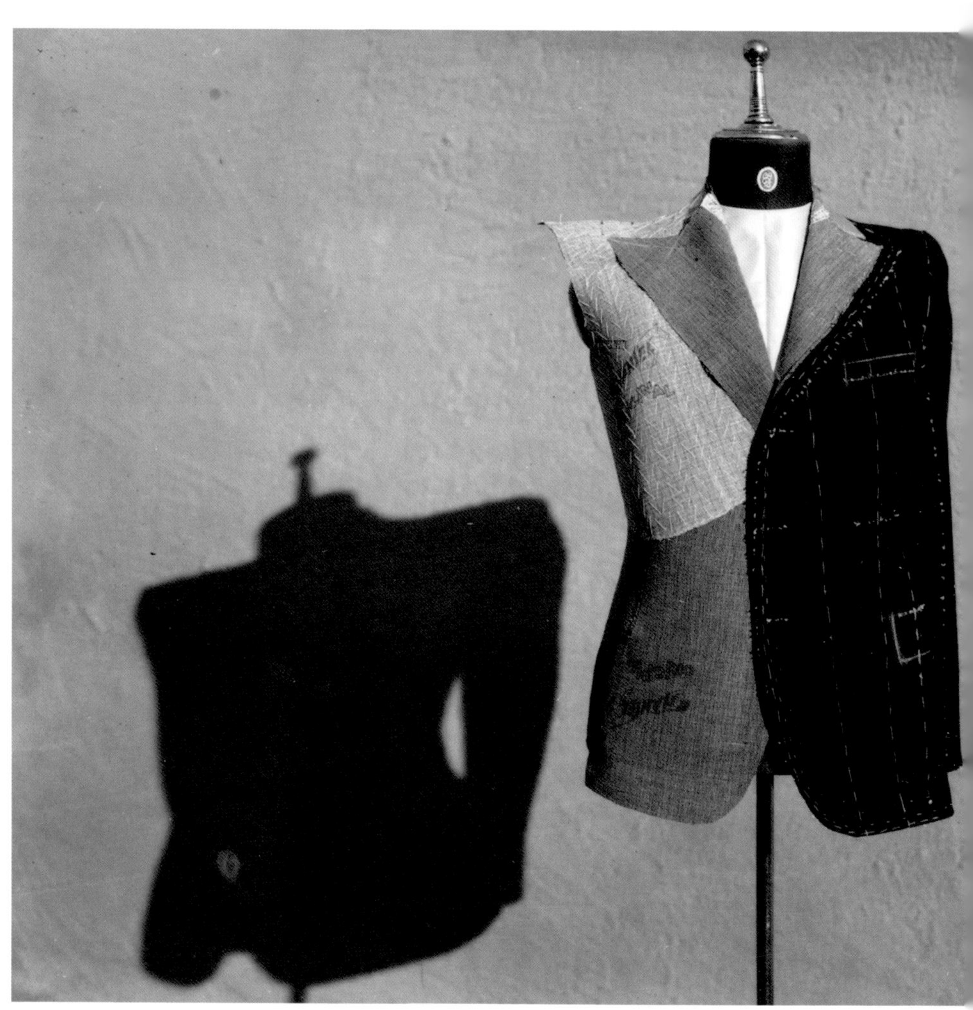

Kleiderpuppe

Mannequin

Mannequin

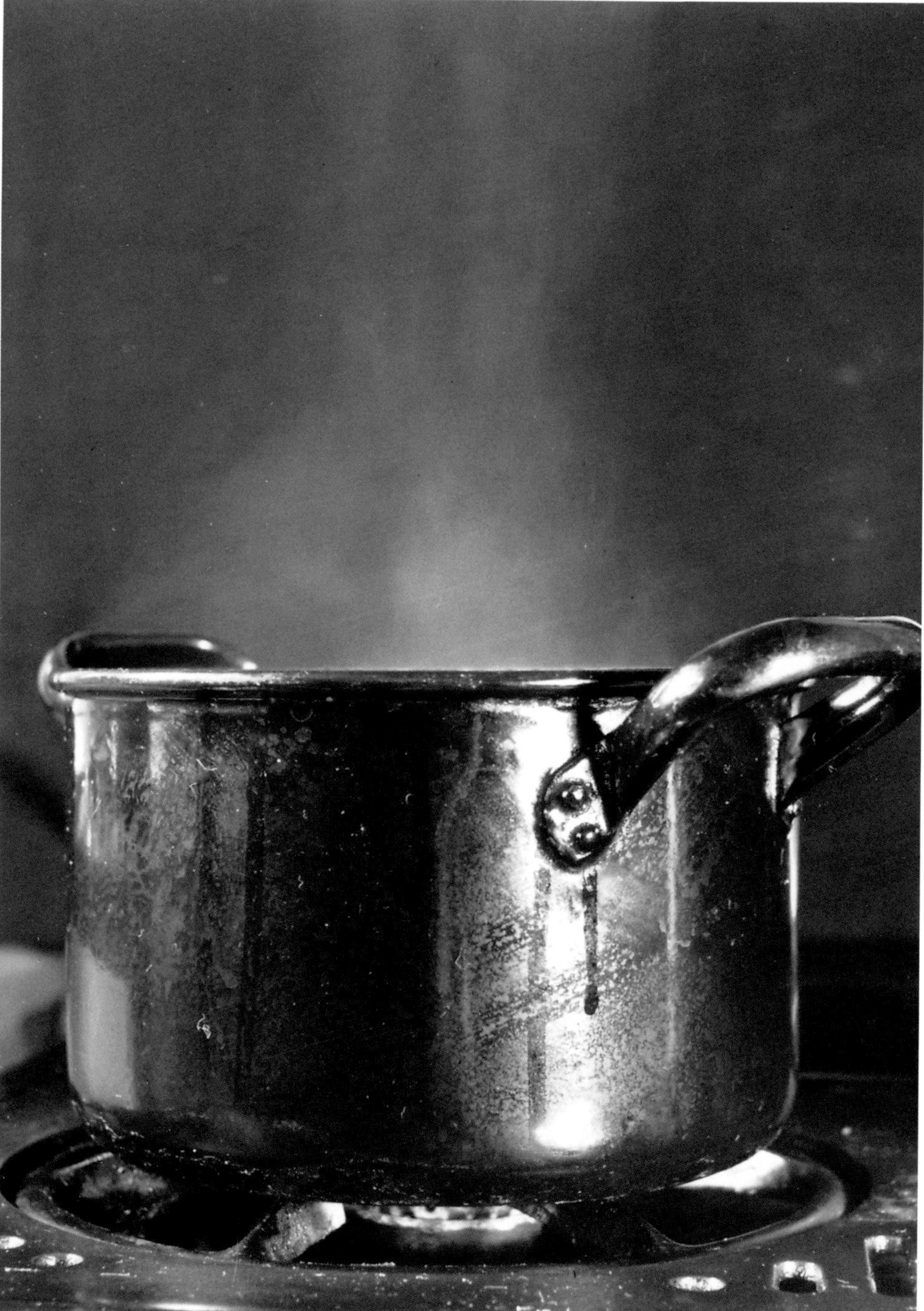

Kochend

Boiling

Bouillant

Topf und Ei

Pot and egg

Casserole et œuf

110/111

Zwei Eier

Two eggs

Deux œufs

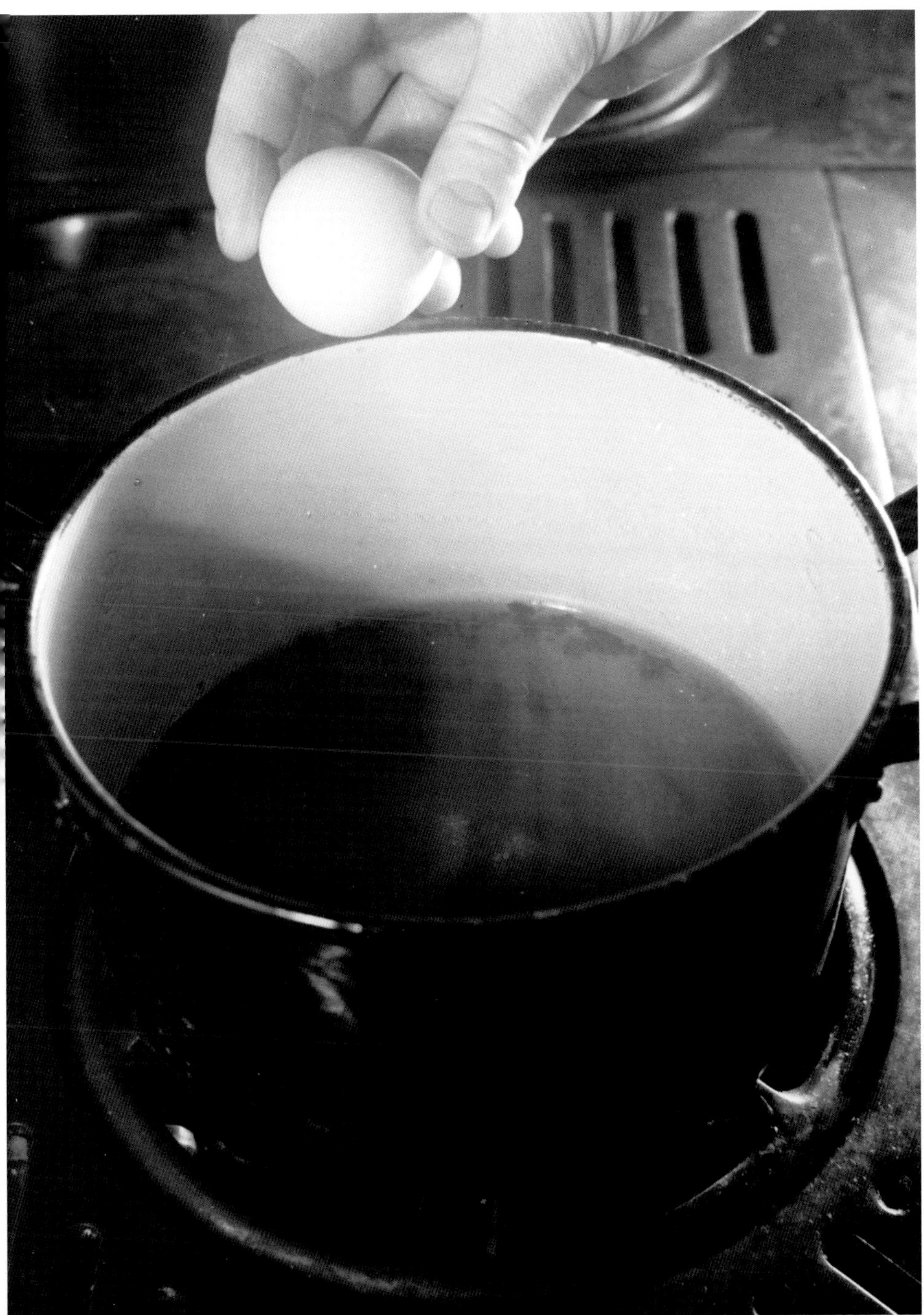

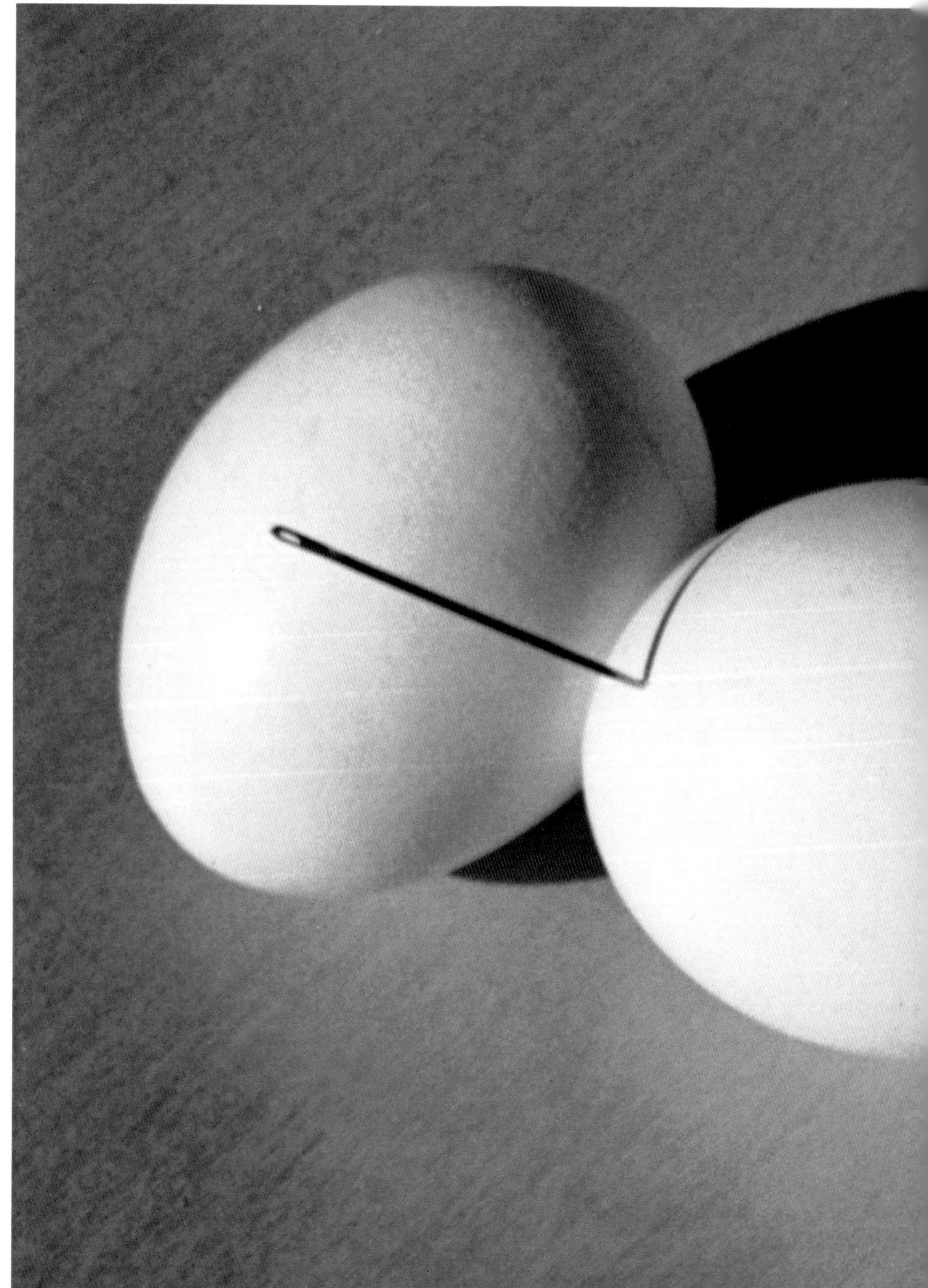

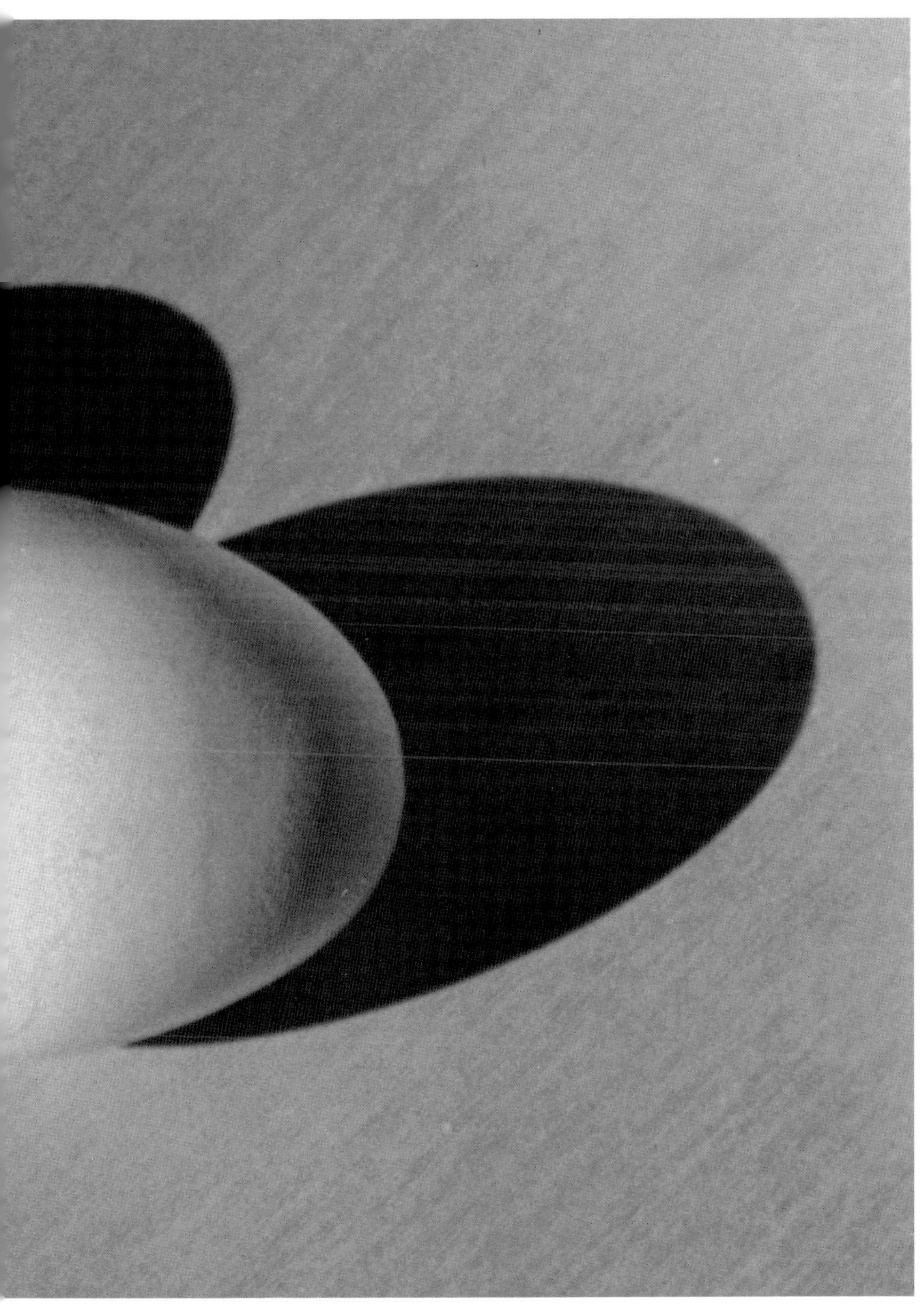

Ei im Glas

Egg in glass

Œuf dans un verre

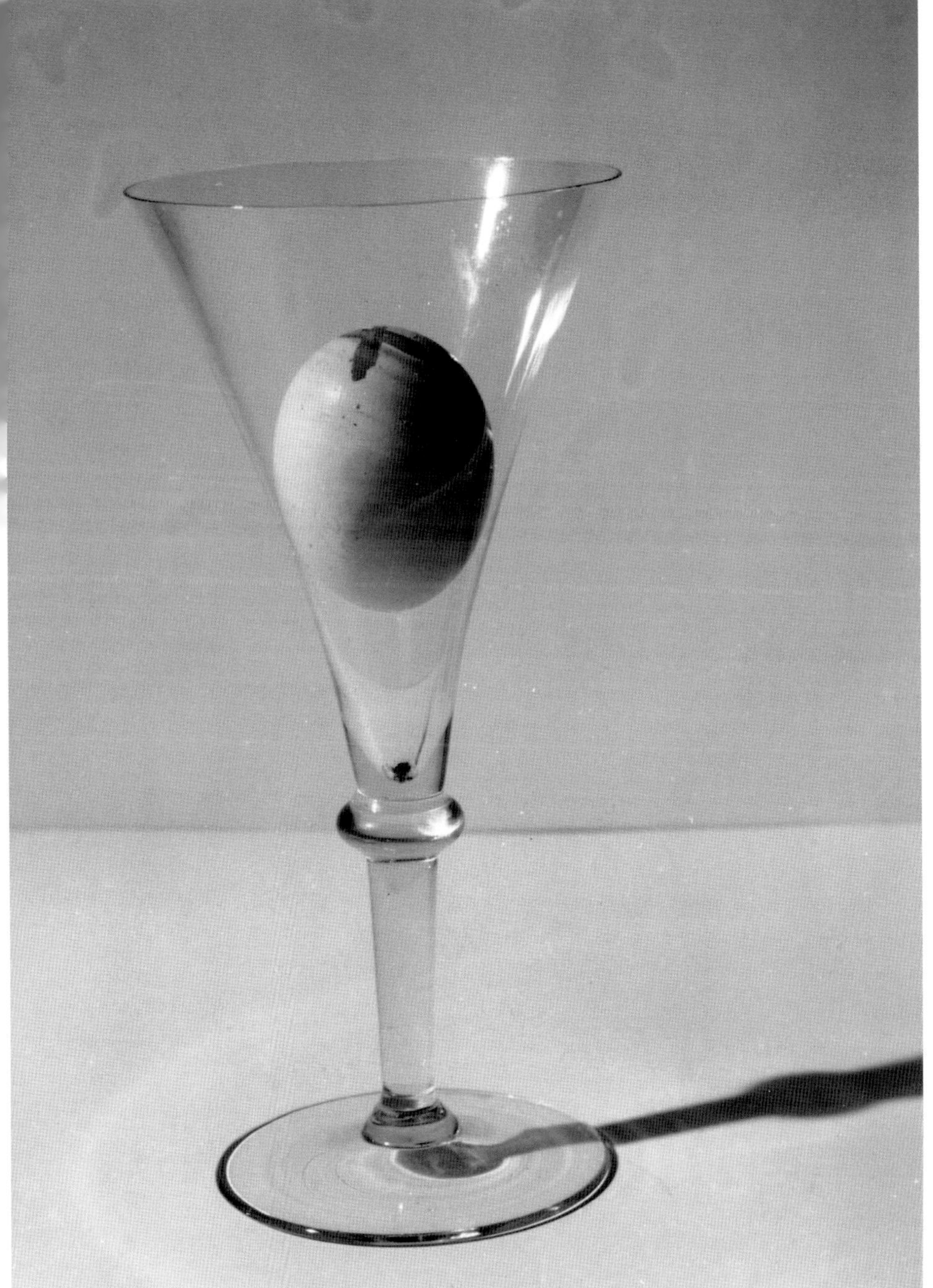

Eischnee

Beaten egg whites

Œufs en neige

116/117

Milchflasche

Milk bottle

Bouteille de lait

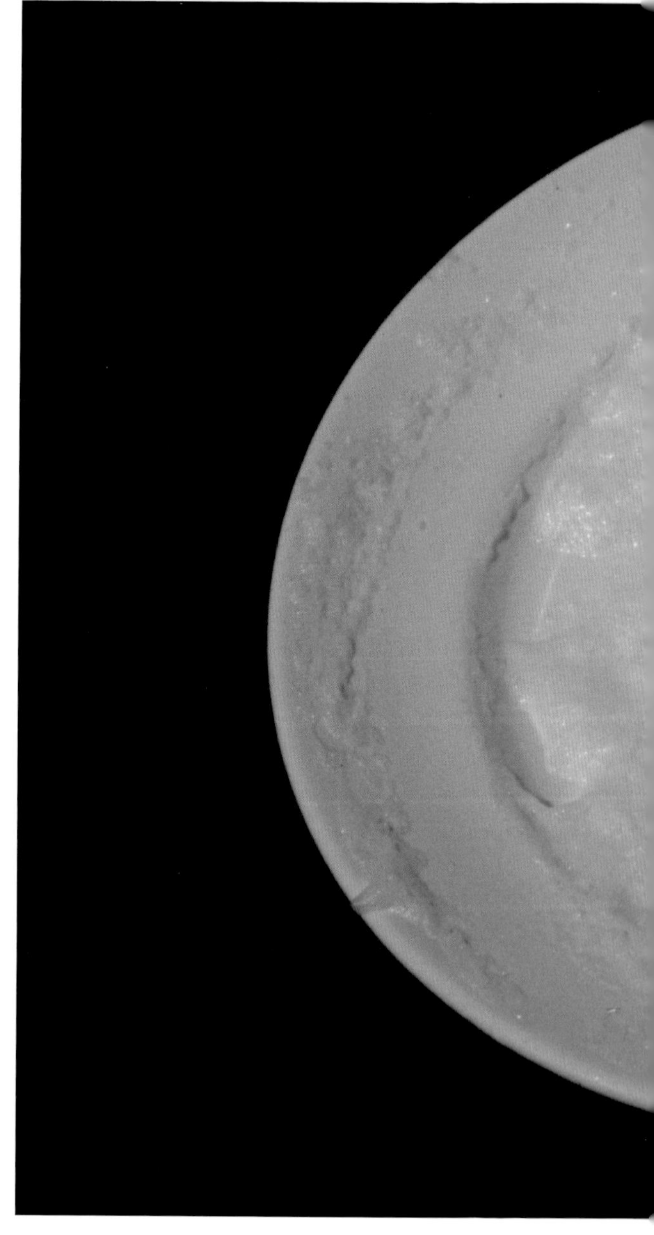

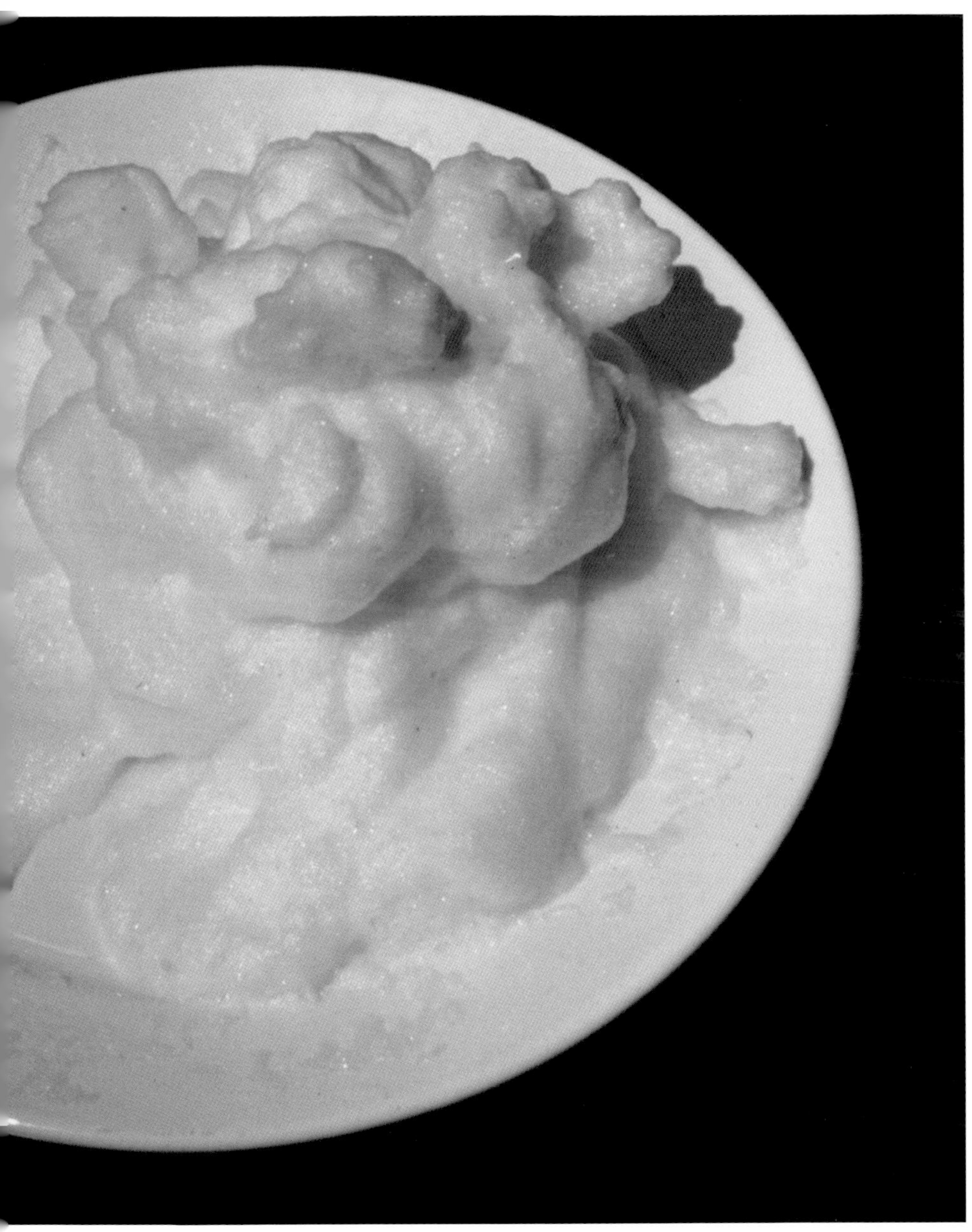

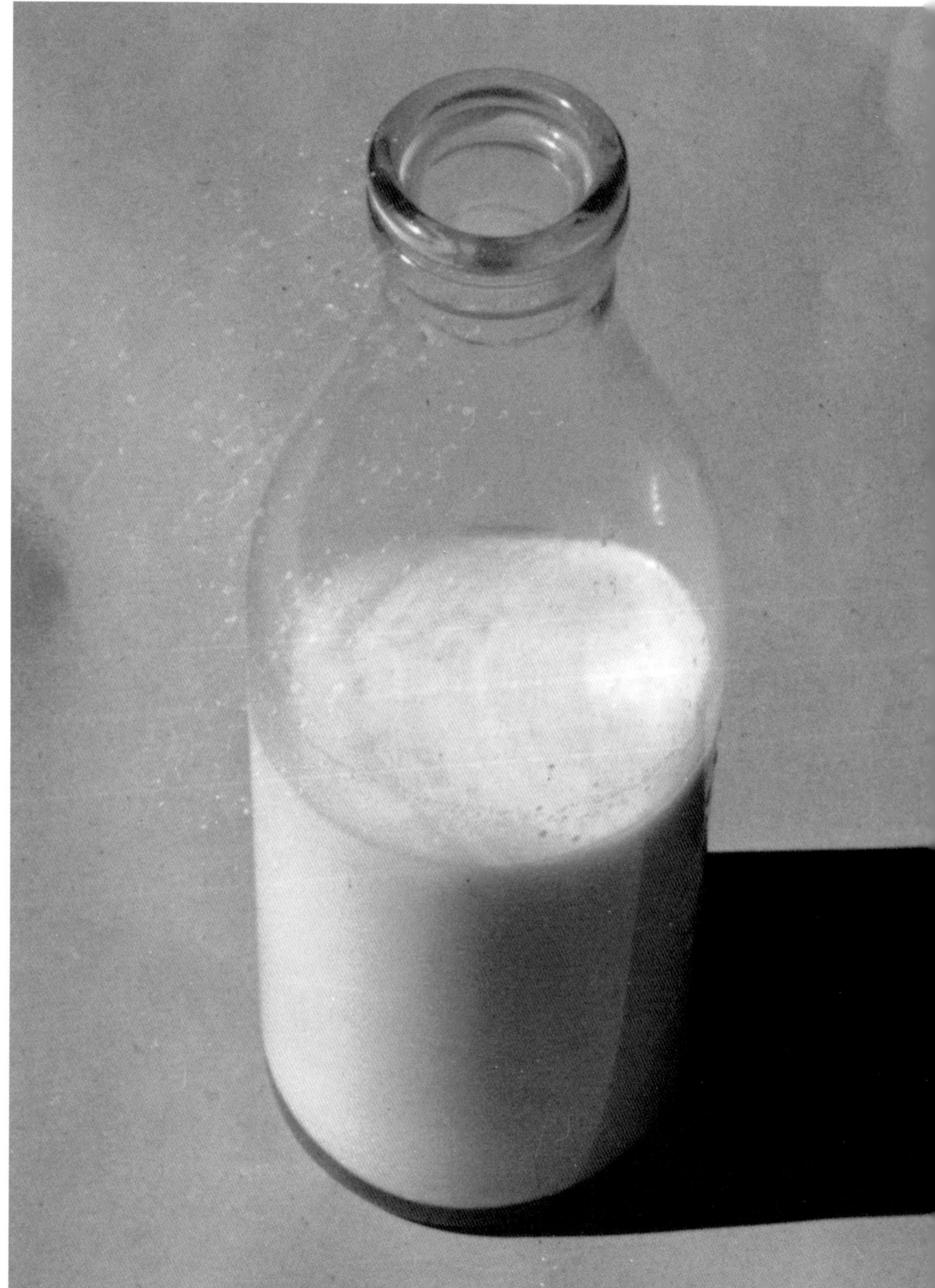

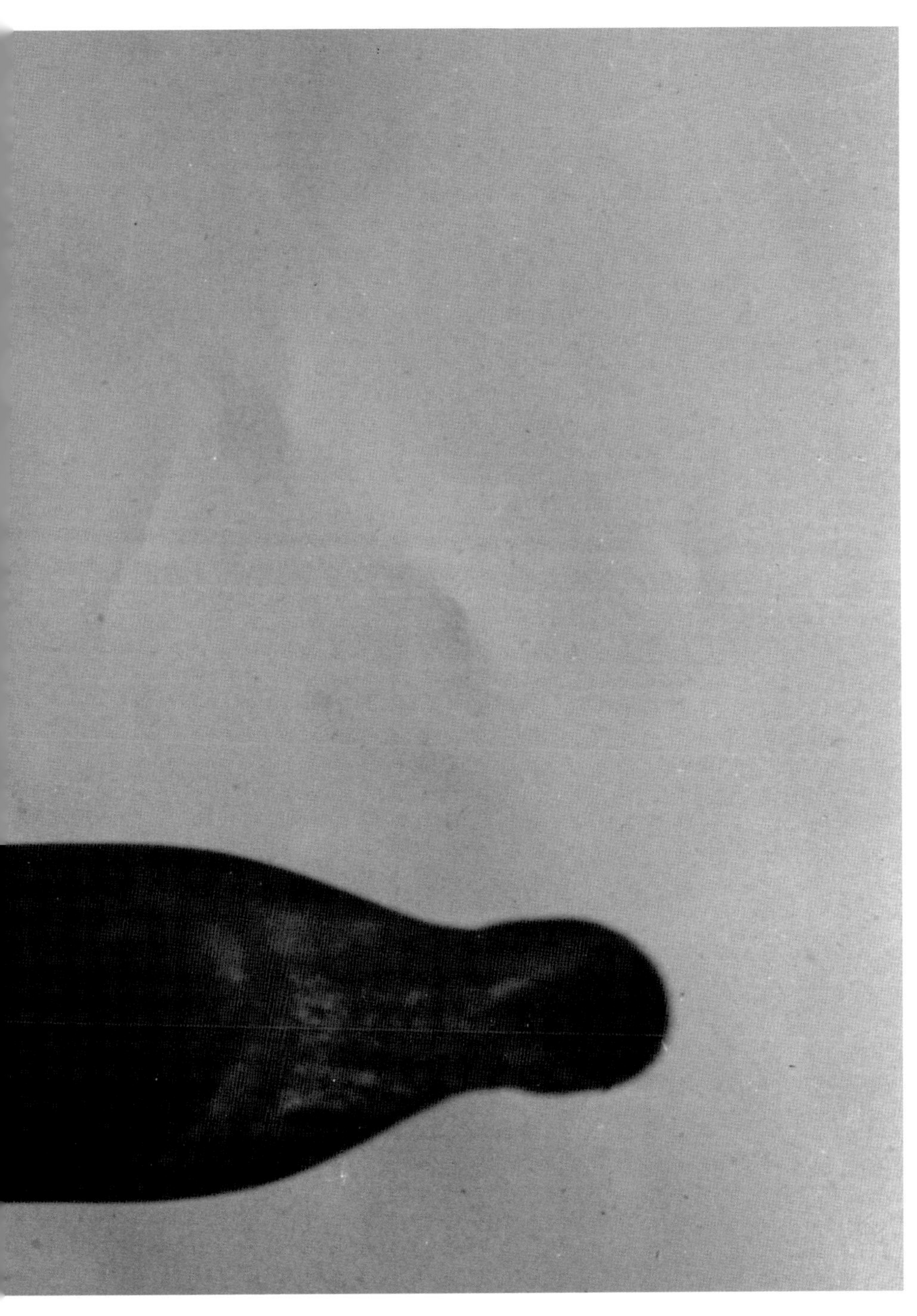

Teig

Dough

Pâte

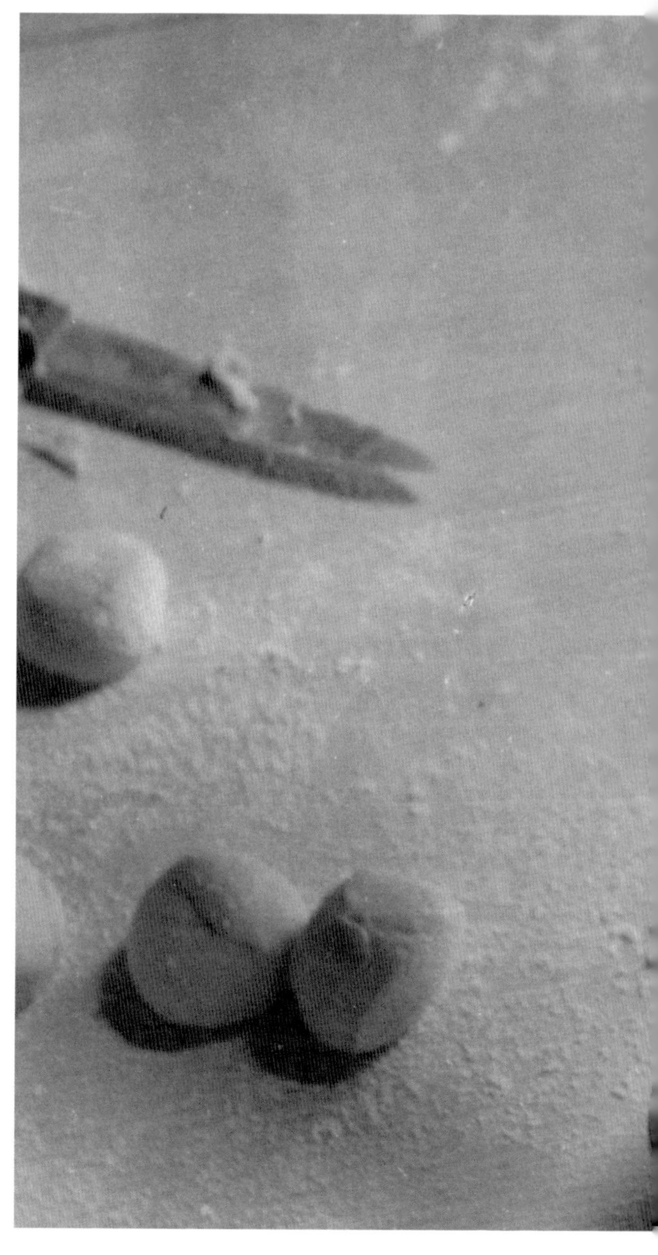

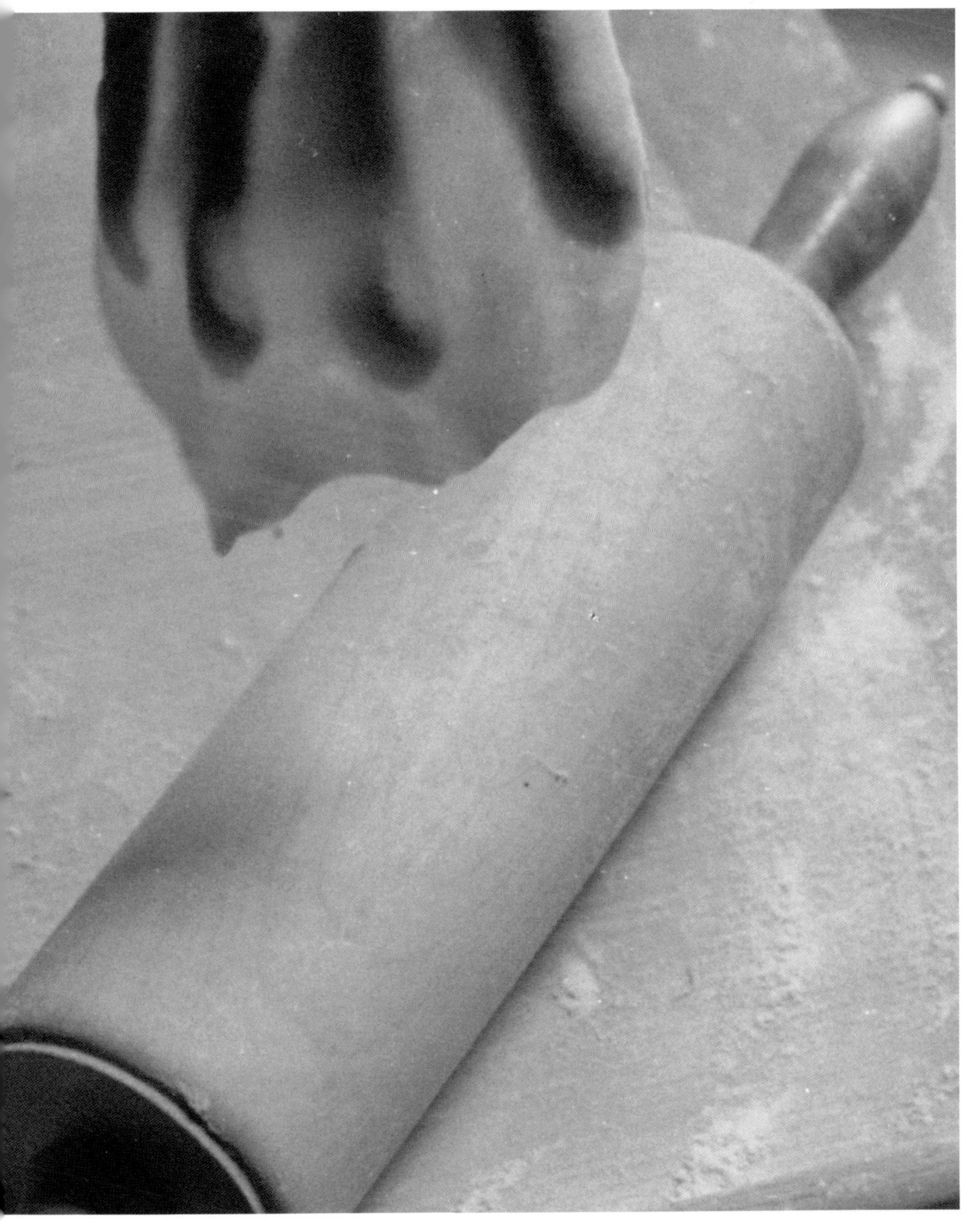

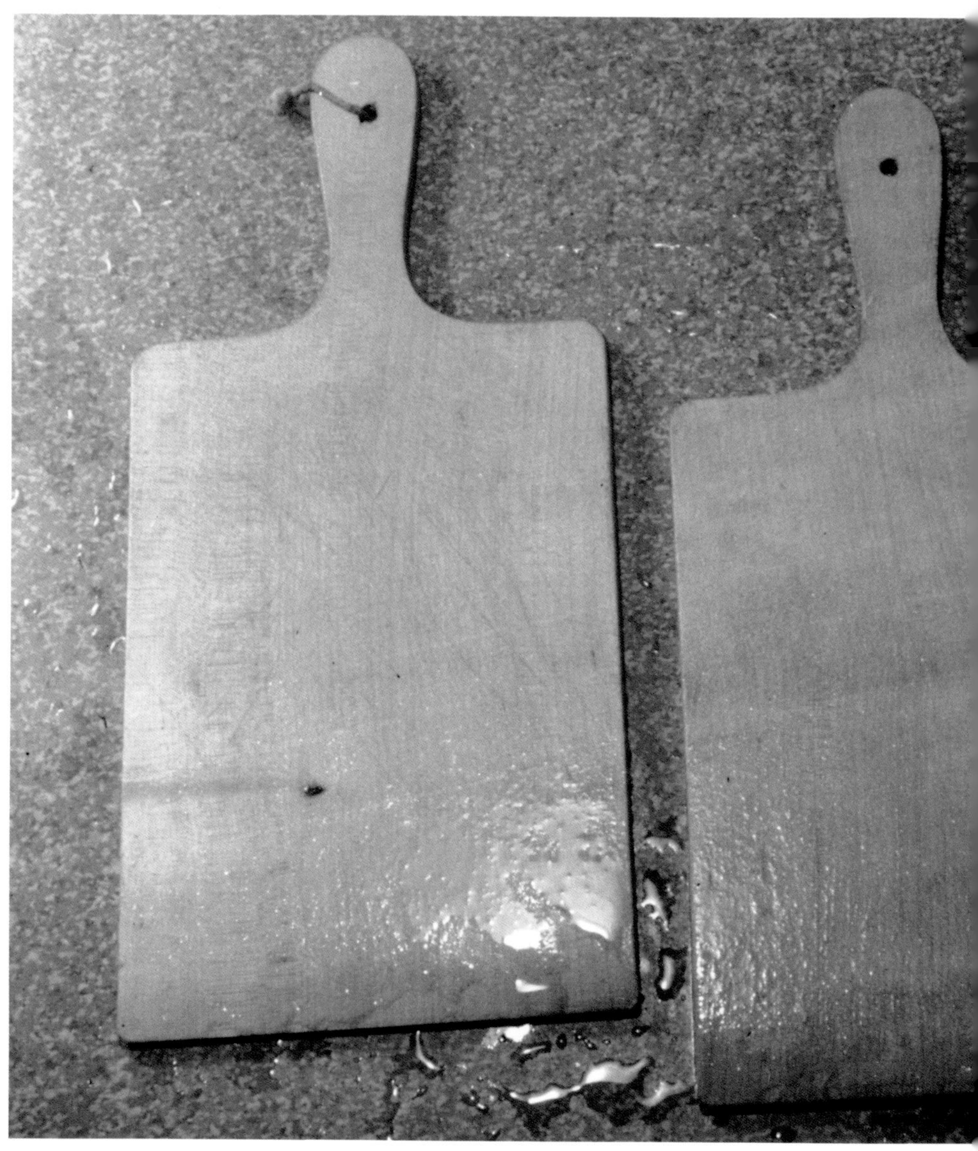

Spätzlebretter

Spaetzle boards

Planches à spätzle

Gefüllte Brötchen

Sandwich rolls

Petits pains garnis

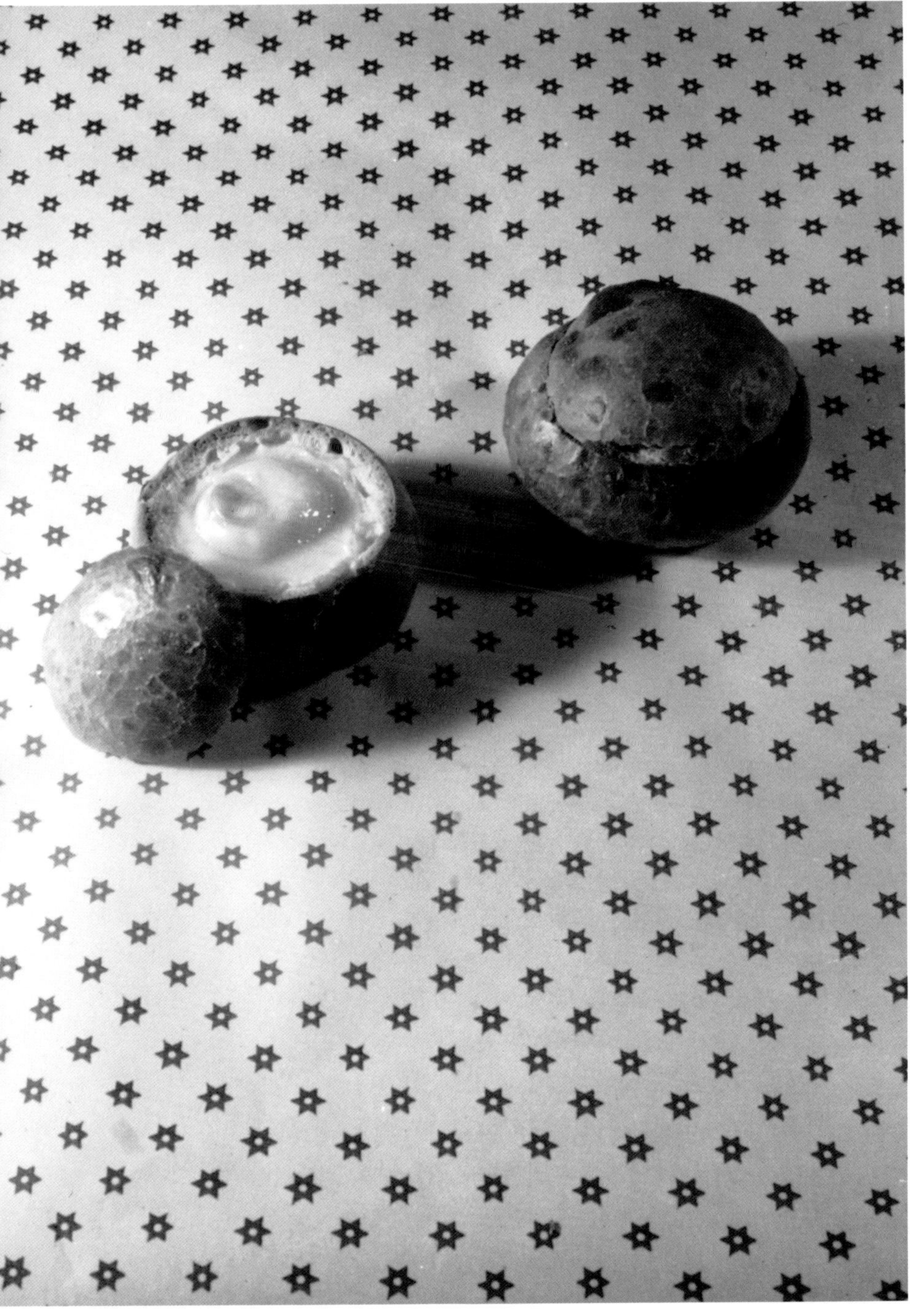

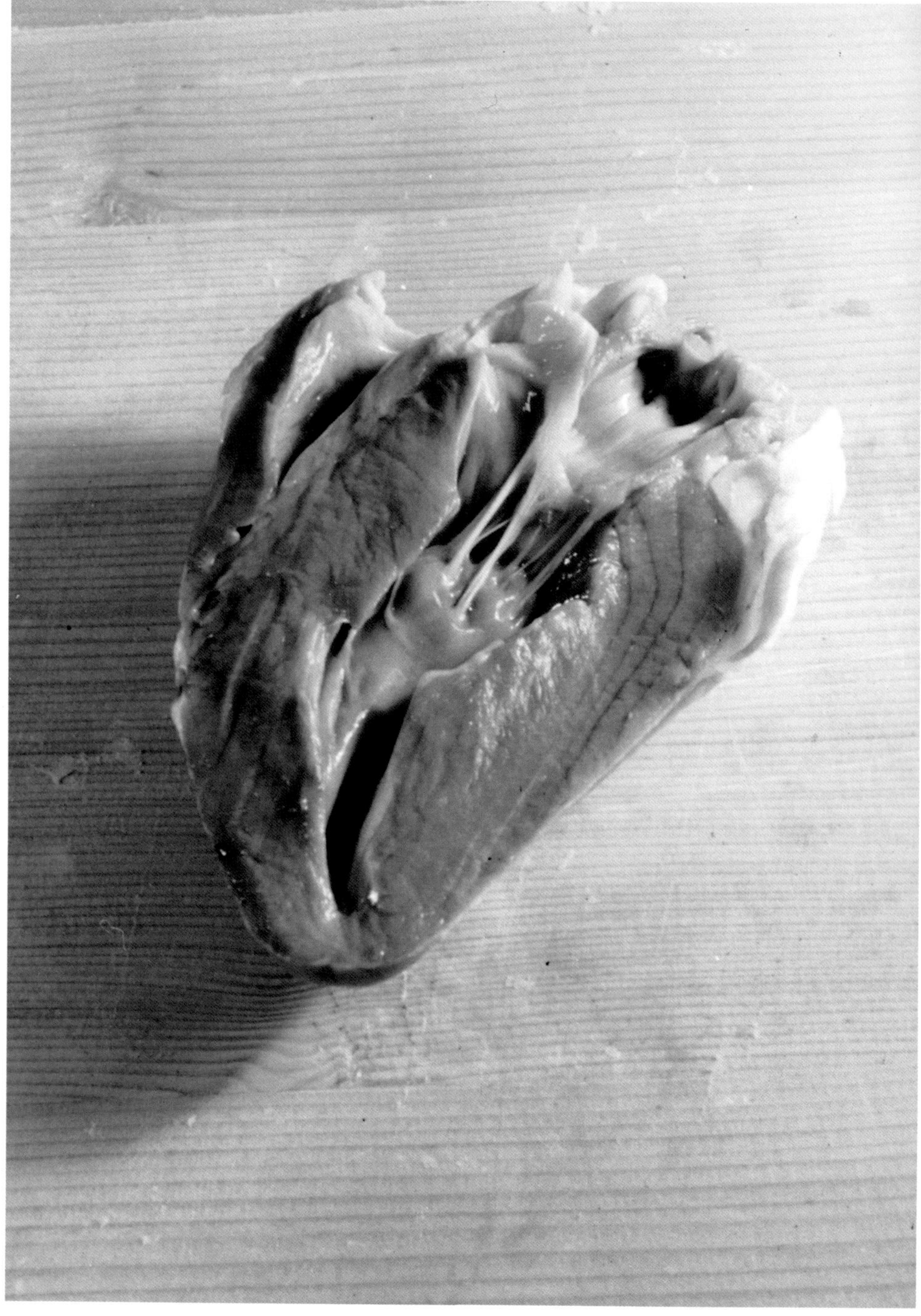

Herz

Heart

Cœur

126/127

Geflügel

Poultry

Volaille

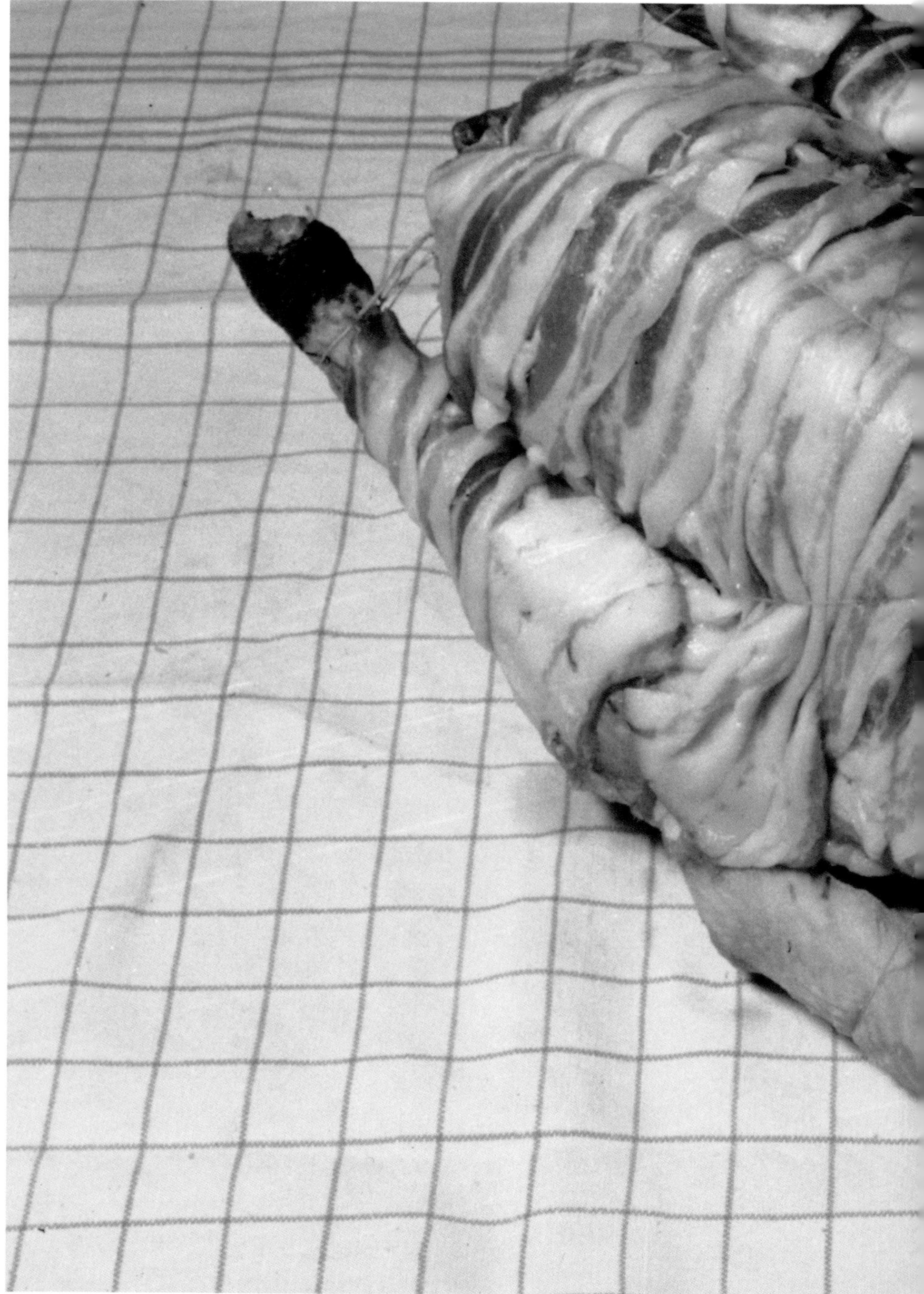

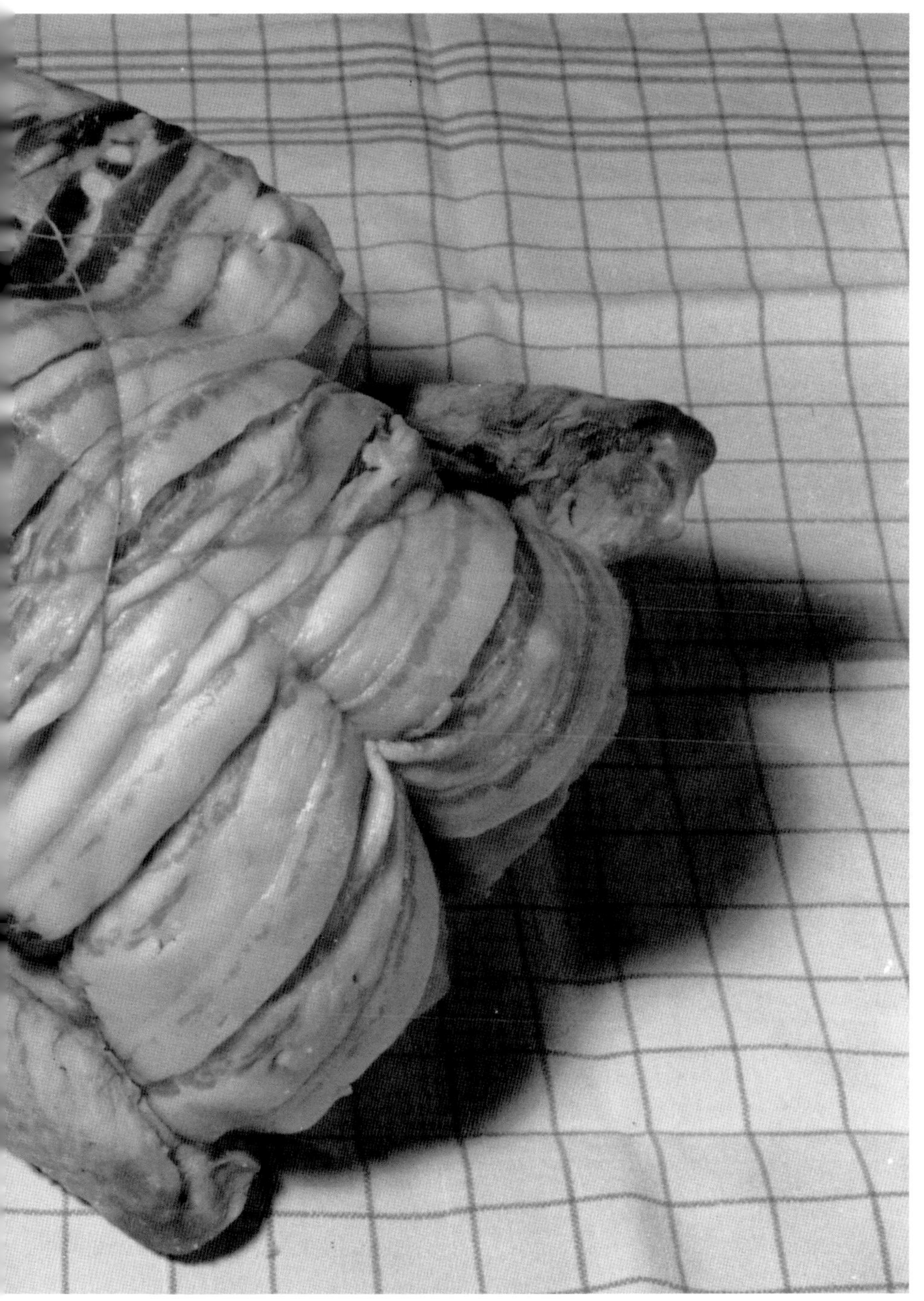

Erbsenschoten

Peapods

Cosses de petits pois

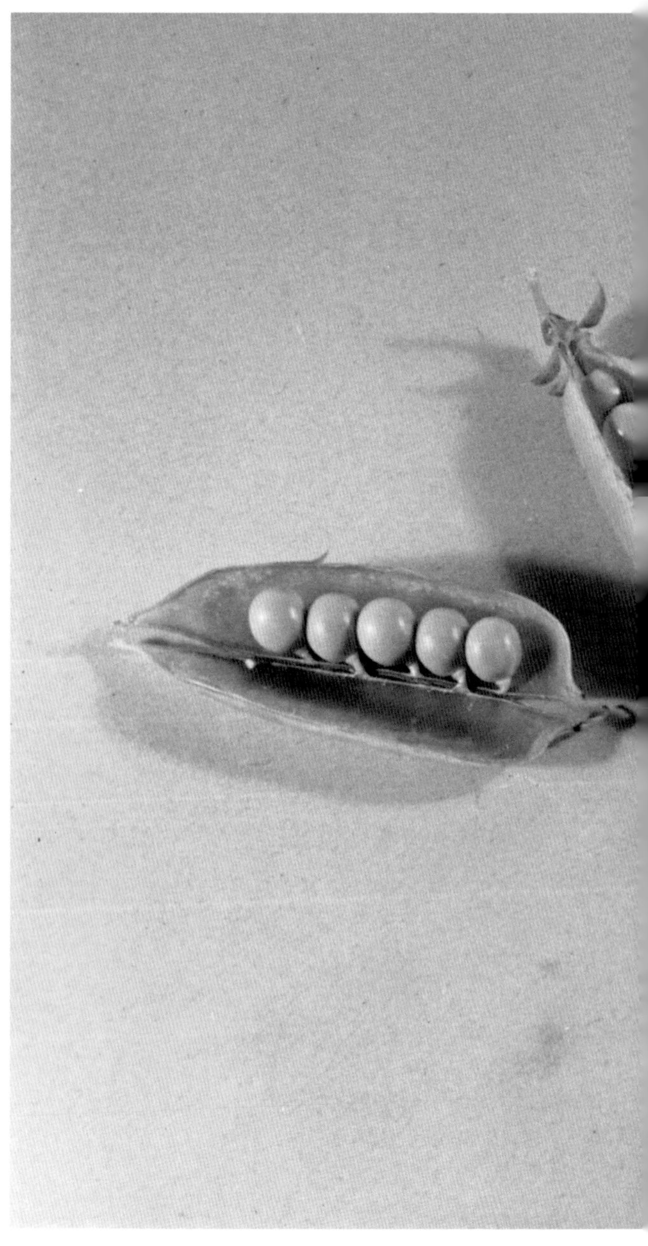

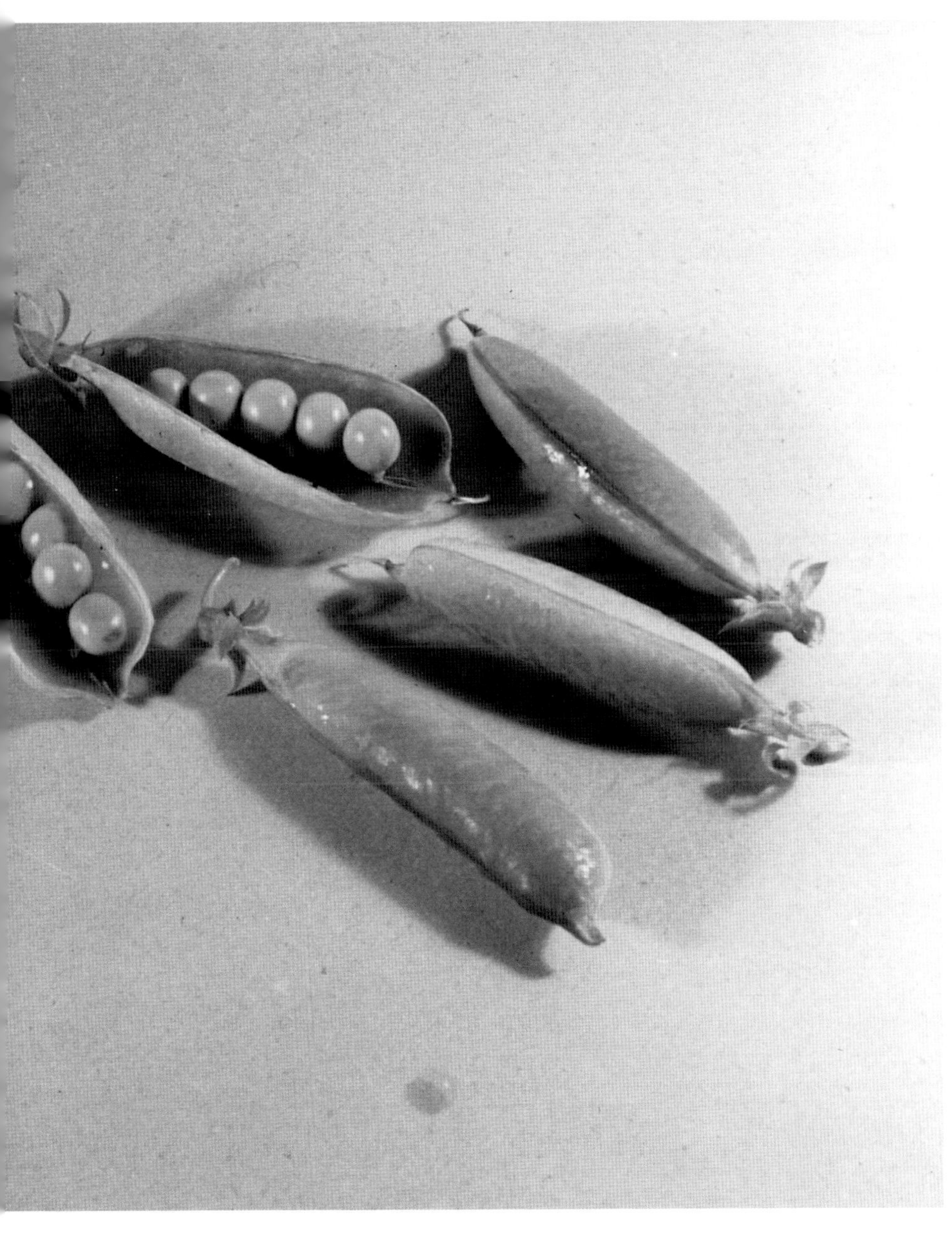

Dosenerbsen

Canned peas

Petits pois en conserve

132/133

Hering

Herring

Hareng

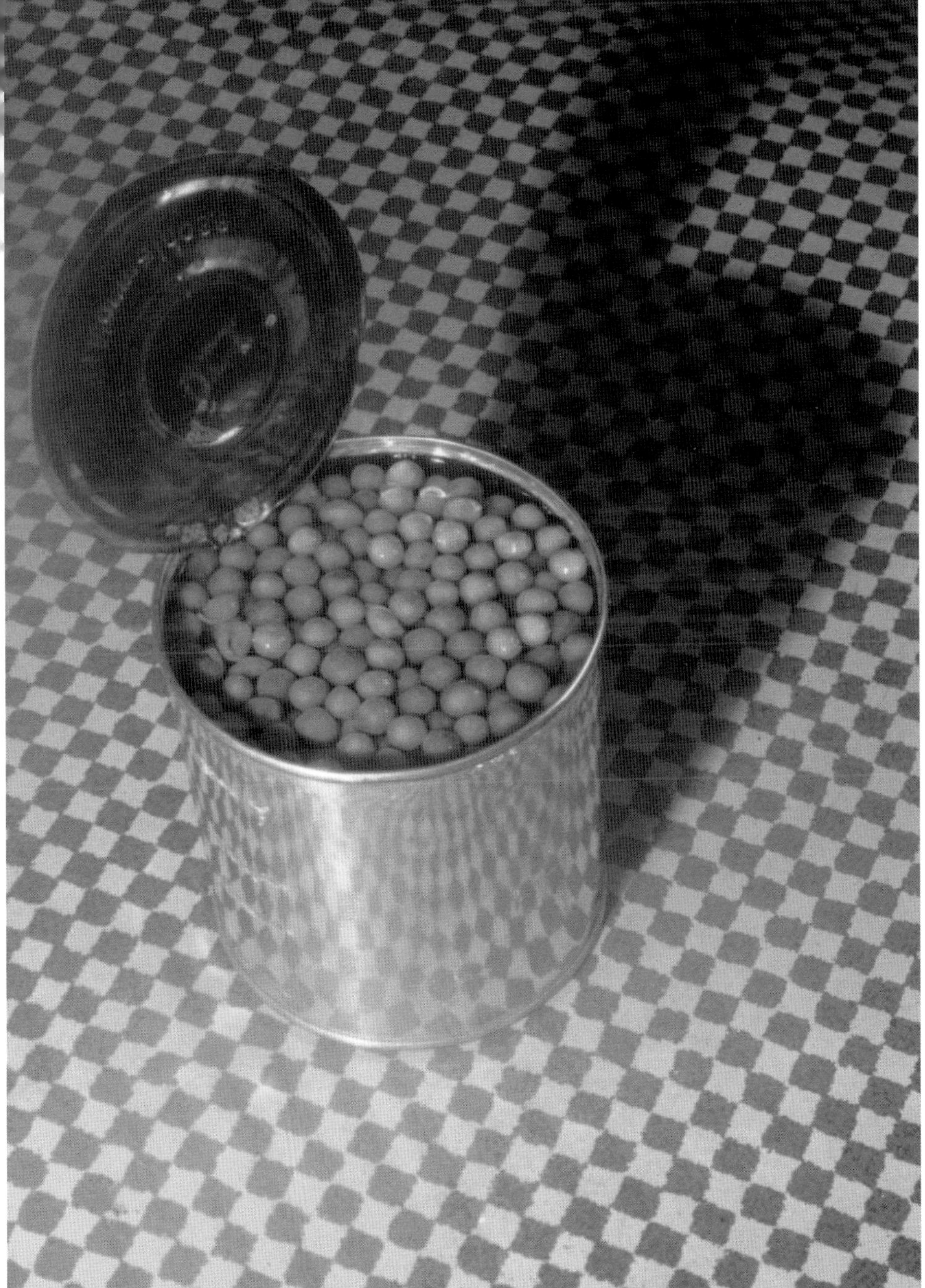

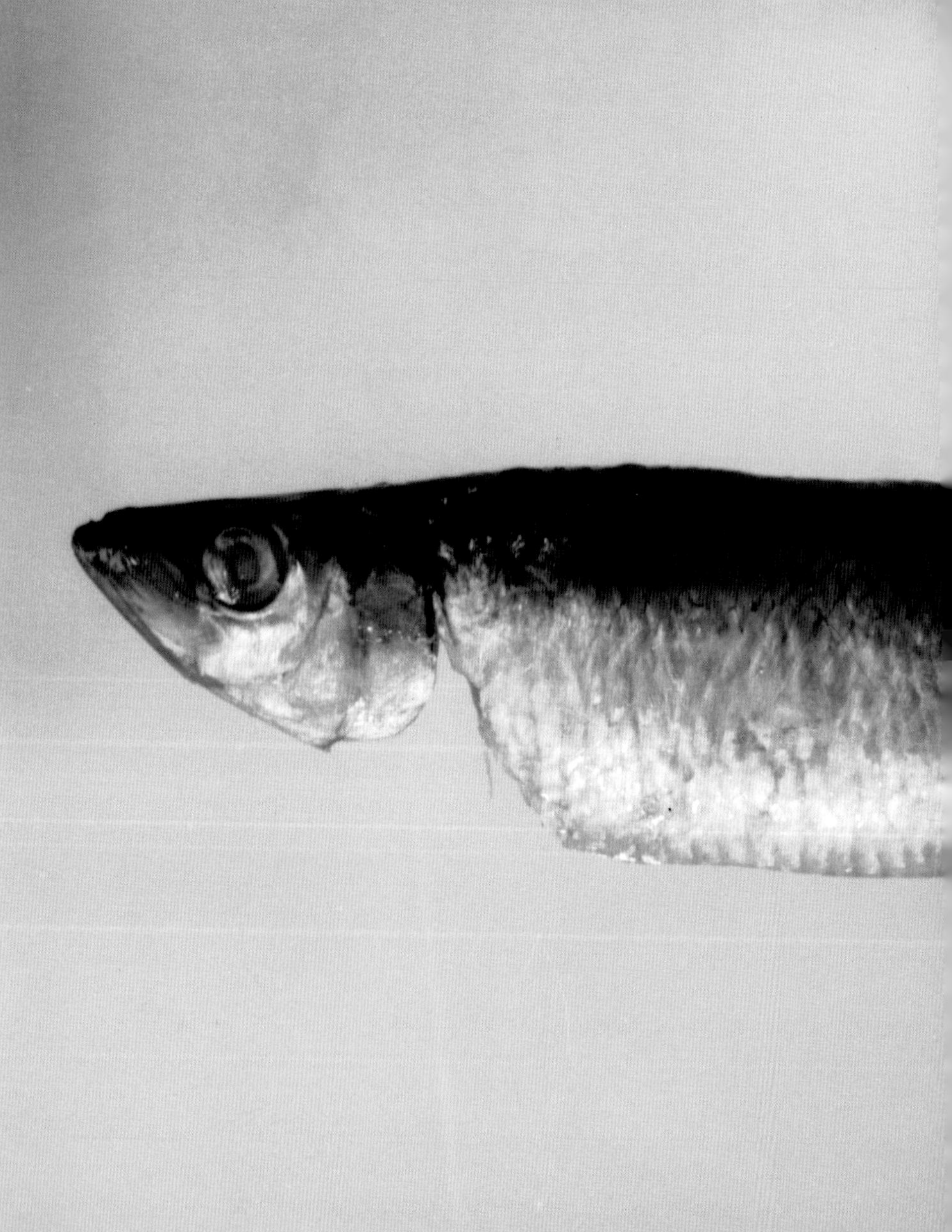

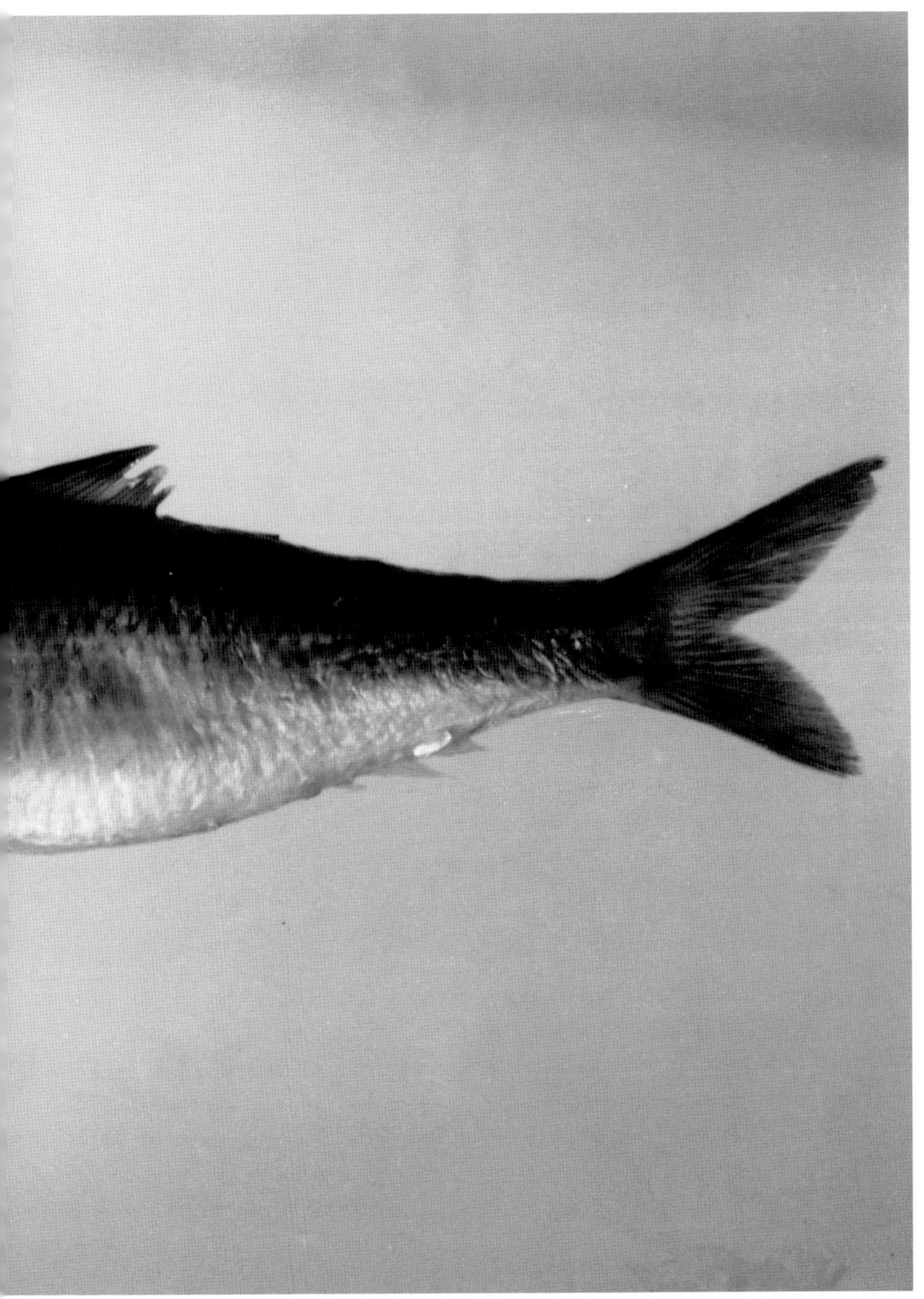

Zwei Fische

Two fish

Deux poissons

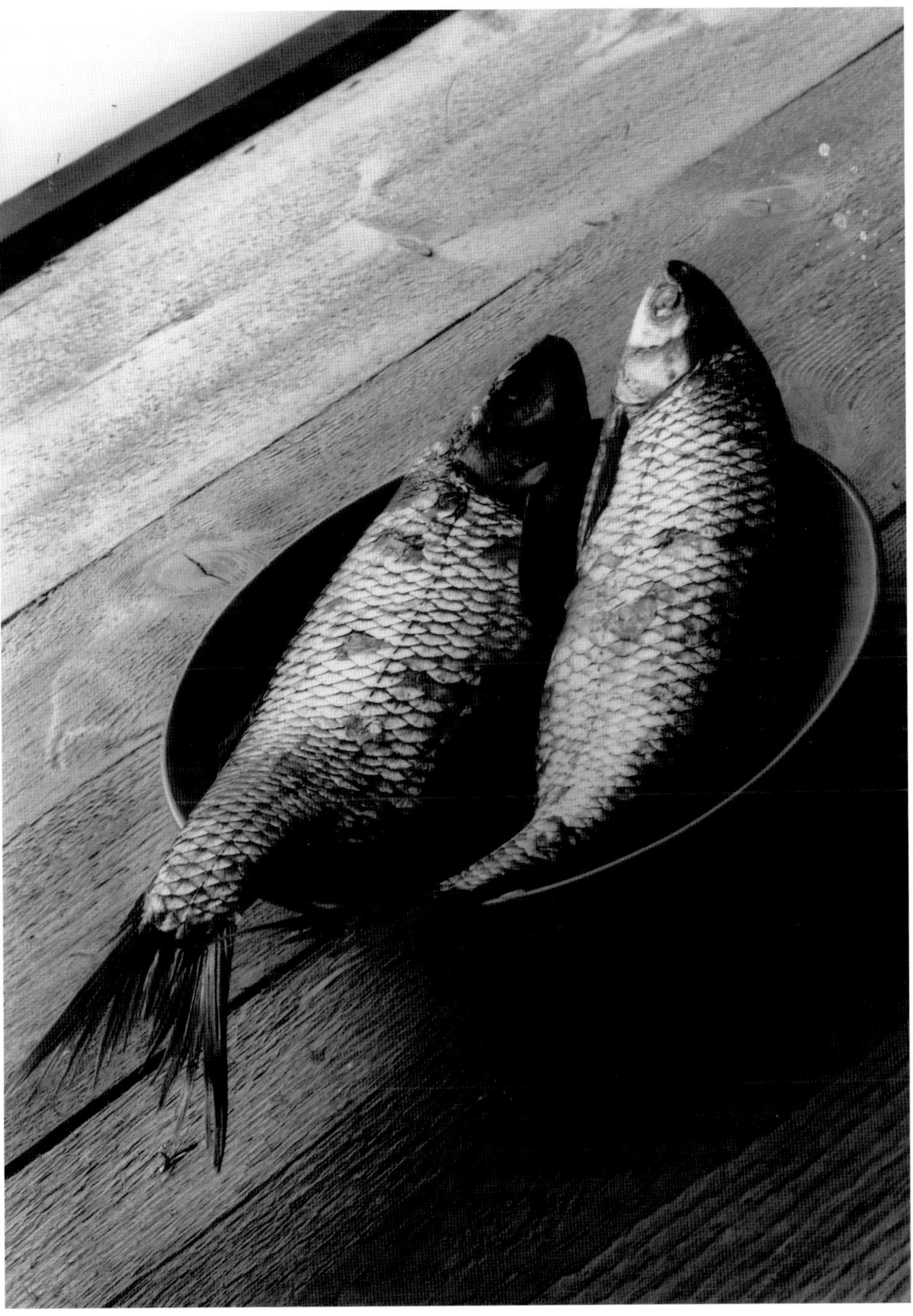

Nelken und Lorbeer

Cloves and bay leafs

Clous de girofle

138/139

Hase mit Gewürz

Hare and spices

Lièvre et bouquet garni

140/141

Zwei Brotscheiben

Two slices of bread

Deux tranches de pain

142/143

Schmalzbrote

Bread with lard

Pain au saindoux

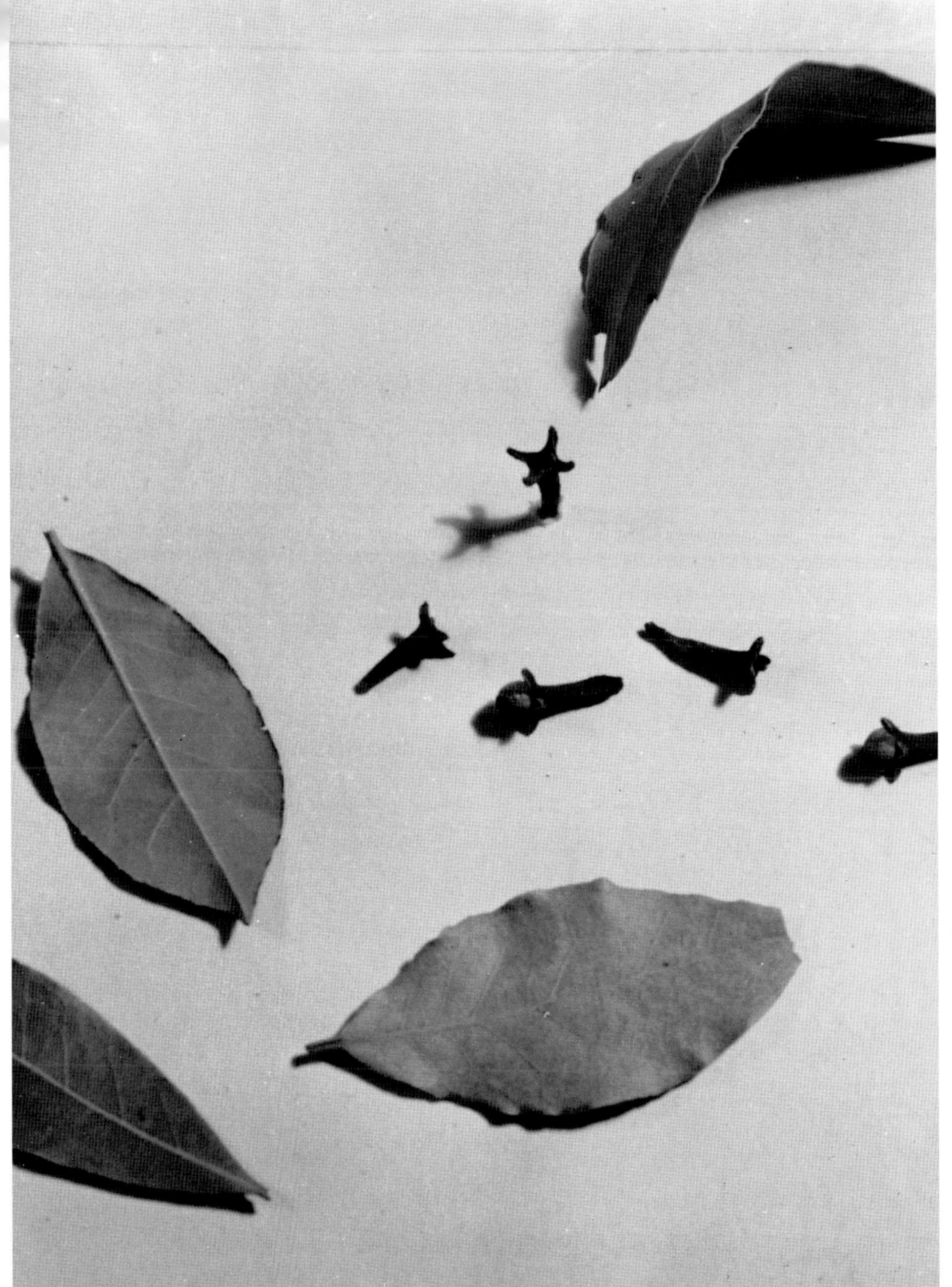

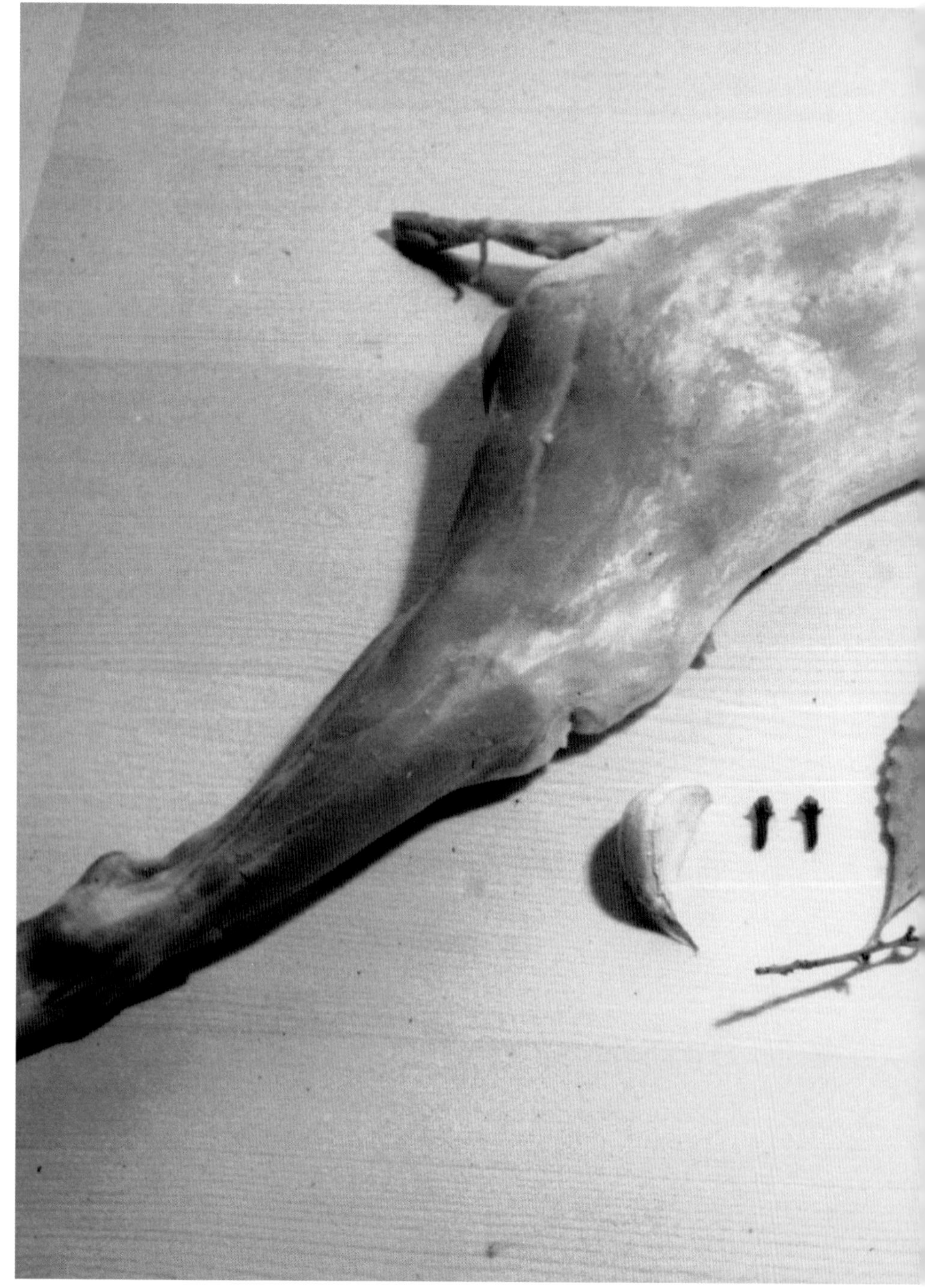

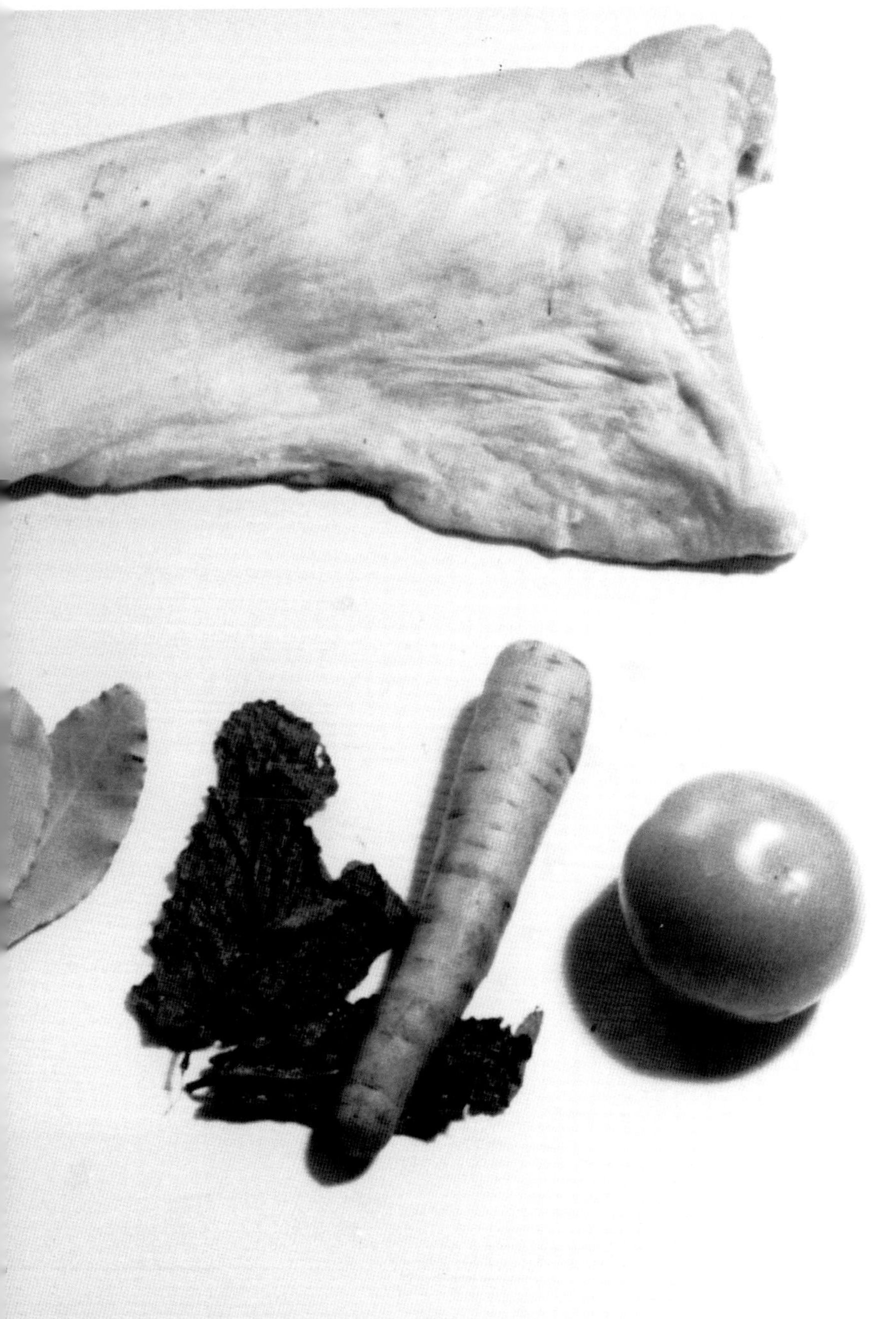

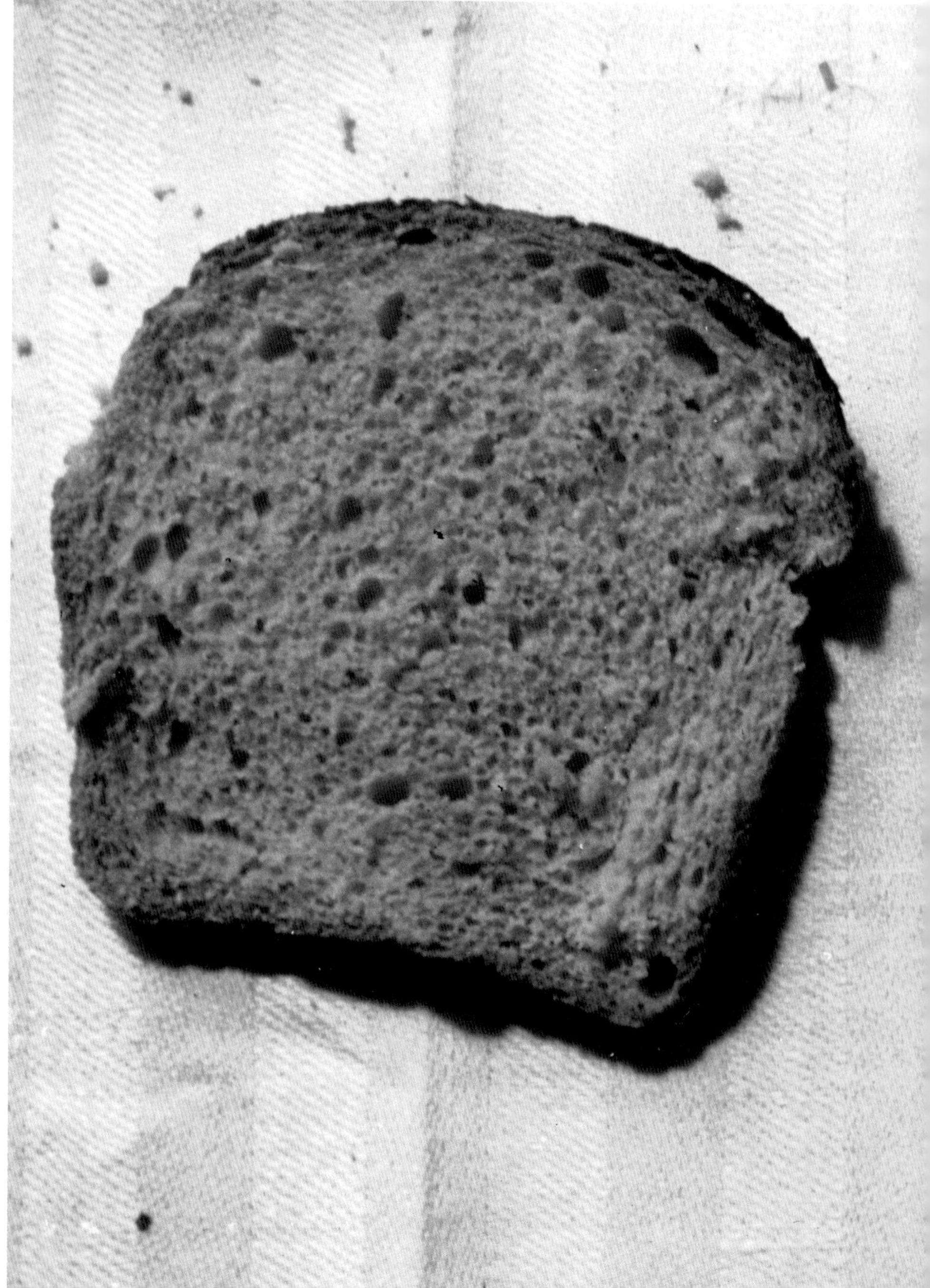

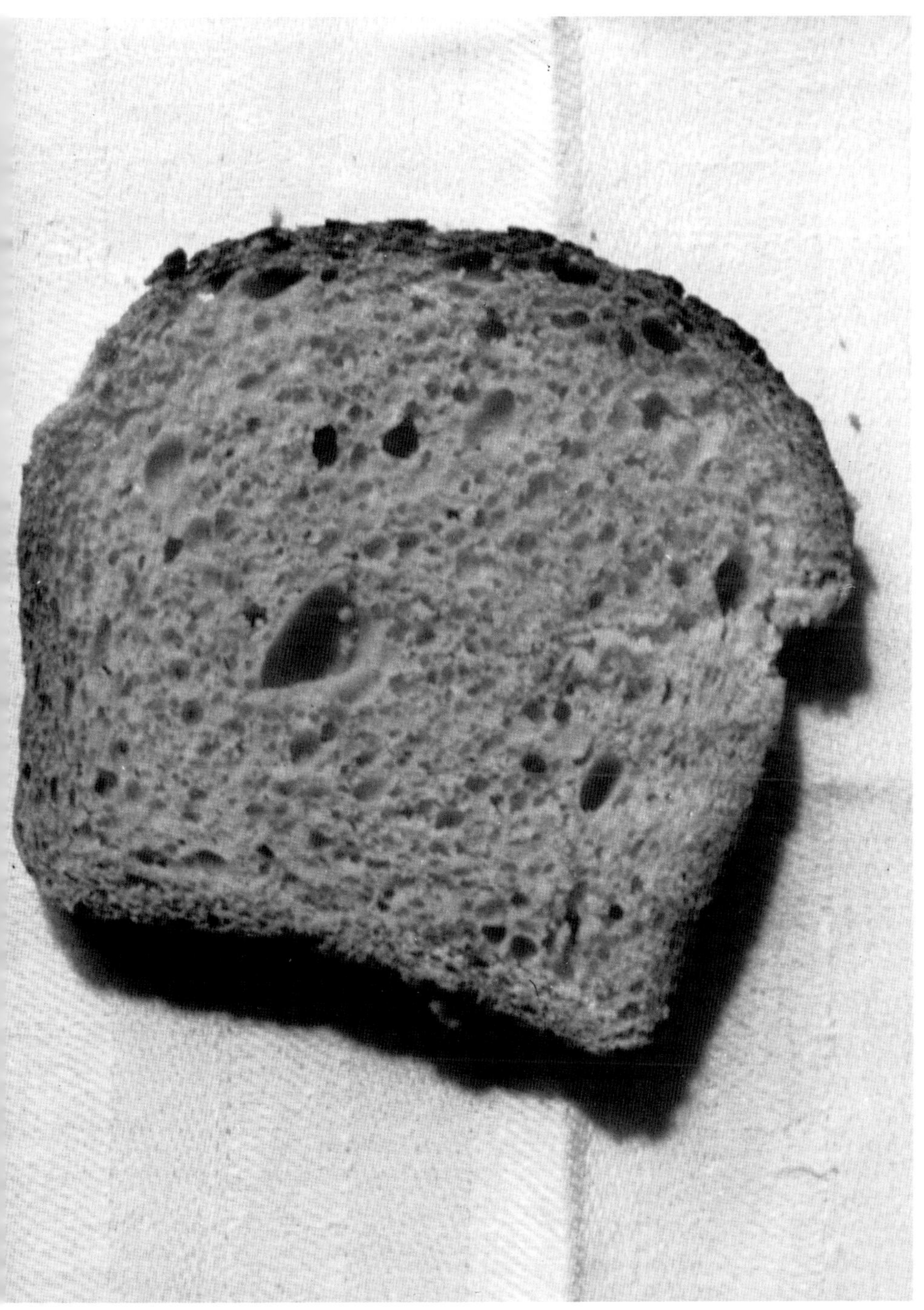

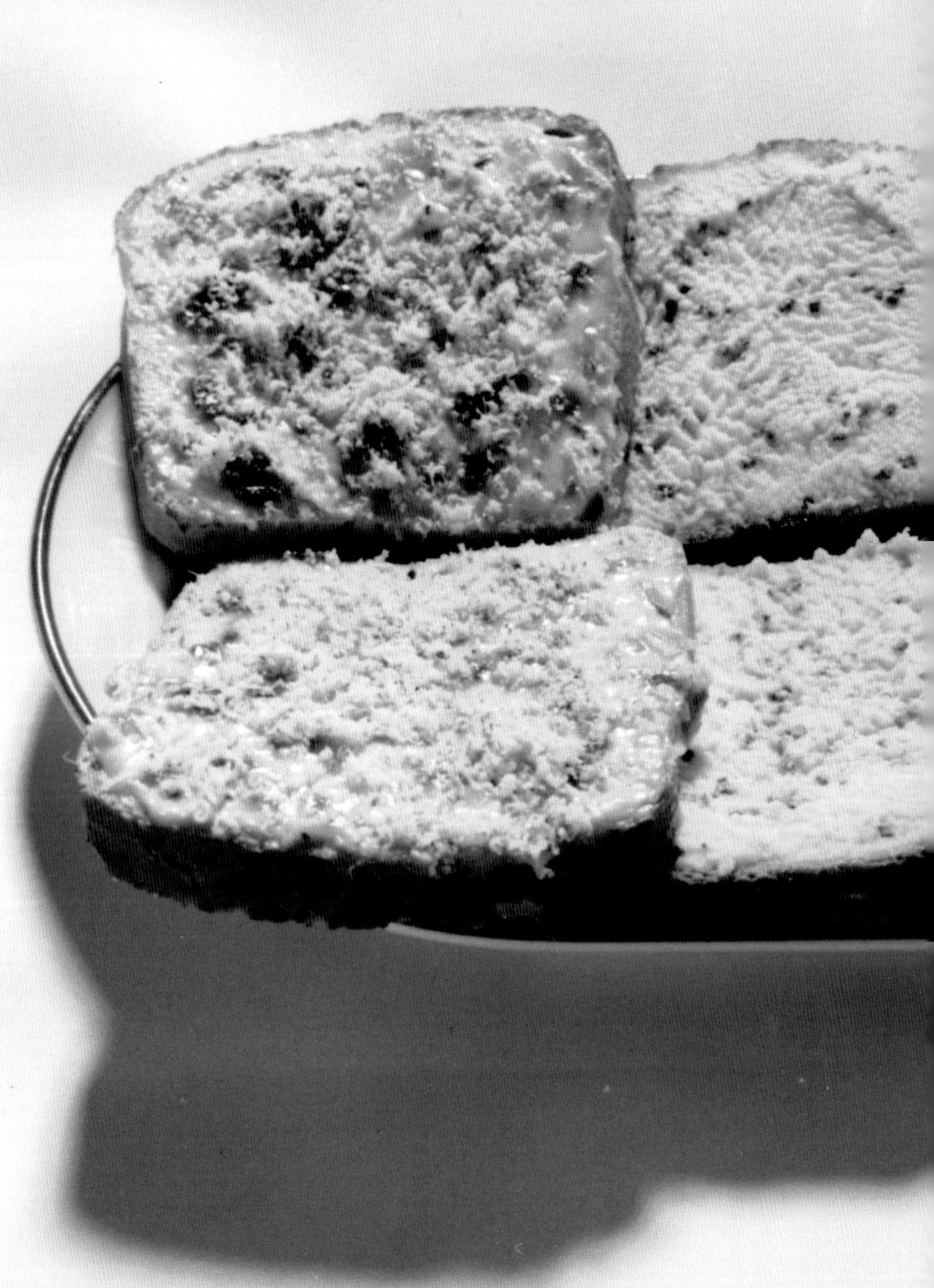

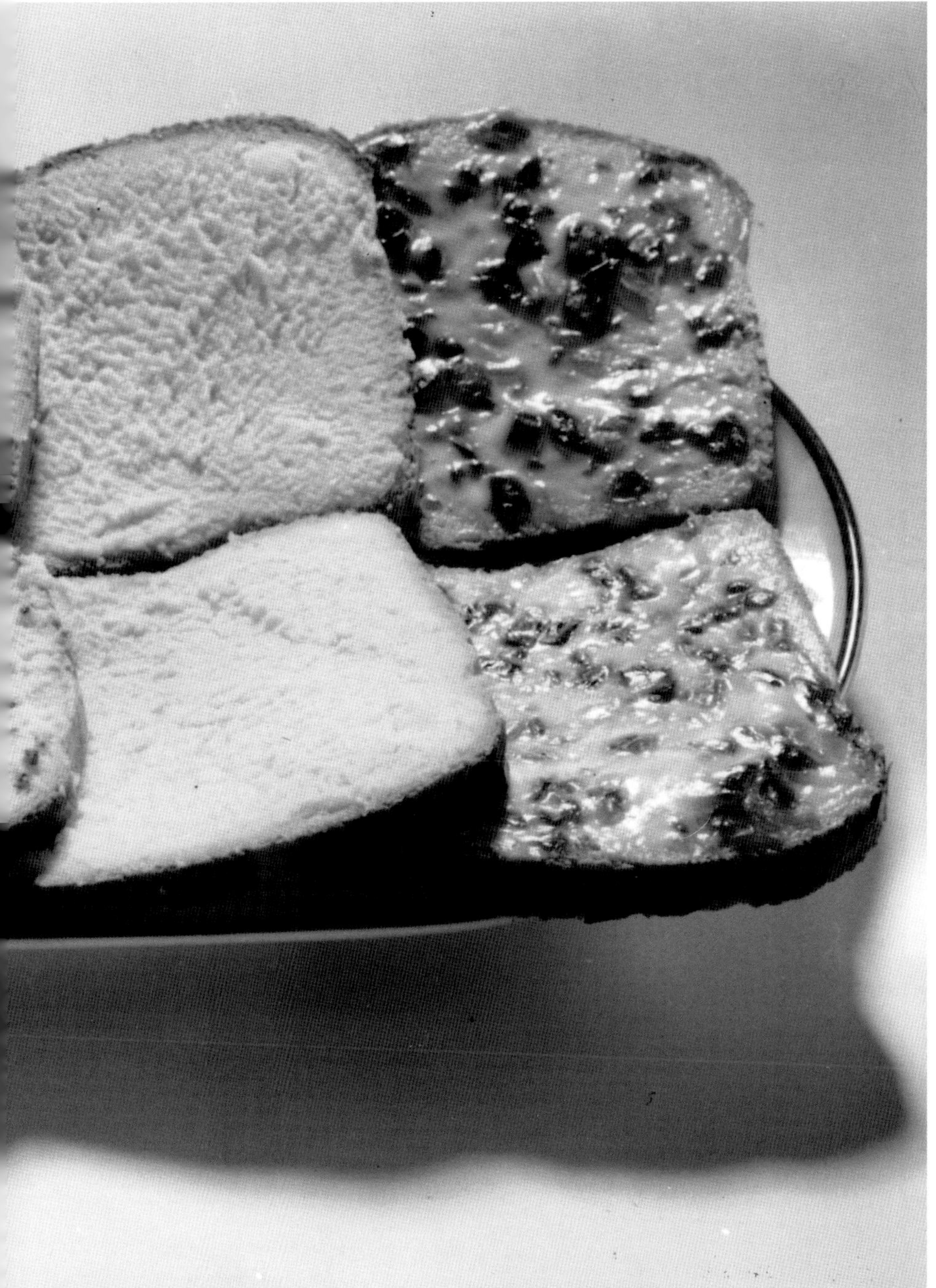

Erdbeerpudding

Strawberry pudding

Pudding à la fraise

146/147

Pudding

Pudding

Pudding

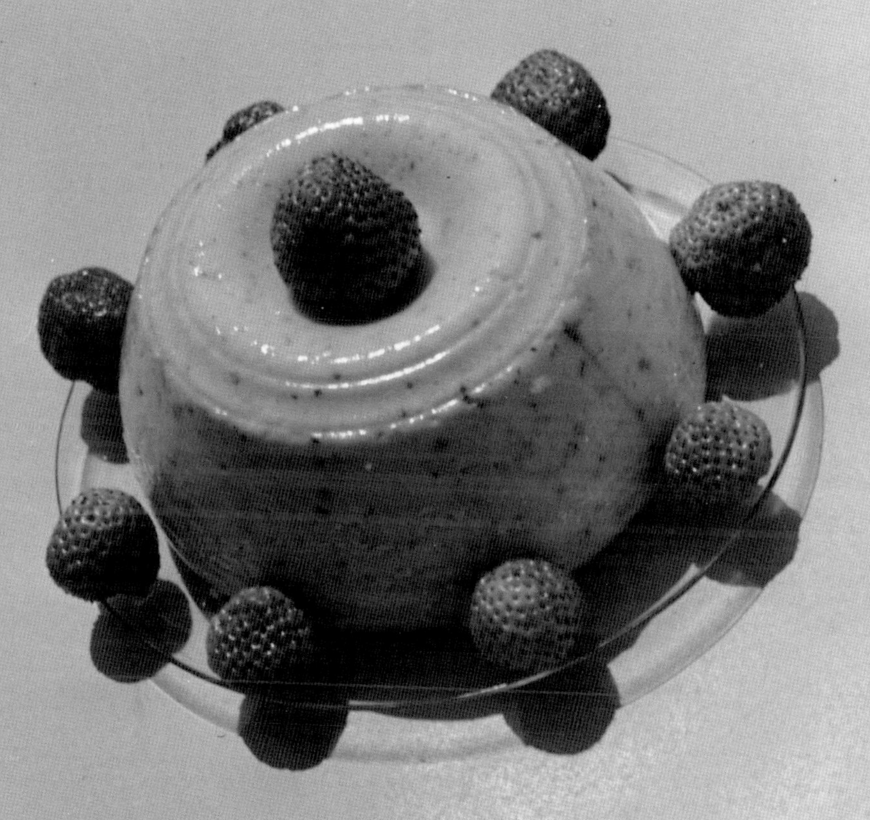

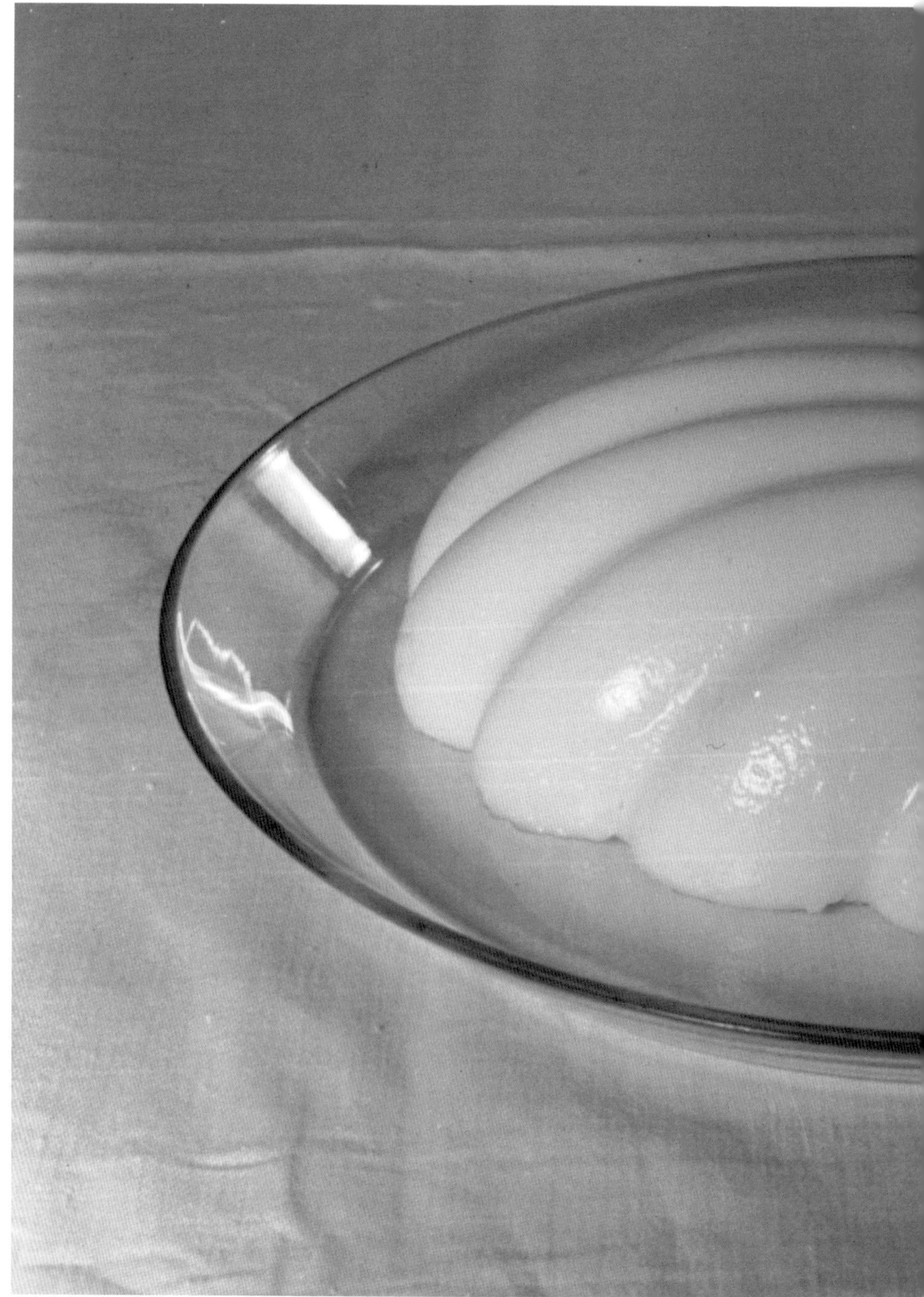

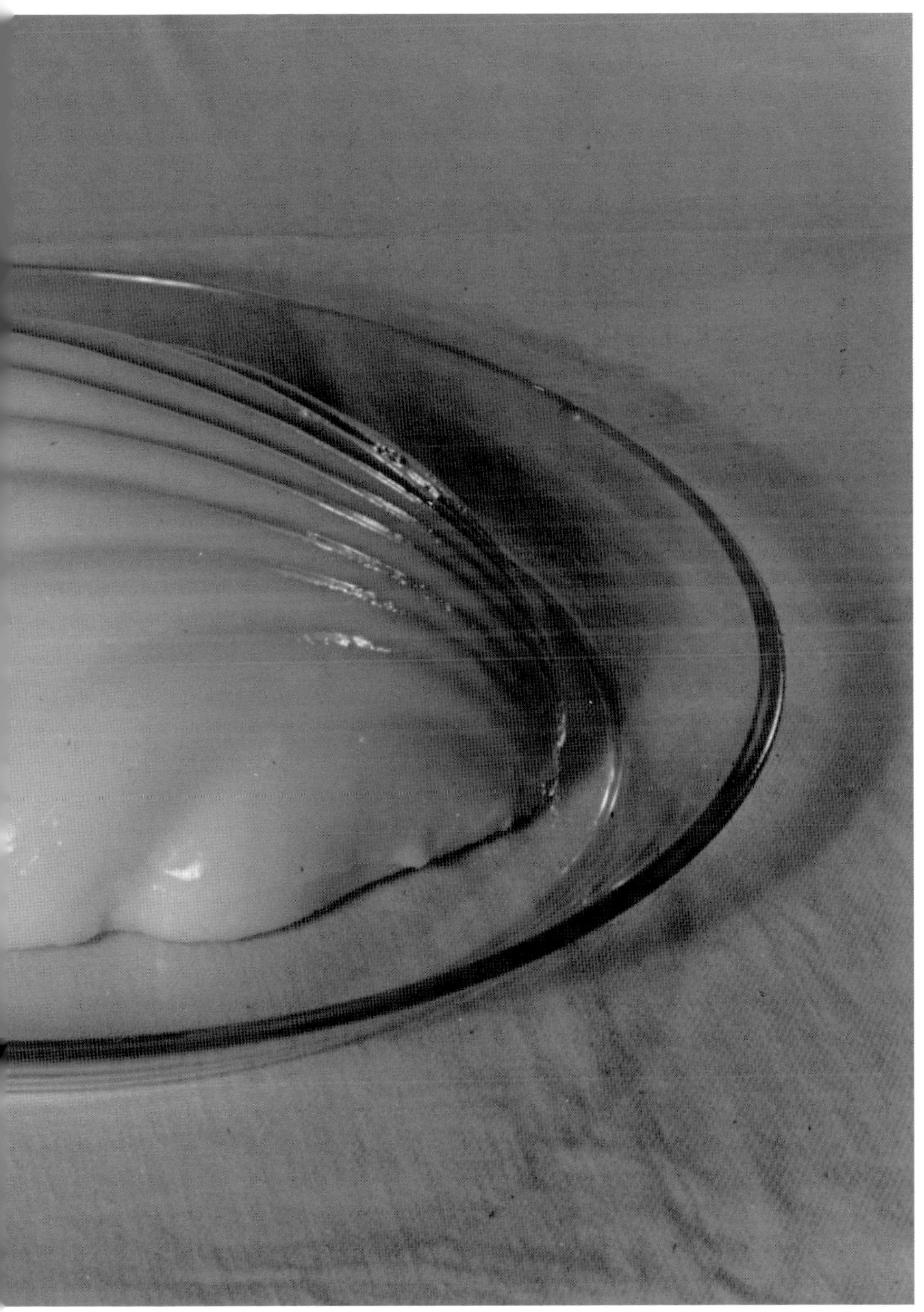

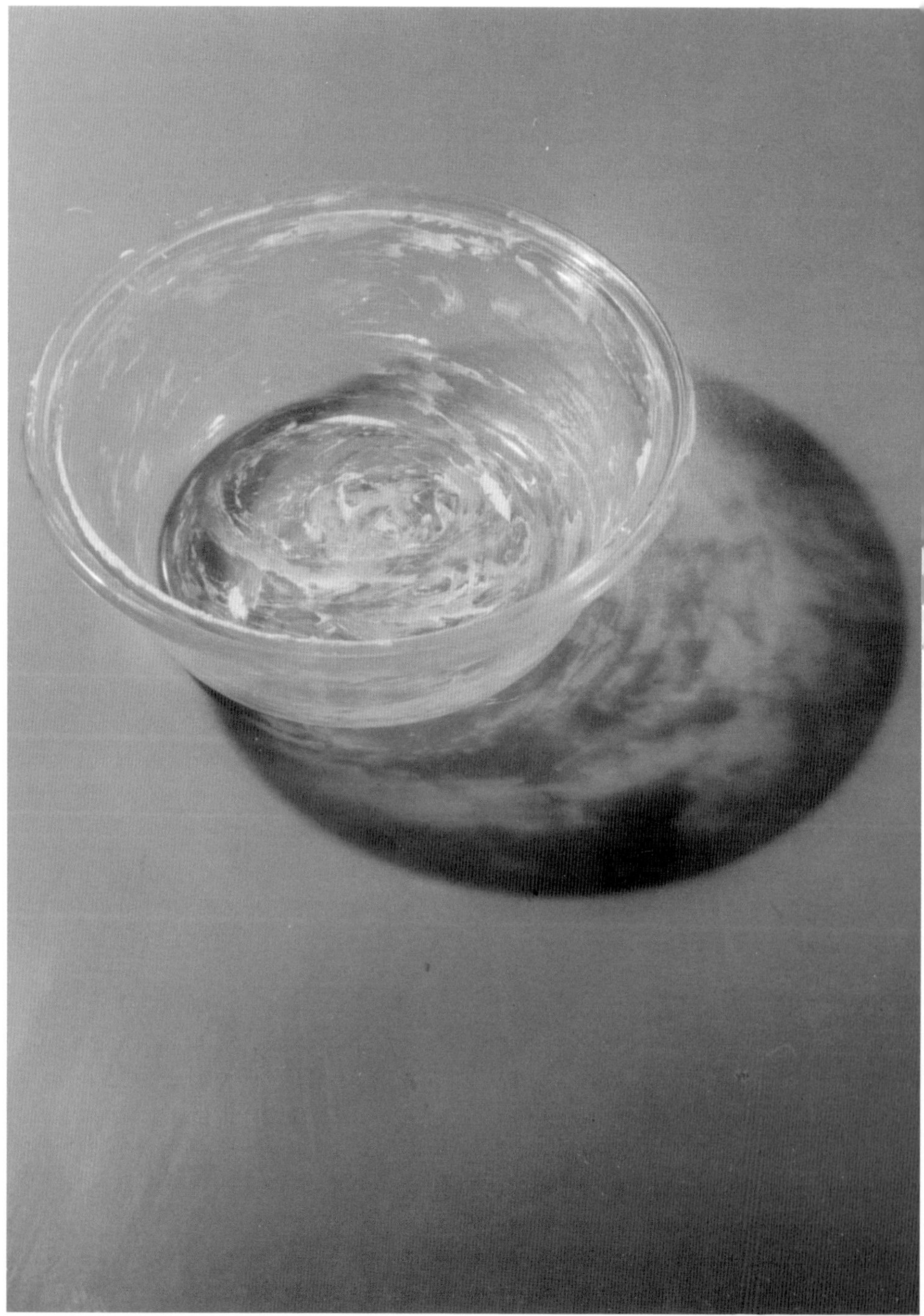

Glasschale

Glass bowl

Compotier en verre

Weinglas

Wineglass

Verre de vin

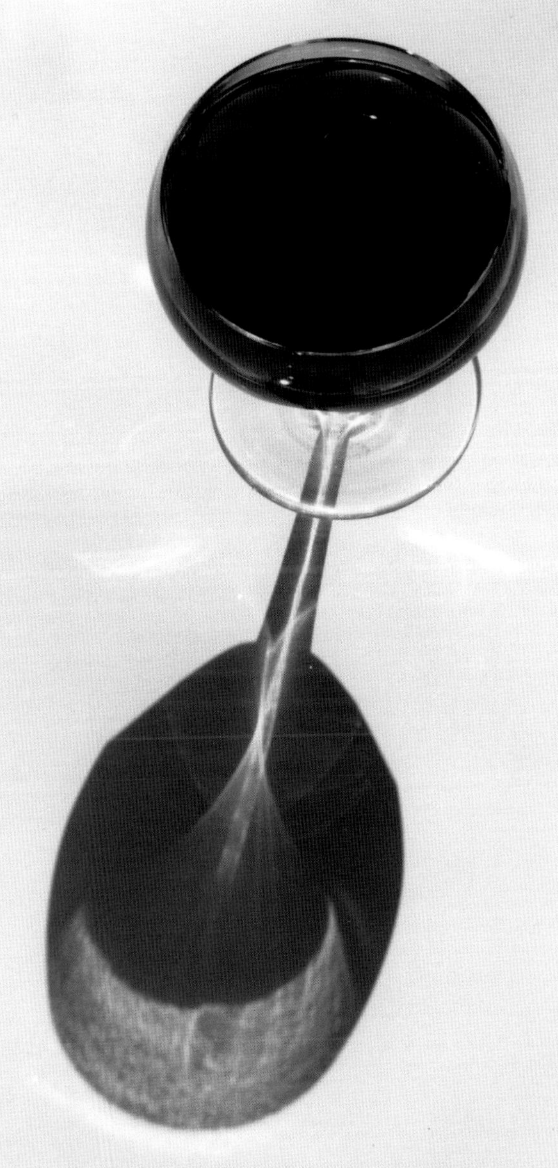

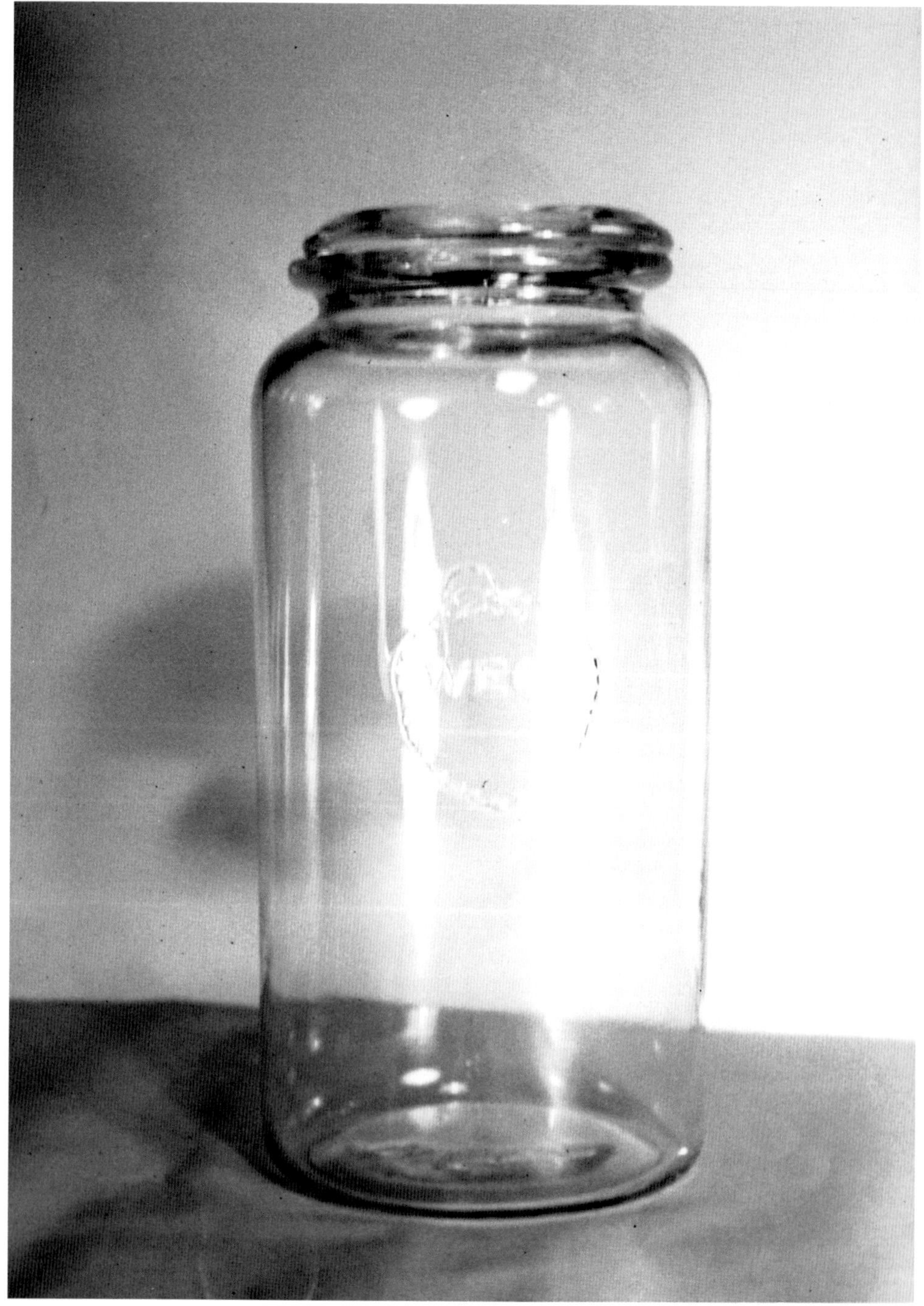

Weckglas

Preserving jar

Bocal

154/155

Suppengeschirr

Dishes for soup

Couvert à potage

156/157

Suppenterrine

Soup terrine

Soupière

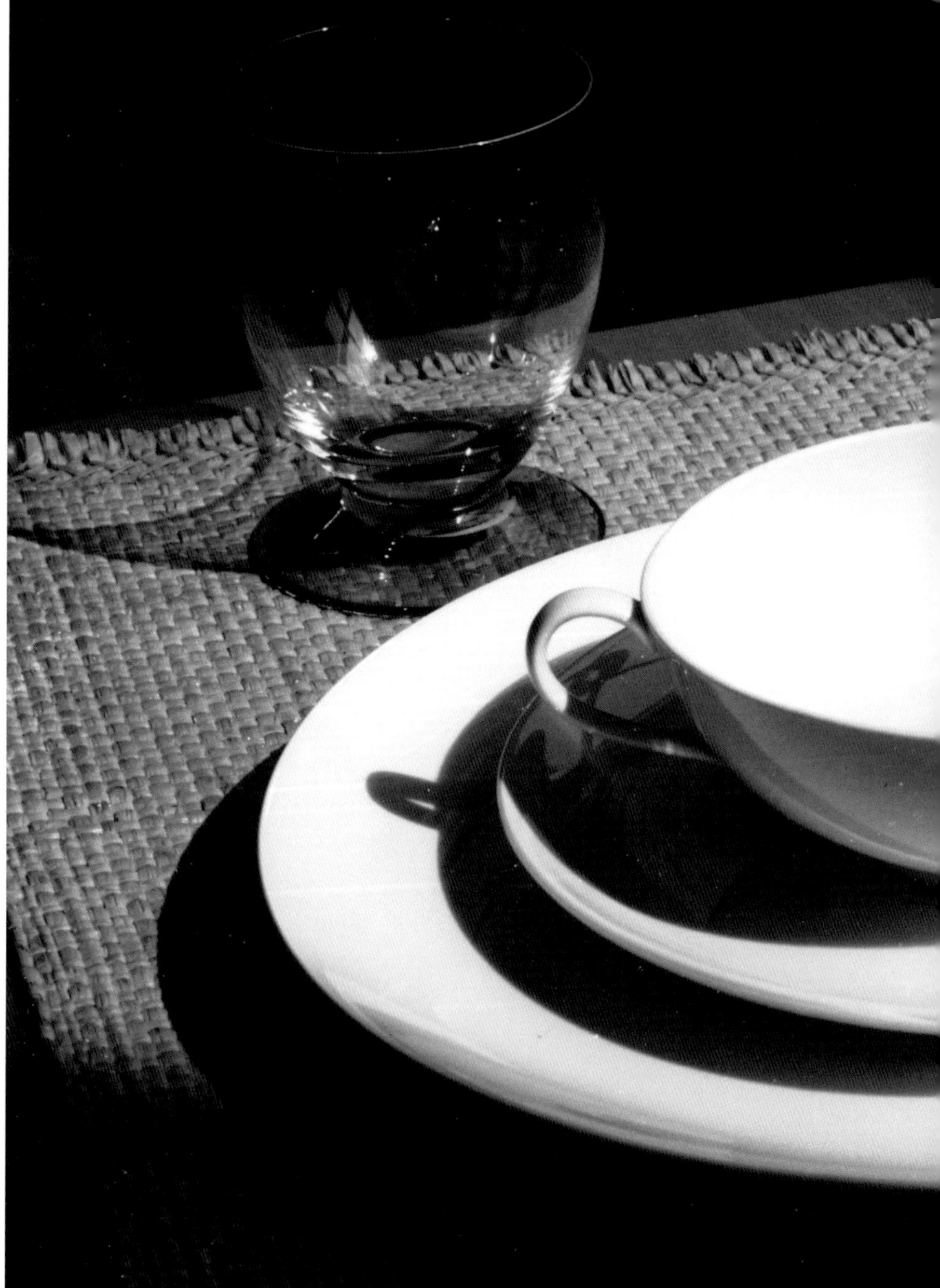

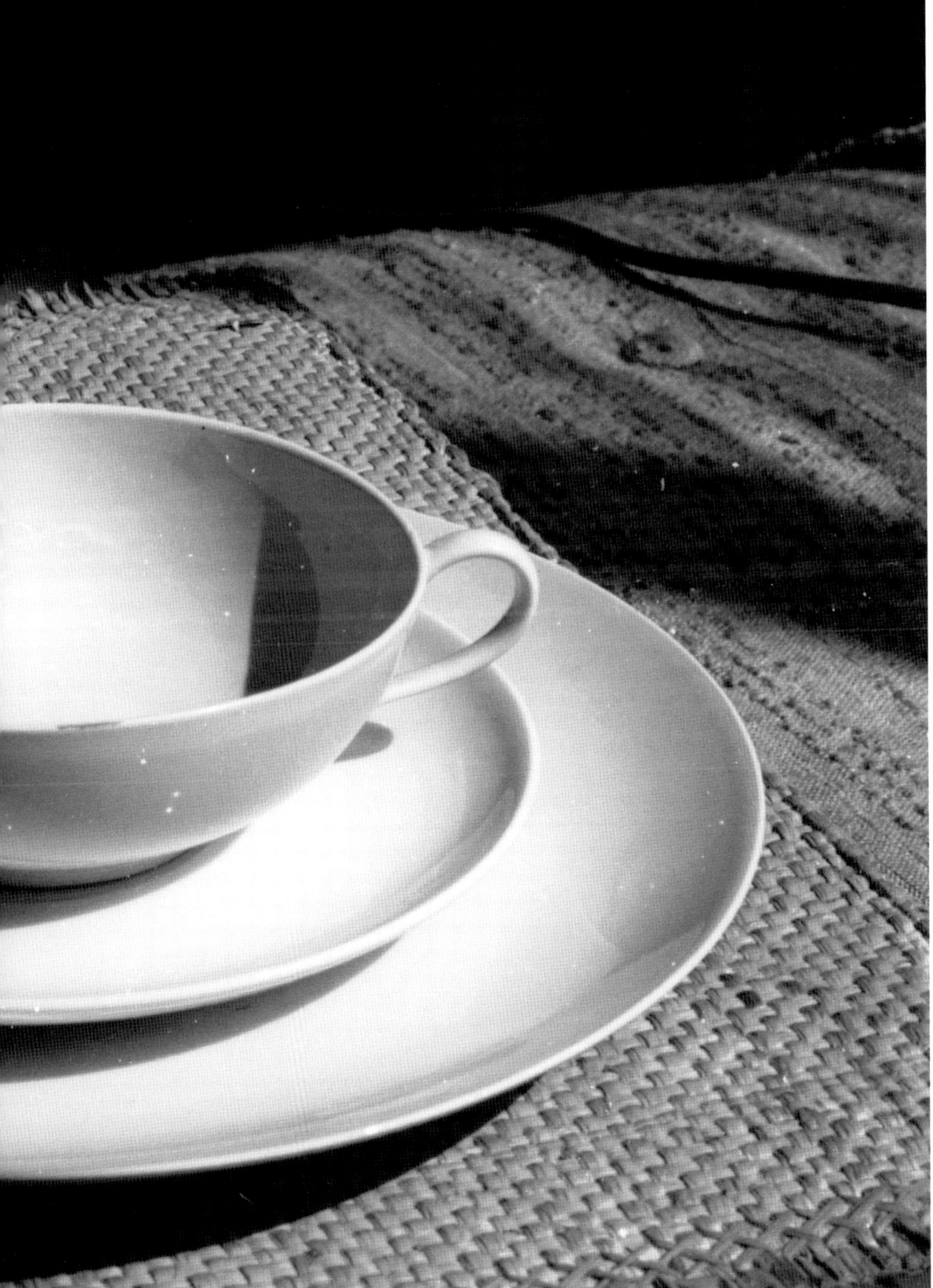

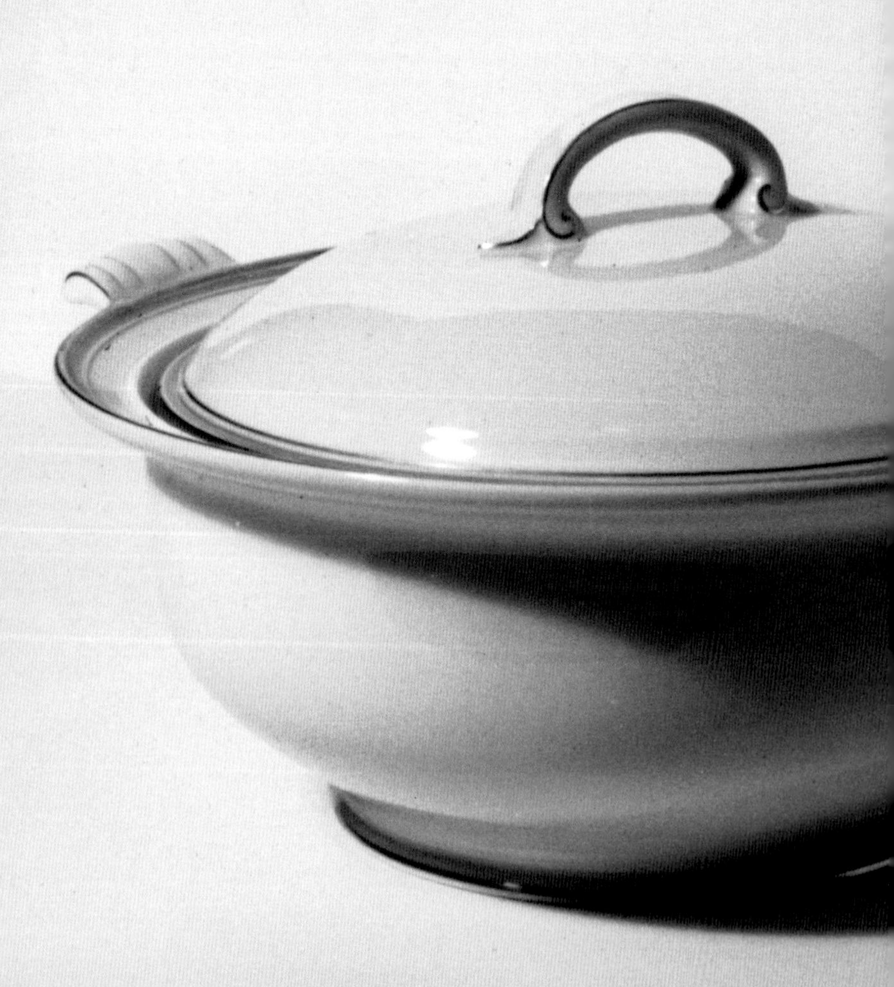

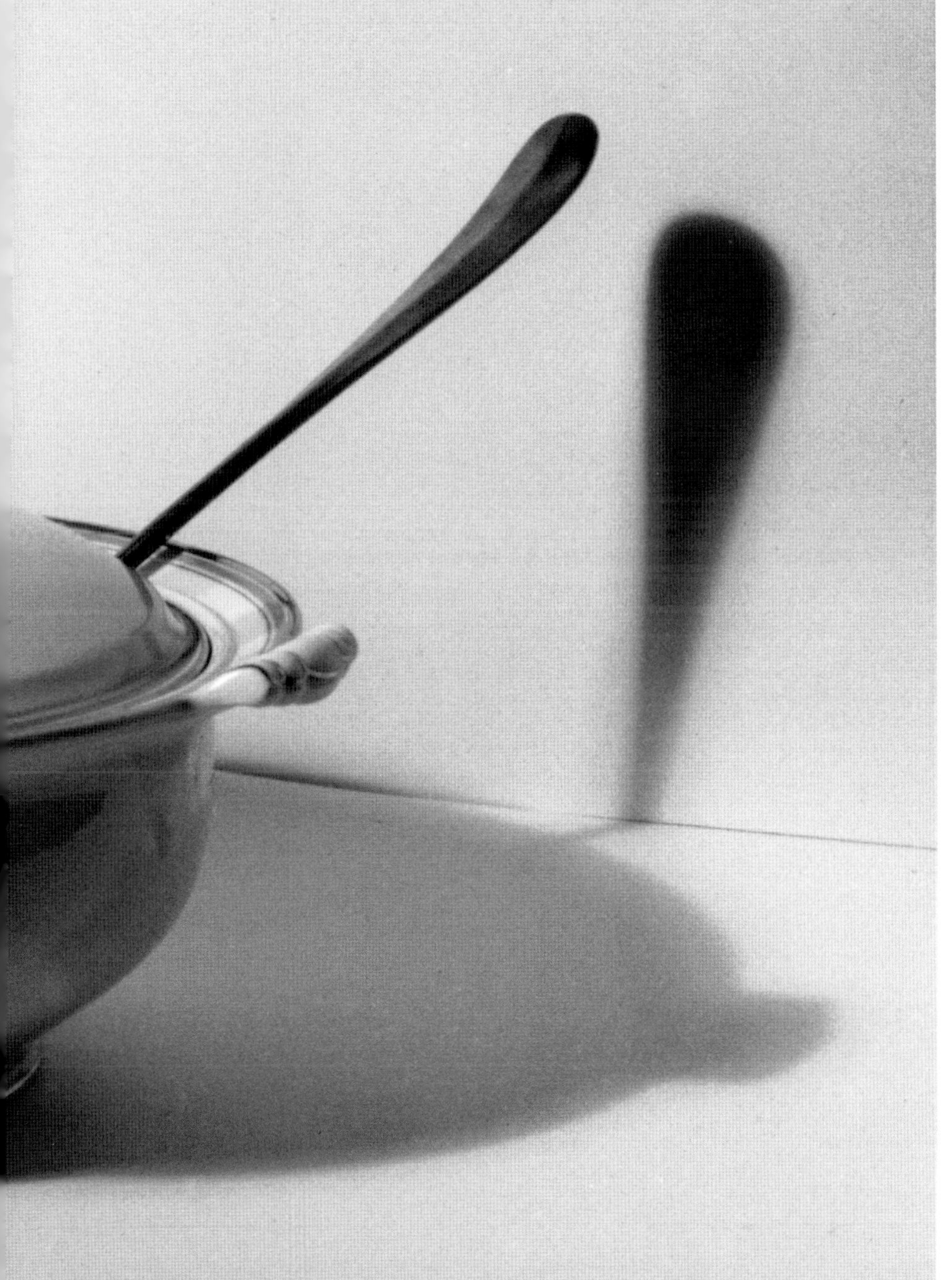

Teller

Plates

Assiettes

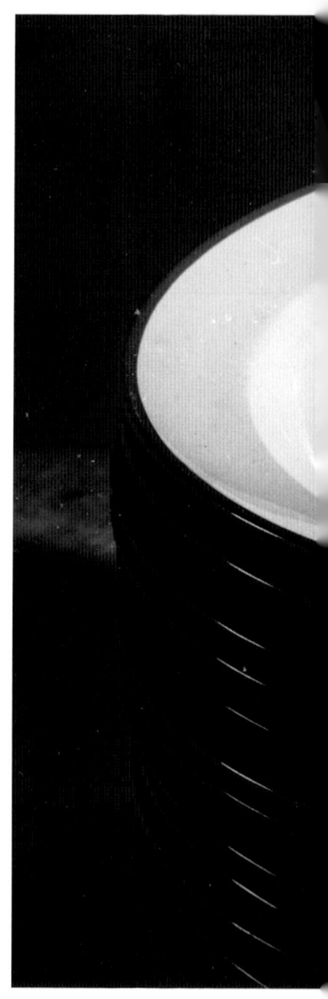

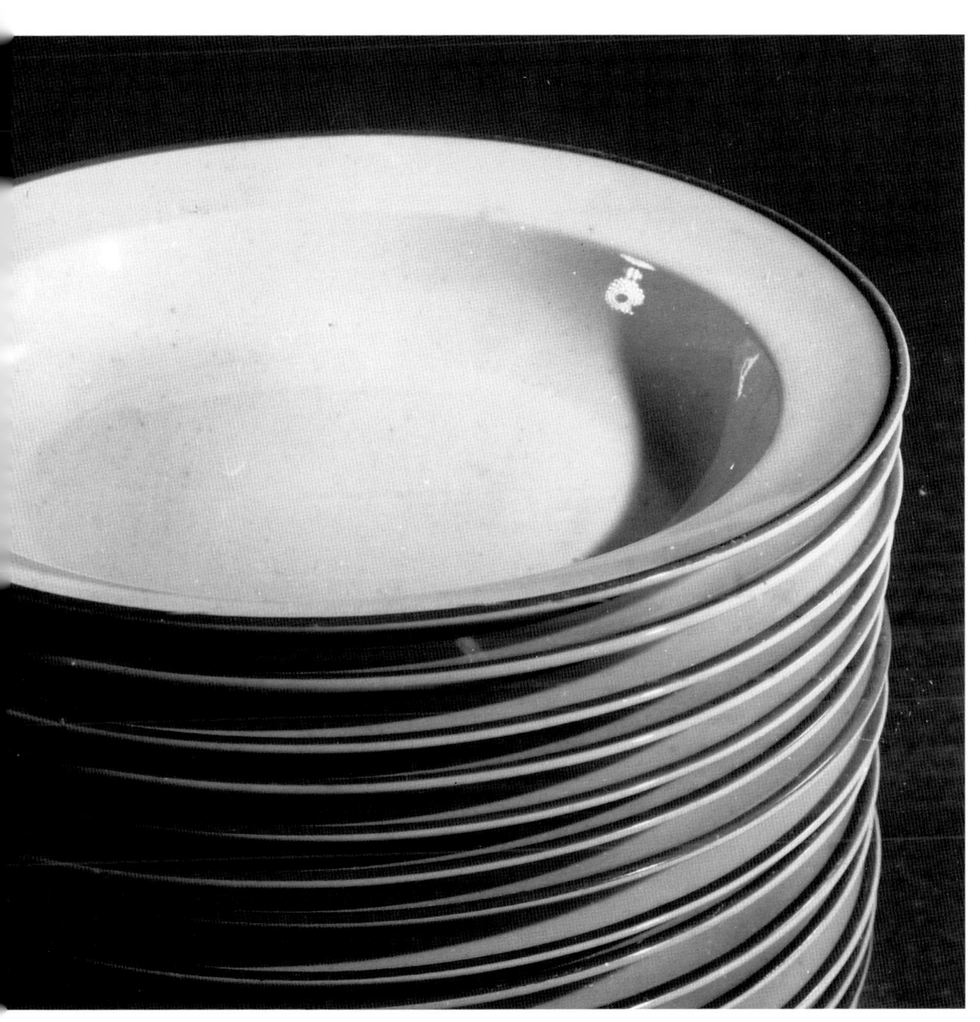

Scherben

Shards

Débris

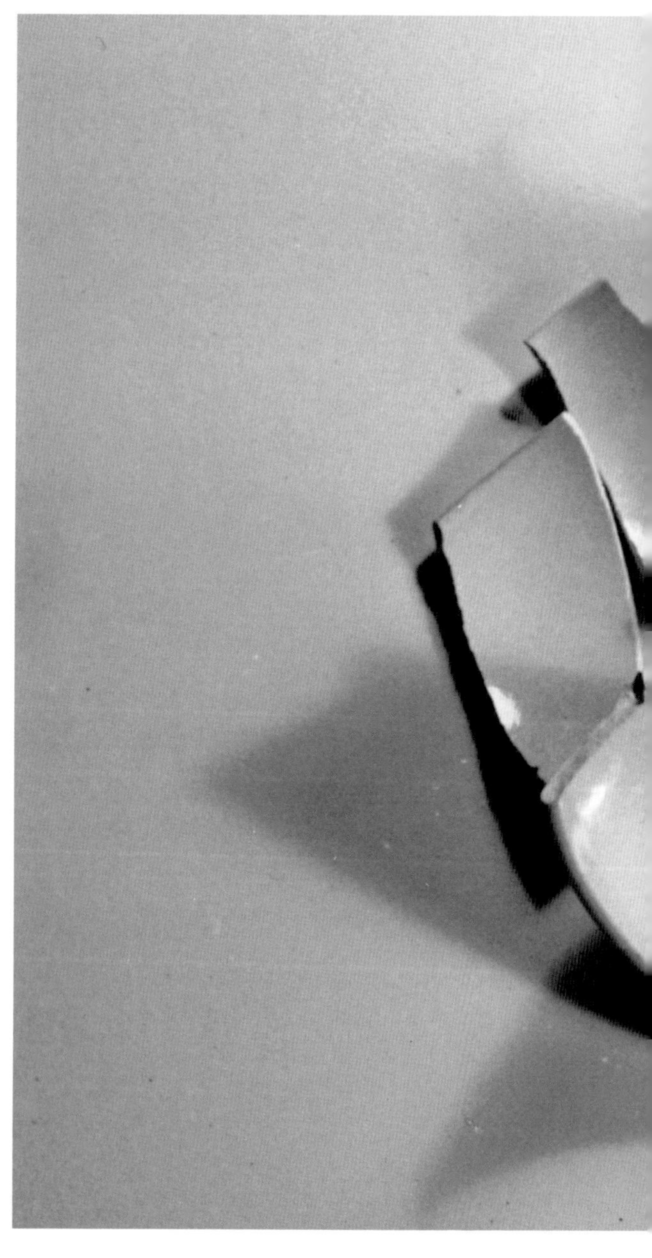

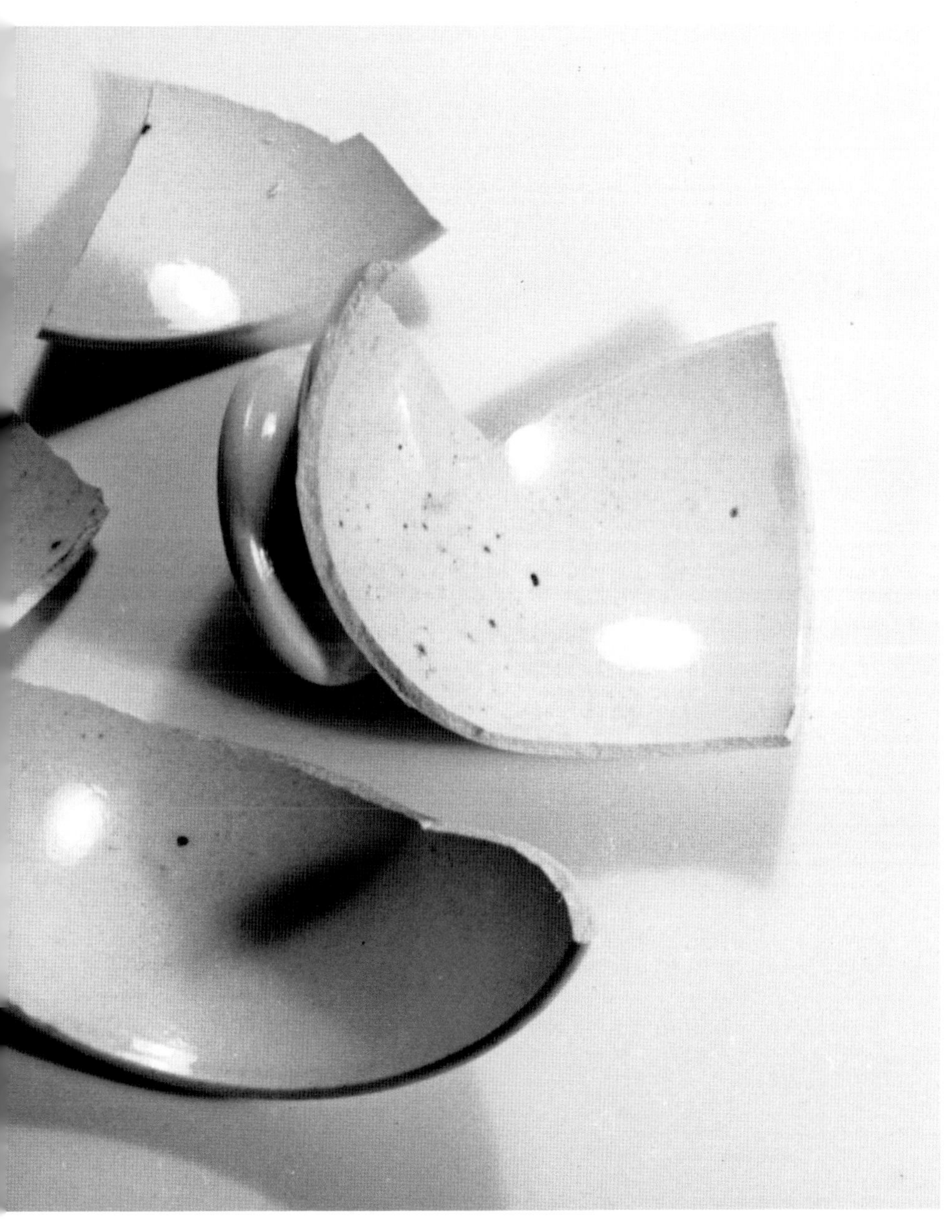

Messer und Gabel

Knife and fork

Couteau et fourchette

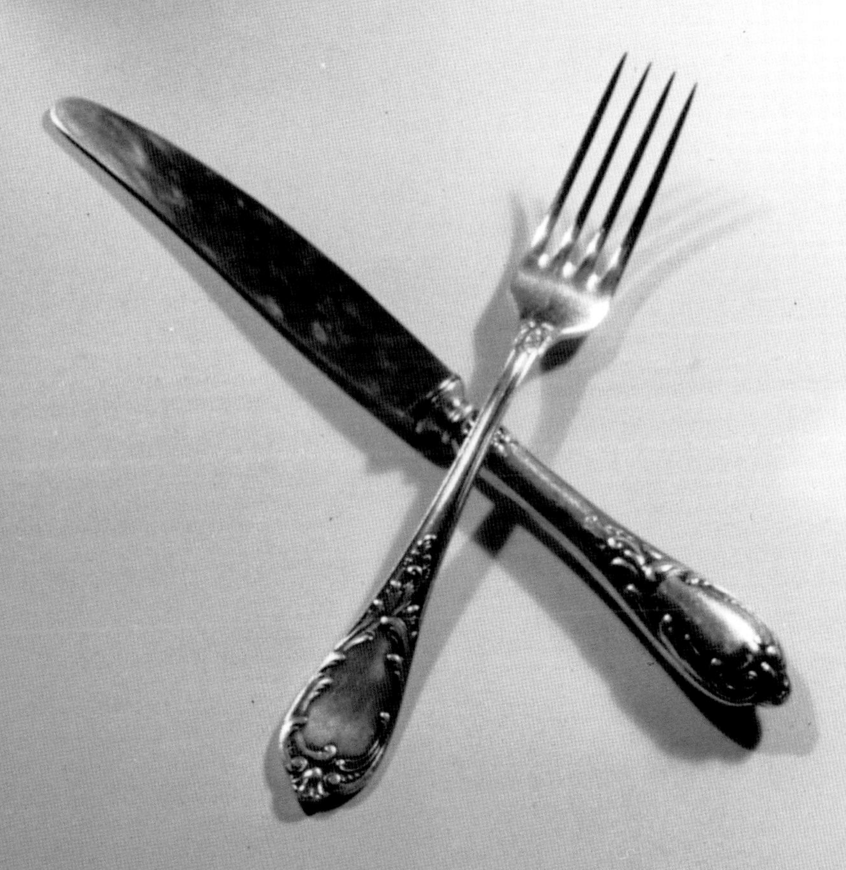

Kaffeebohne

Coffee bean

Grain de café

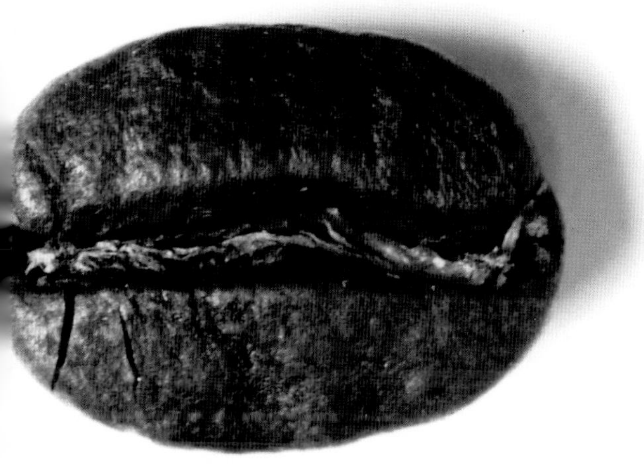

Kaffeekanne

Coffee can

Cafetière

168/169

Kaffeesatz

Coffee grounds

Marc de café

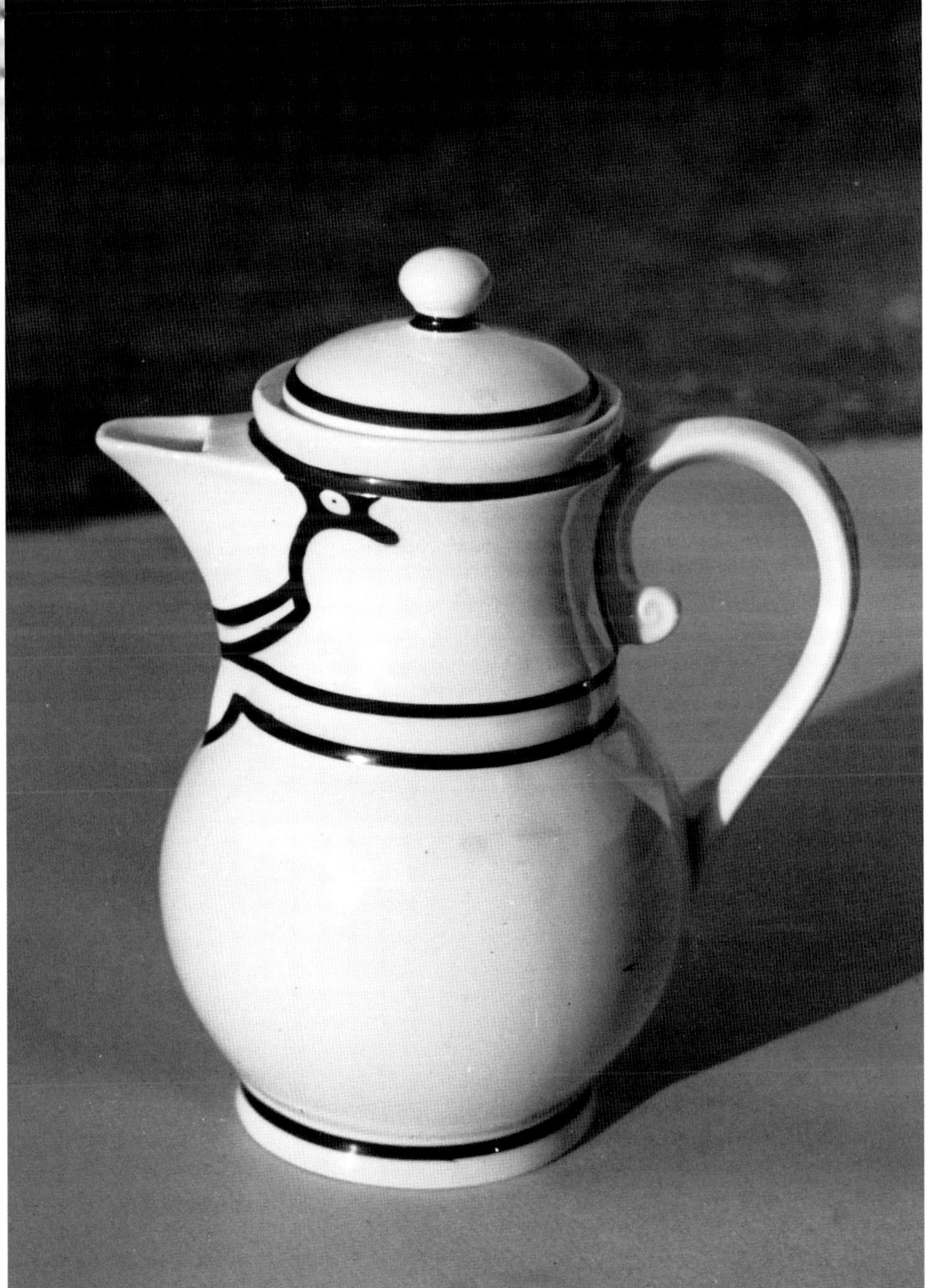

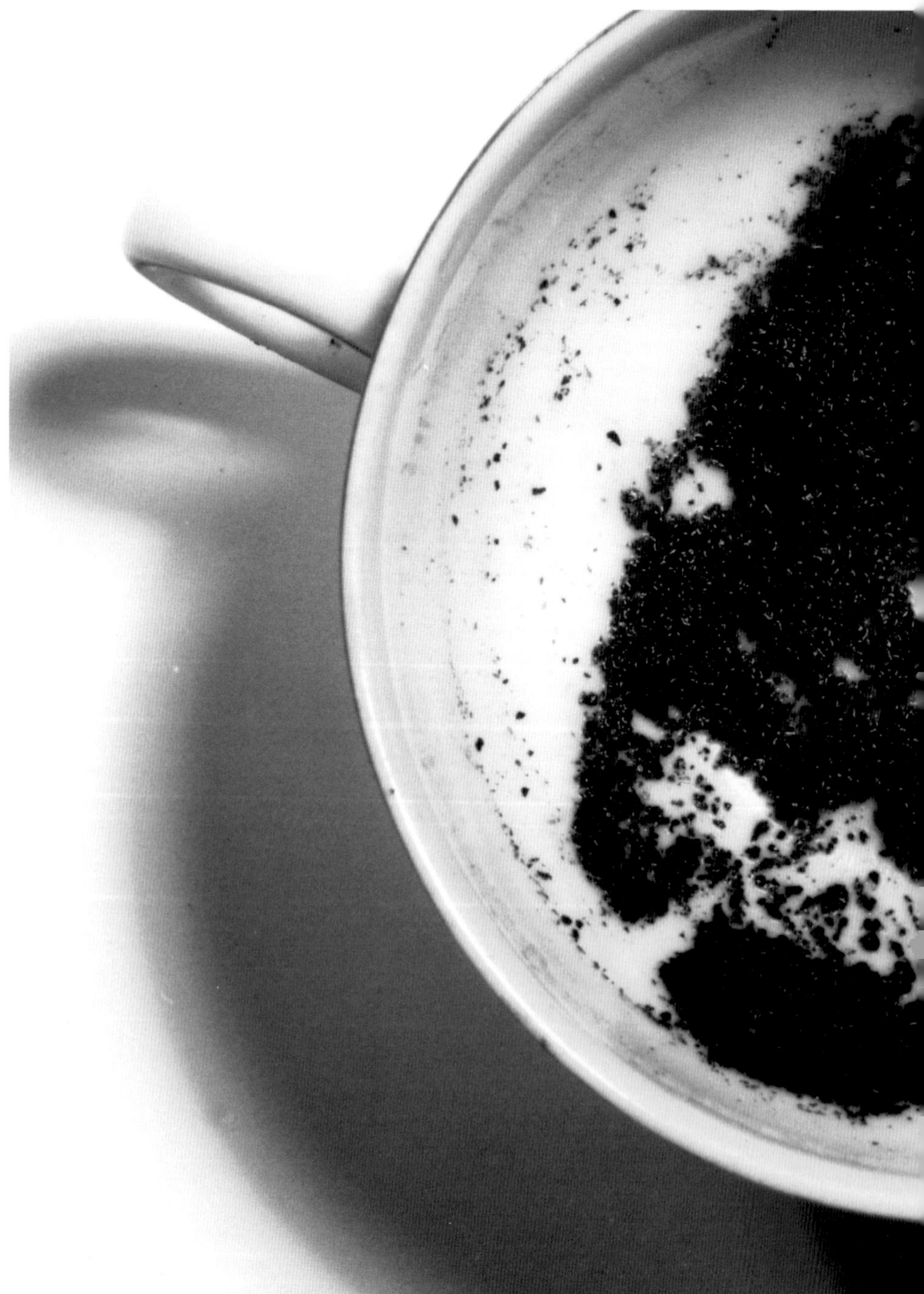

Serviette

Napkin

Serviette

172/173

Schürze im Wind

Apron in the wind

Tablier dans le vent

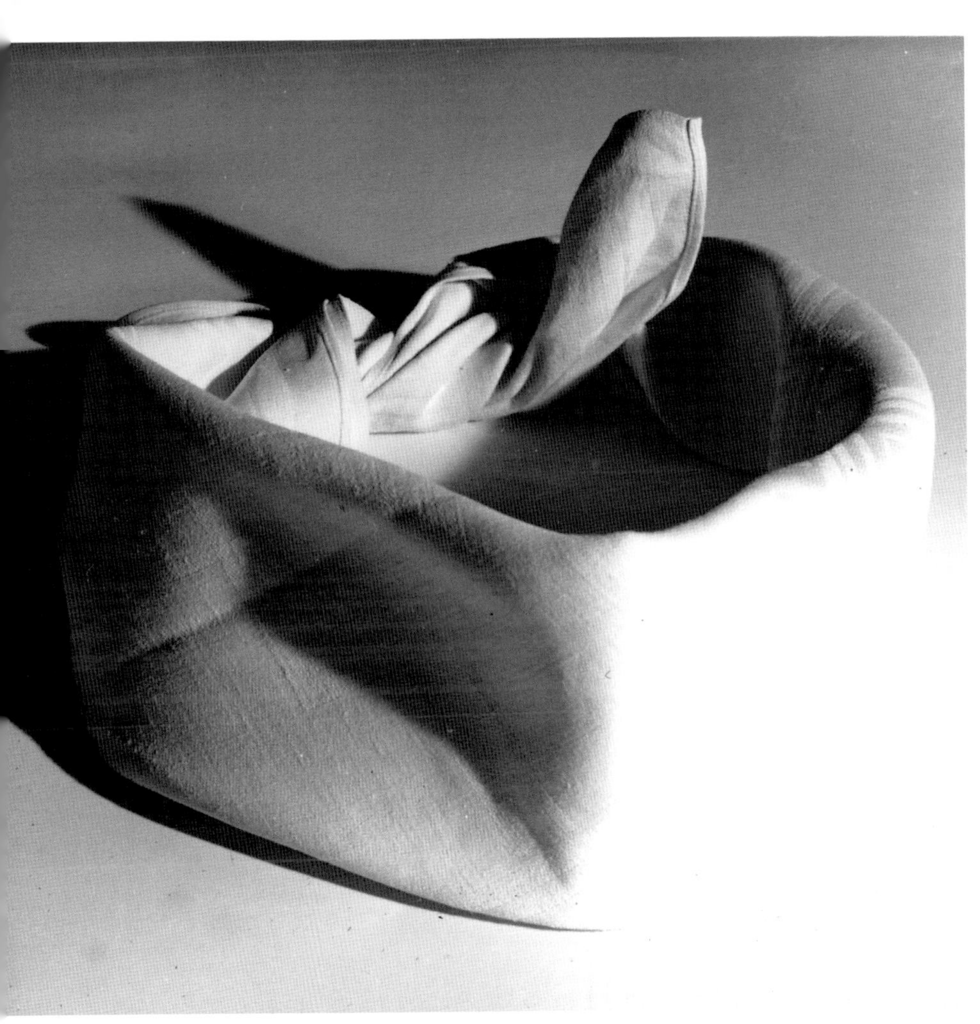

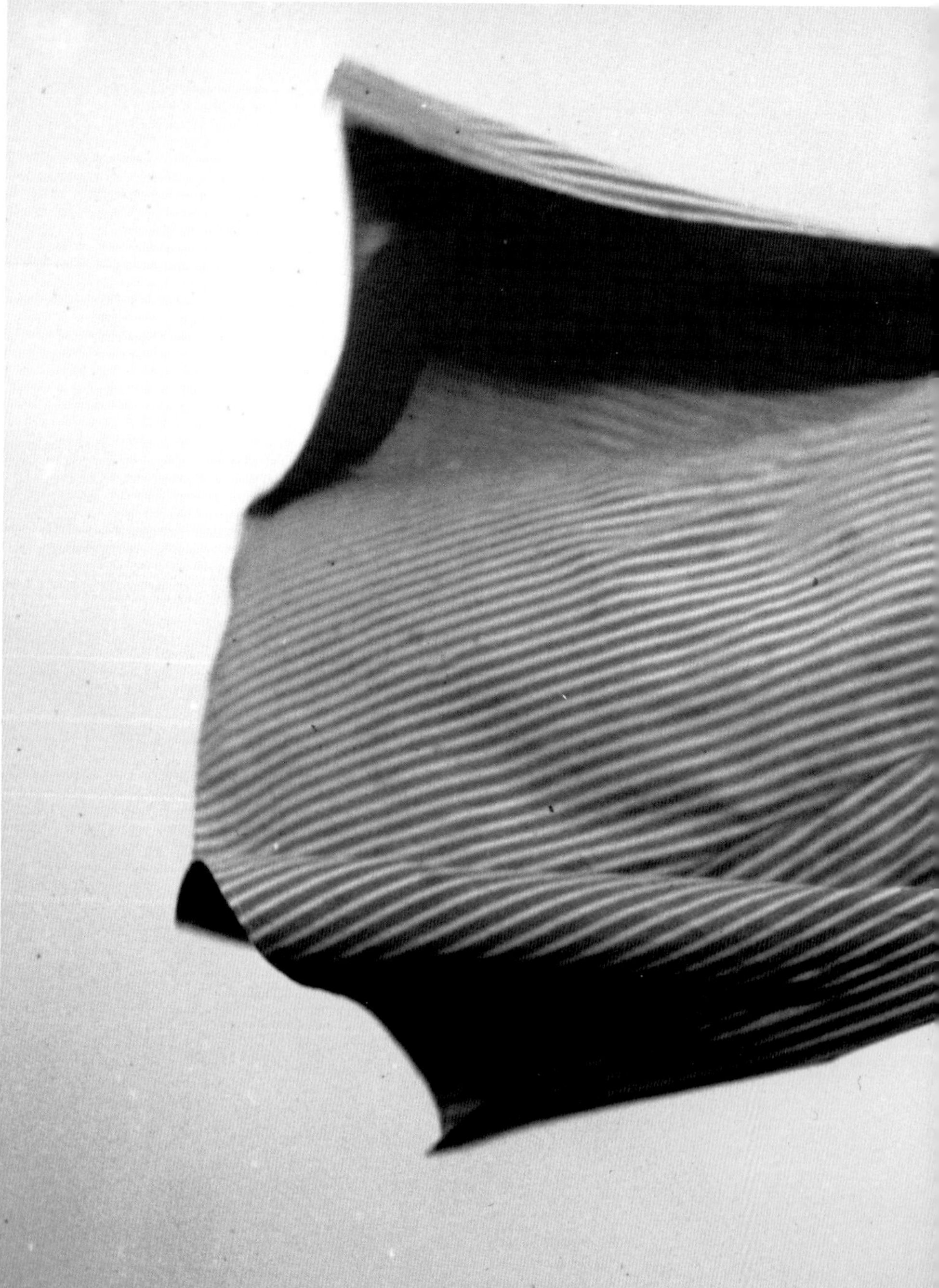

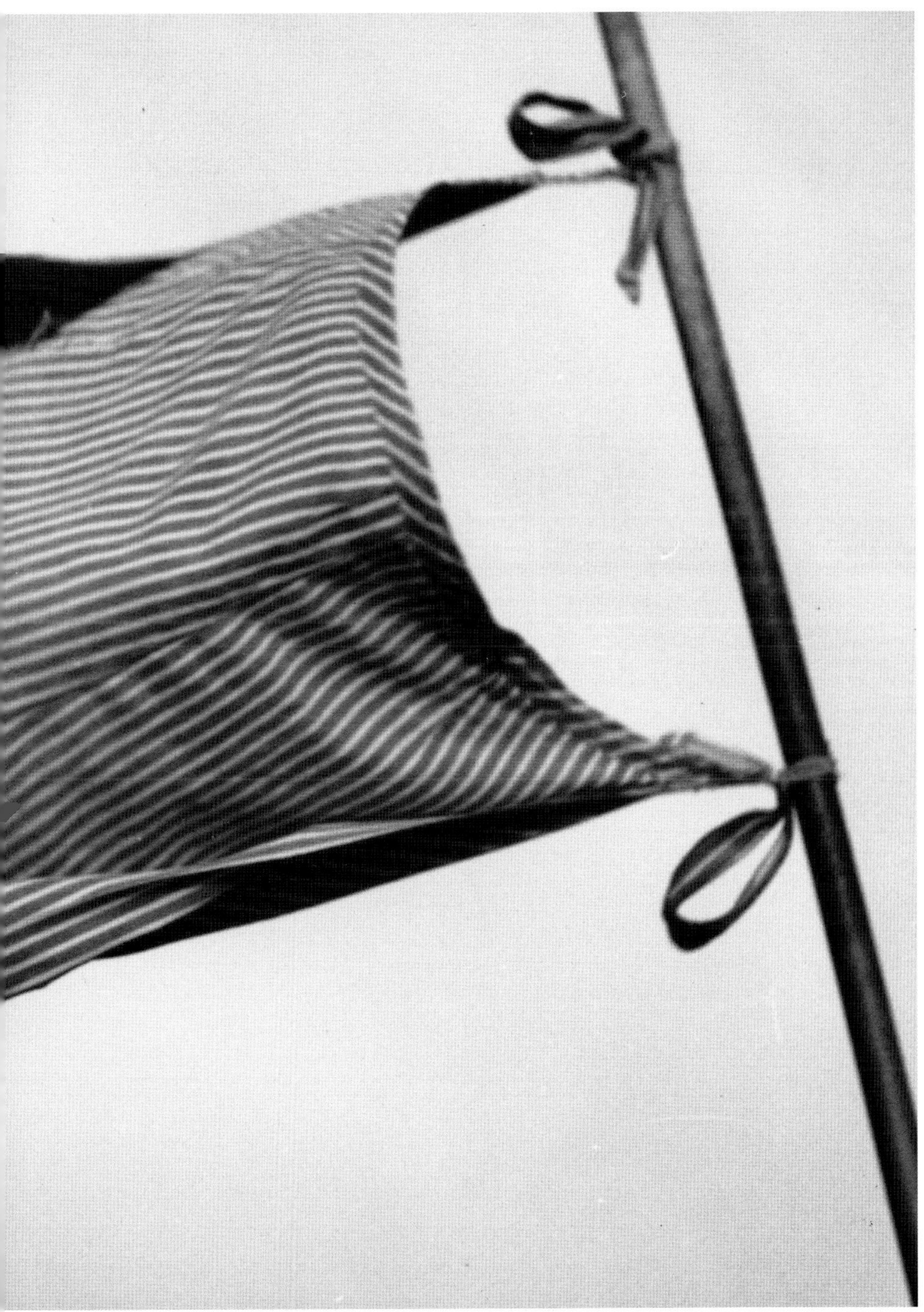

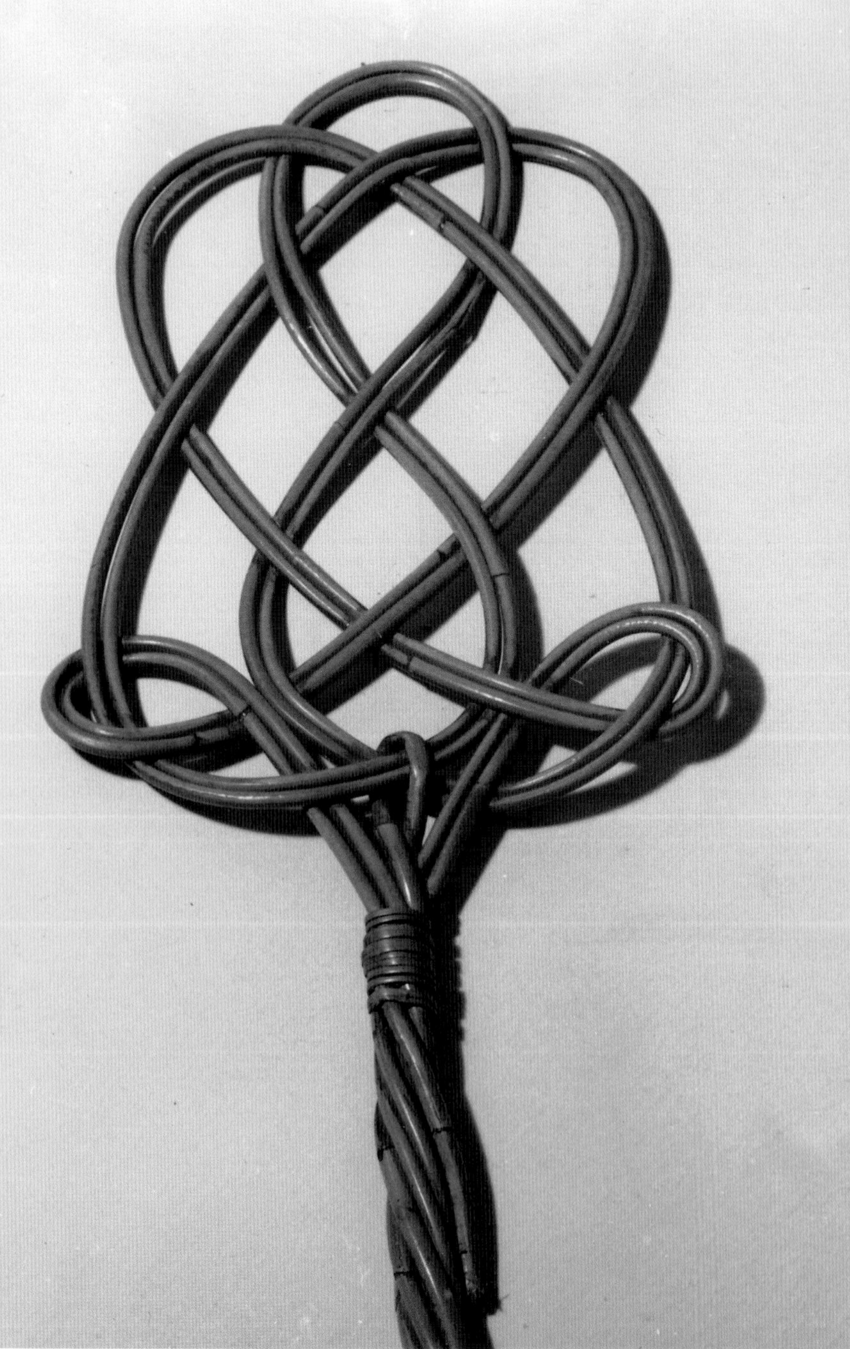

Teppichklopfer

Carpet beater

Tapette à tapis

176/177

Schmidthof Zürich

Schmidthof in Zurich

Schmidthof à Zurich

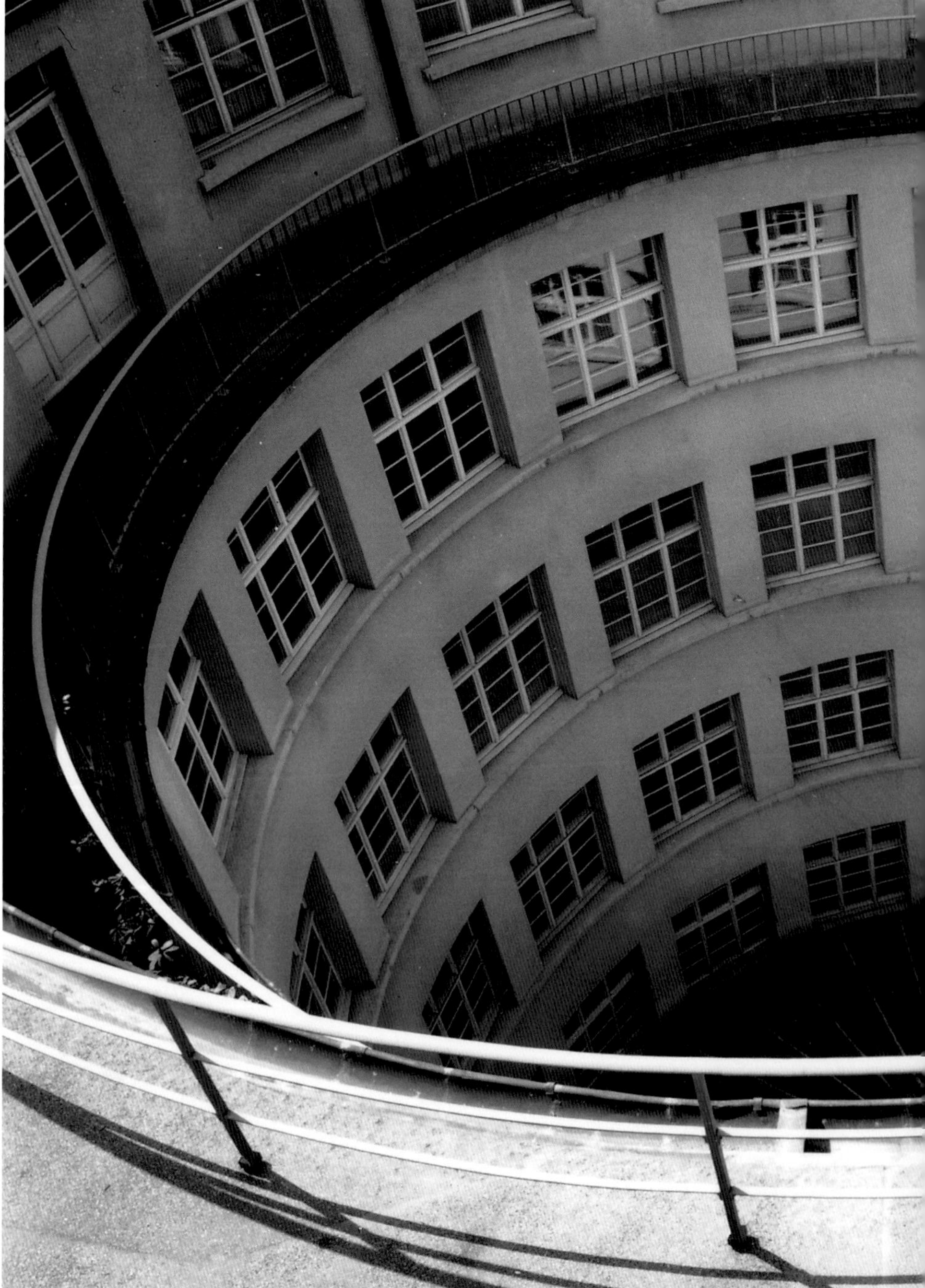

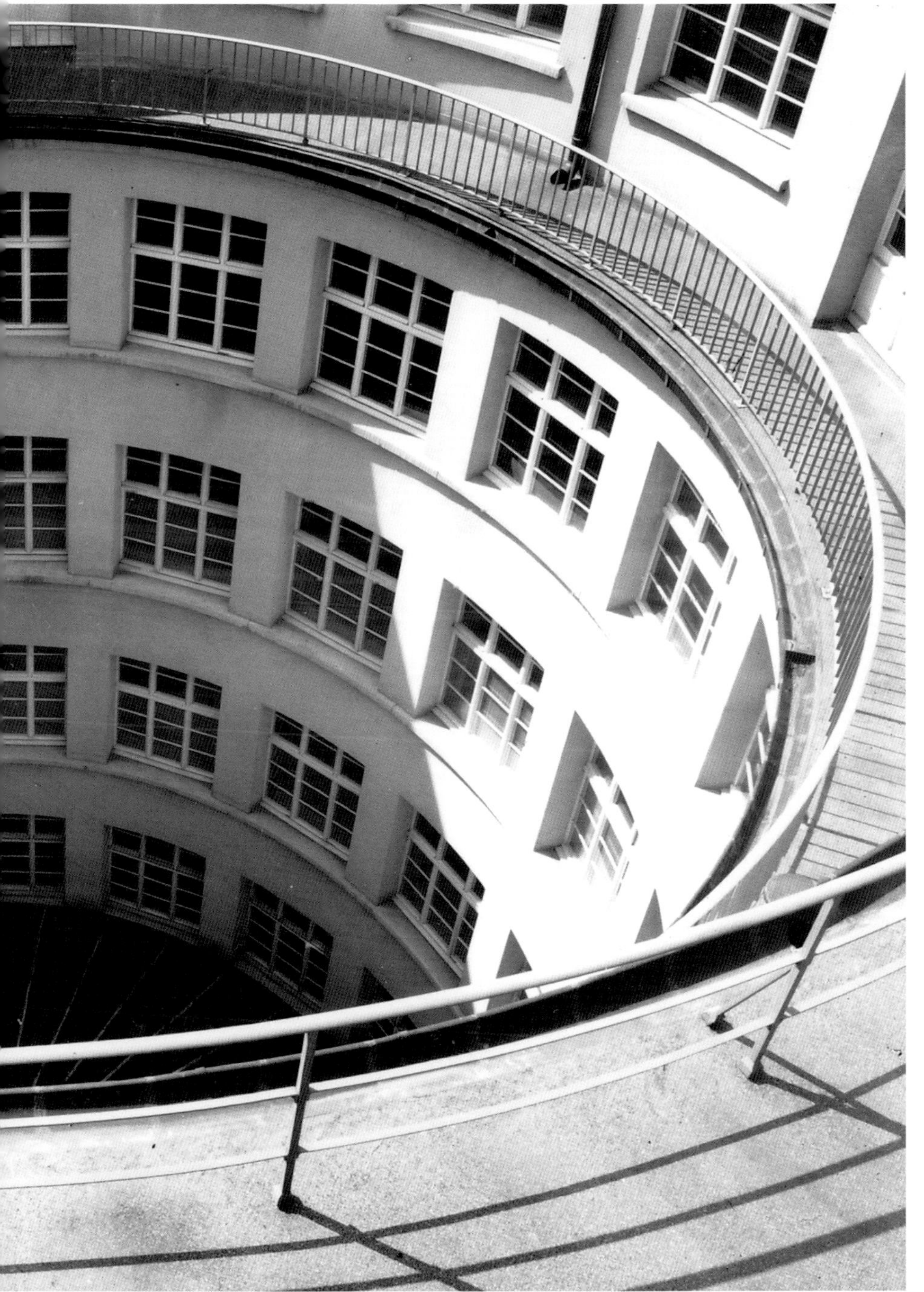

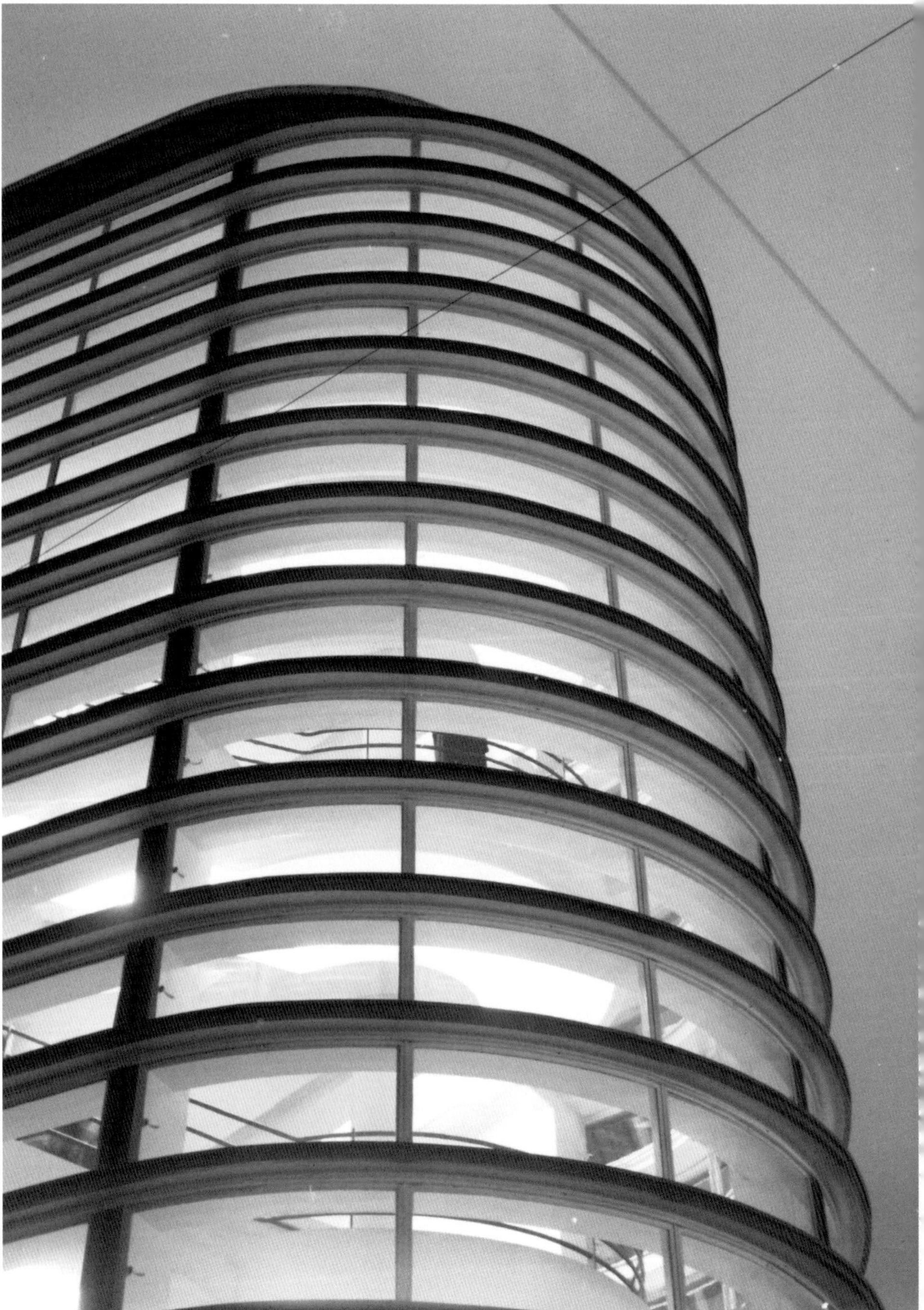

Kaufhaus

Department store

Grand magasin

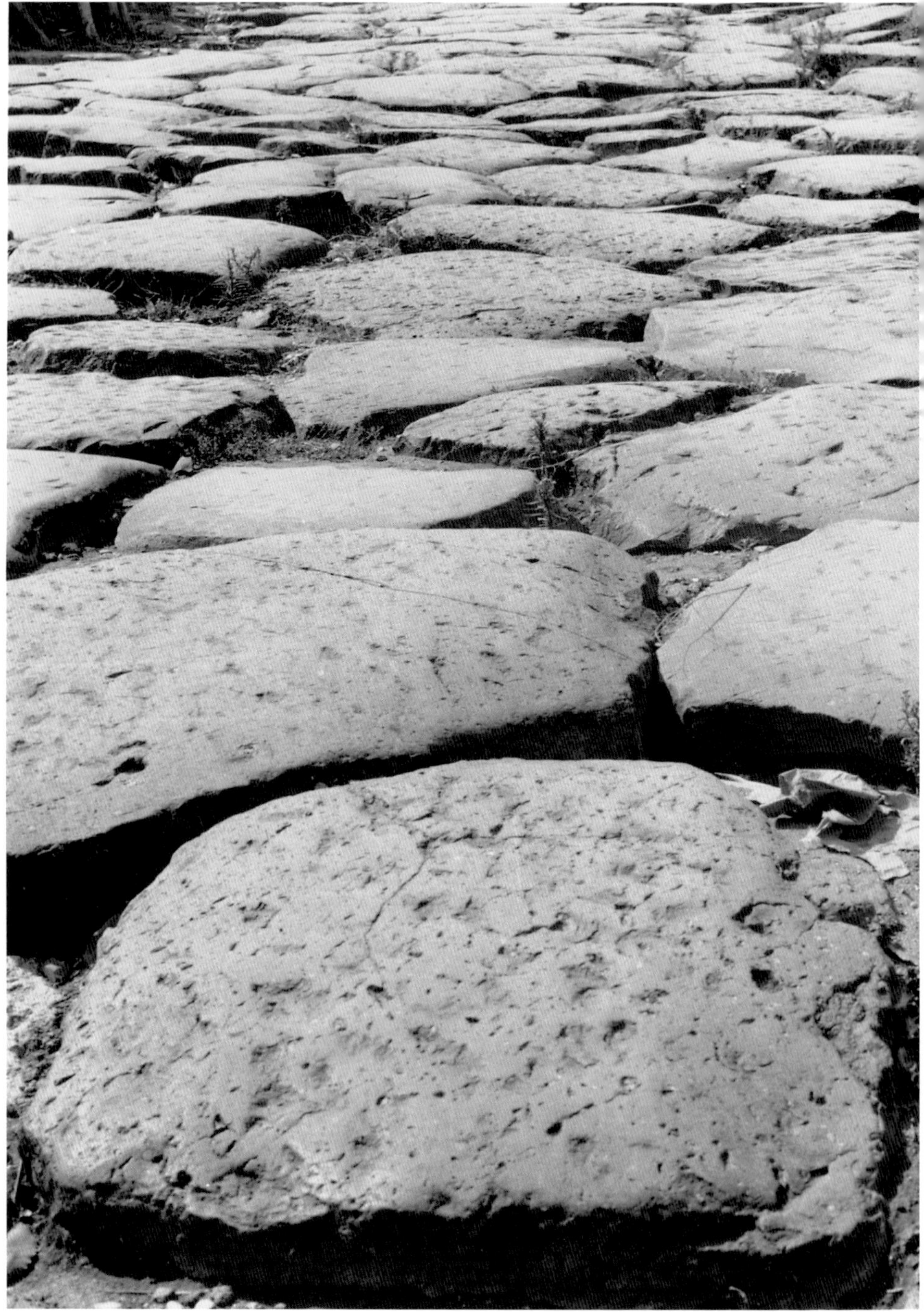

Straße

Street

Rue

Steine

Stones

Pierres

184/185

Pflastersteine

Cobblestones

Pavés

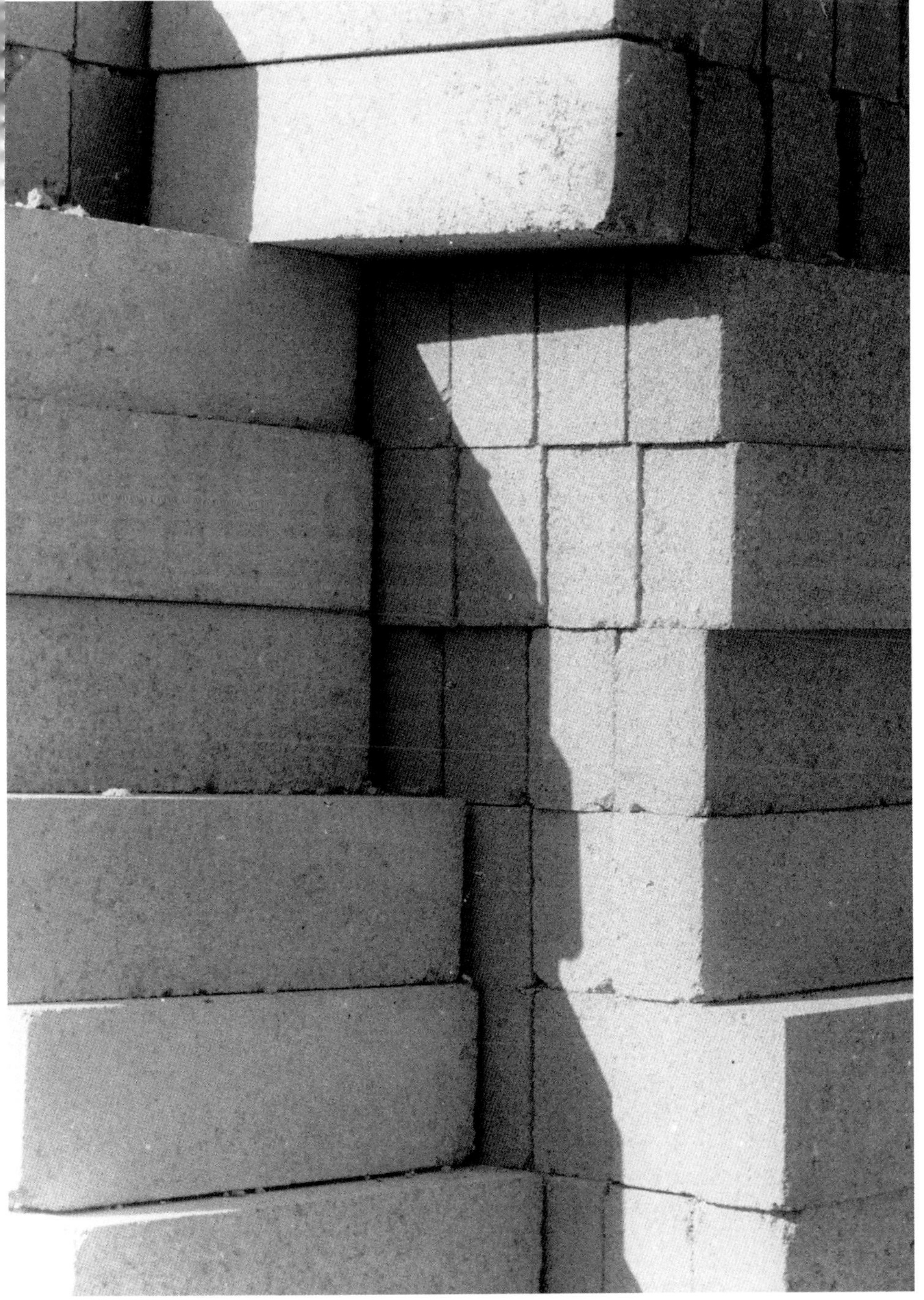

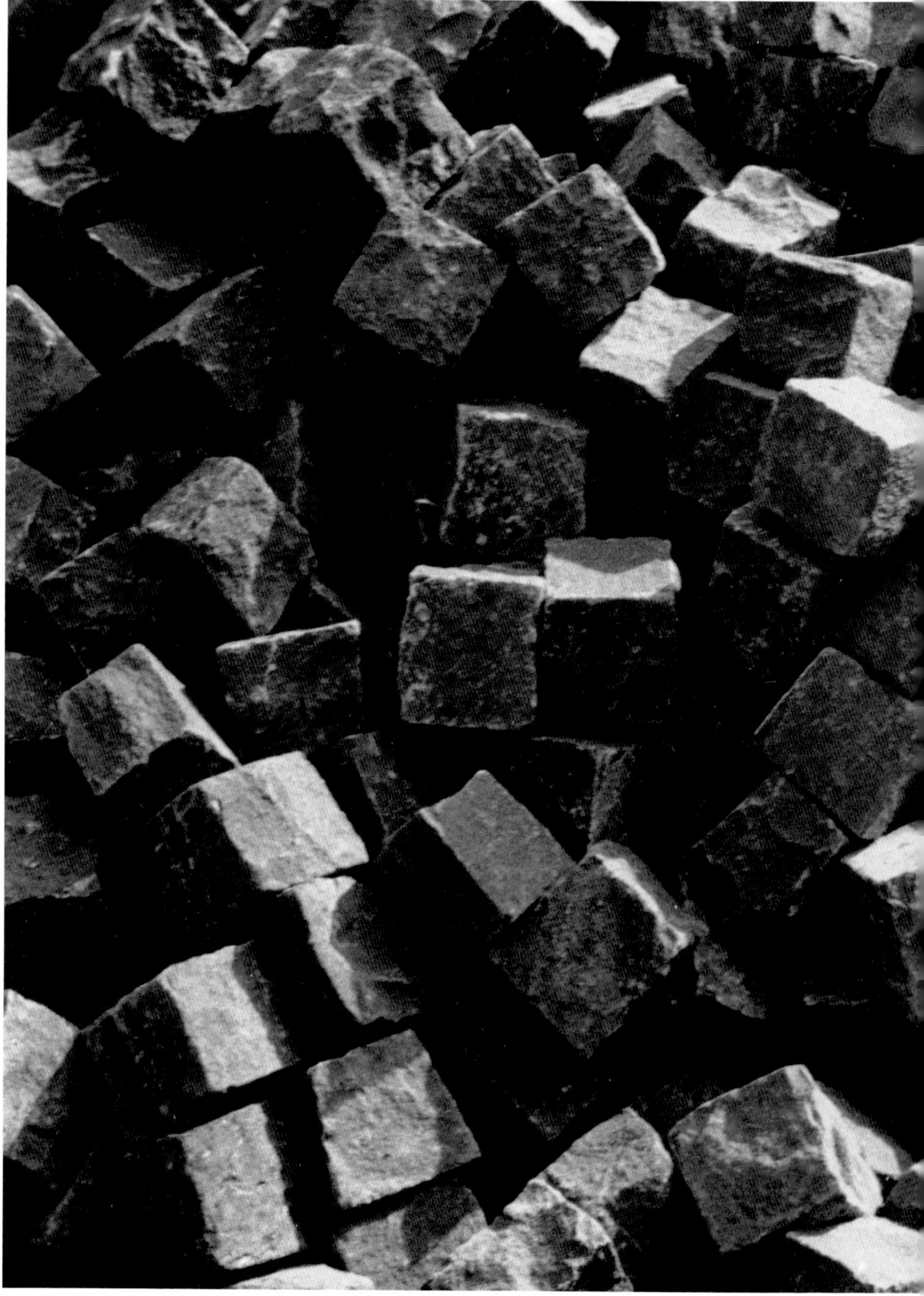

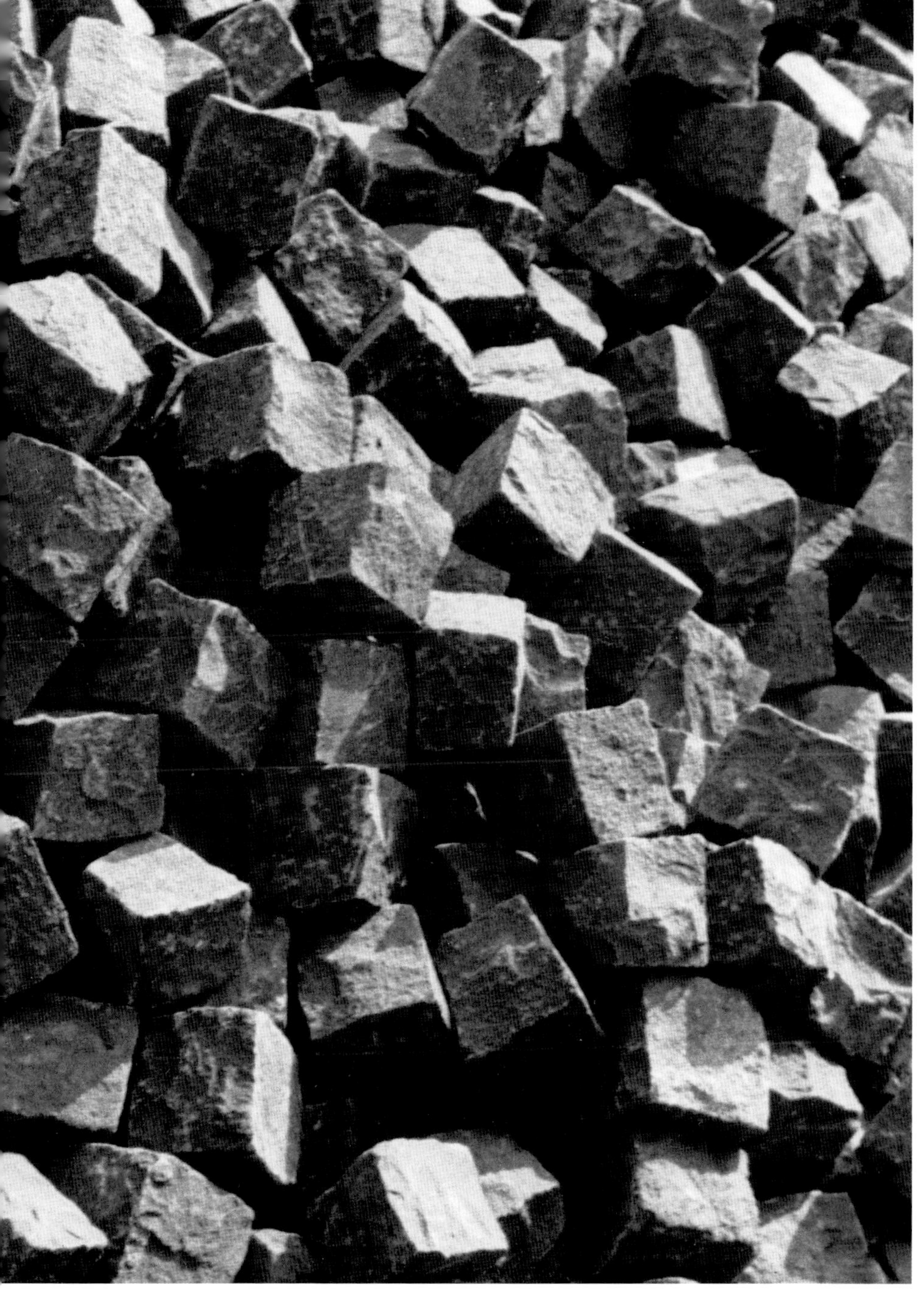

Spalte

Crack

Fente

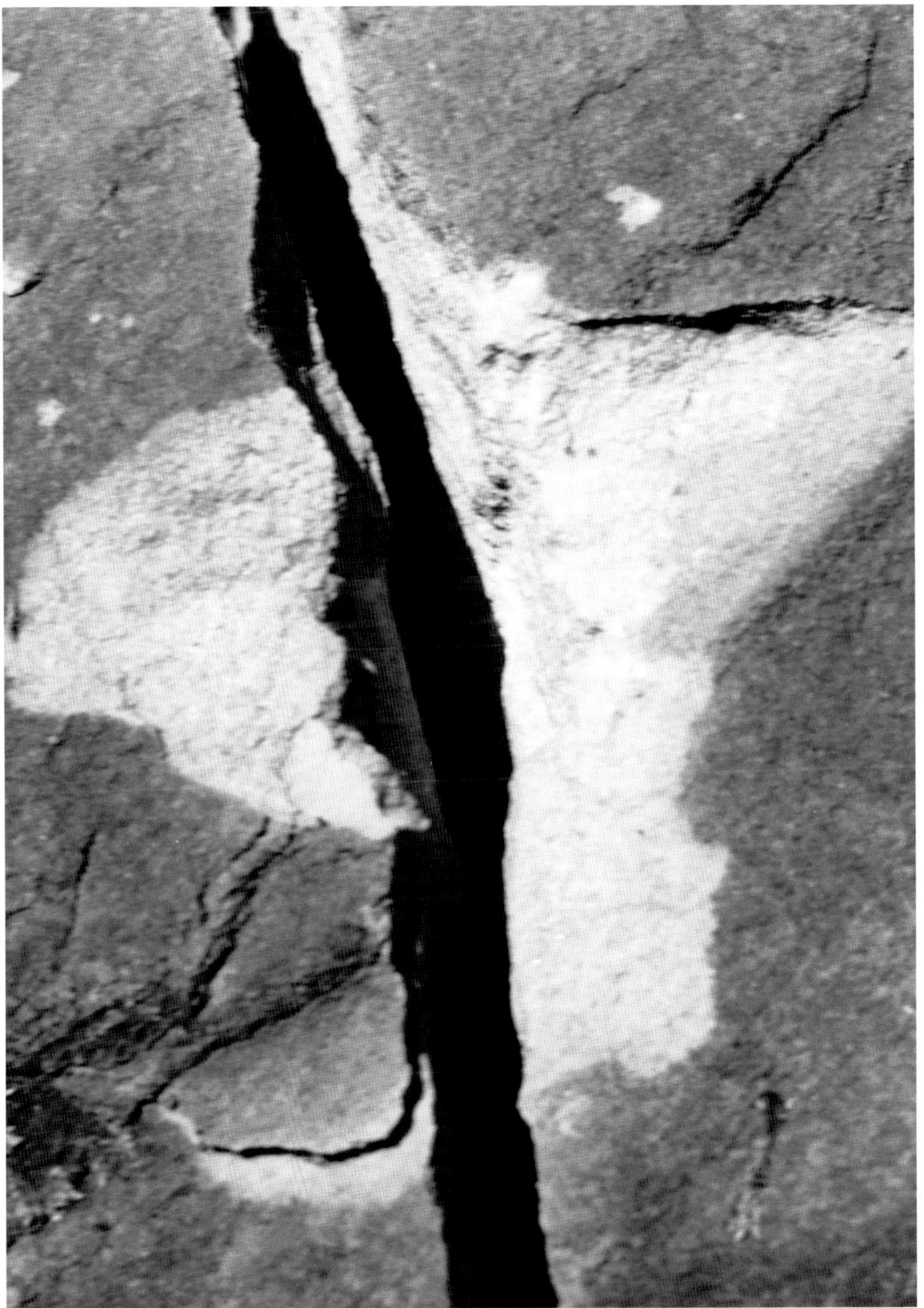

Maurerkellen

Bricklayer's trowels

Truelles

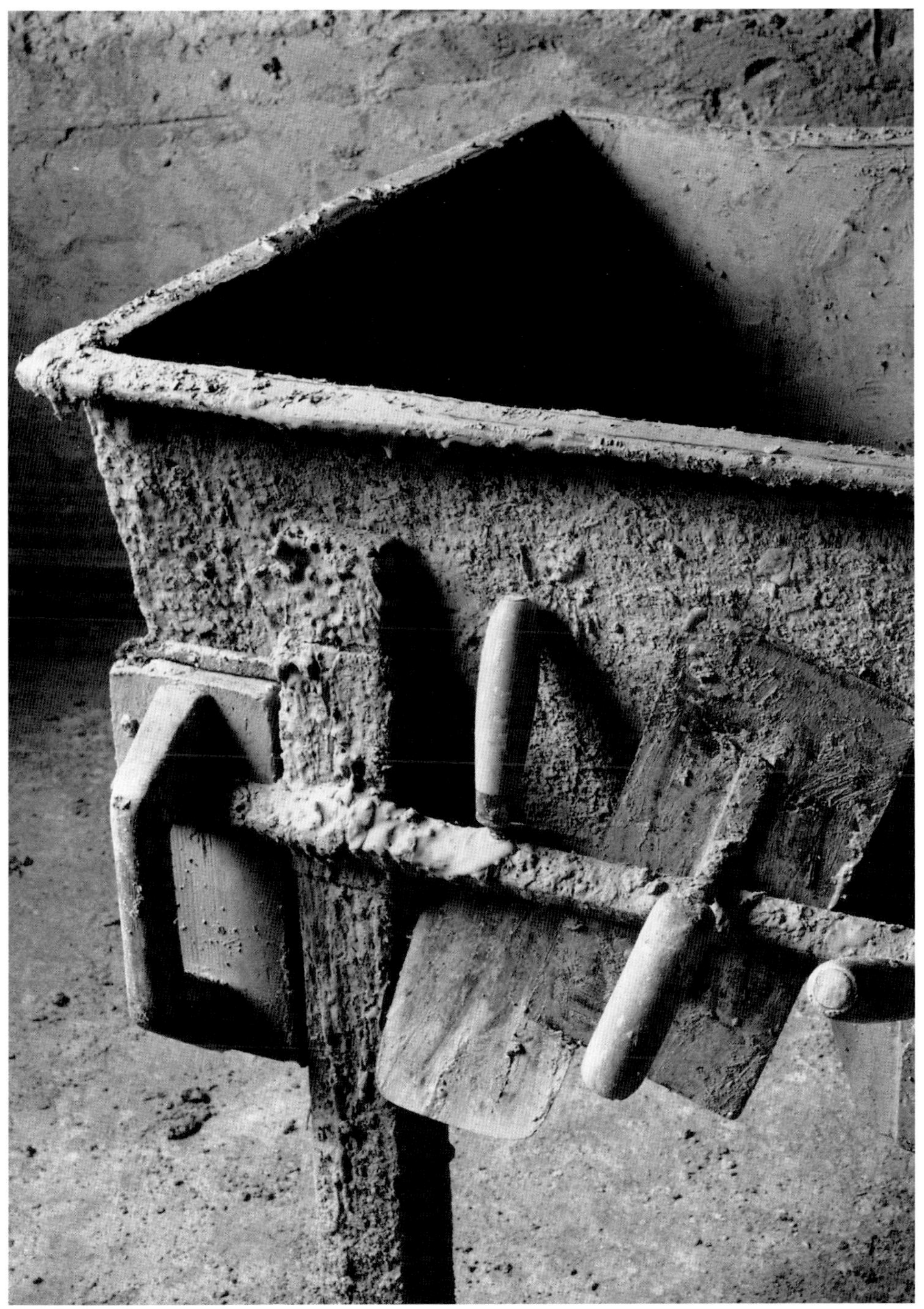

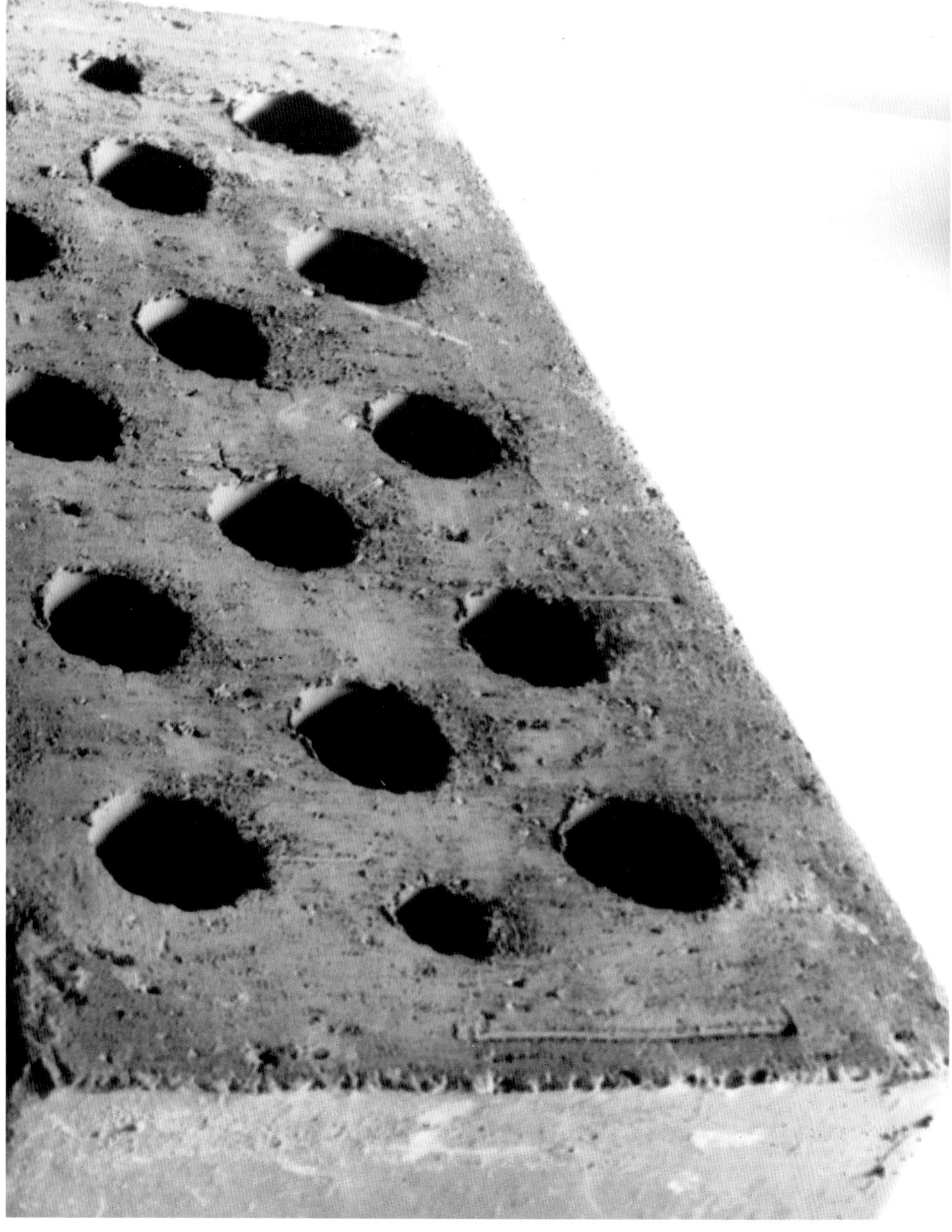

Nagel und Stecknadel

Nail and pin

Clou et épingle

194/195

Bastuntersetzer

Mats

Dessous de plat

196/197

Häkeldecke

Crocheted doily

Couverture au crochet

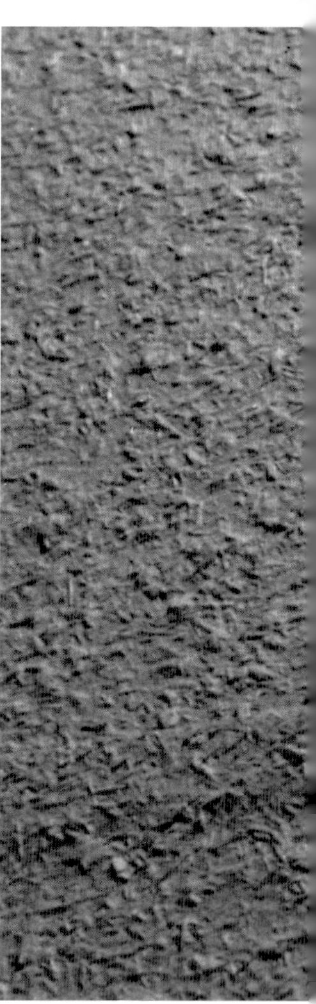

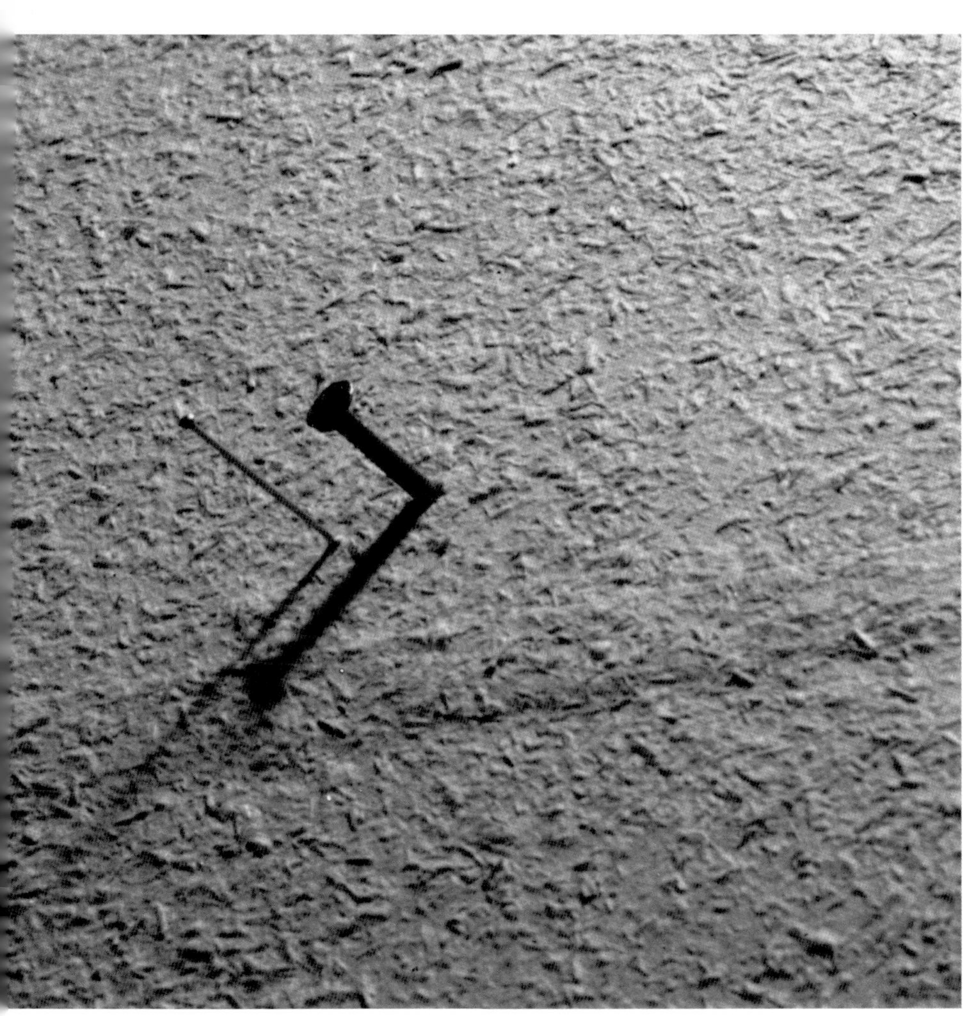

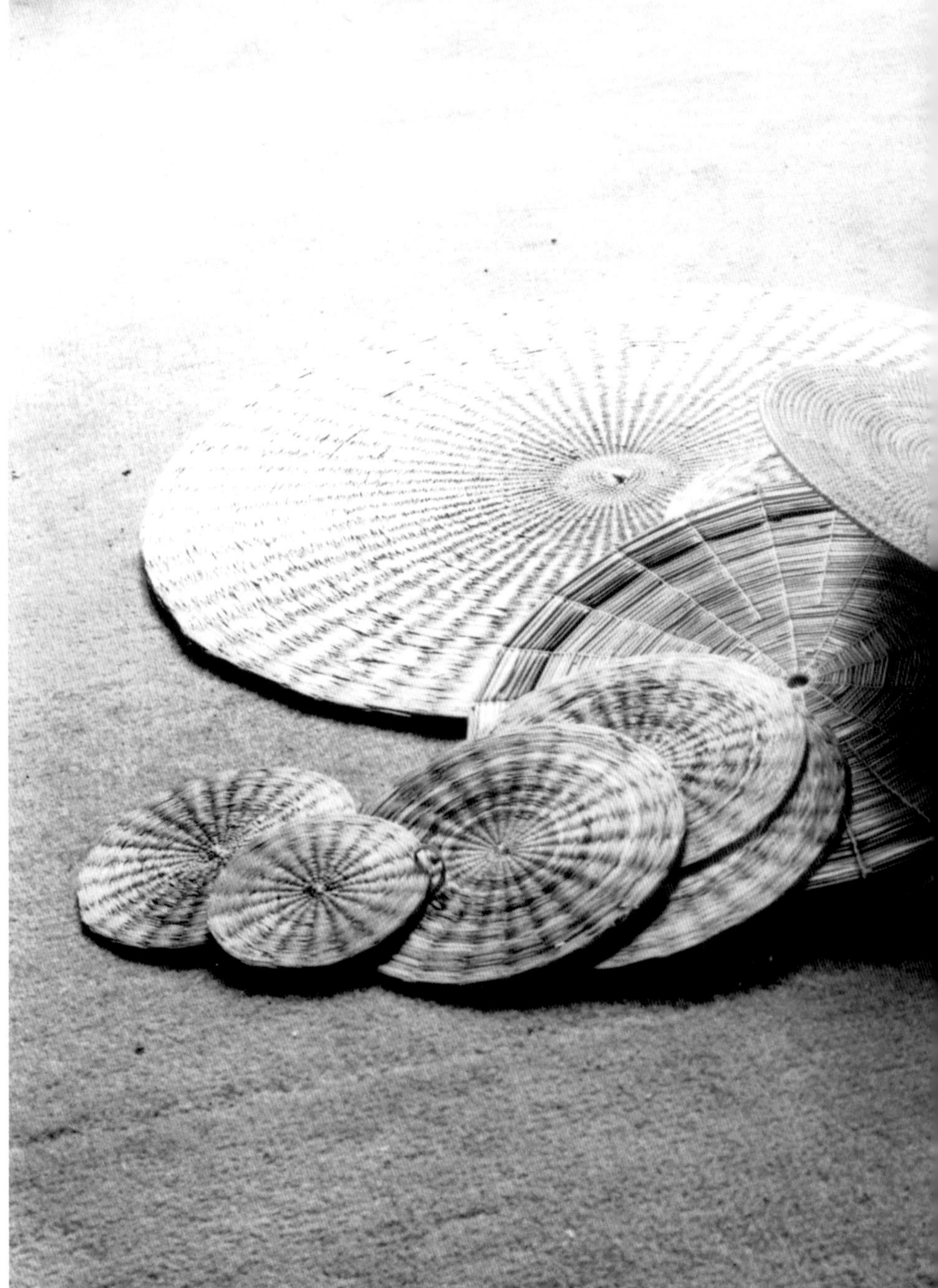

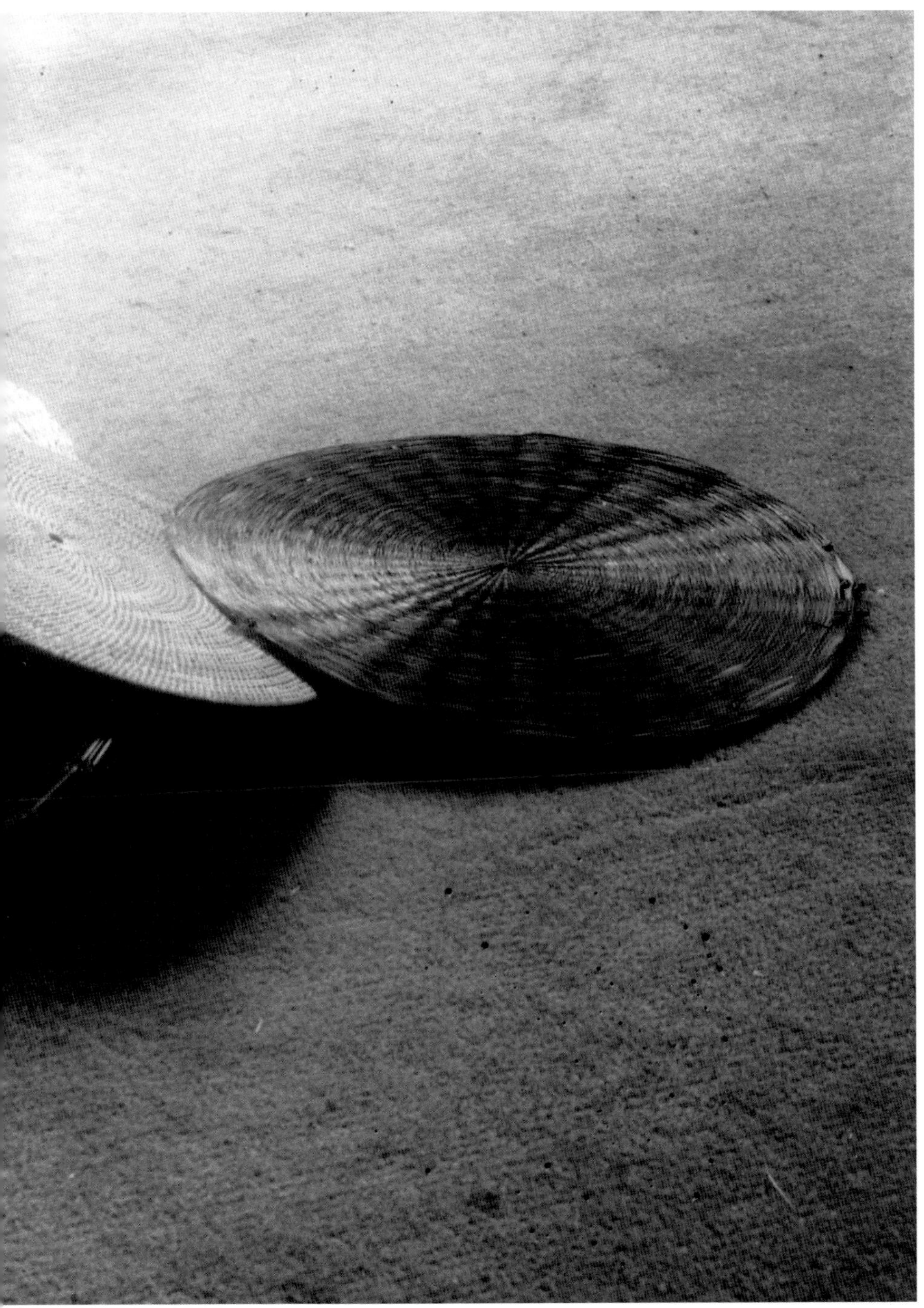

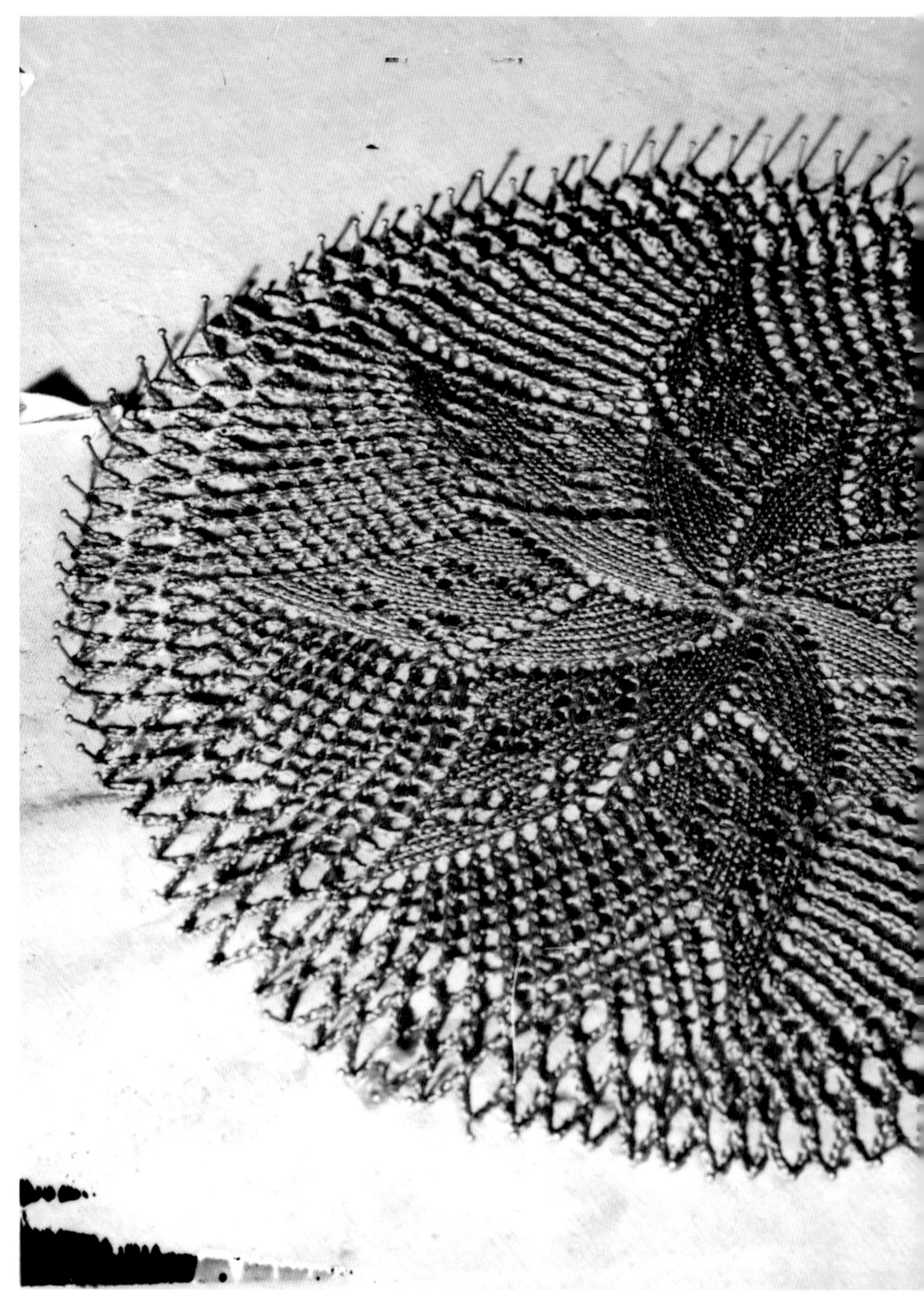

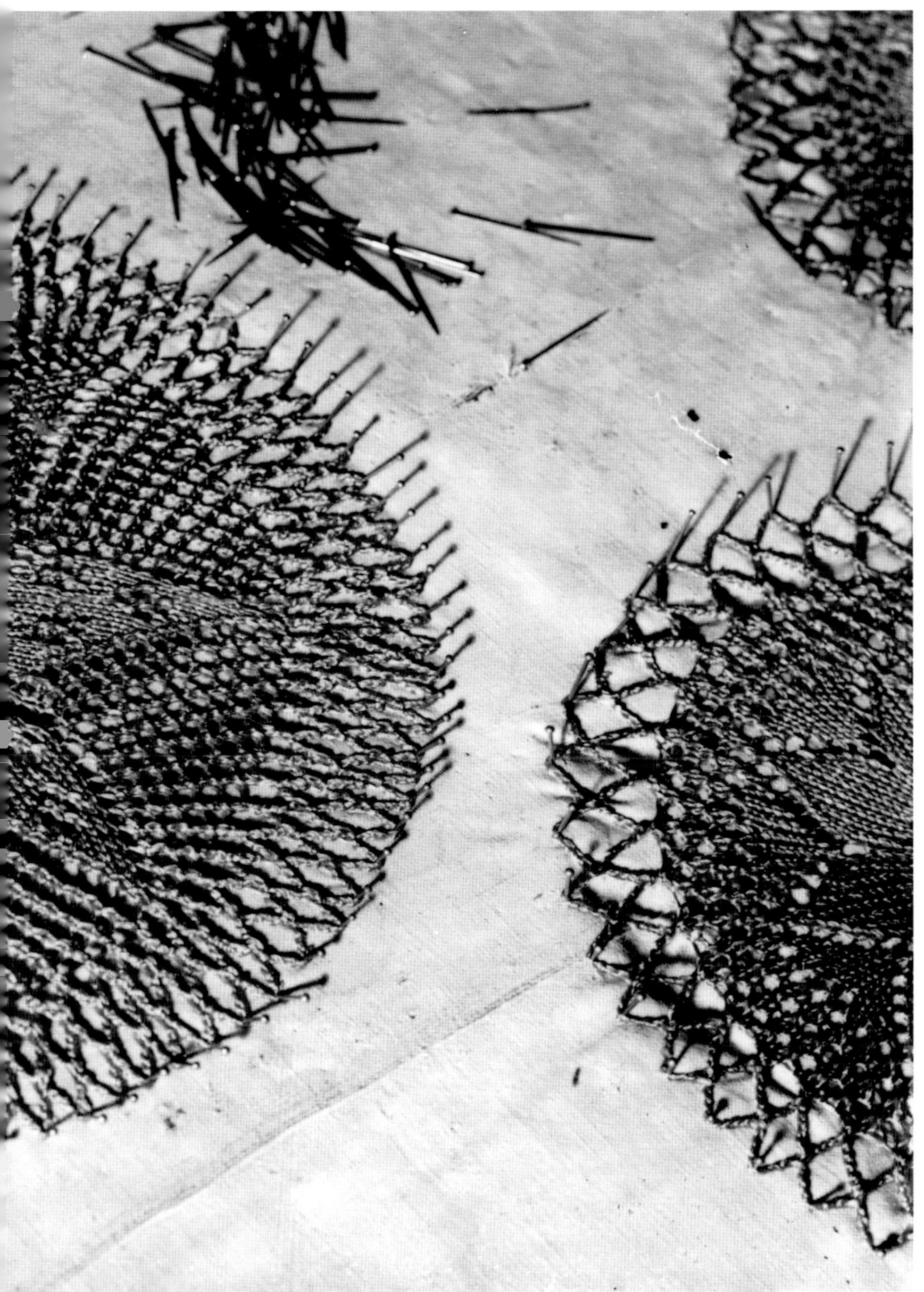

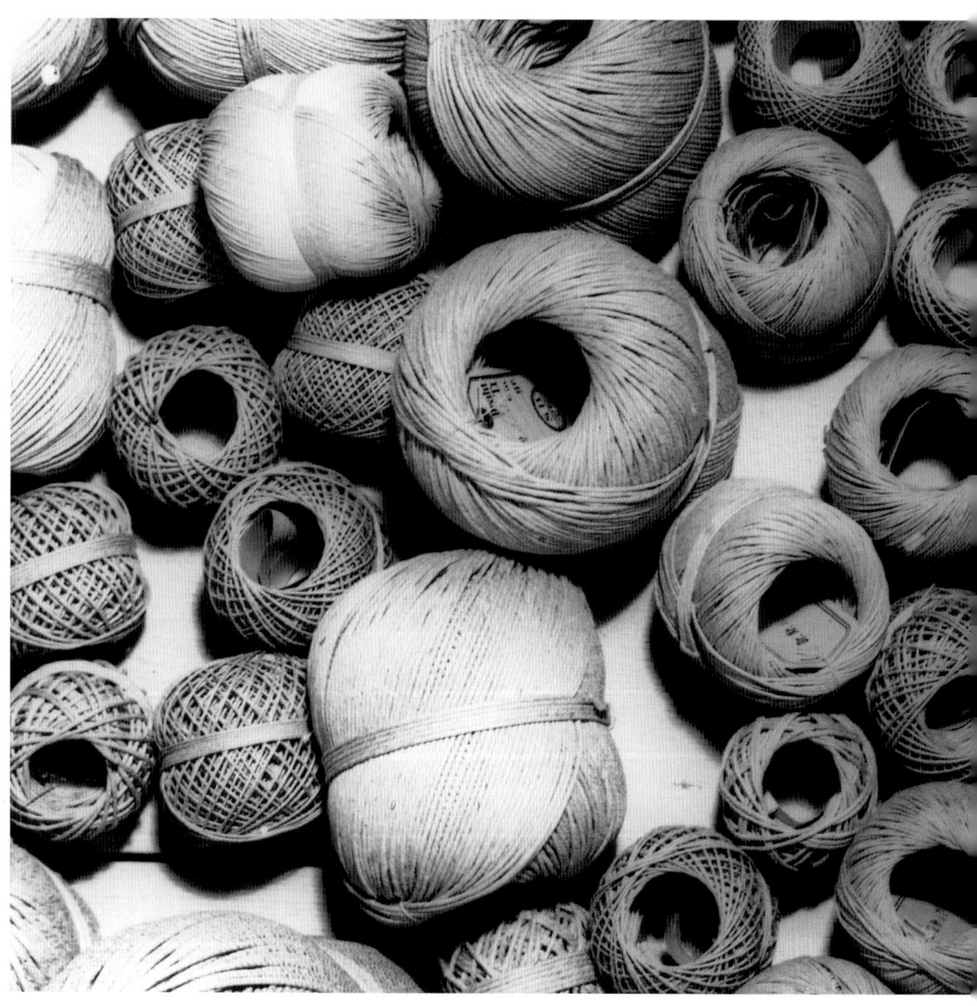

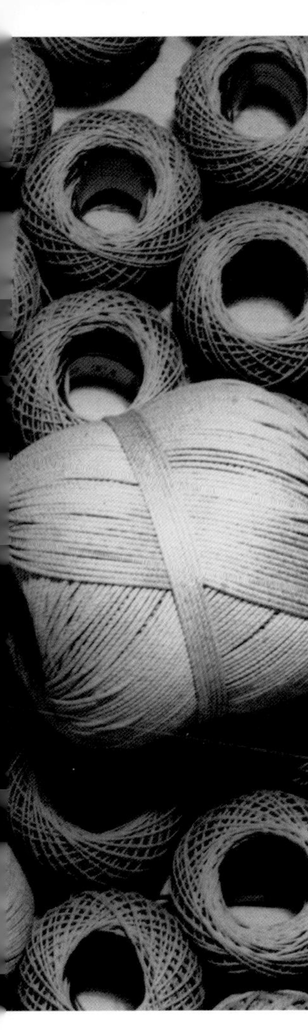

Garnrollen

Spools of string

Bobines

200/201

Garnrolle

Spool of string

Bobine de ficelle

202/203

Seemannsschnur

Sailor's rope

Corde de marin

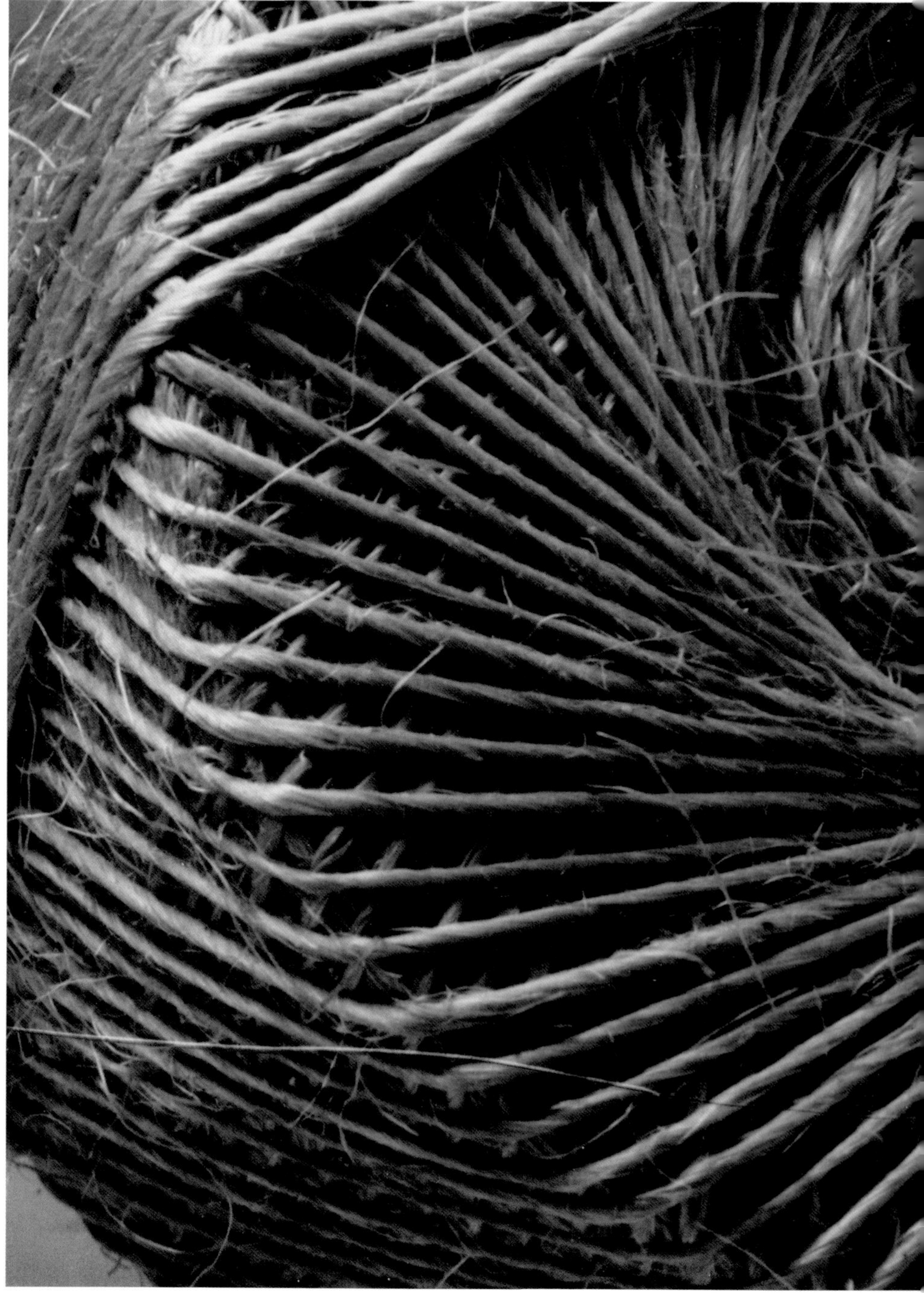

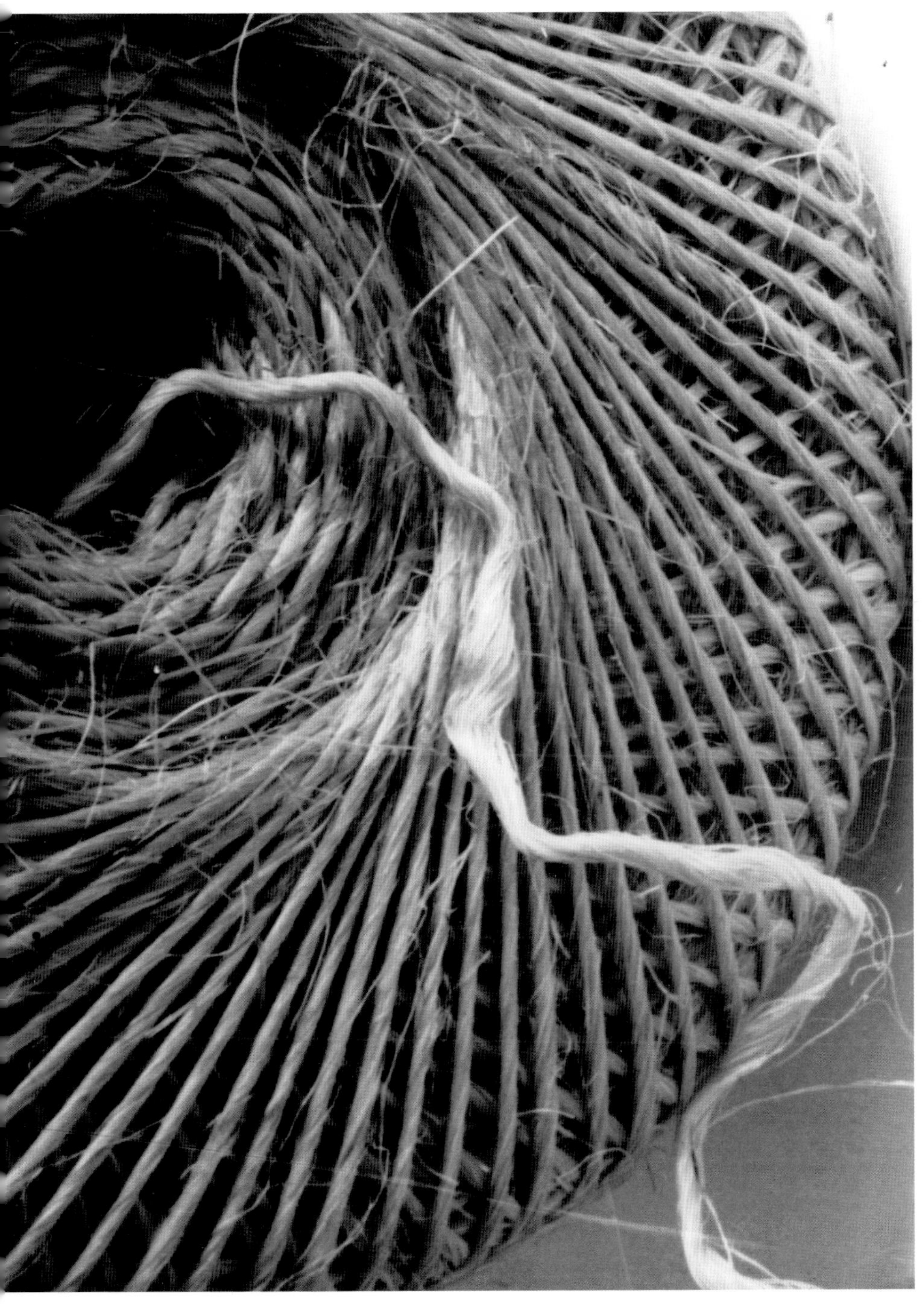

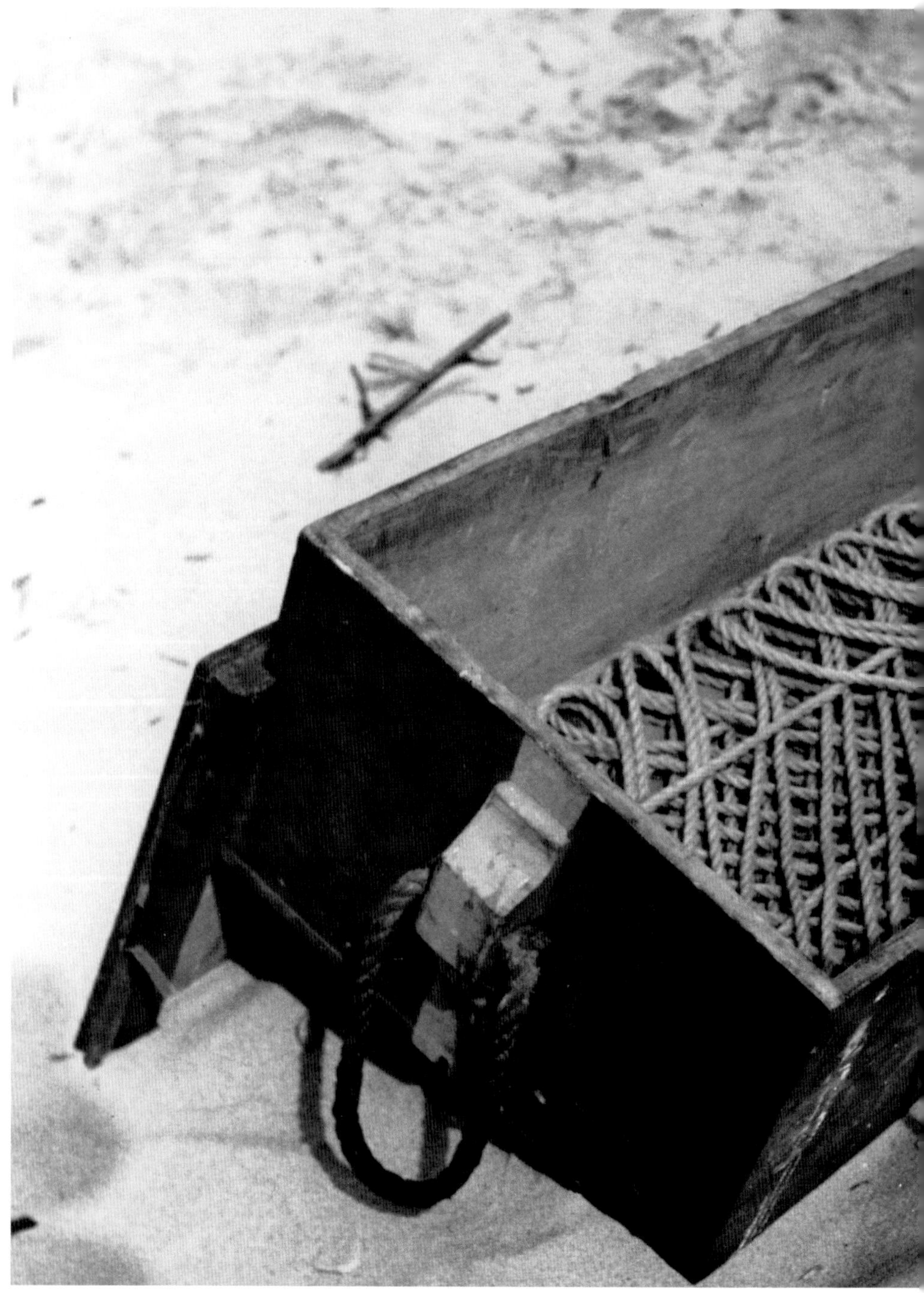

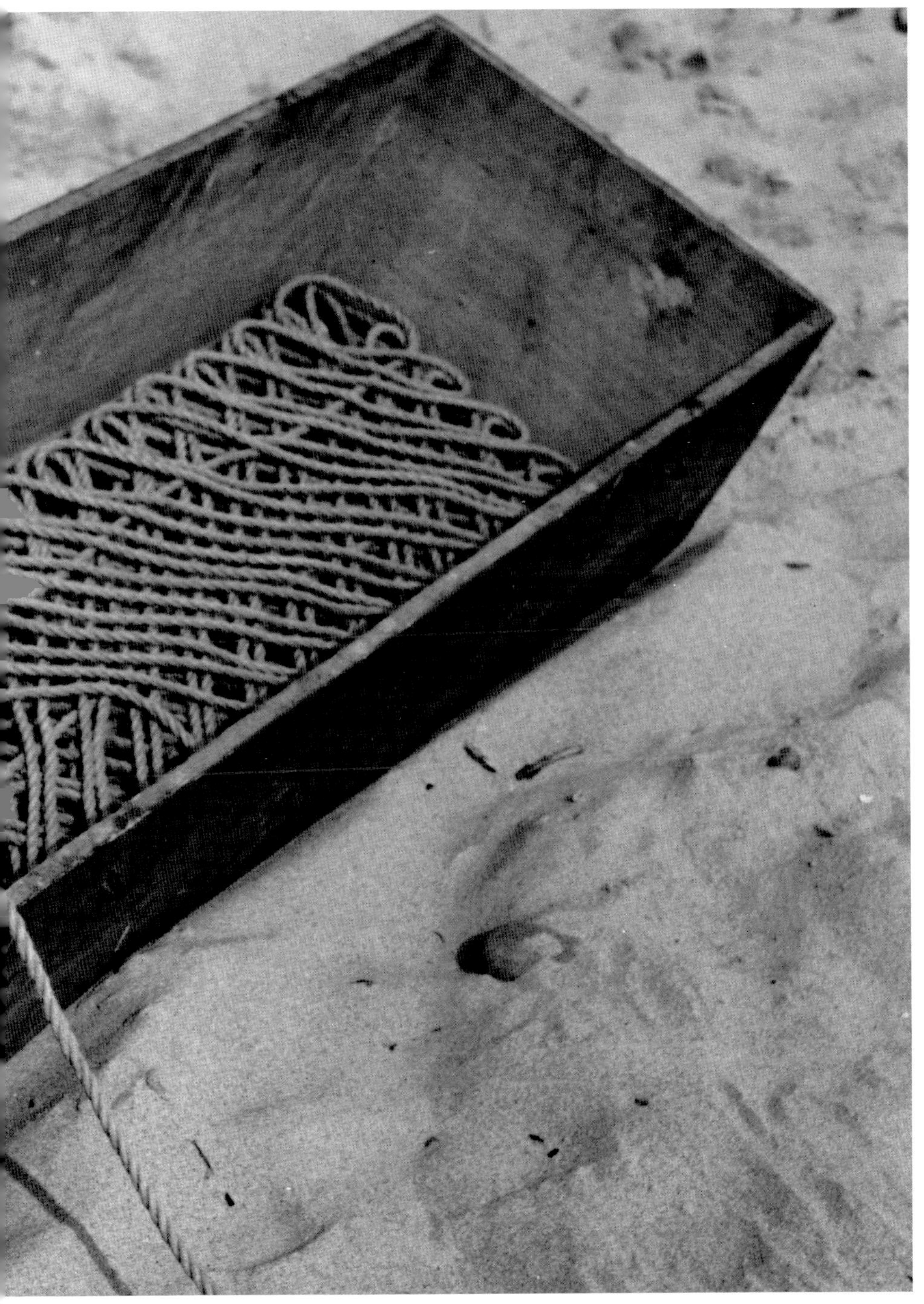

Seide

Silk

Soie

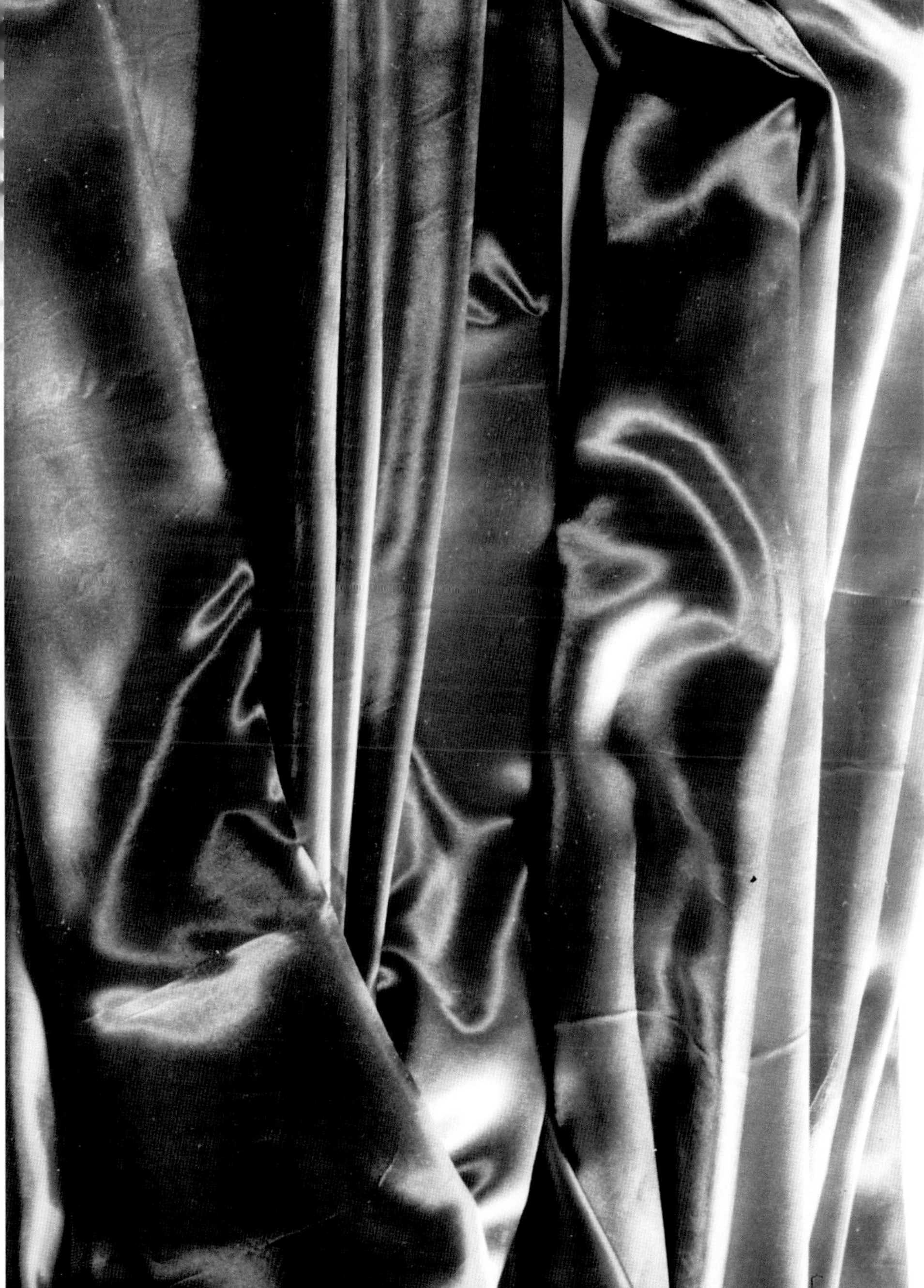

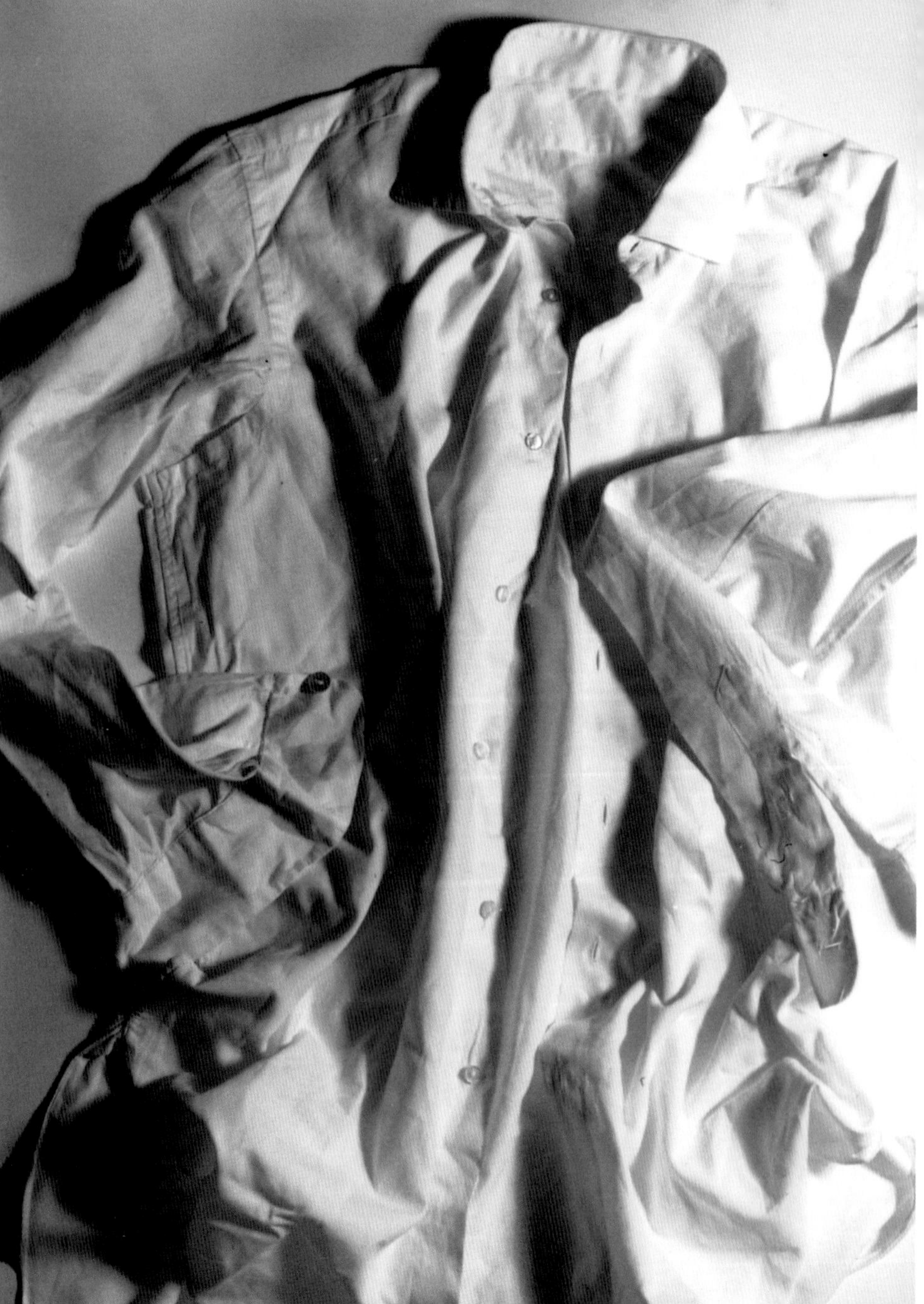

Kragen

Collar

Col

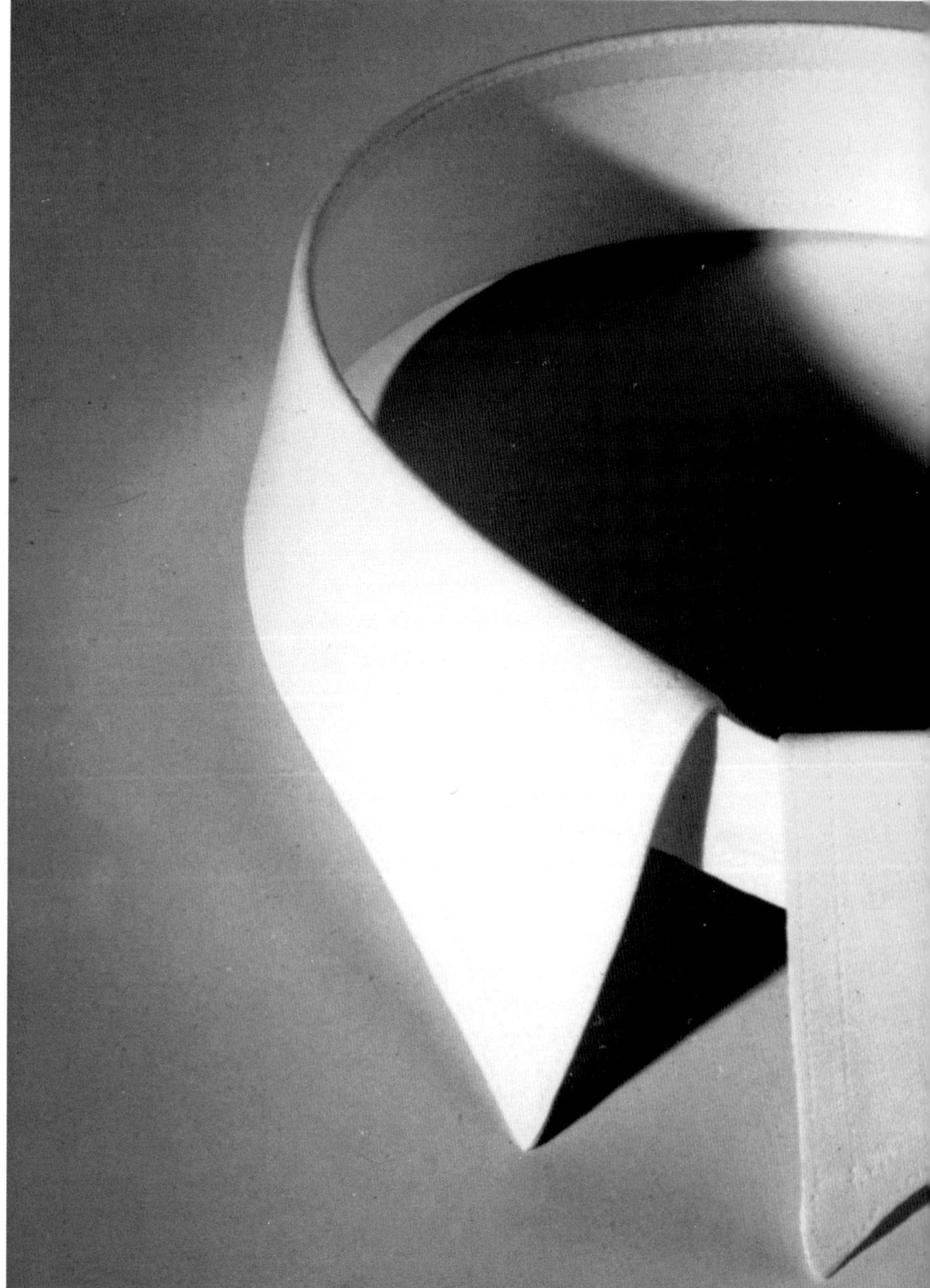

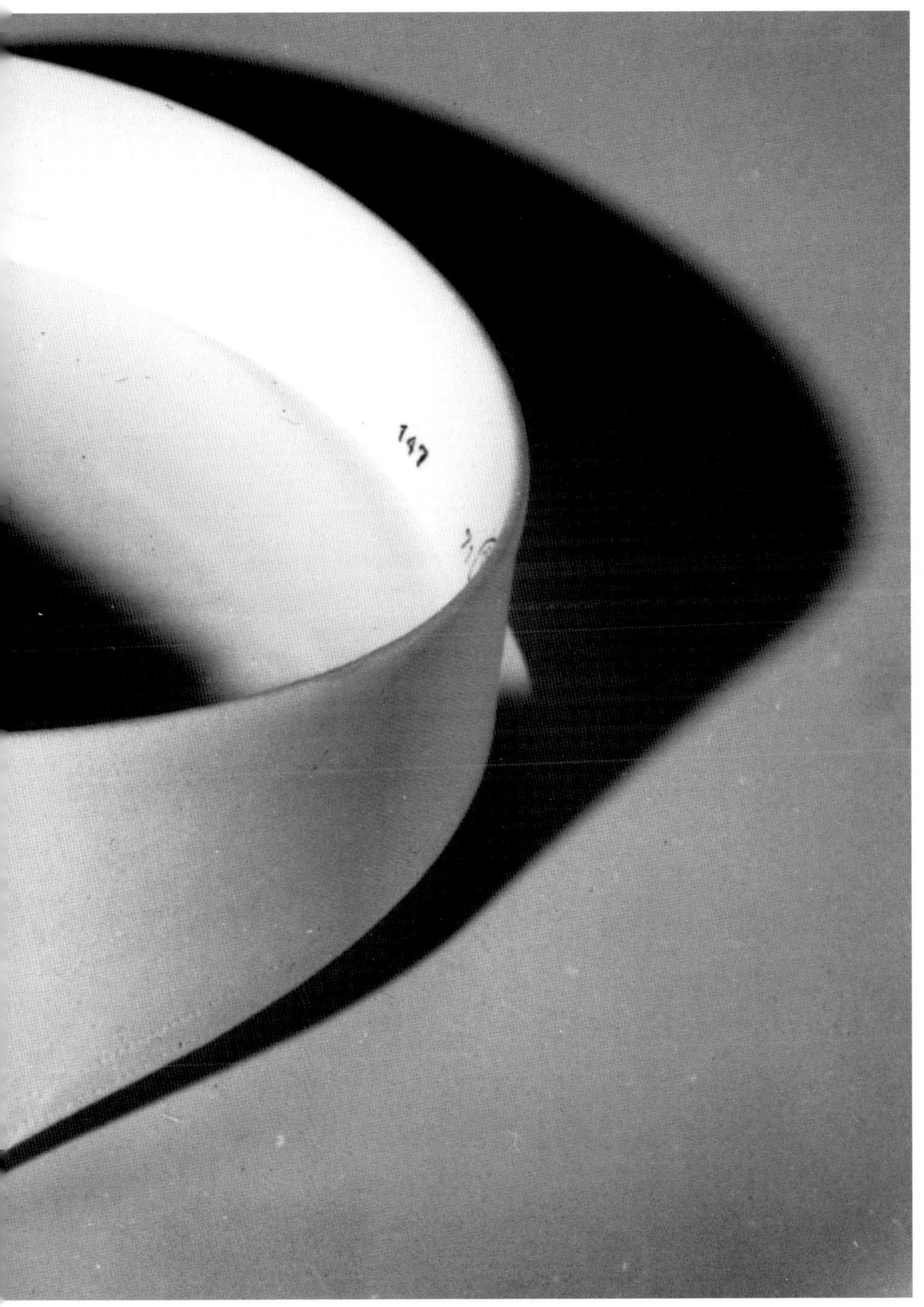

Krawatte

Tie

Cravate

212/213

Filzhut

Felt hat

Feutre

214/215

Zylinder

Top hat

Haut-de-forme

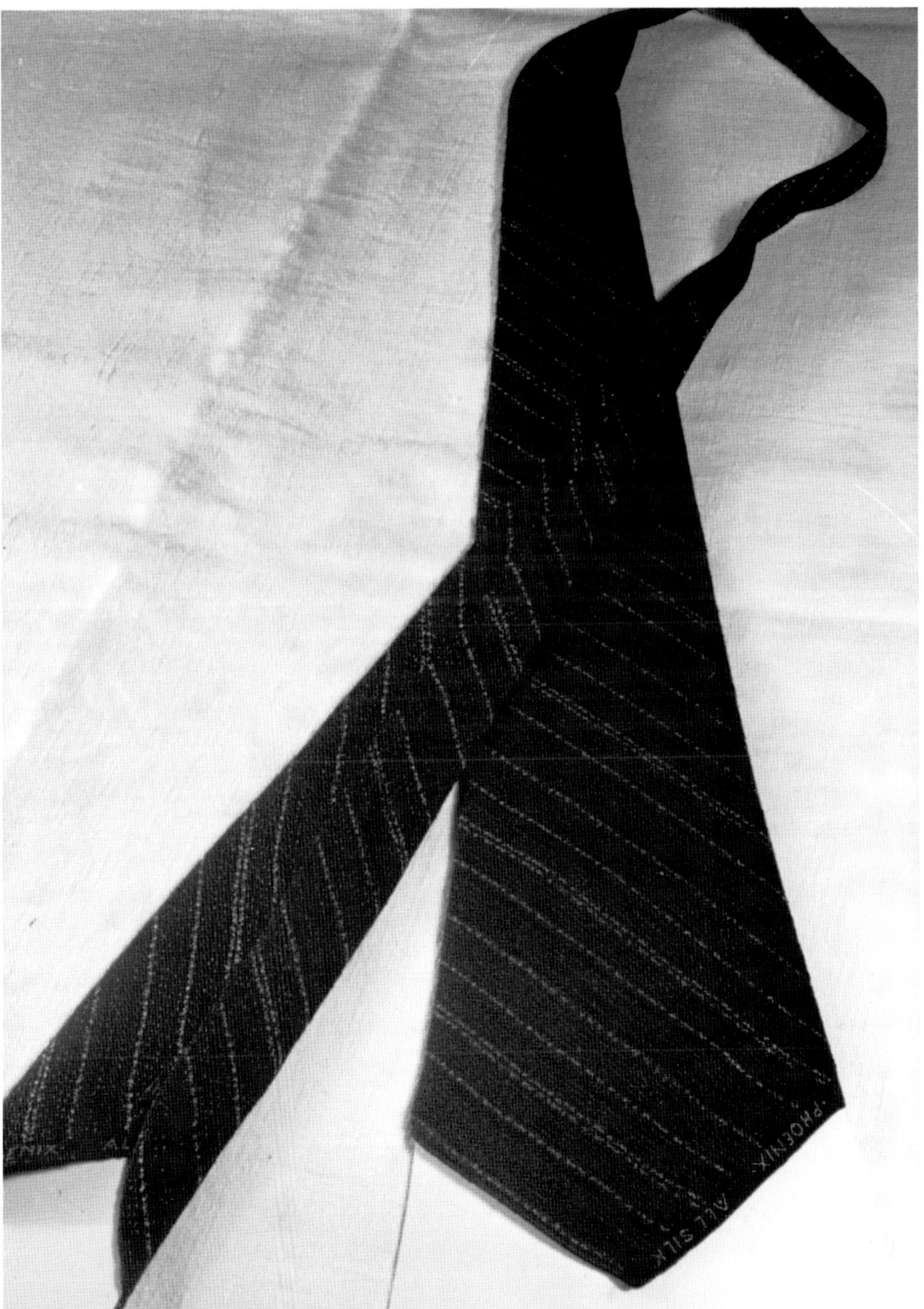
PHOENIX
ALL SILK

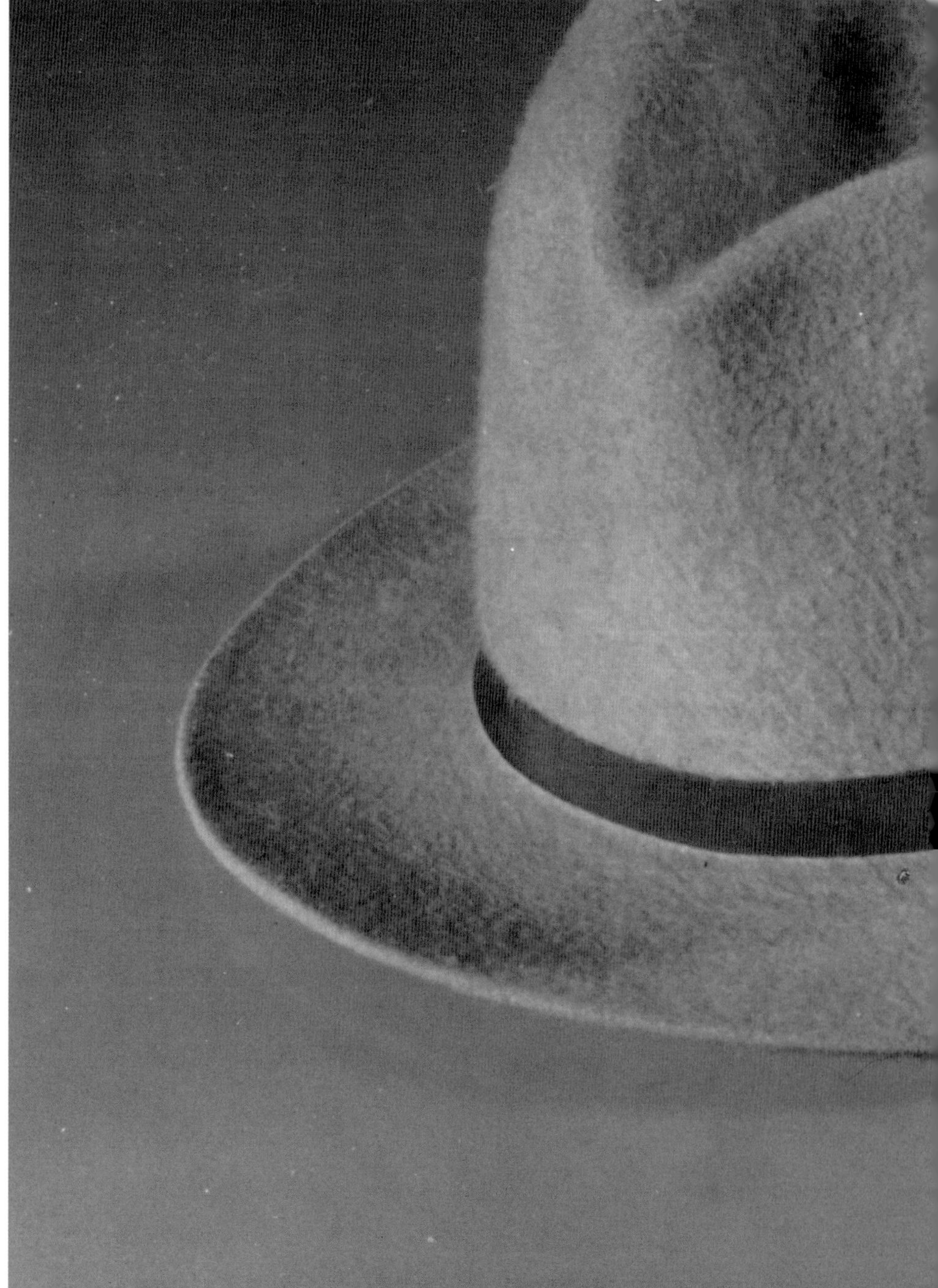

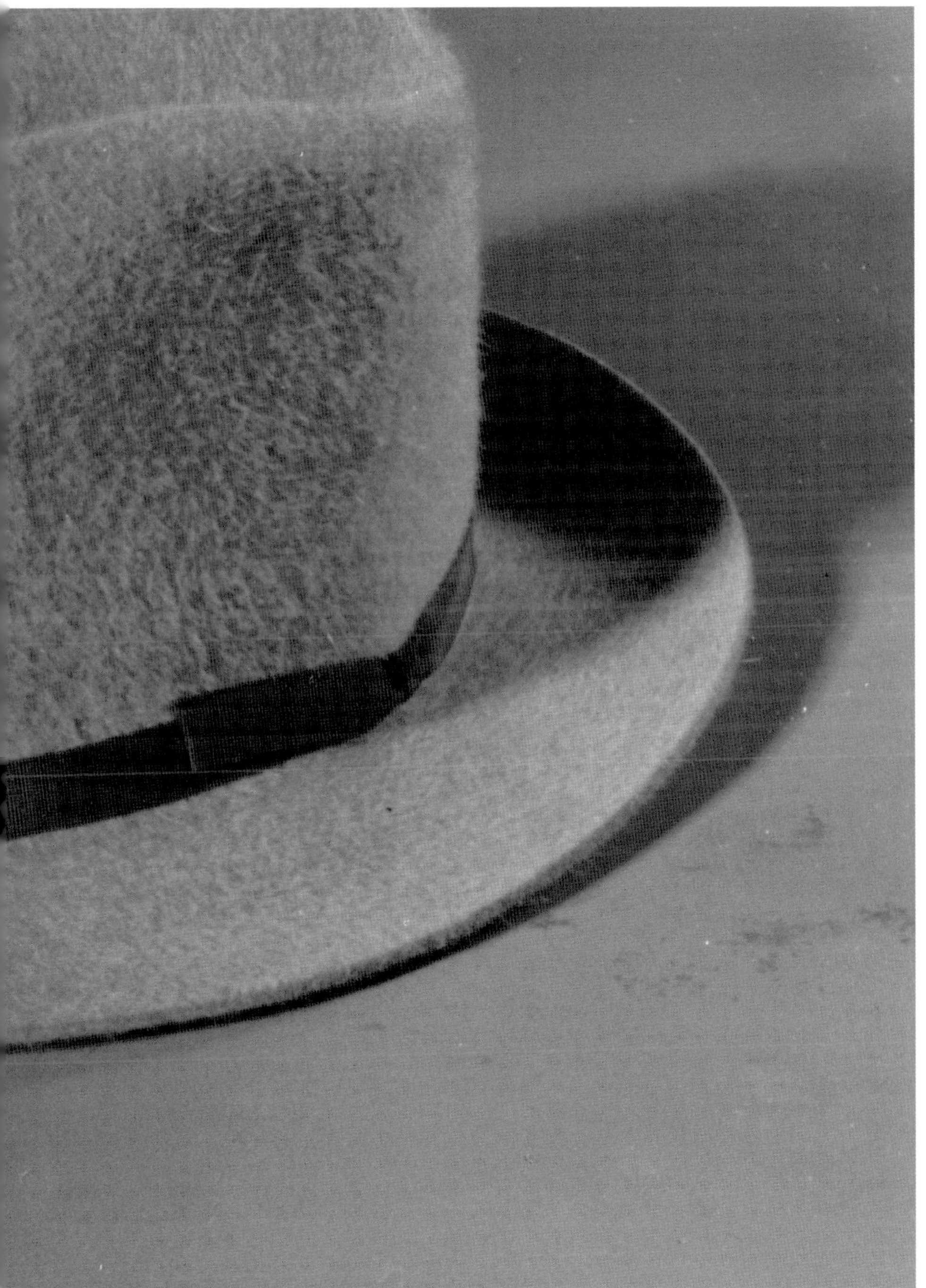

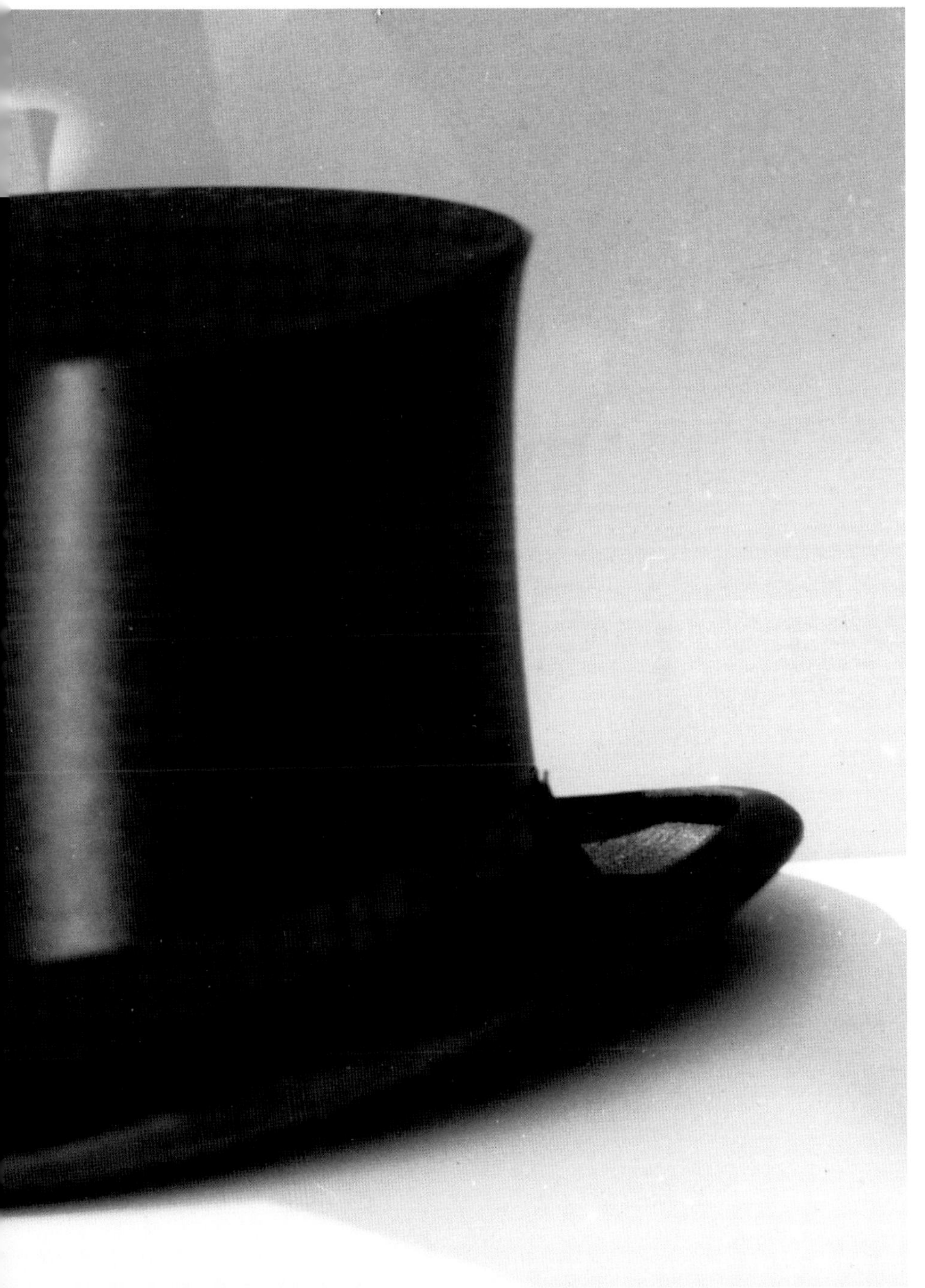

Zigarre mit Aschenbecher

Cigar with ashtray

Cigare avec cendrier

216

218/219

Maske

Mask

Masque

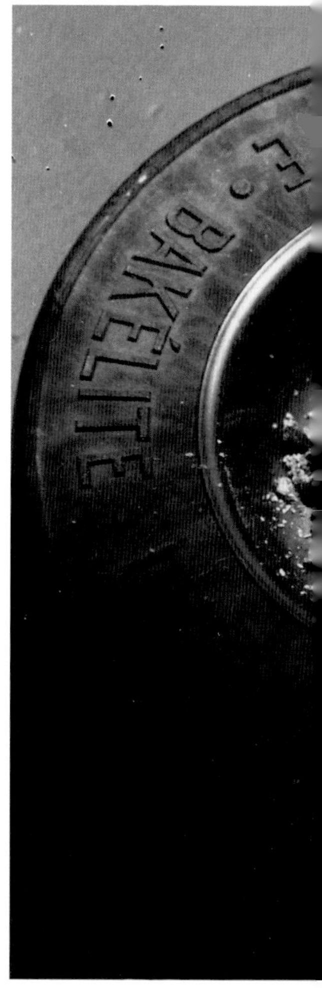

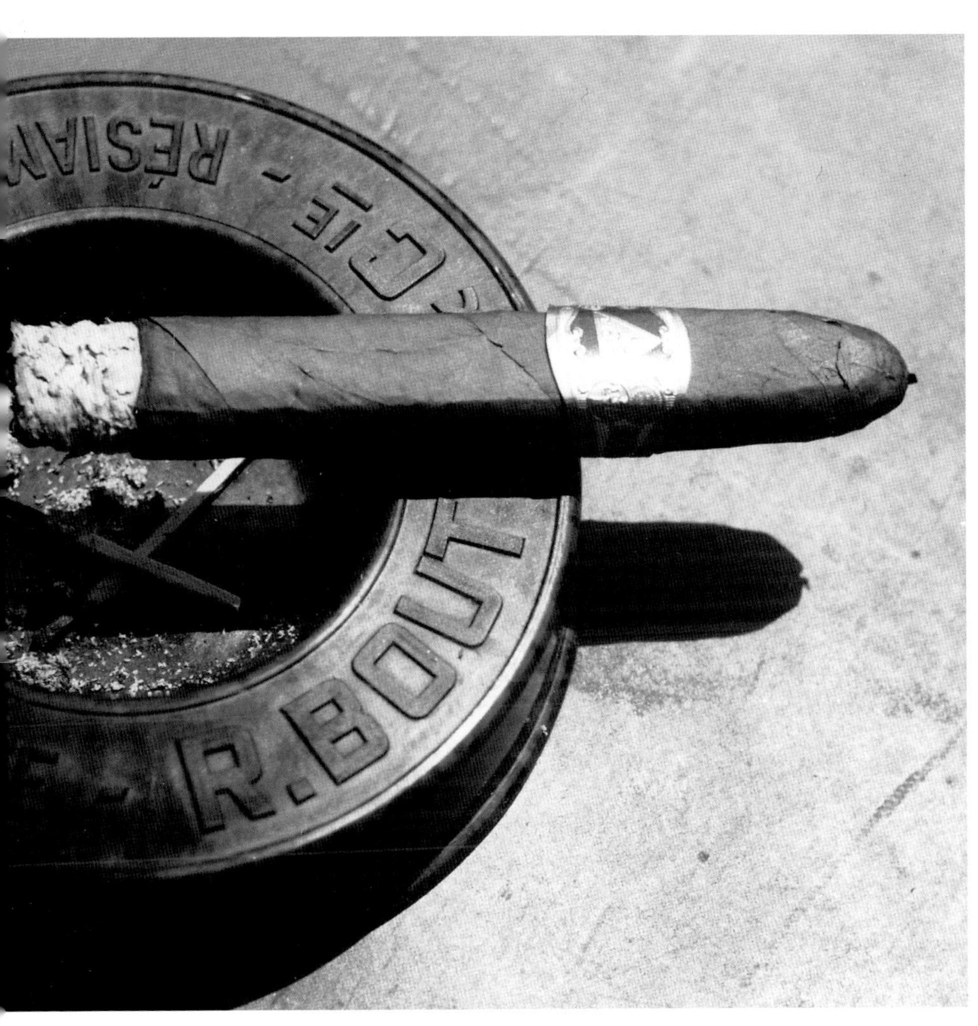

CIE - RÉSIA
R.BOUT

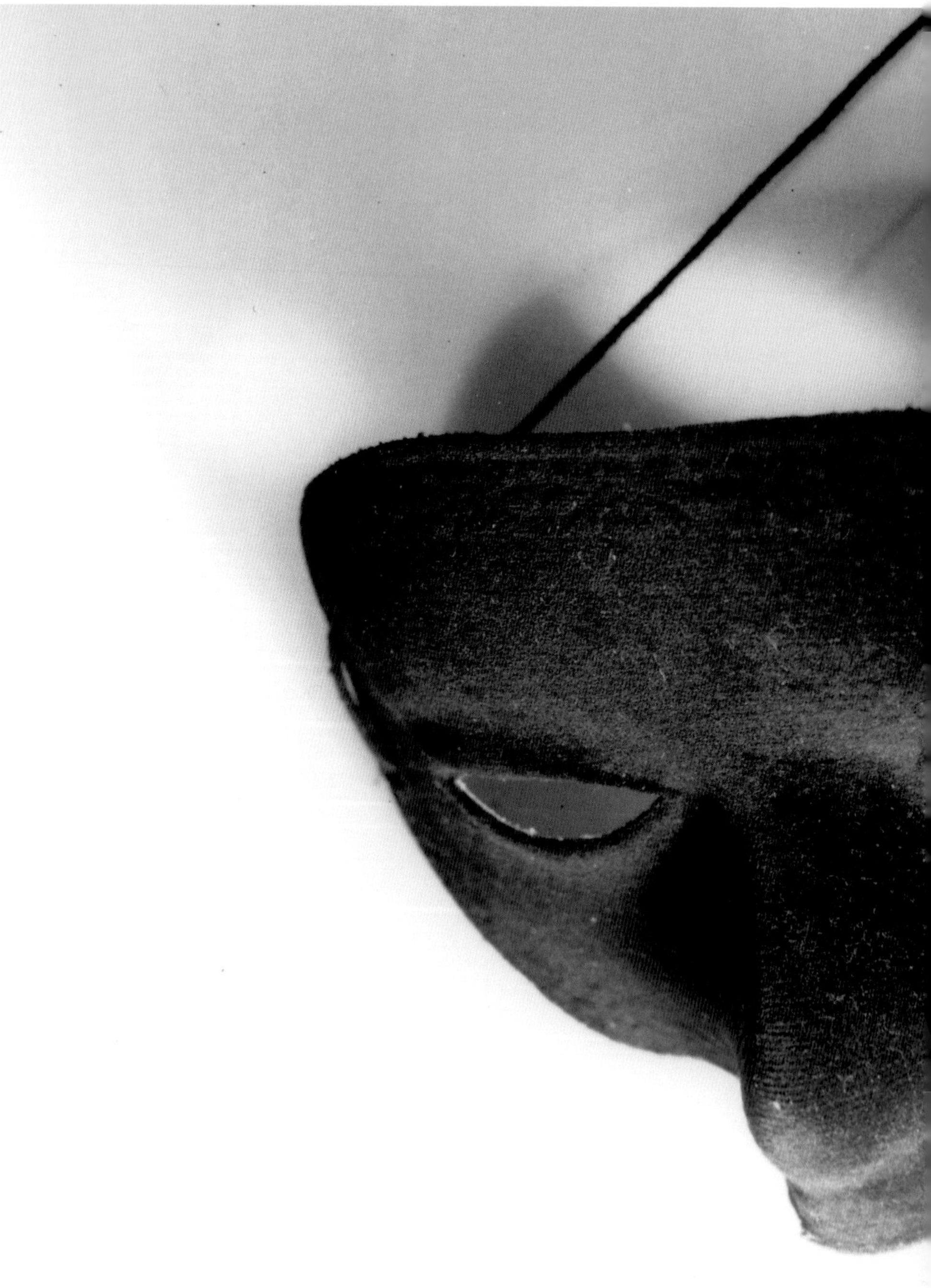

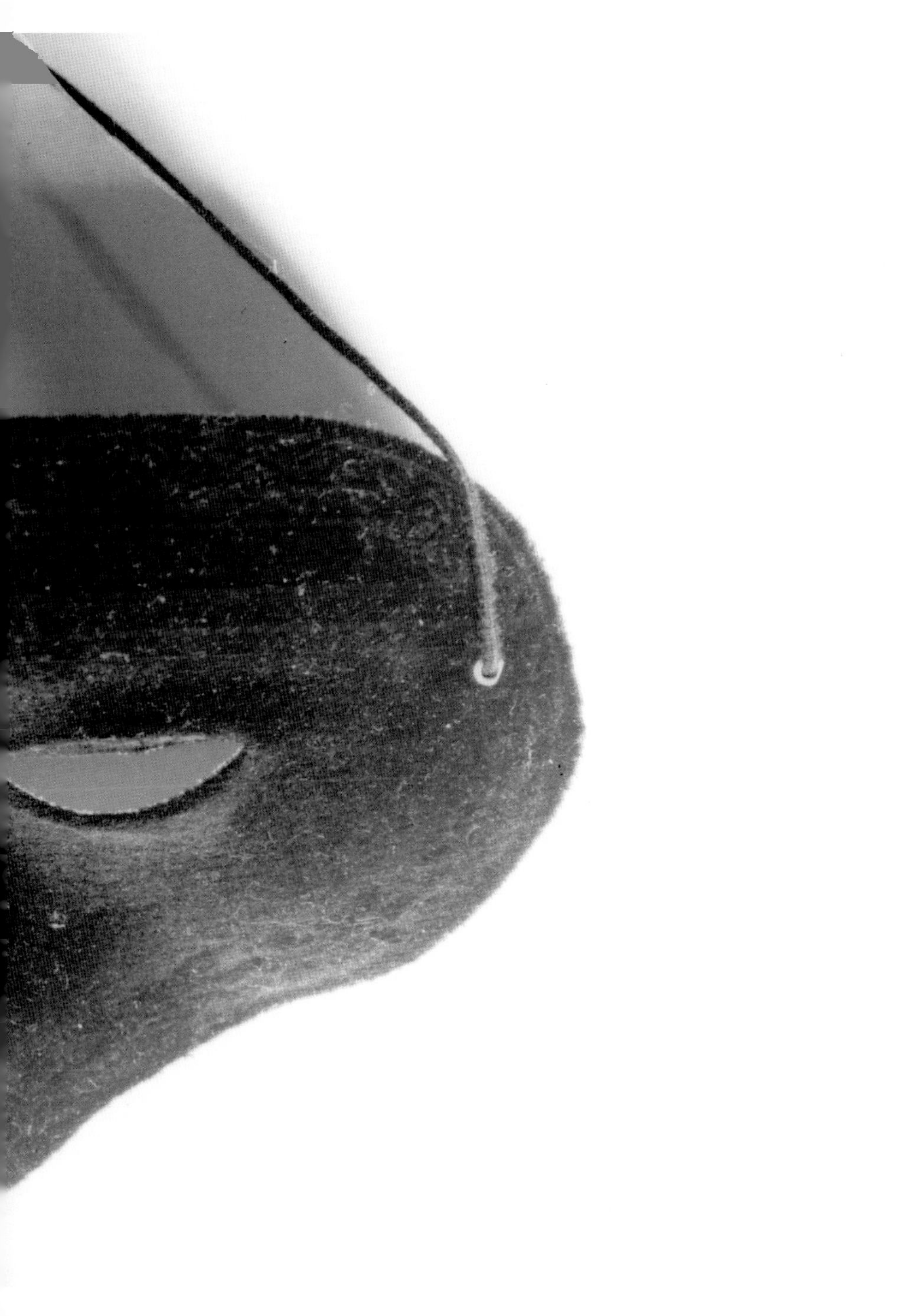

Mann und Frau

Man and woman

Homme et femme

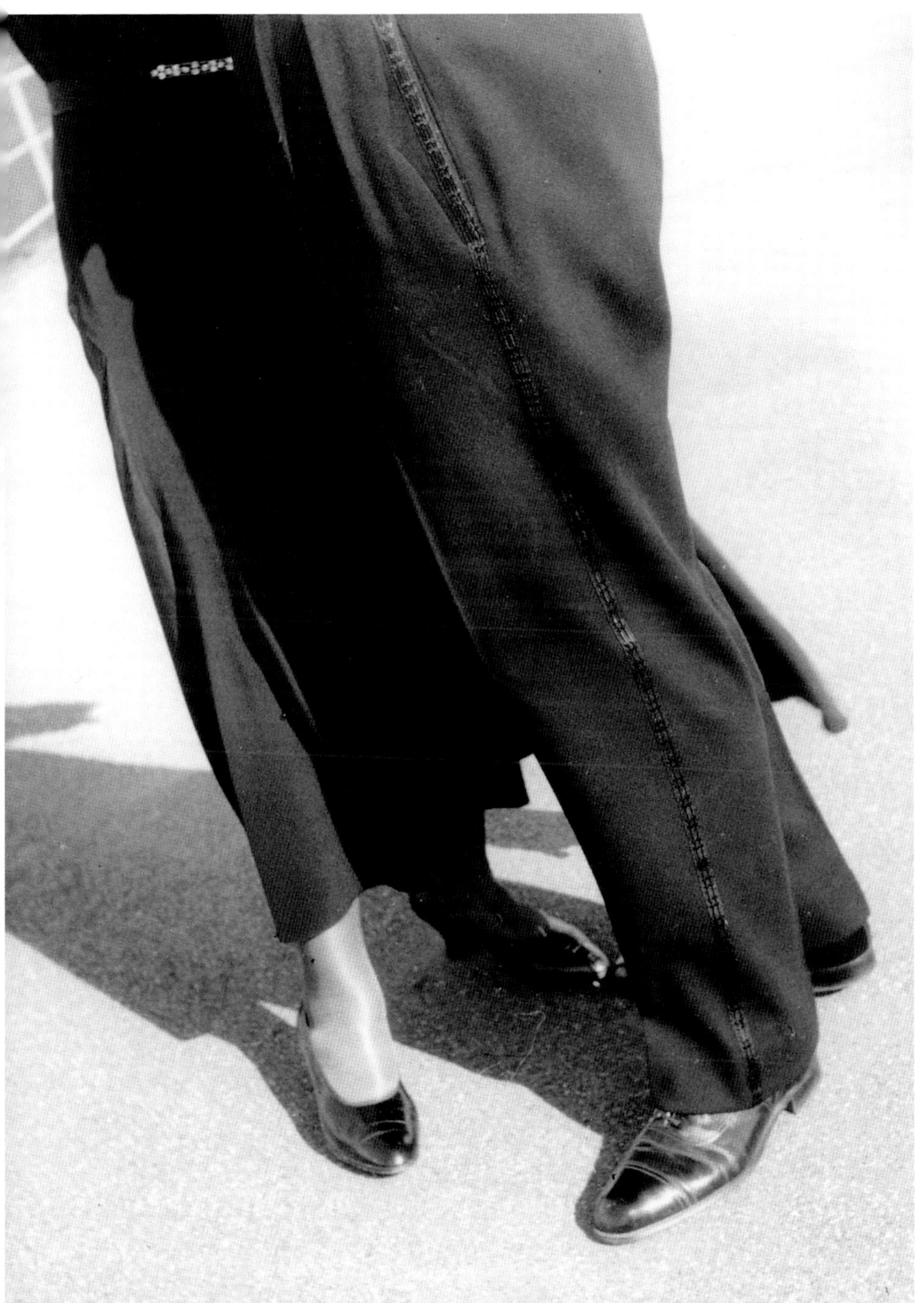

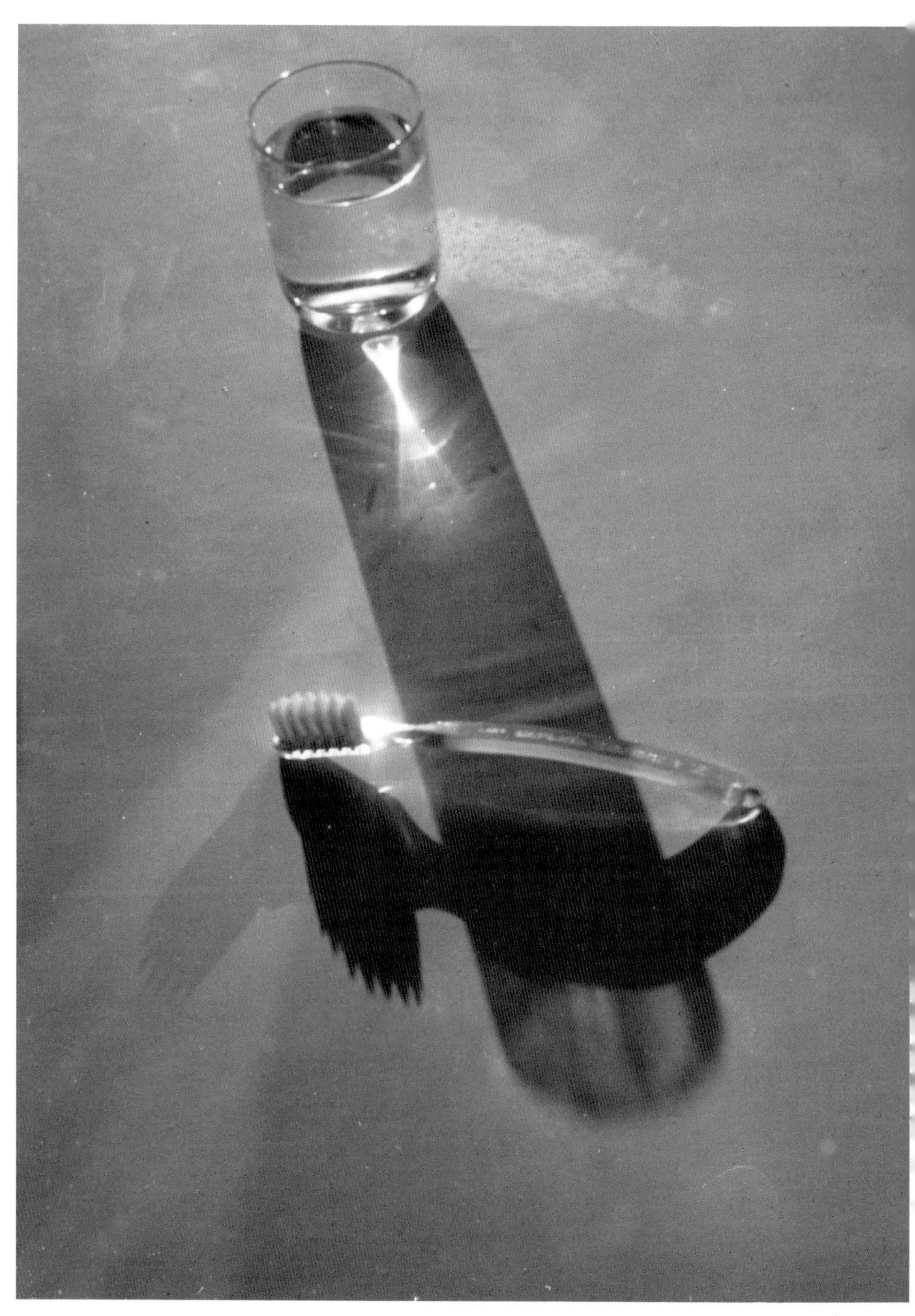

Zahnbürste mit Glas

Toothbrush in glass

Brosse à dents avec verre

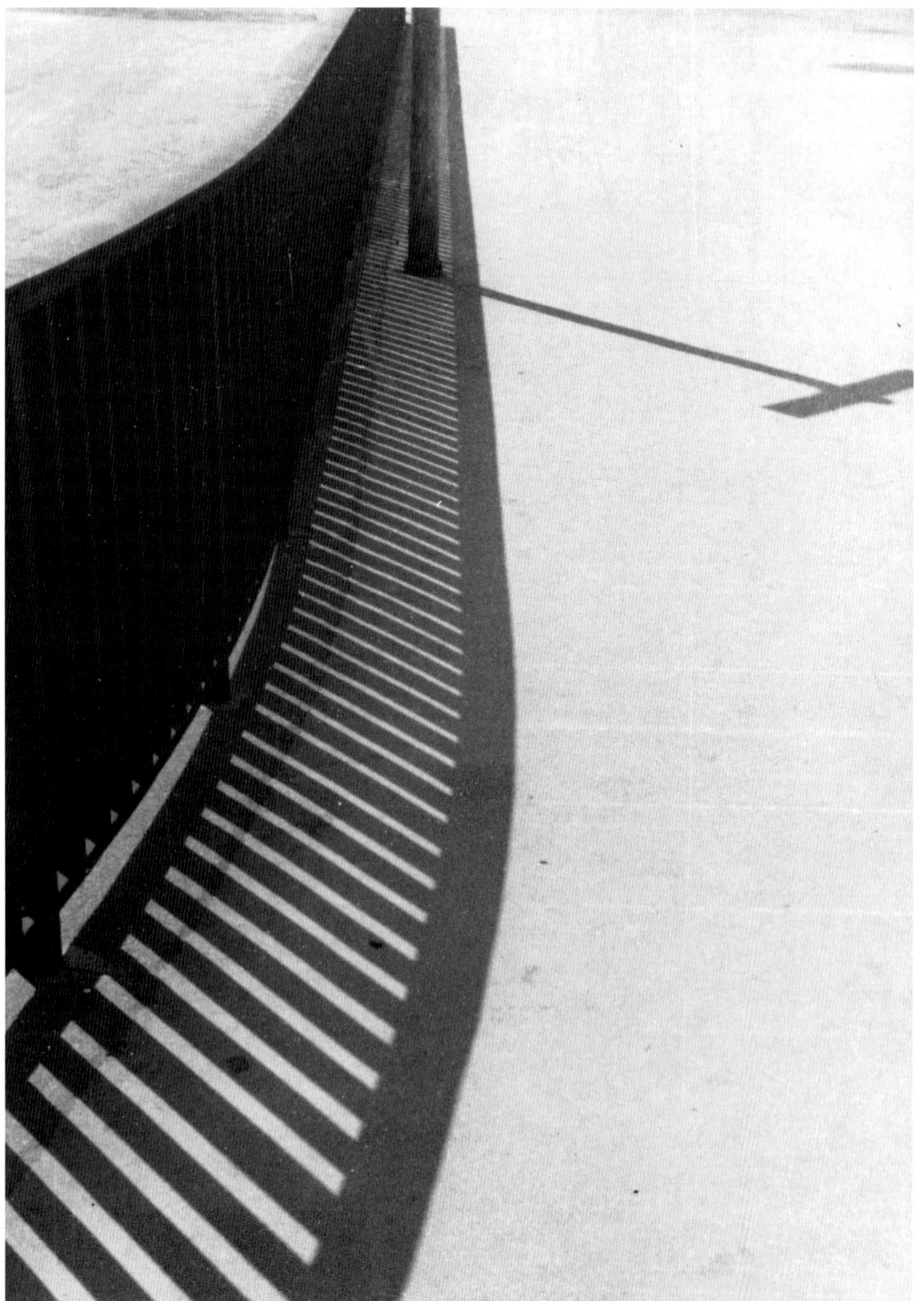

Geländer

Railing

Balustrade

Feuerwerk

Fireworks

Feu d'artifice

228/229

Karussell

Carousel

Manège

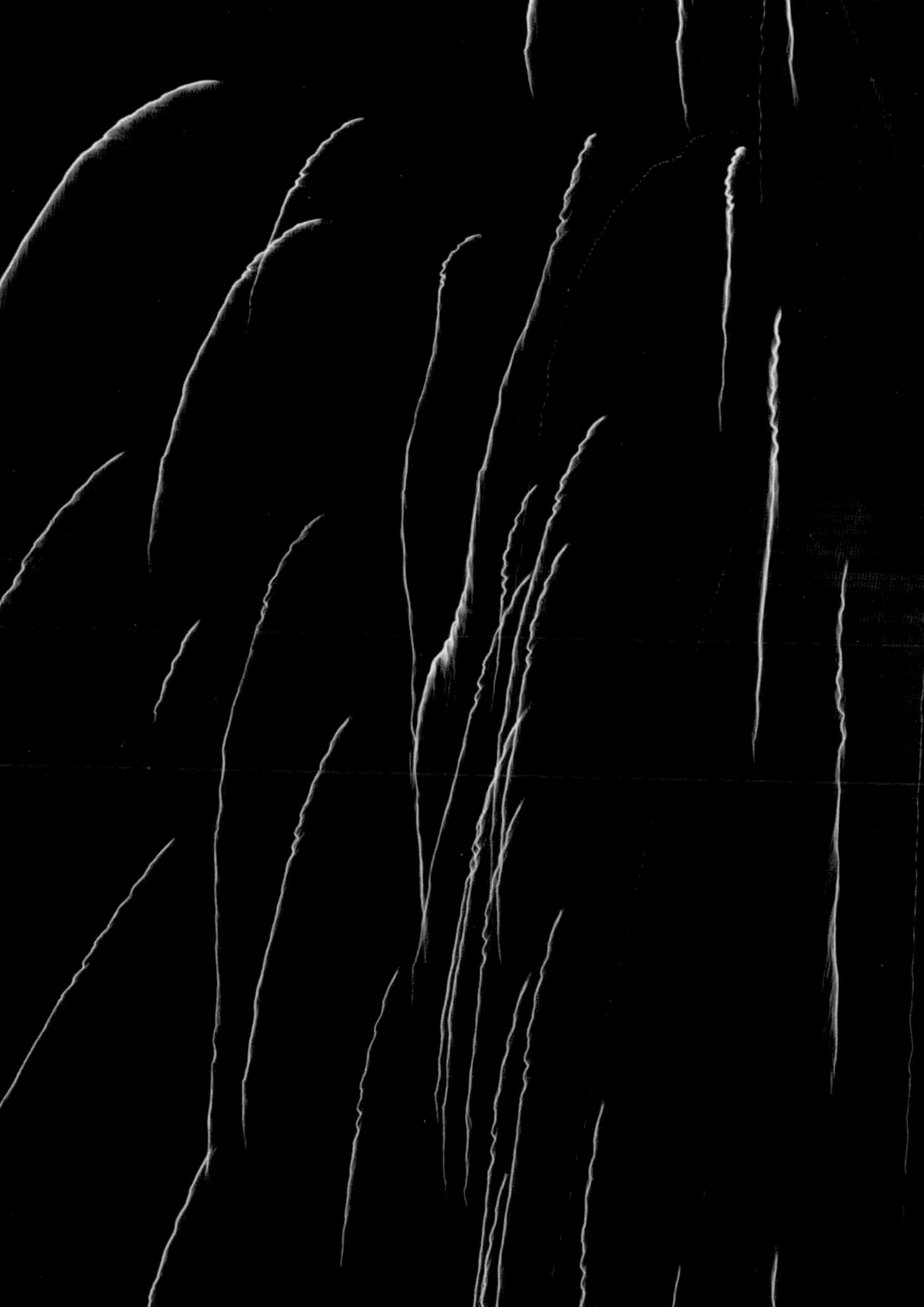

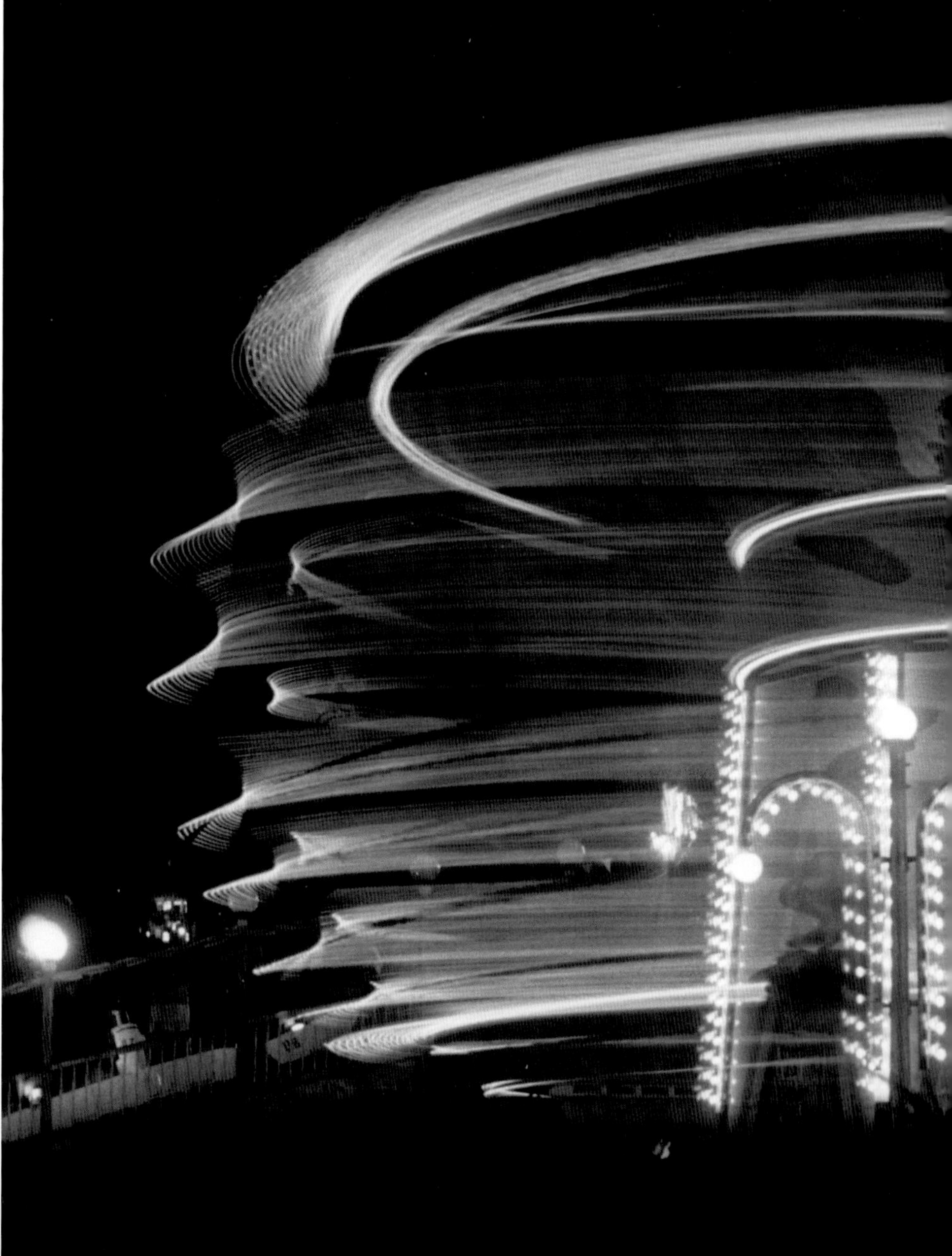

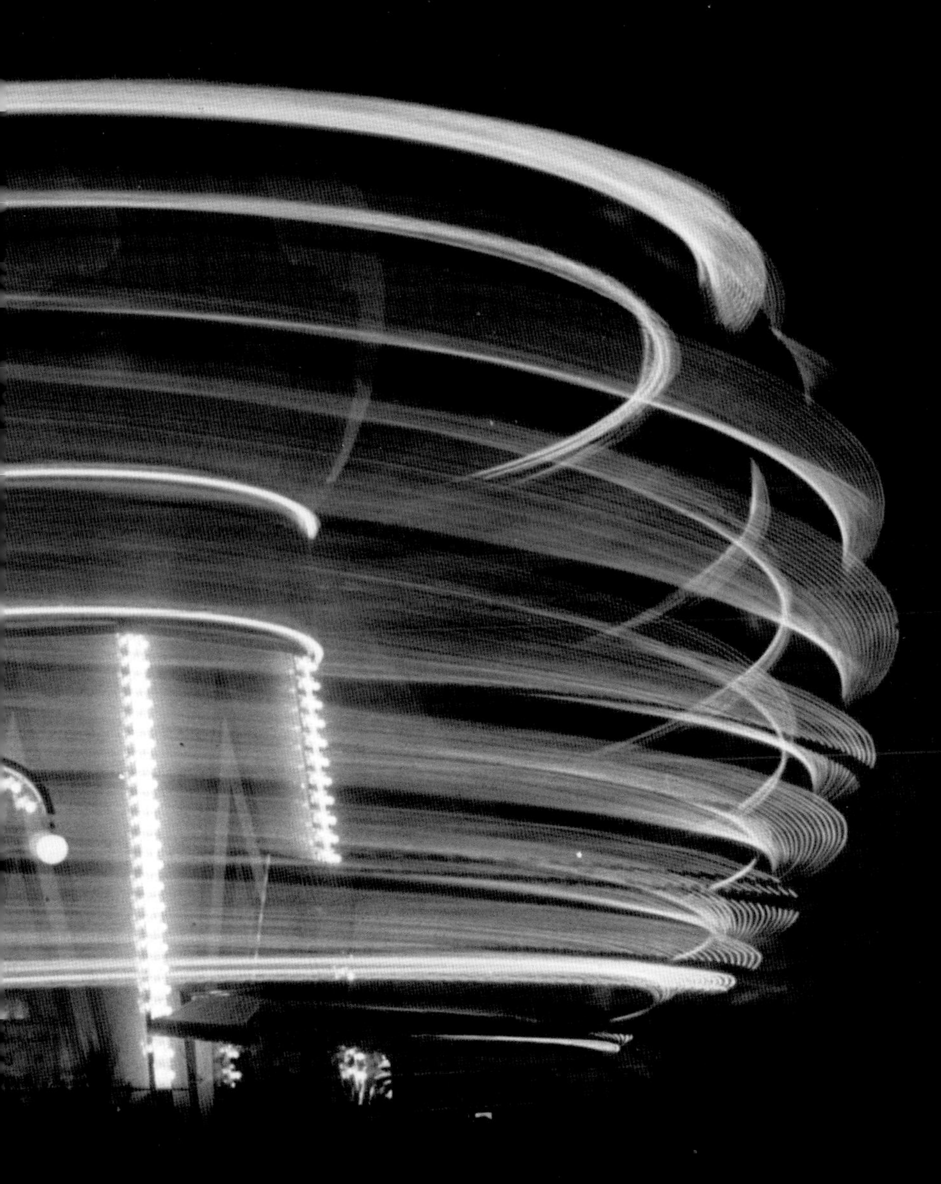

Korken

Cork

Bouchon

232/233

Alle Neune

All nine

Neuf d'un coup

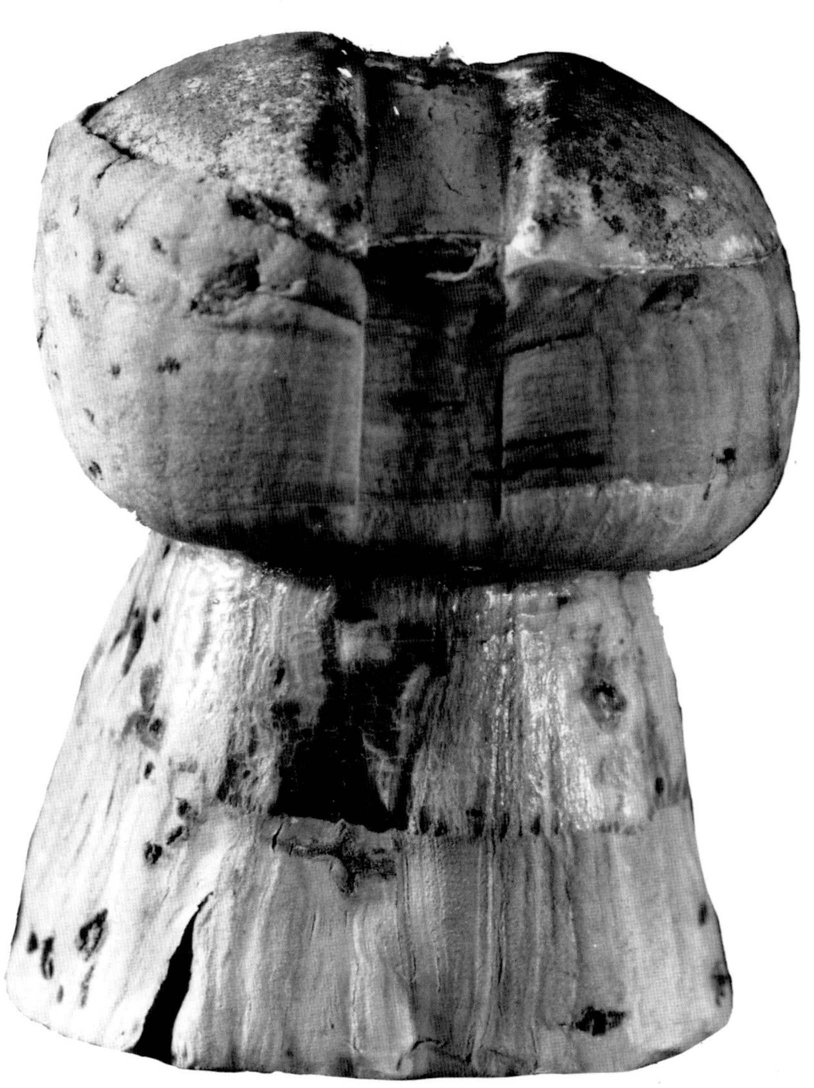

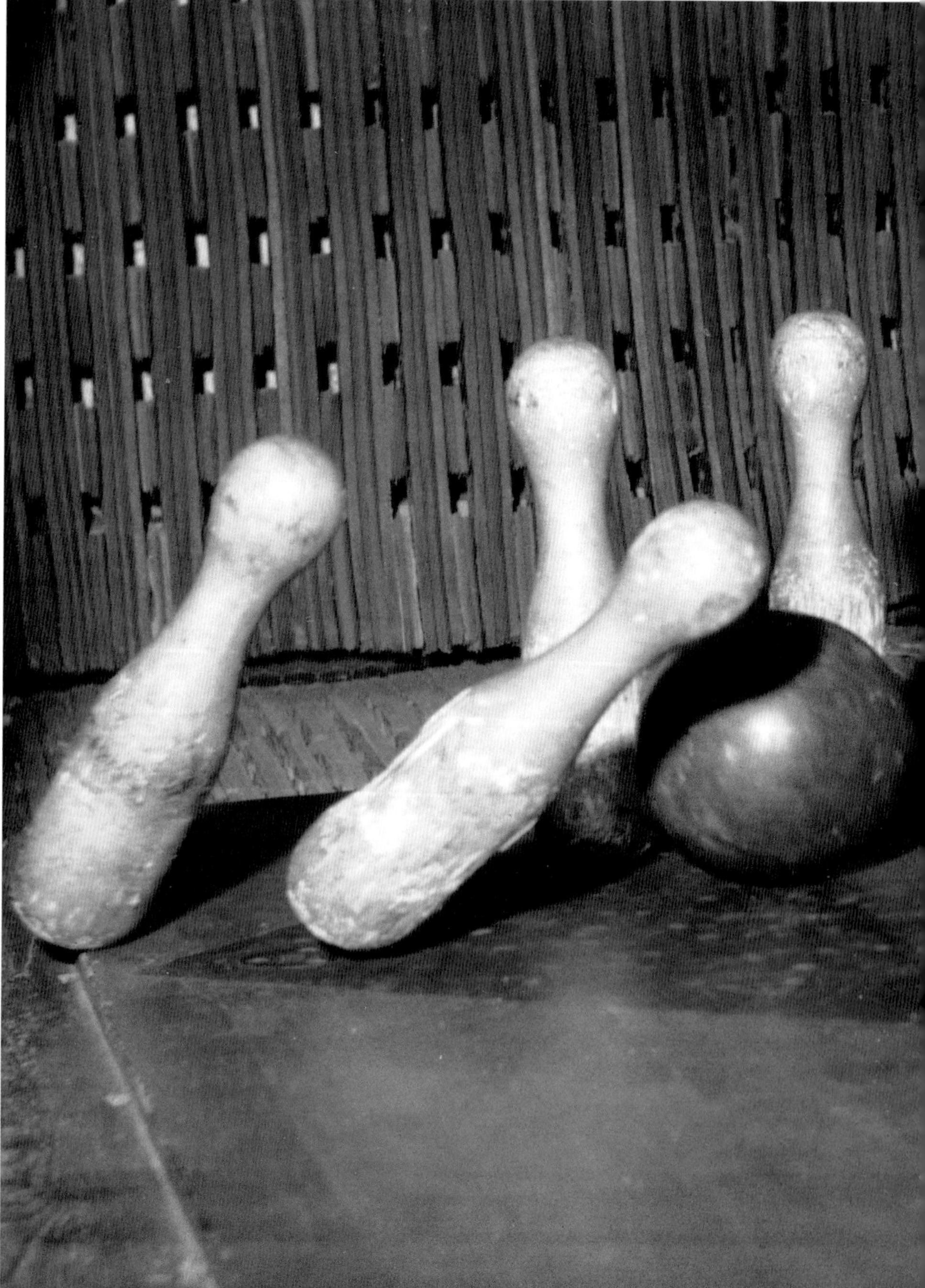

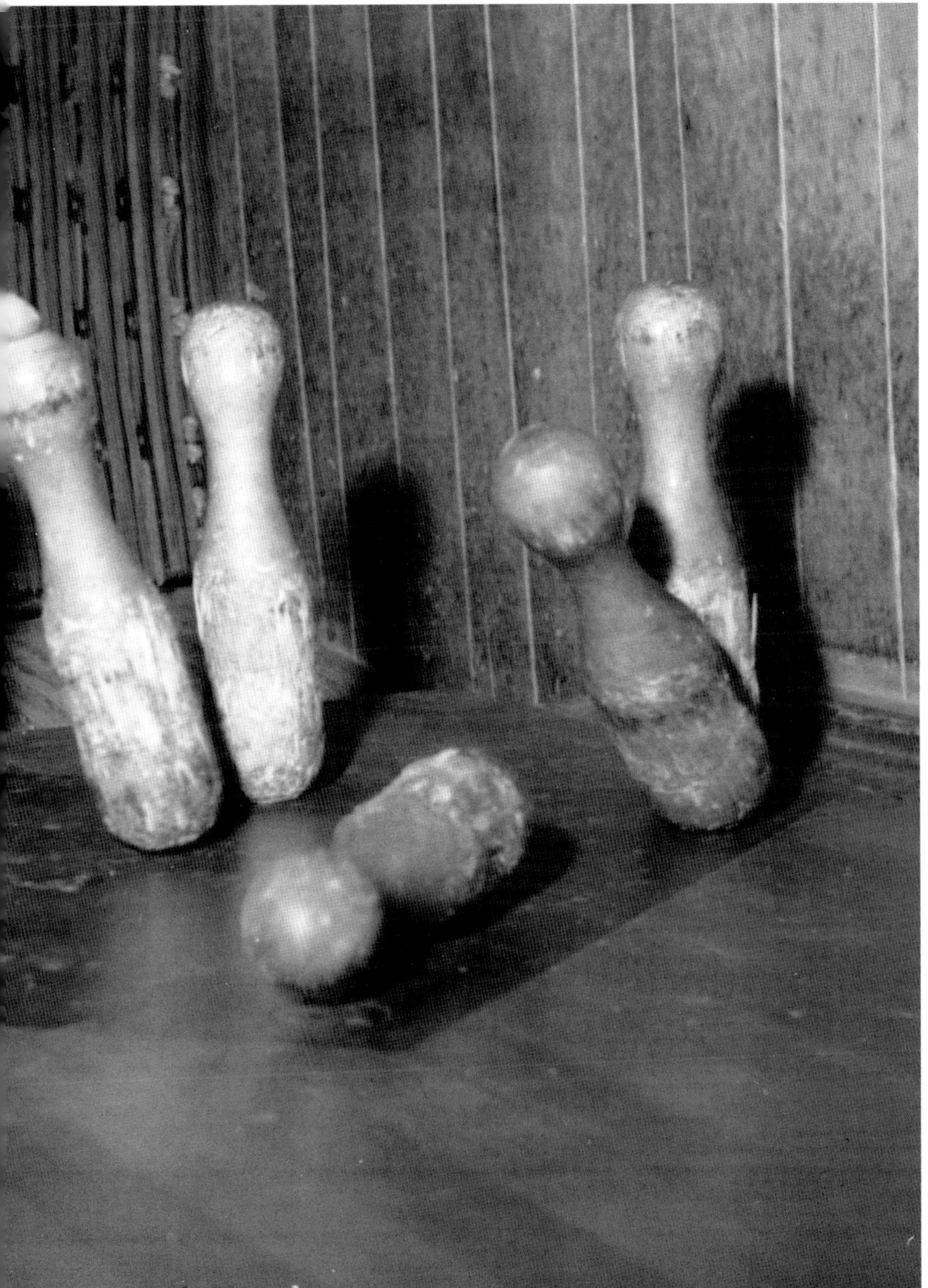

Eheringe

Wedding rings

Alliances

236/237

Erinnern

Remembering

Faire un nœud à son mouchoir

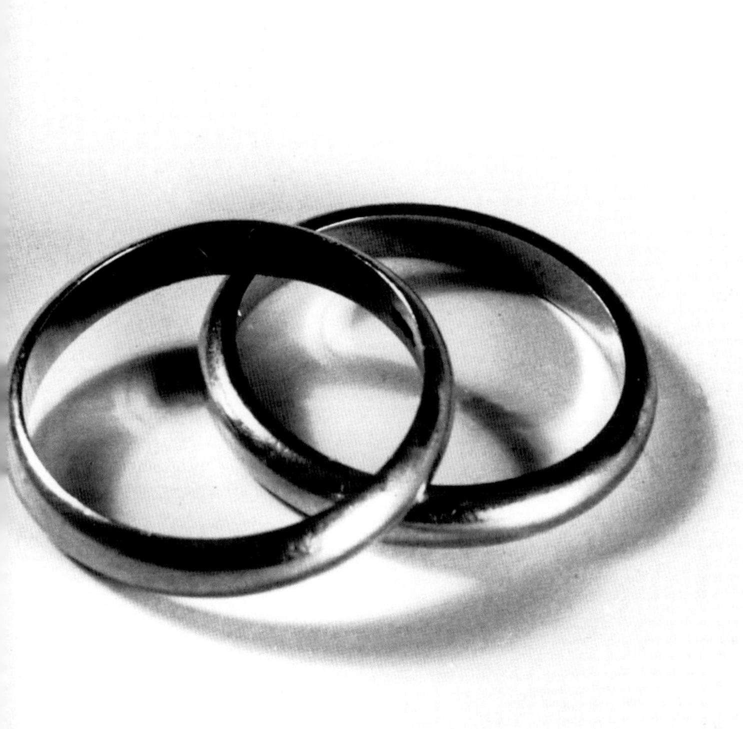

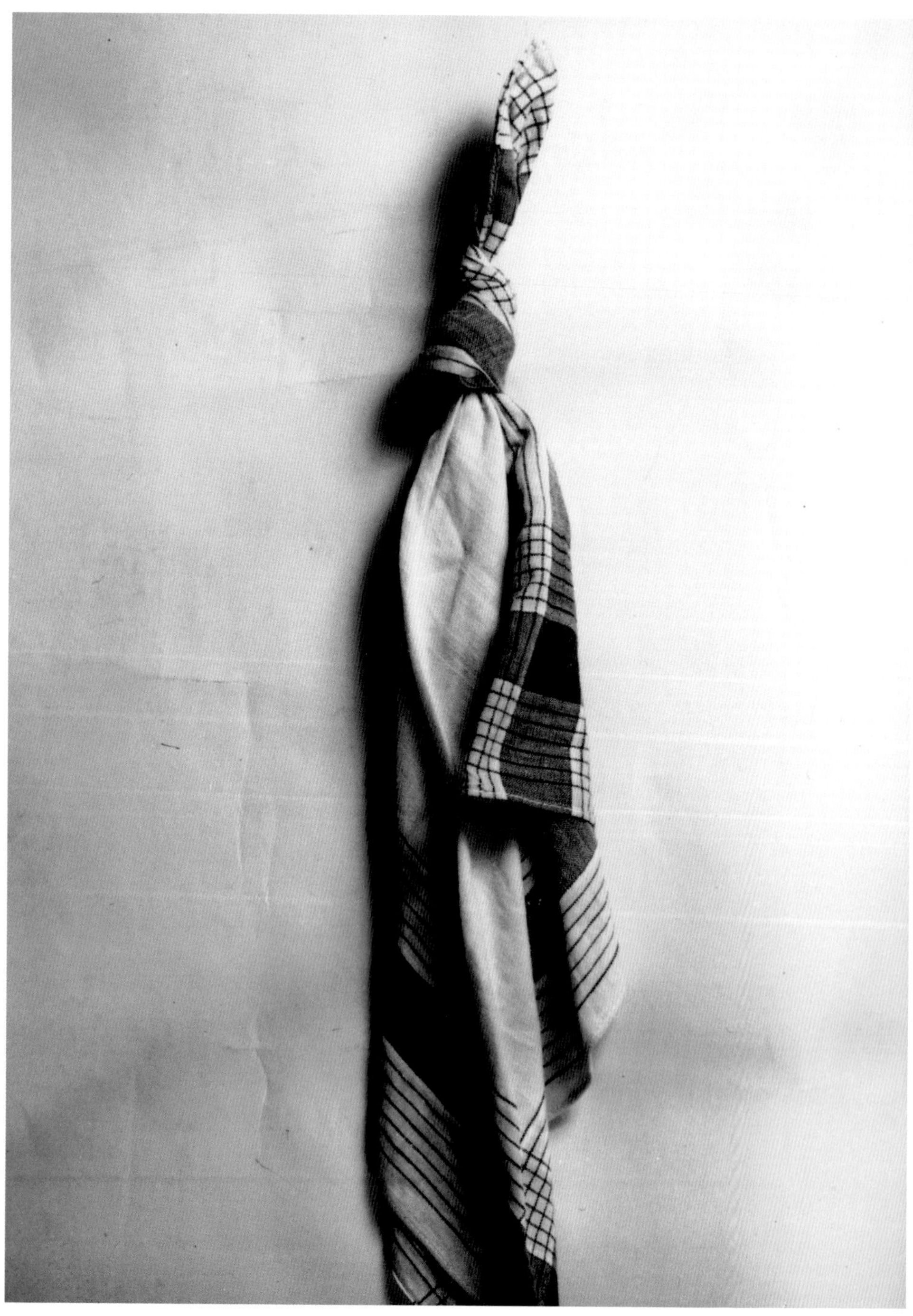

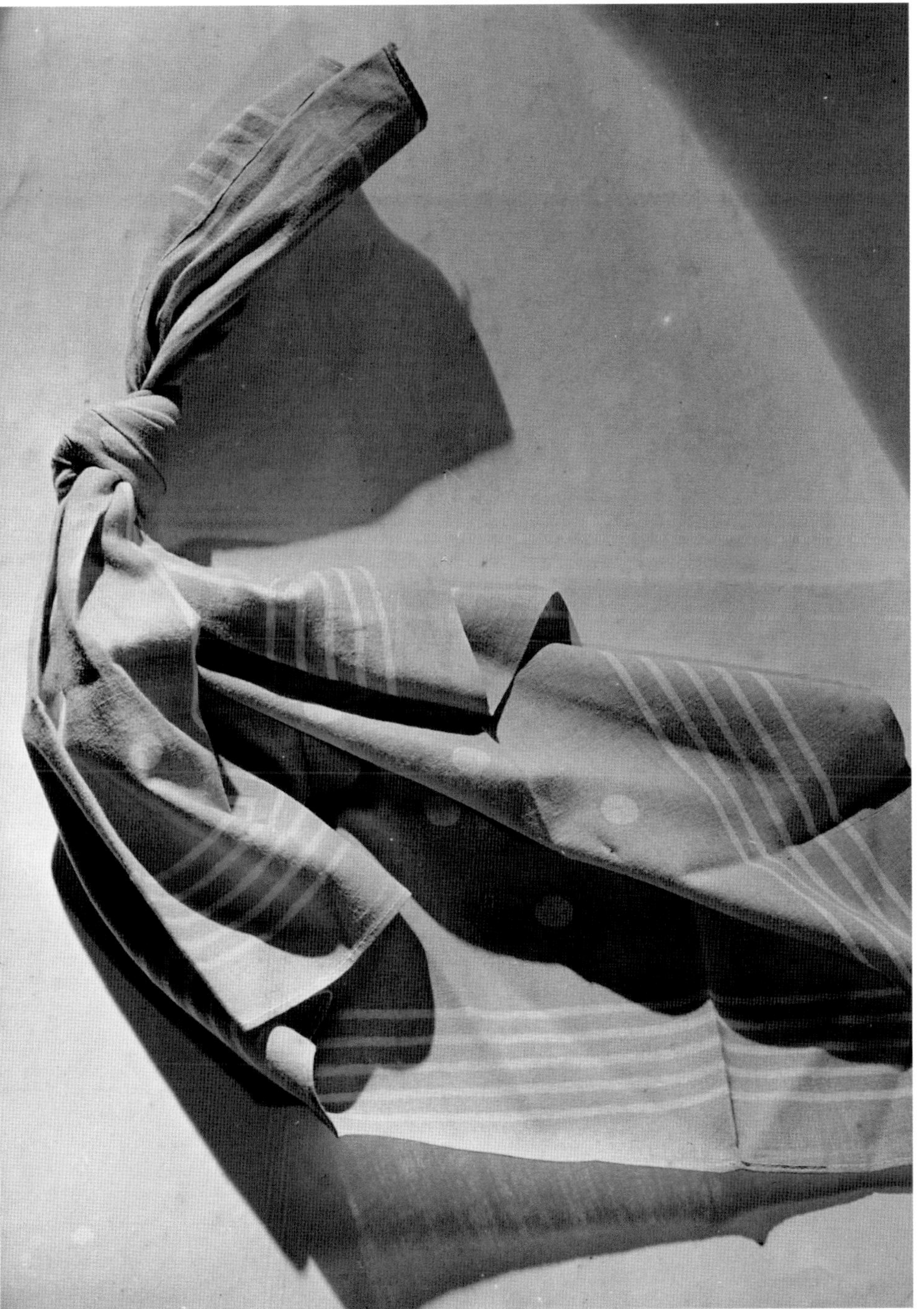

Sanduhr

Hourglass

Sablier

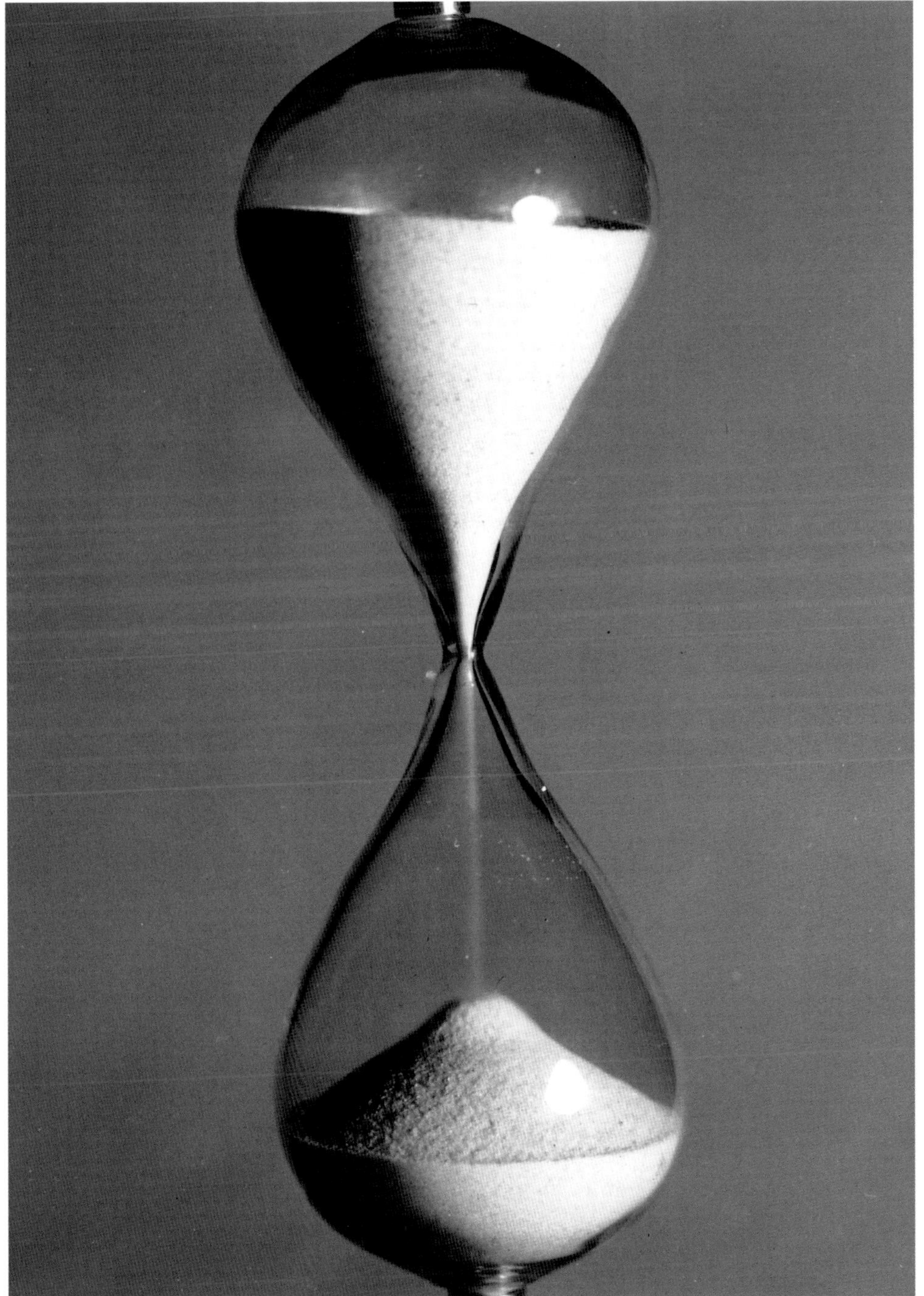

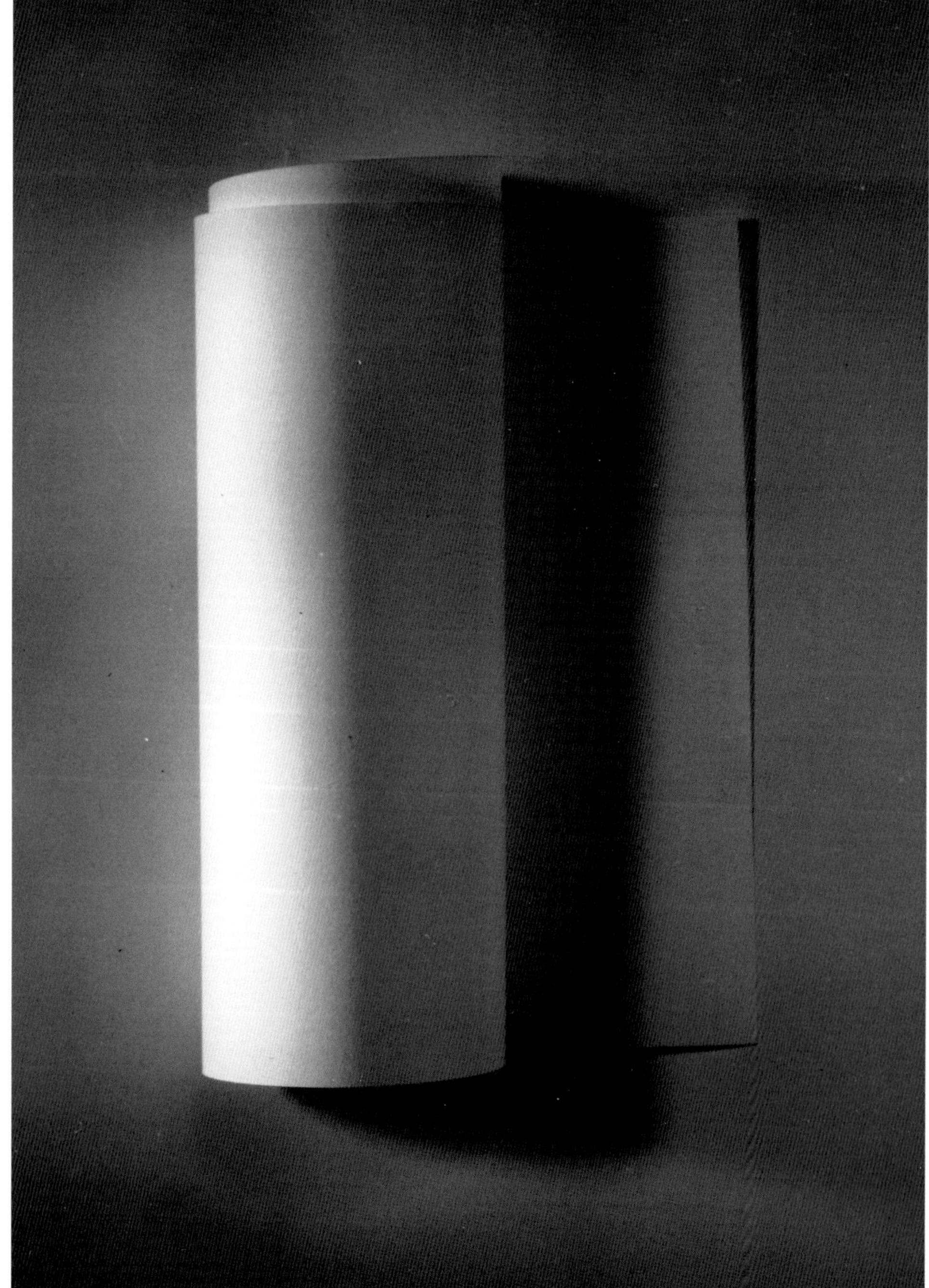

Papierrolle

Roll of paper

Rouleau de papier

241

242/243

Platten

Panels

Plaques

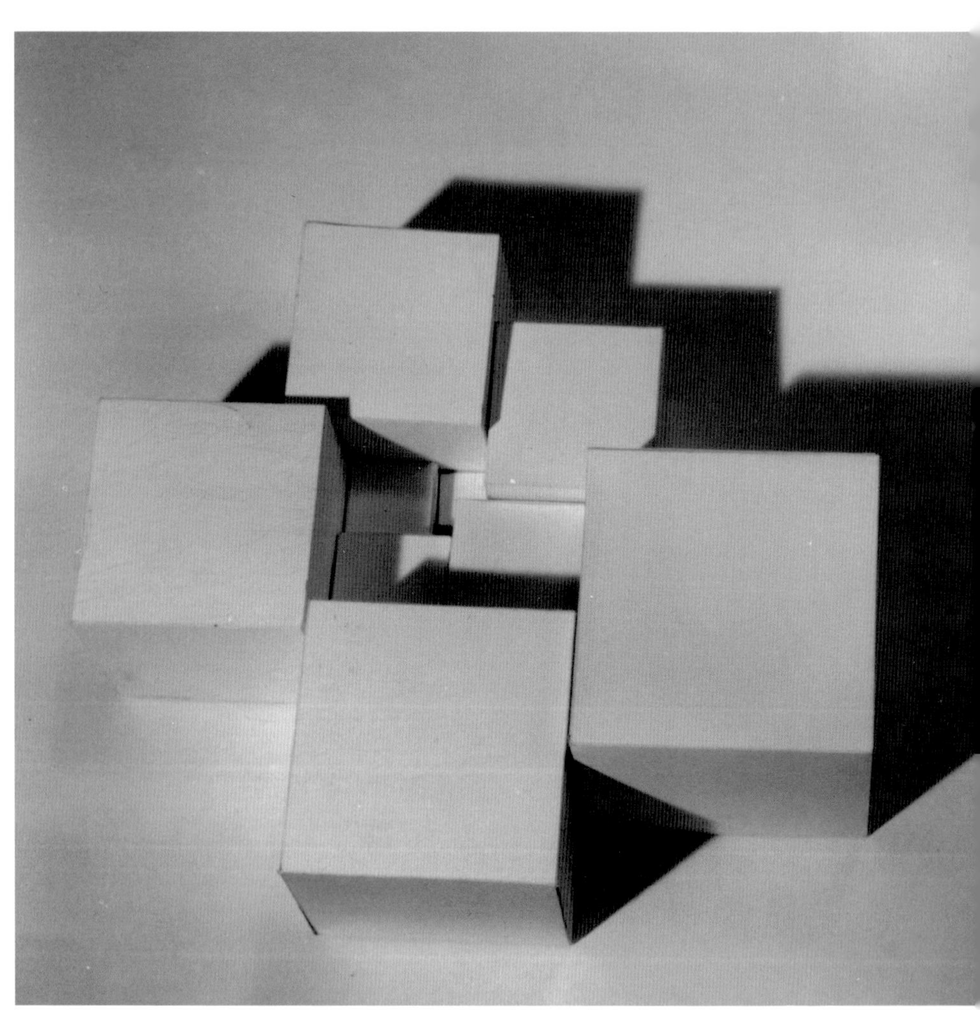

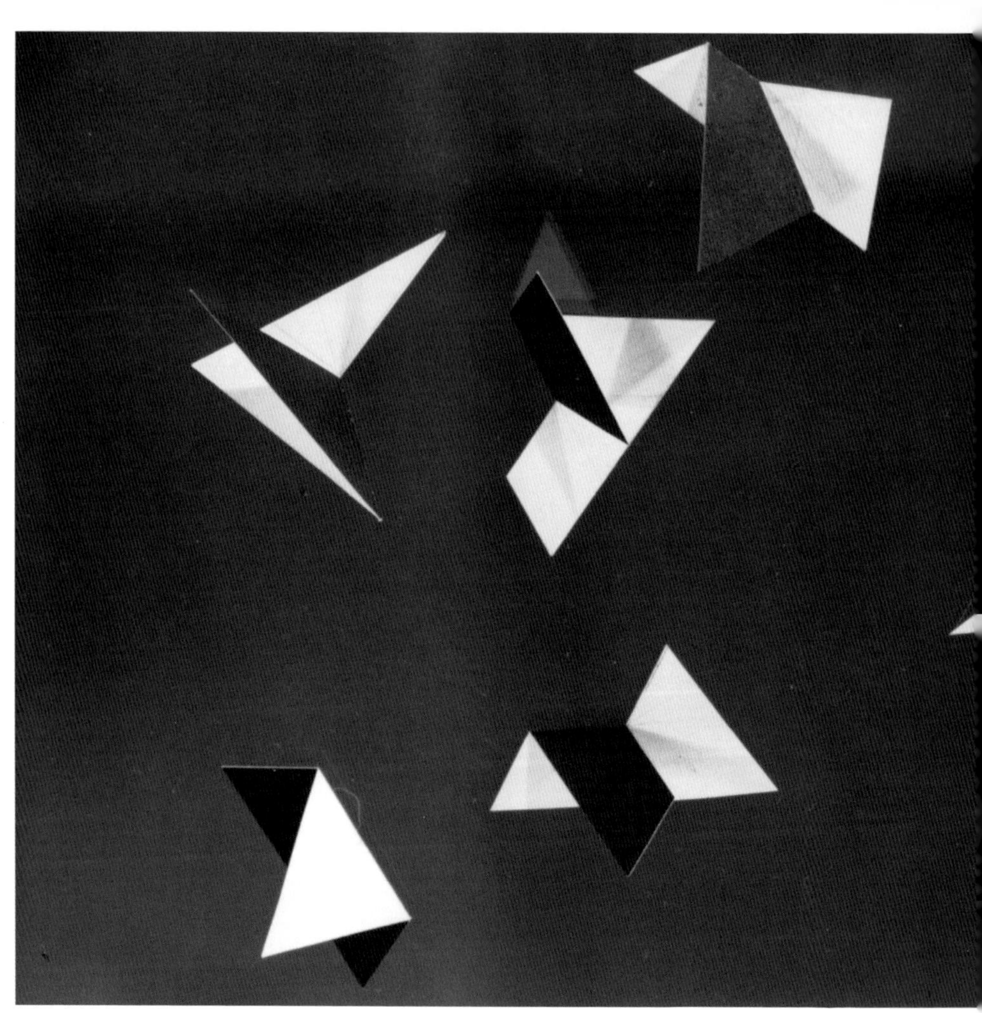

Plastische Dreiecke

Sculptural triangles

Triangles plastiques

Steine

Stones

Pierres

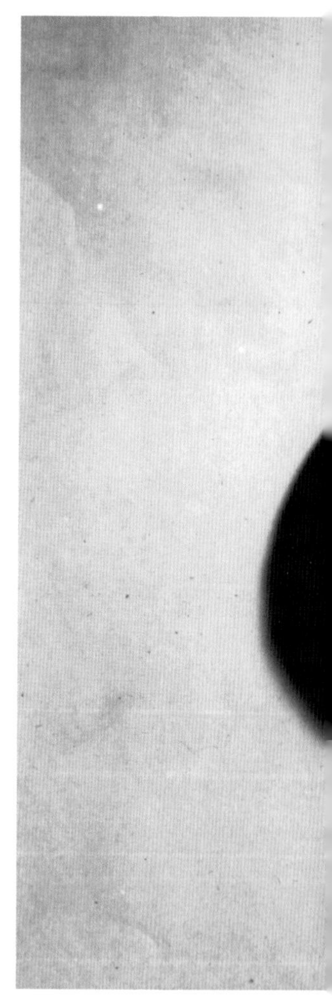

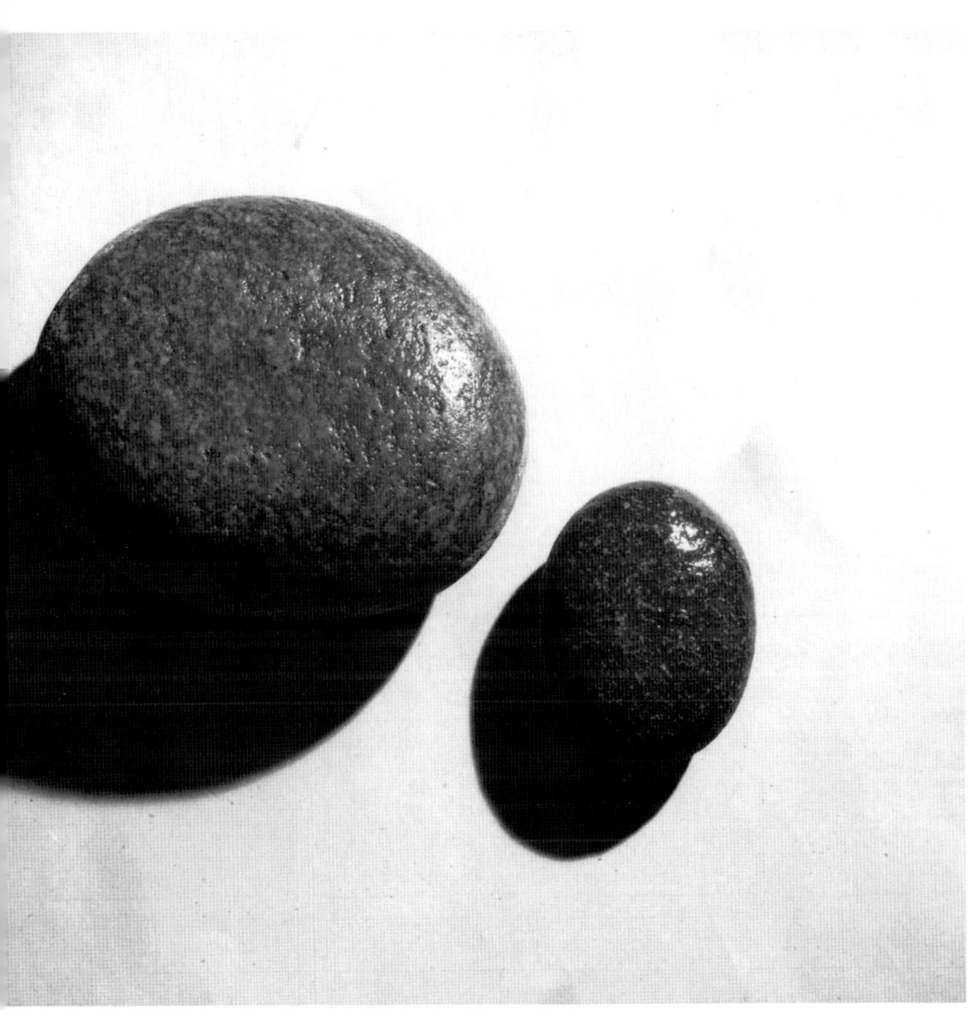

Klingel

Bell

Sonnette

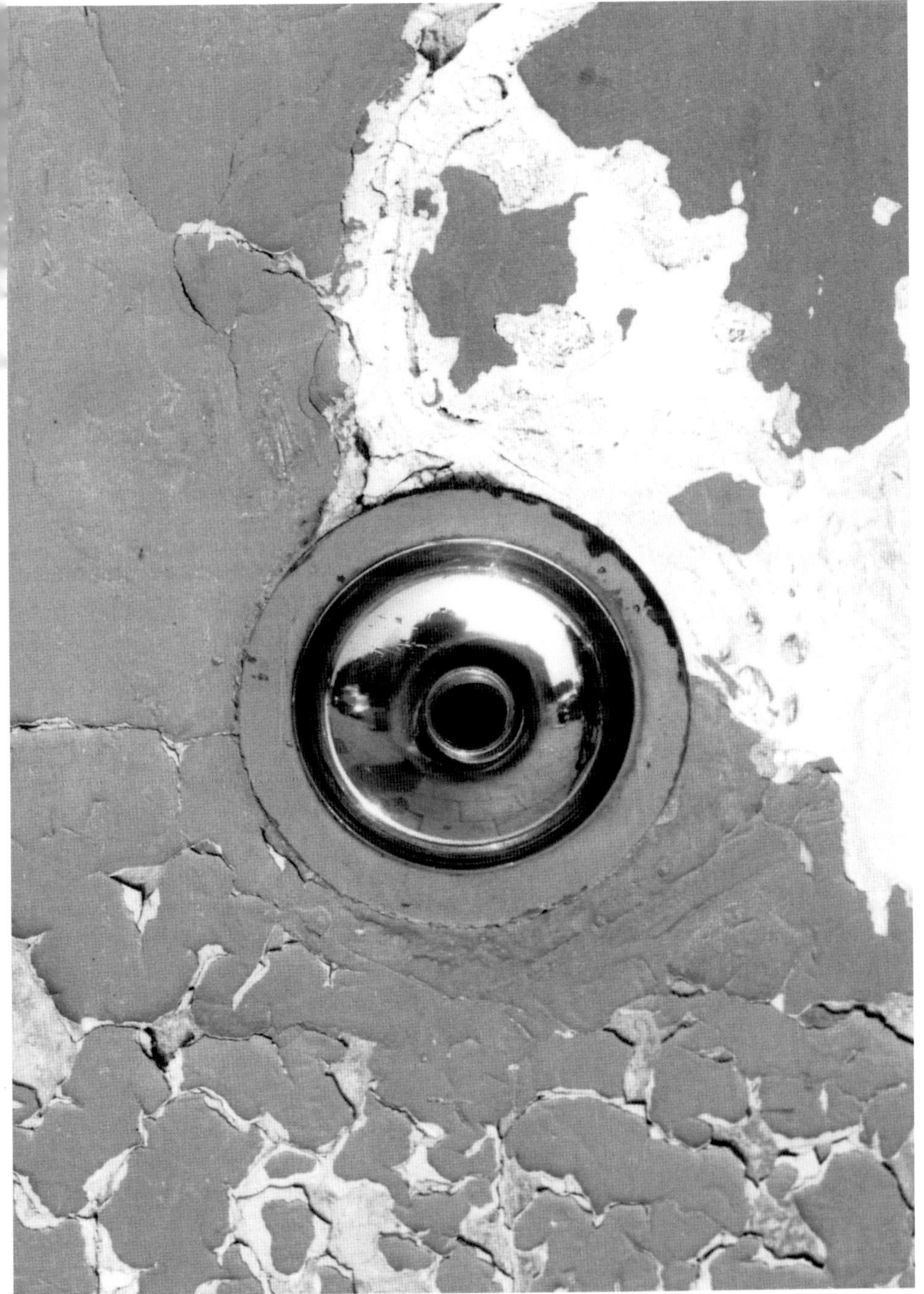

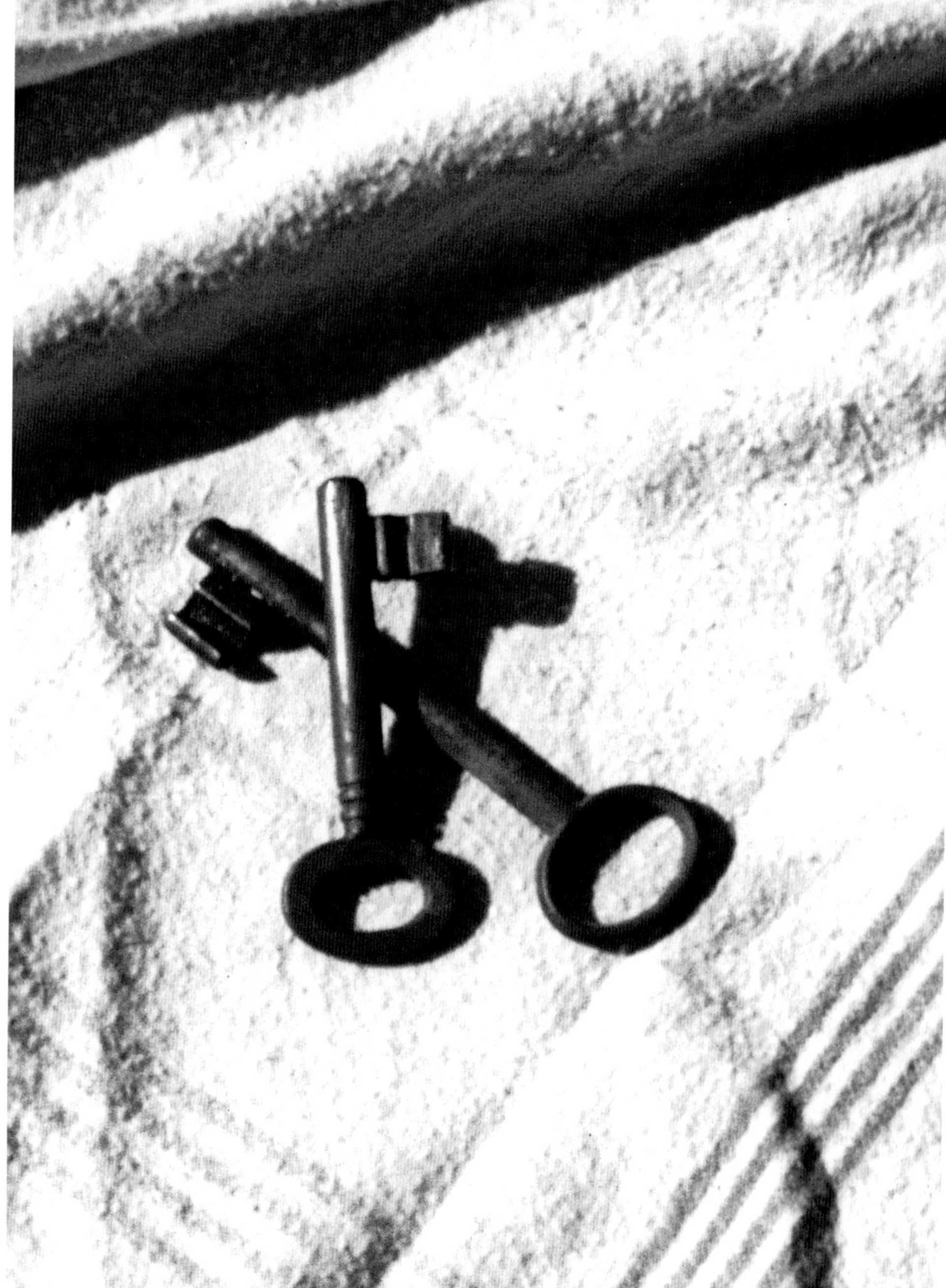

Arbeitsplatz

Workplace

Poste de travail

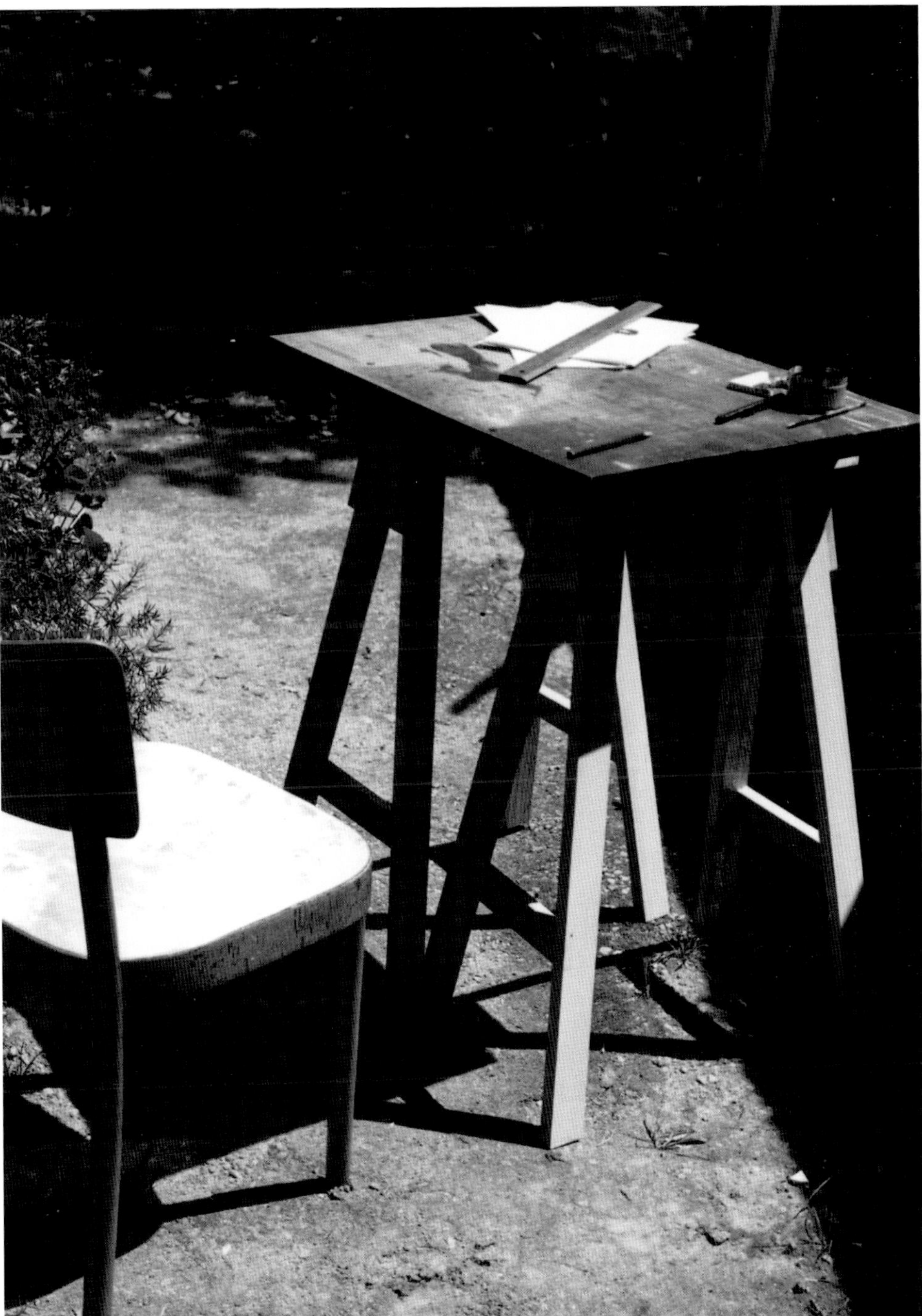

Mülltonne

Garbage can

Poubelle

258/259

Schere schärfen

Sharpening scissors

Aiguisage

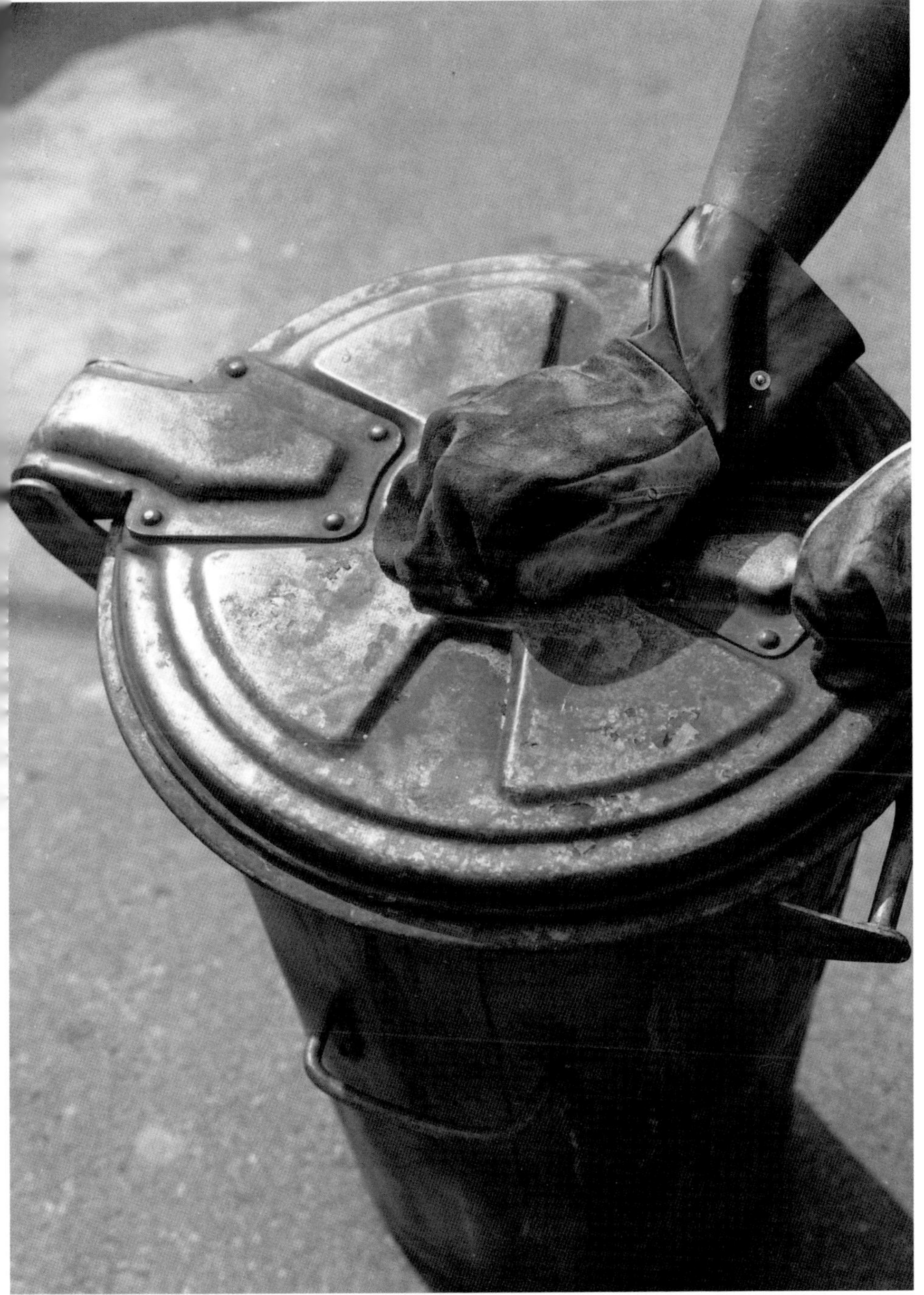

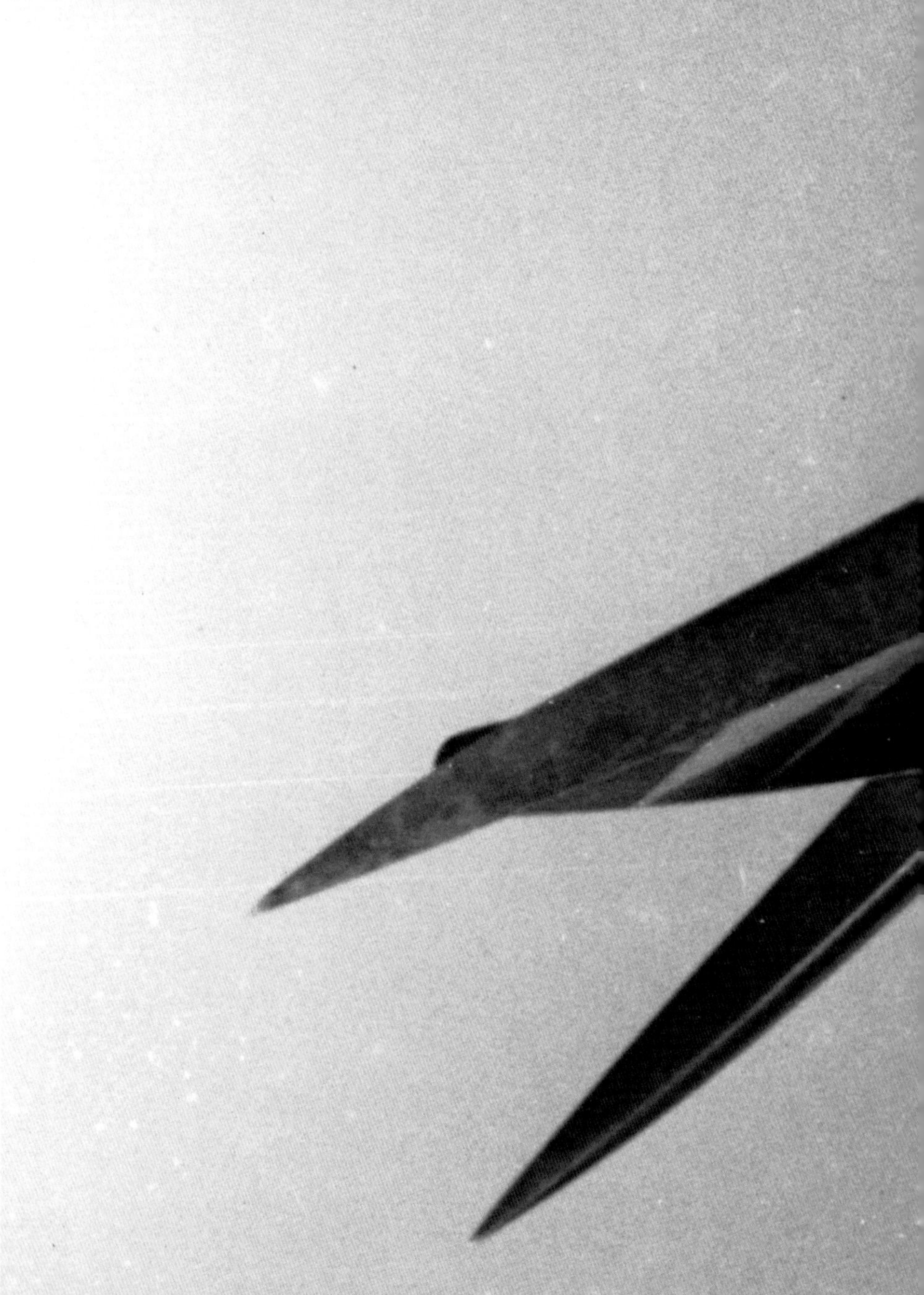

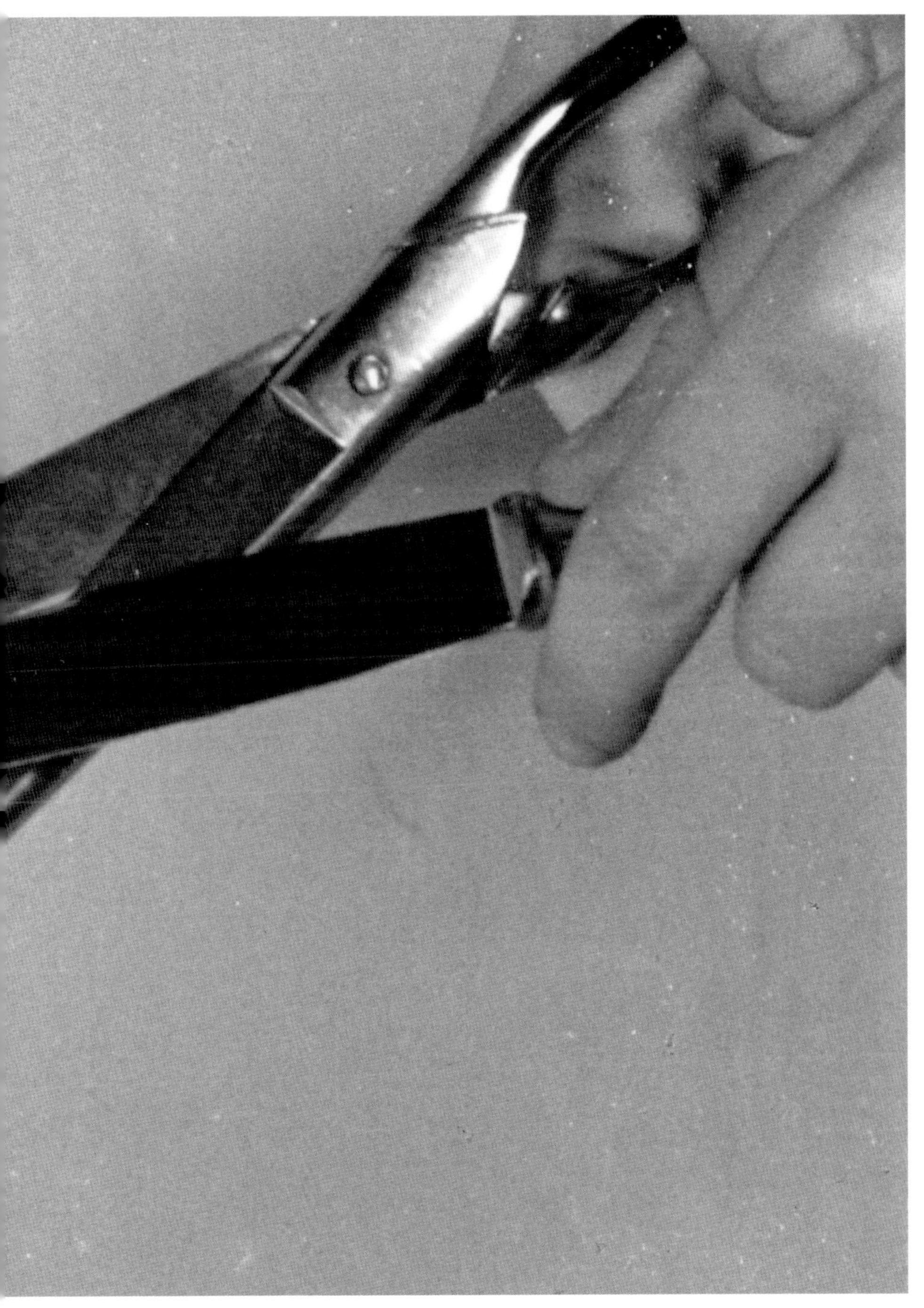

Utensilien mit Nägeln

Utensils with nails

Ustensiles avec clous

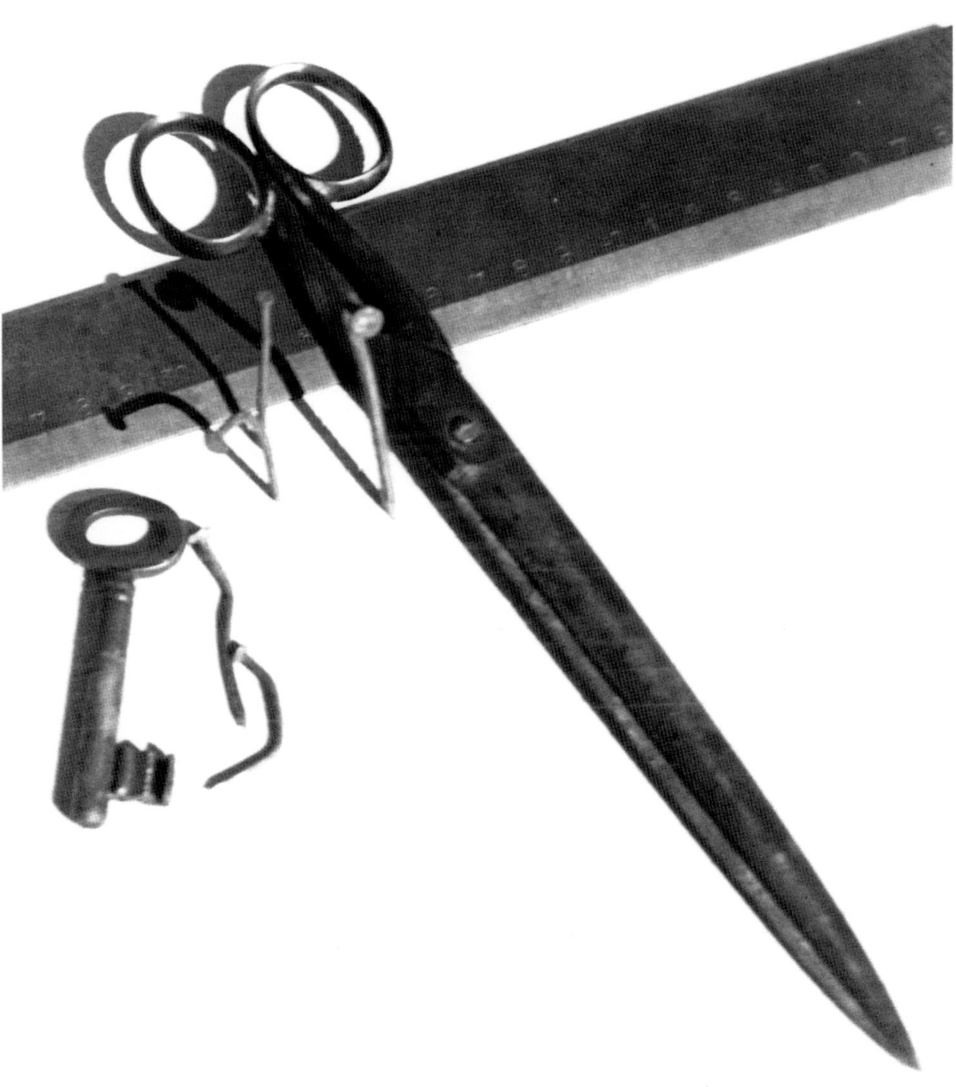

Loch

Hole

Trou

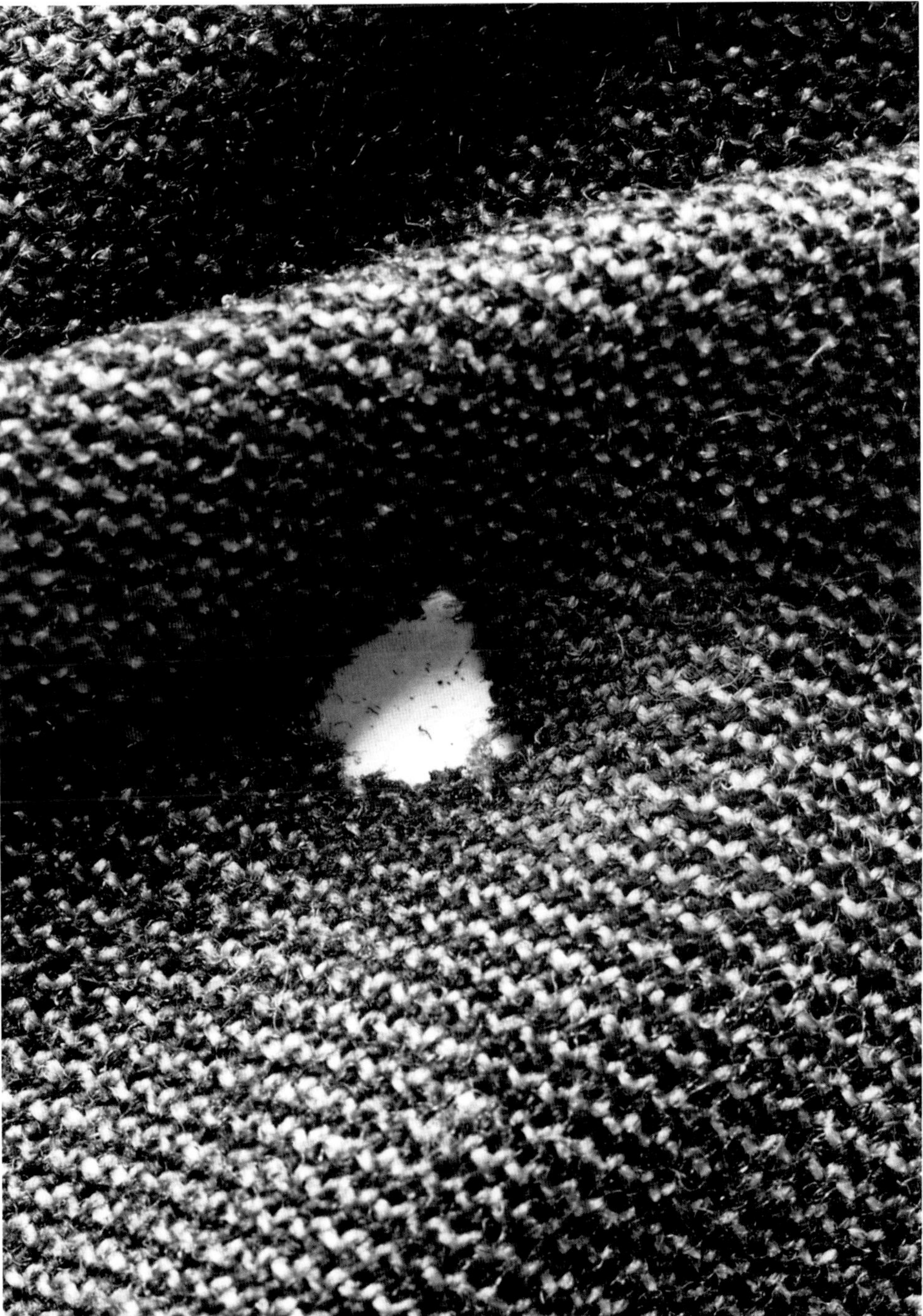

Lupe

Magnifying glass

Loupe

266/267

Tintenfass

Inkwell

Encrier

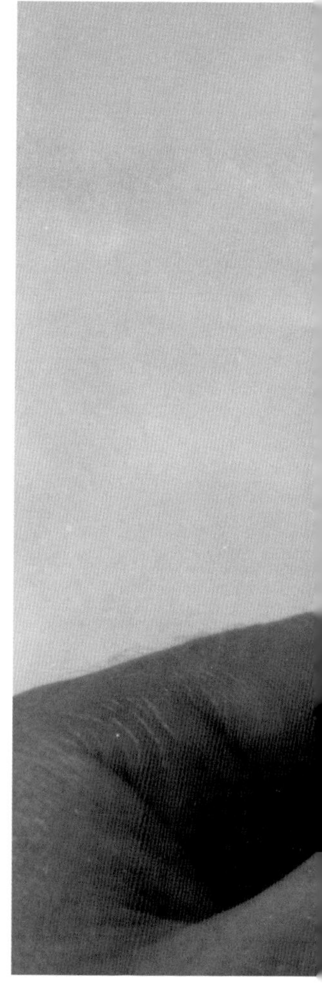

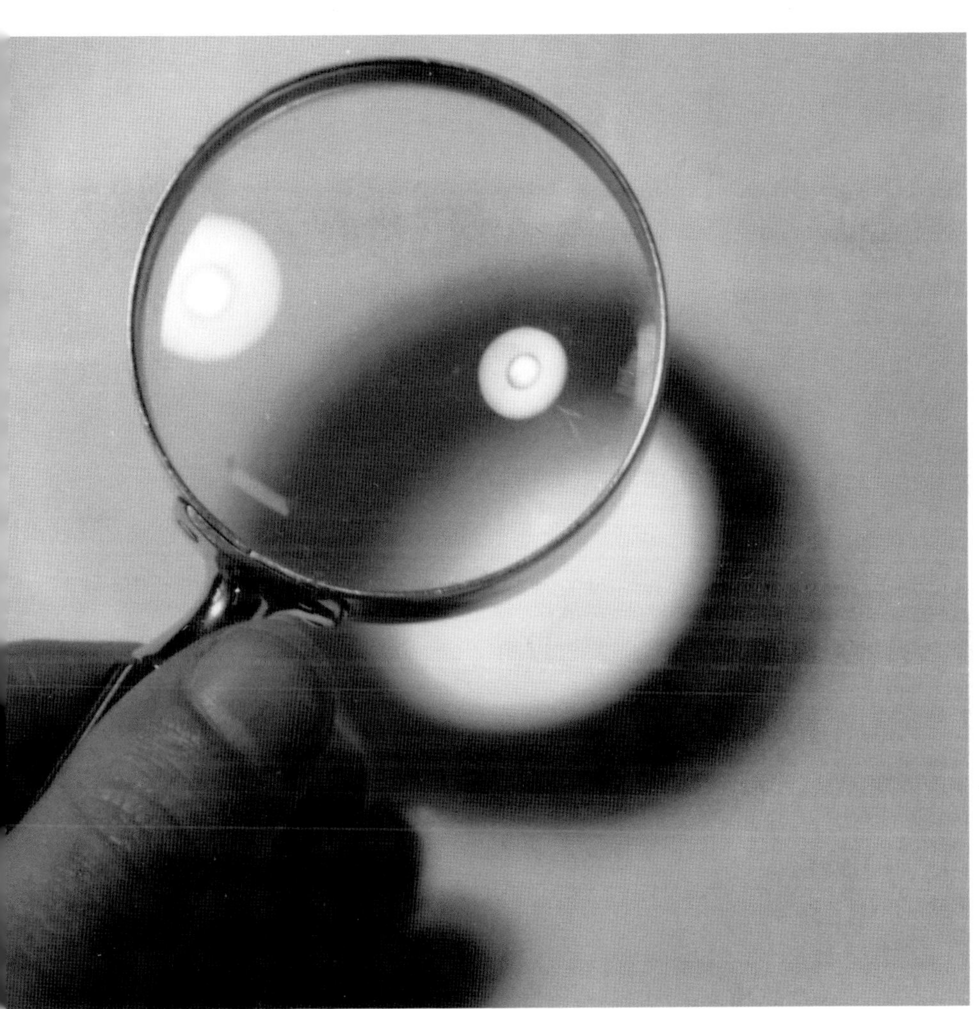

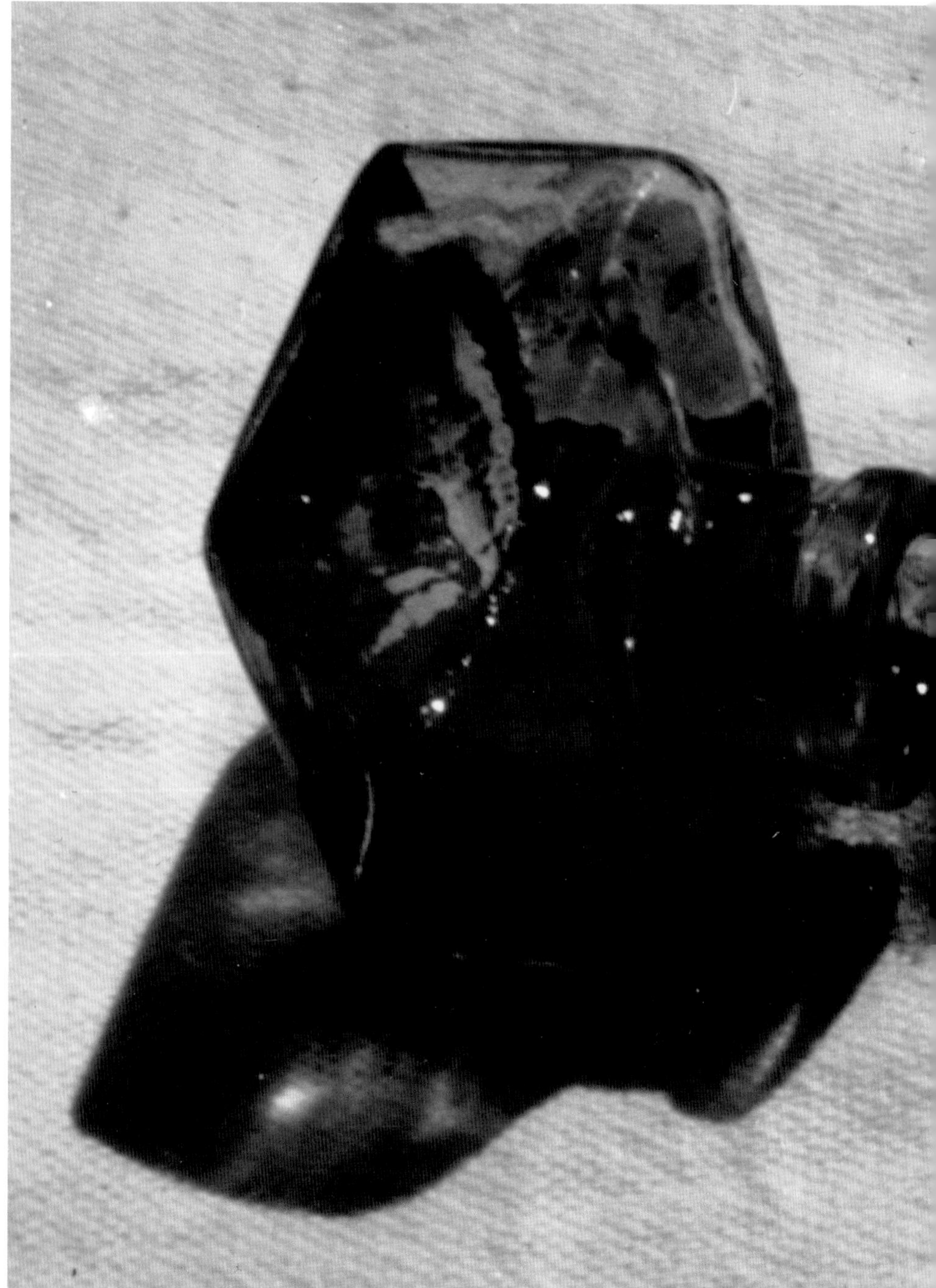

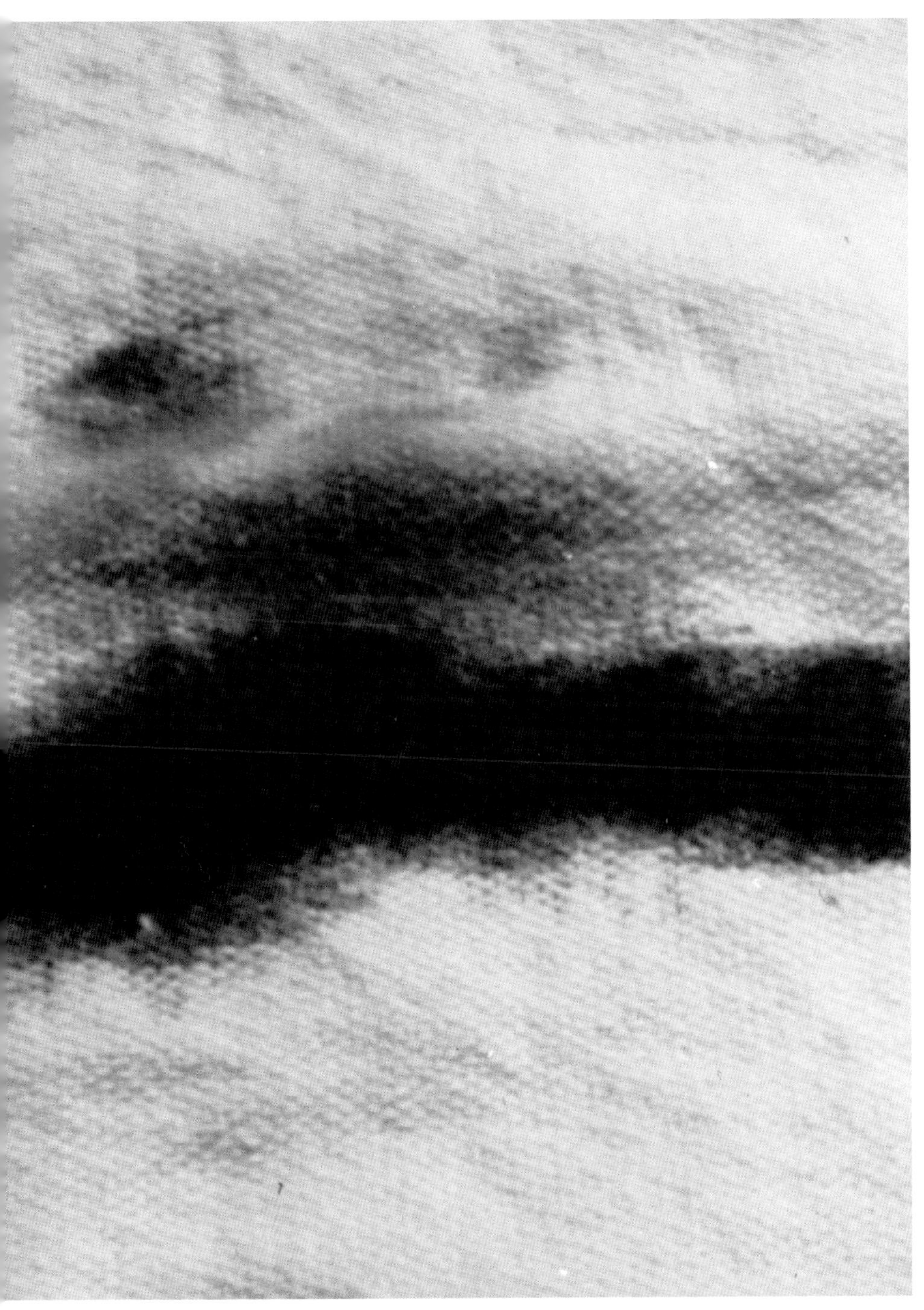

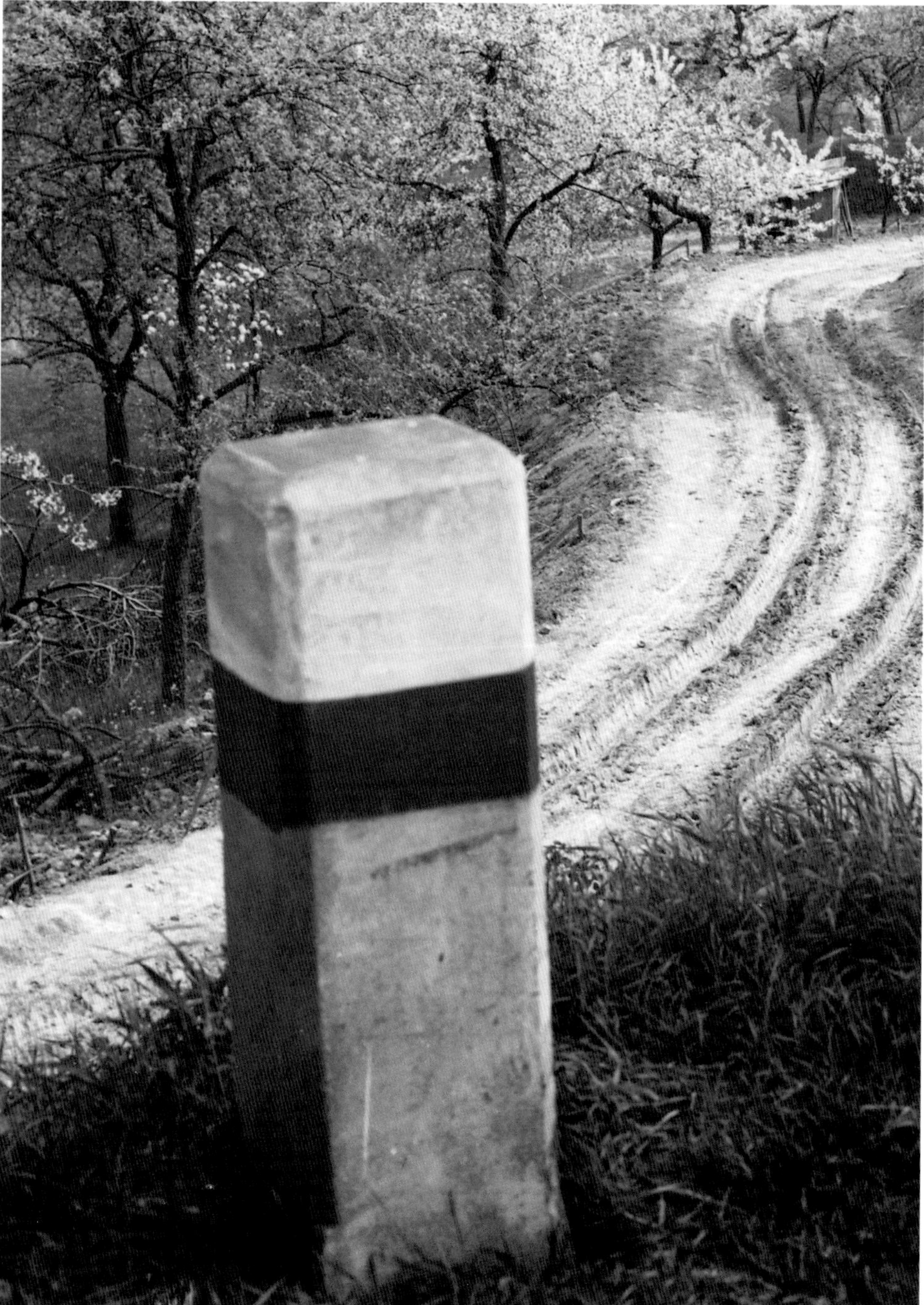

Grenzstein

Boundary stone

Borne

Anker

Anchor

Ancre

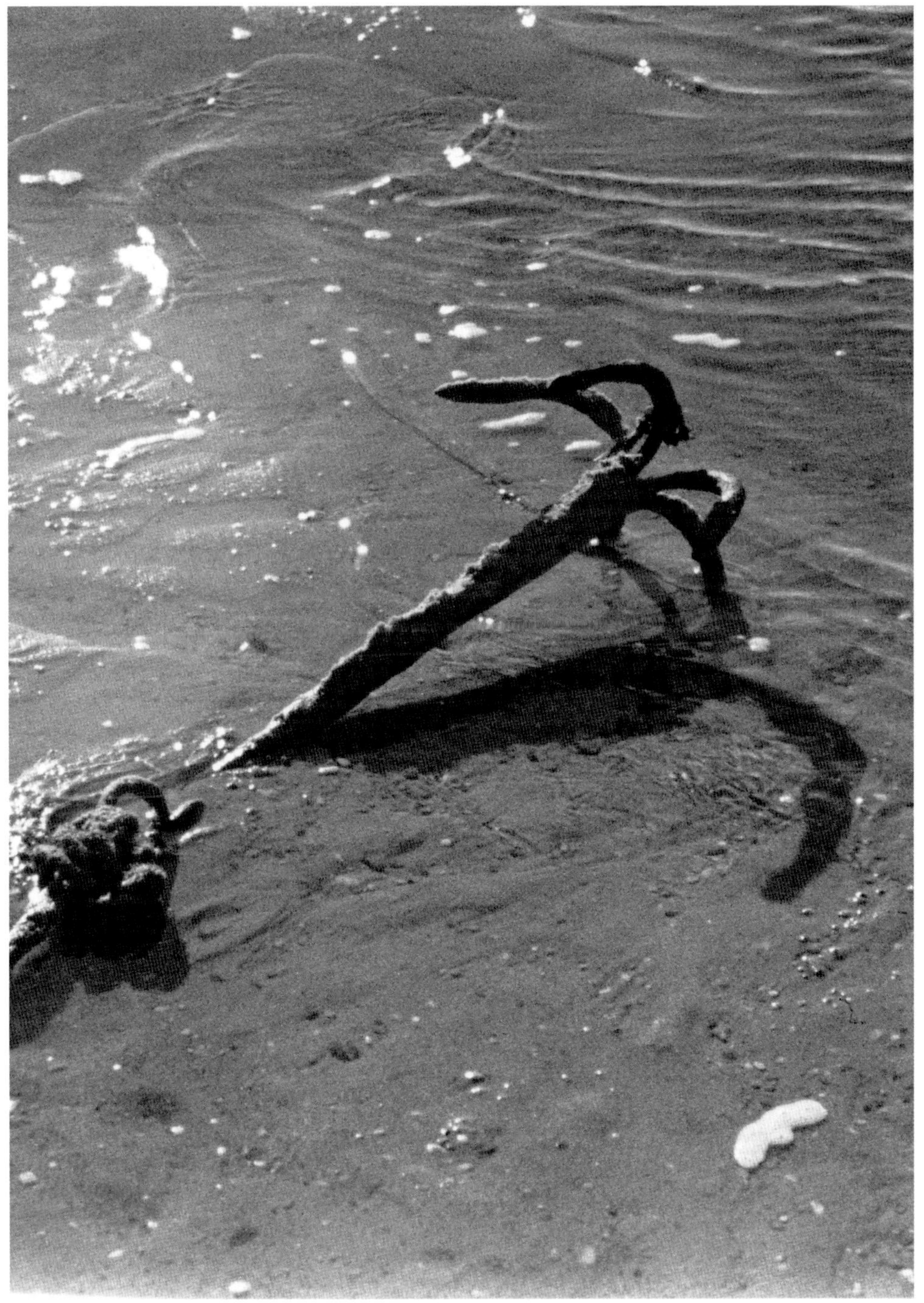

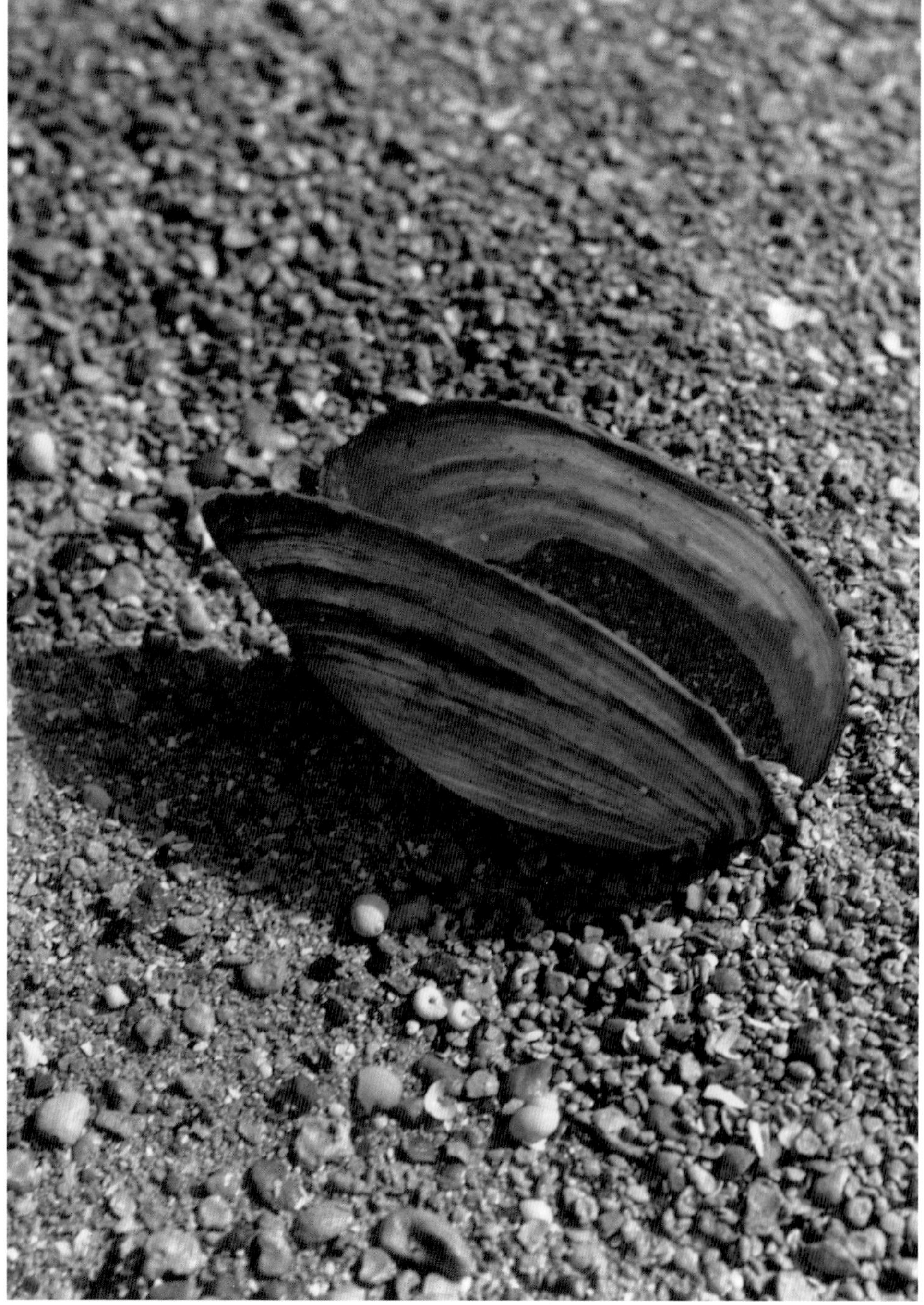

Muschel

Shell

Coquillage

274/275

Ostereier

Easter eggs

Œufs de Pâques

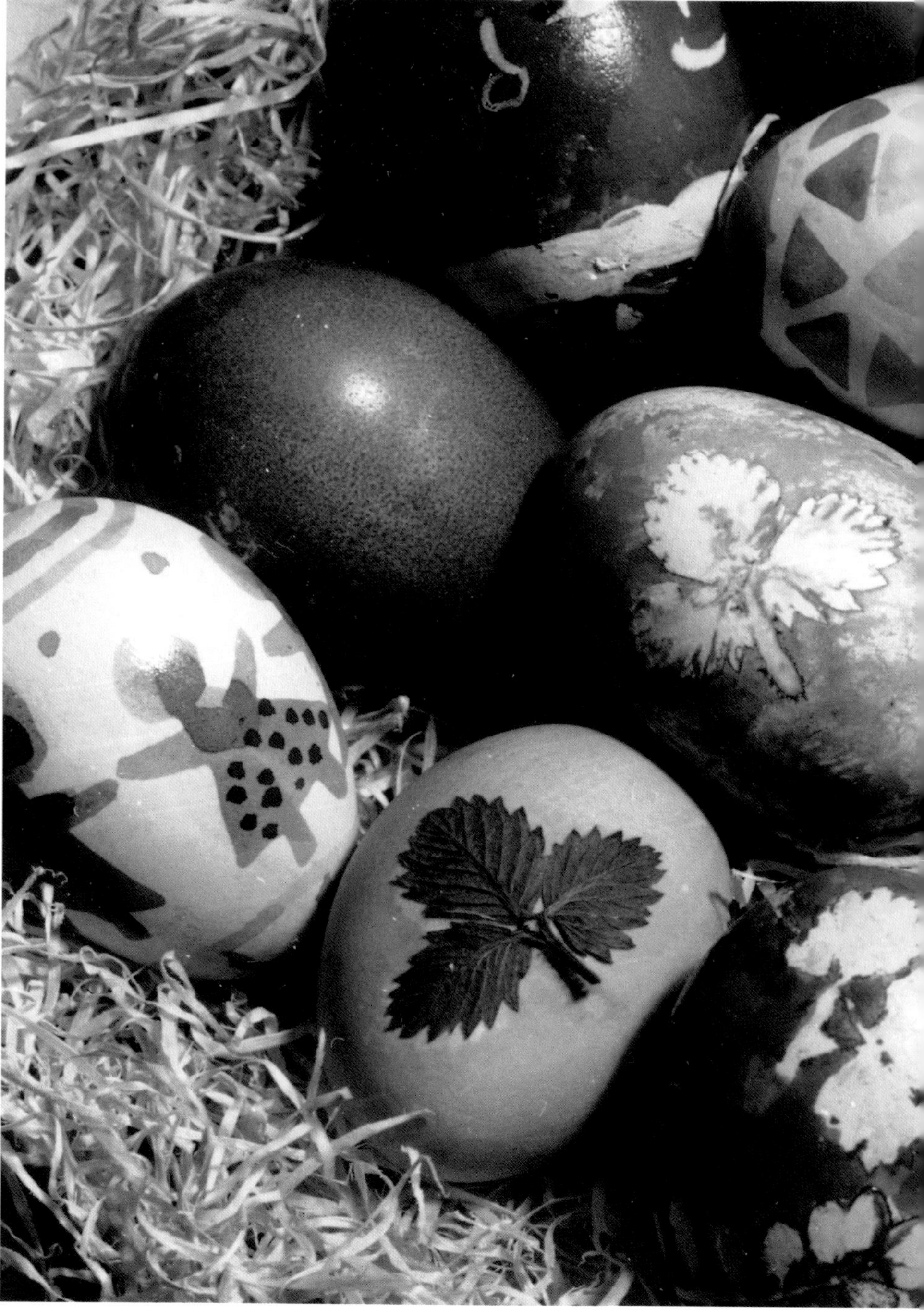

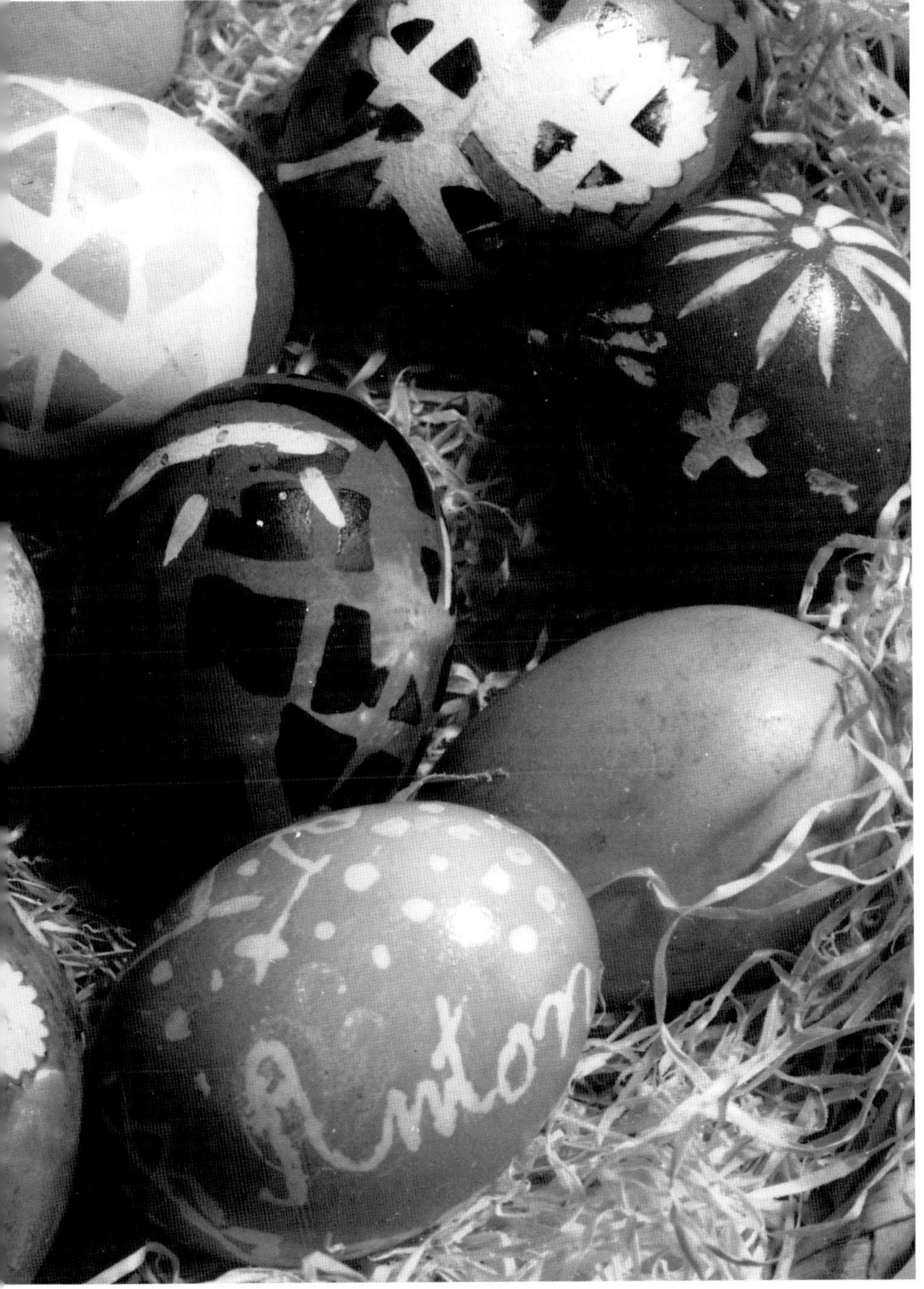

Maibaum

Maypole

Arbre de mai

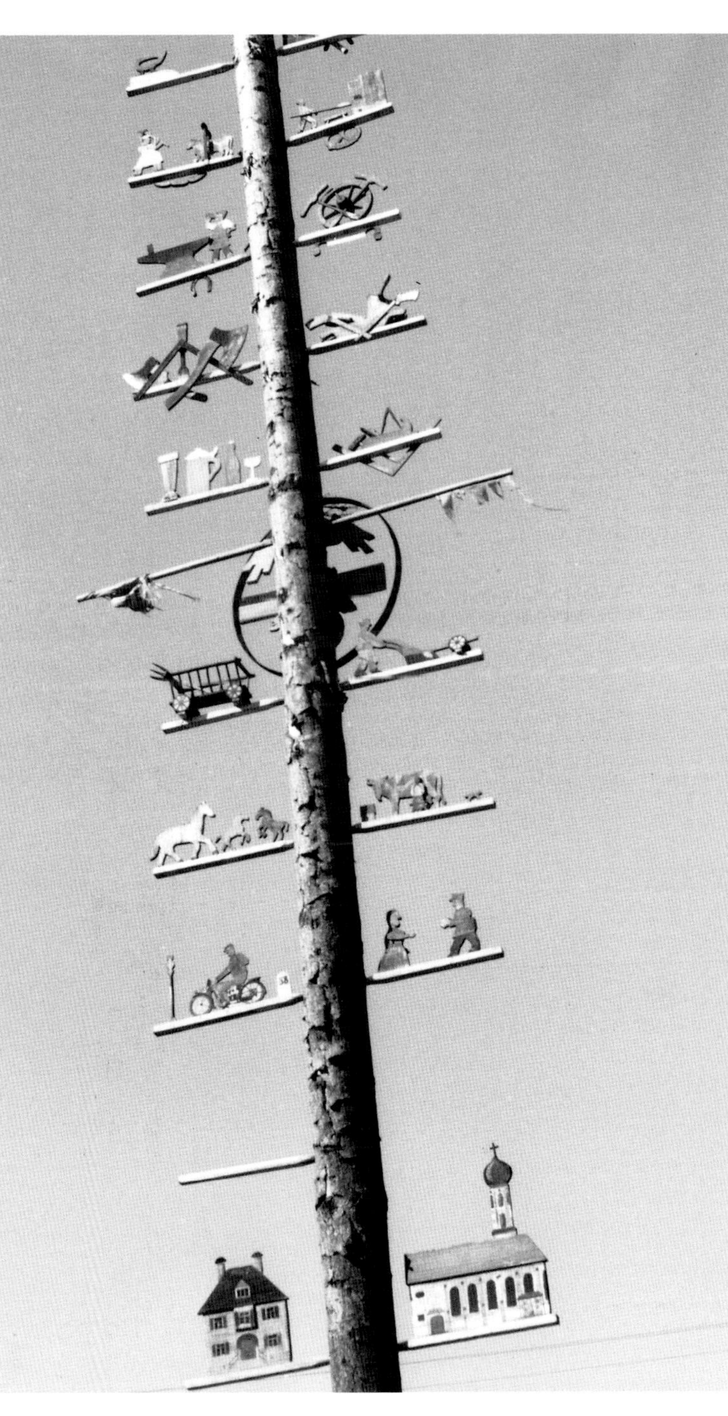

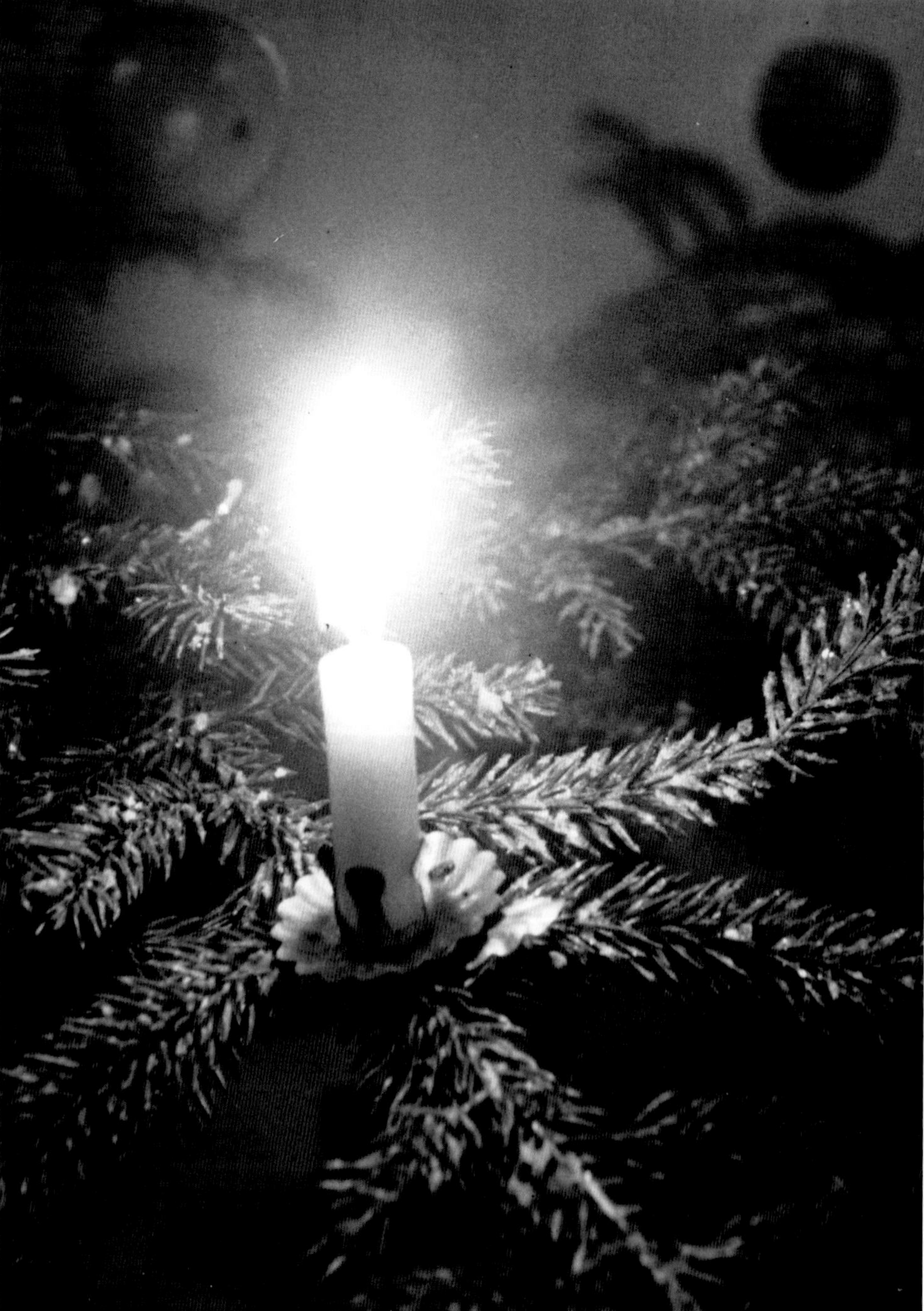

Christbaumkerze

Christmas tree candle

Bougie d'arbre de Noël

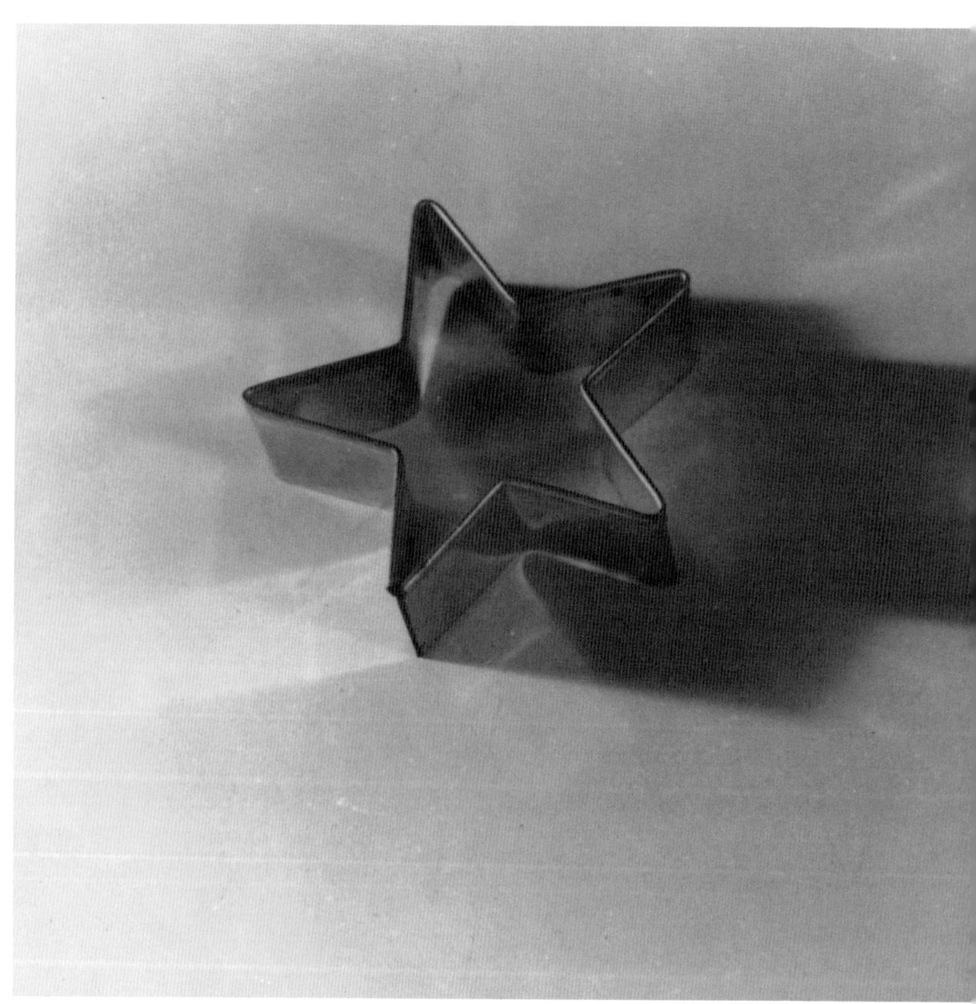

Stern-Ausstecher

Star cookie cutter

Emporte-pièce en forme d'étoile

Kerze

Candle

Bougie

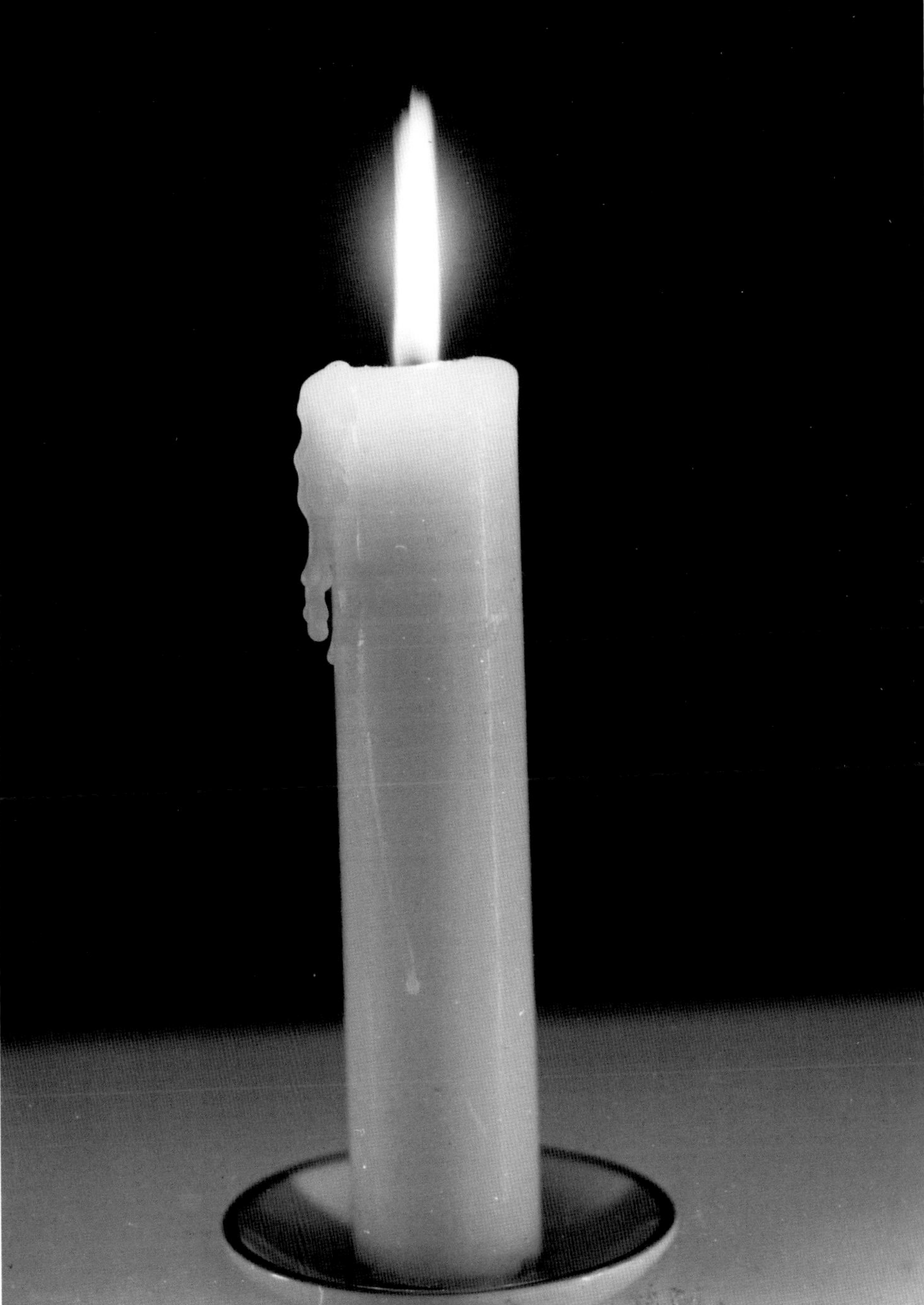

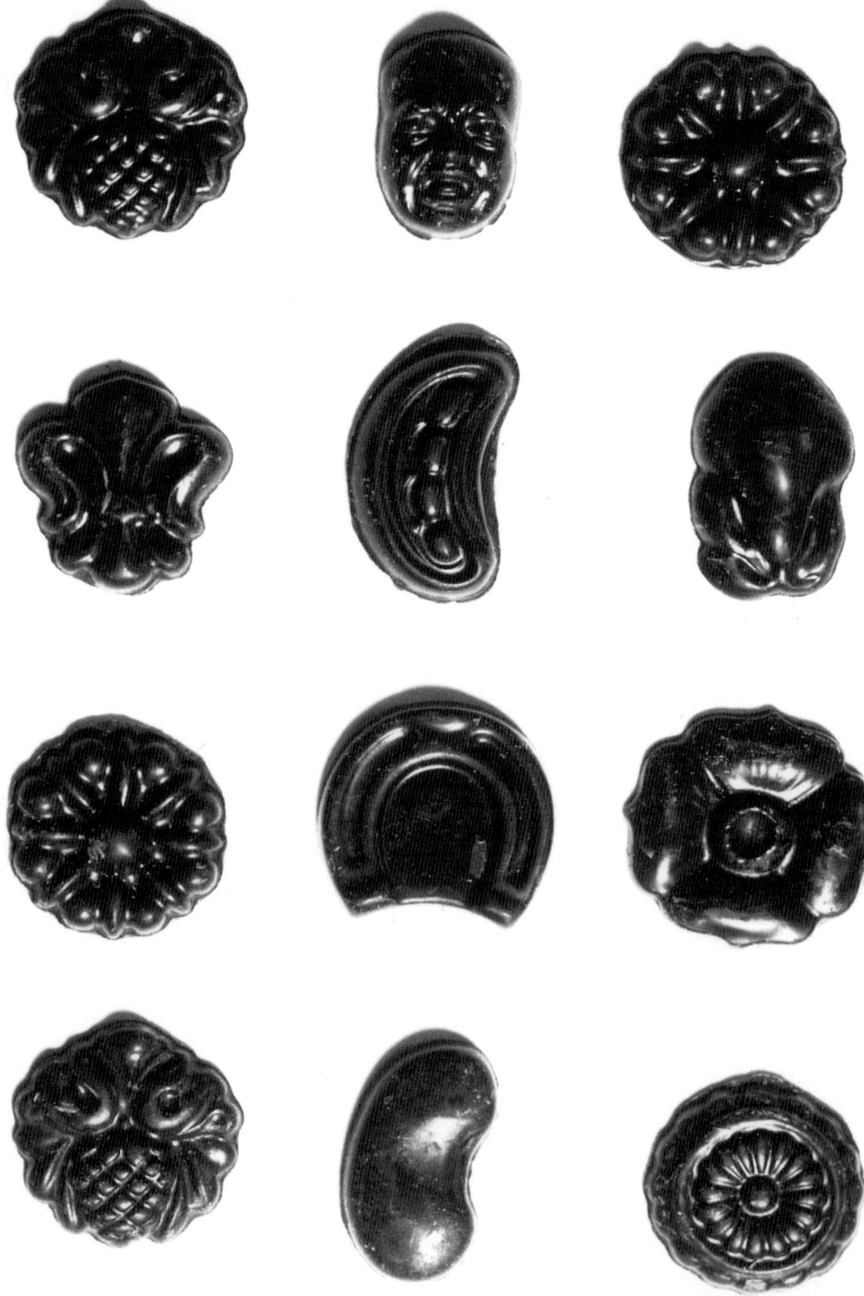

Gaslaterne

Gas lantern

Réverbère

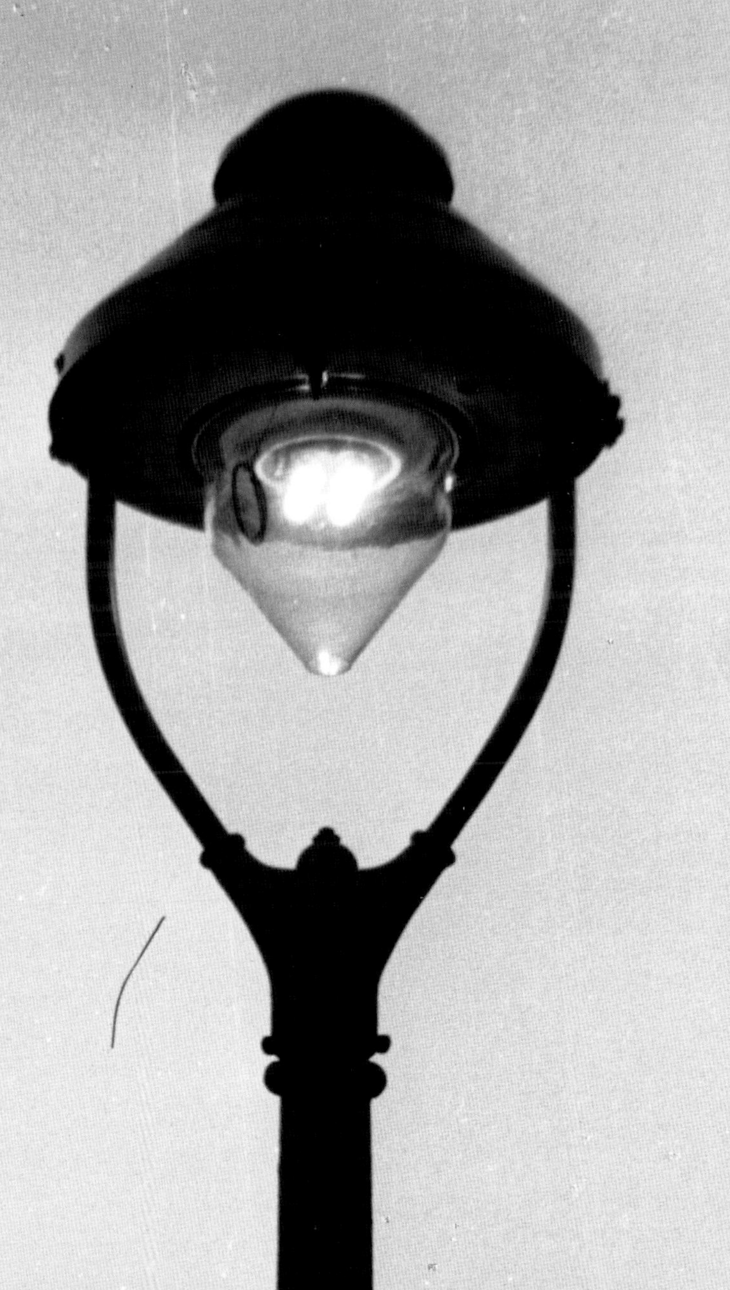

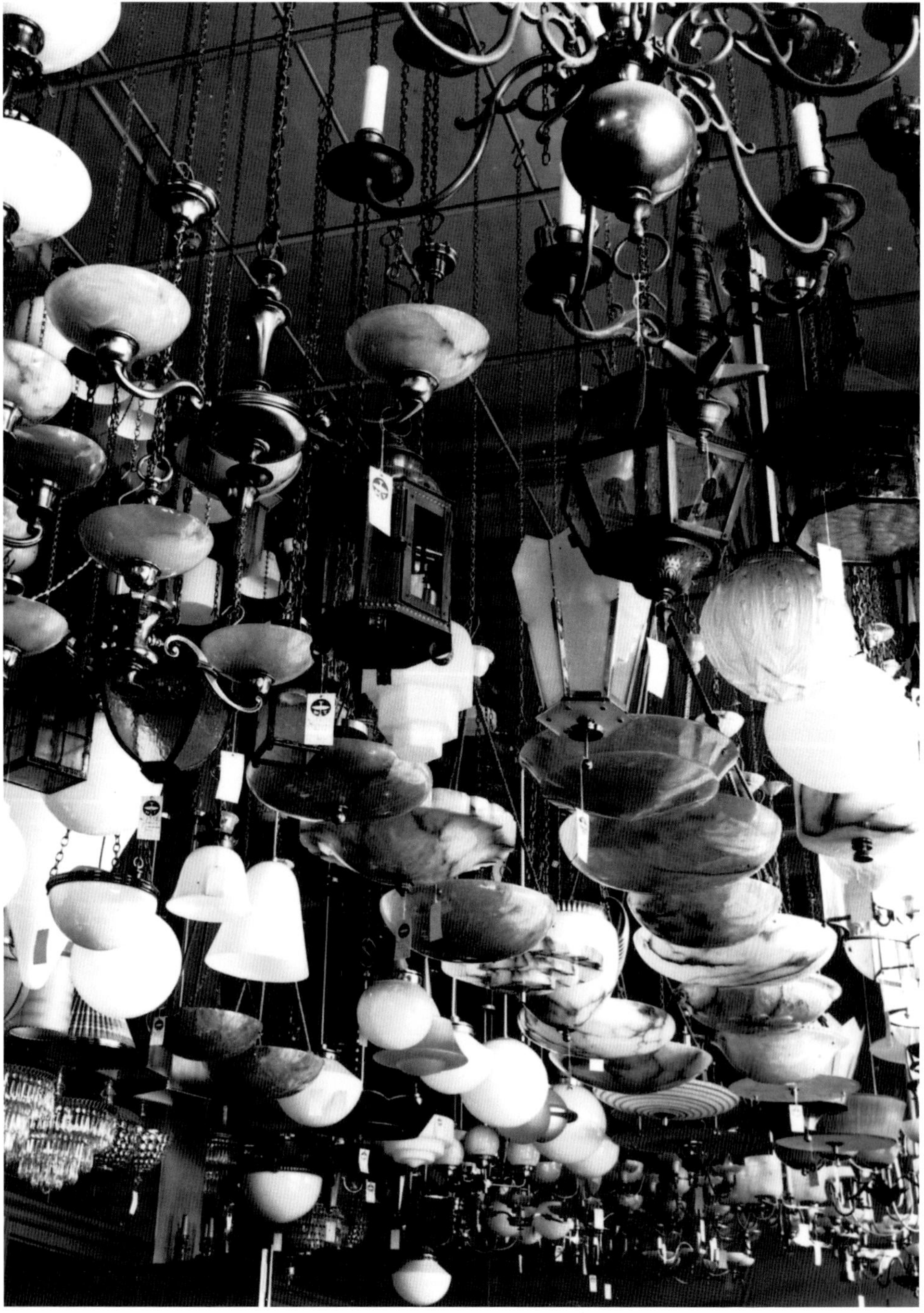

Lampenladen

Lamp store

Magasin de lampes

Kronleuchter

Chandeliers

Lustres

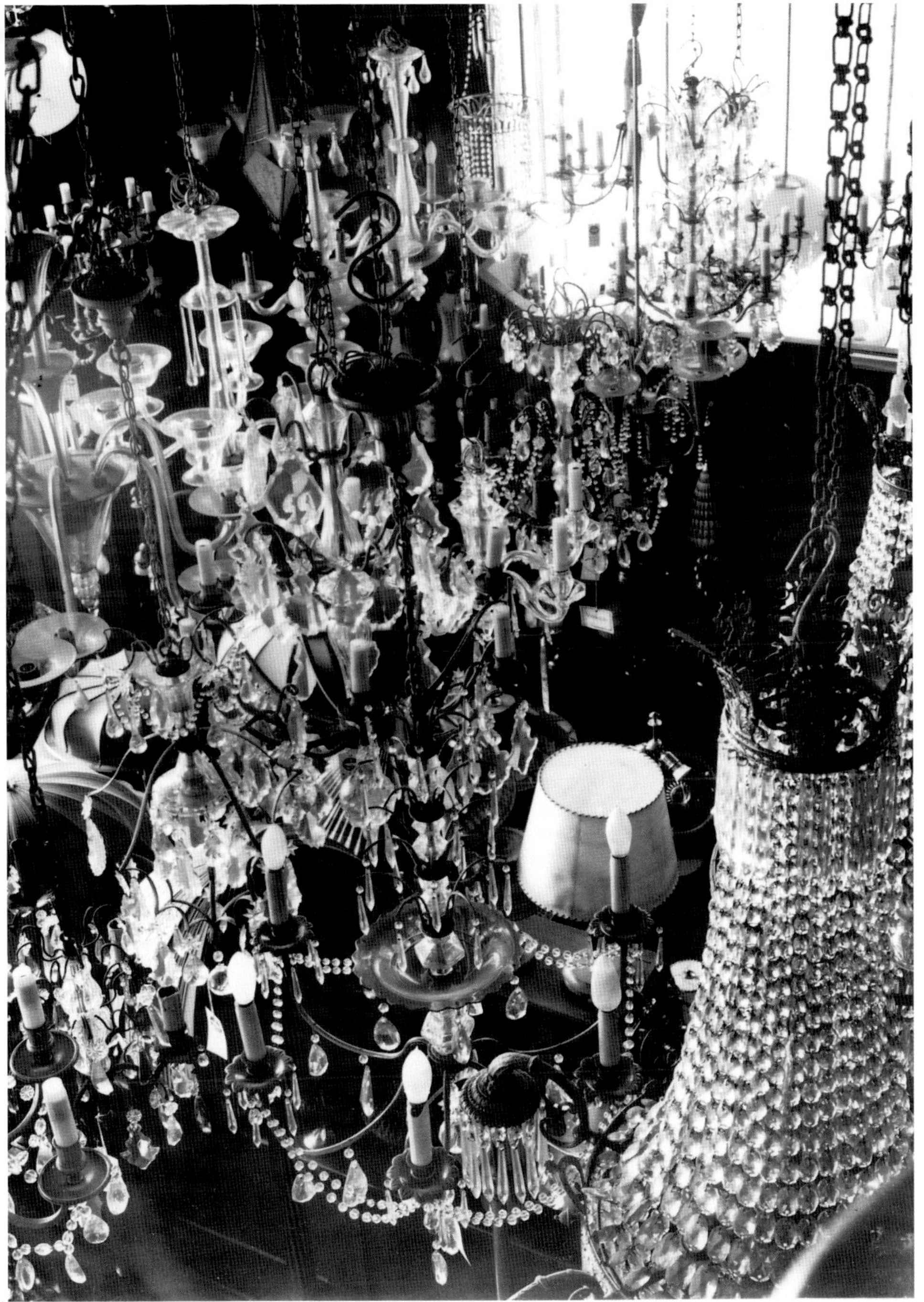

Einschüsse

Bullet holes

Impacts de balles

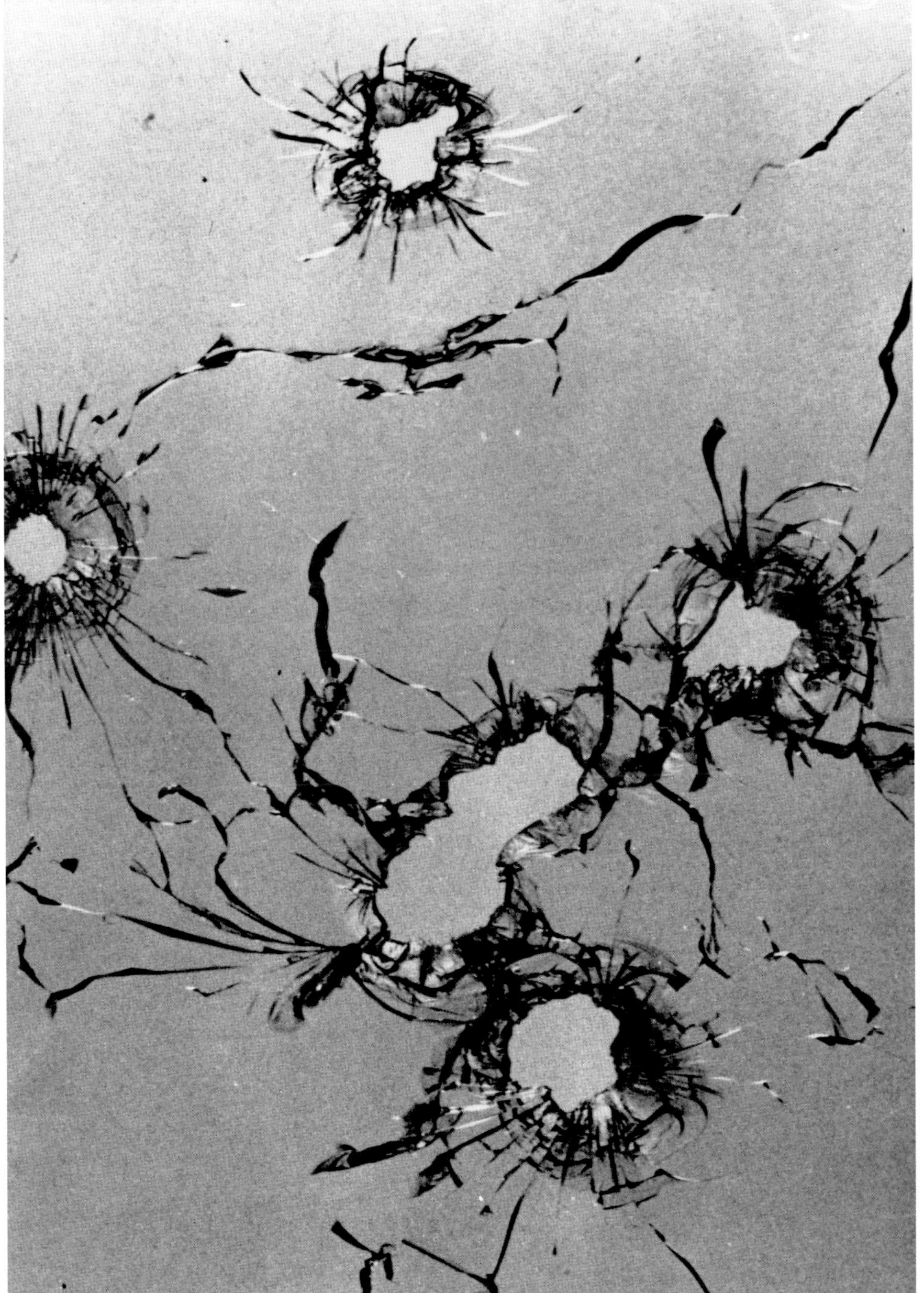

Gewehrmündung

Muzzle

Bouche de fusil

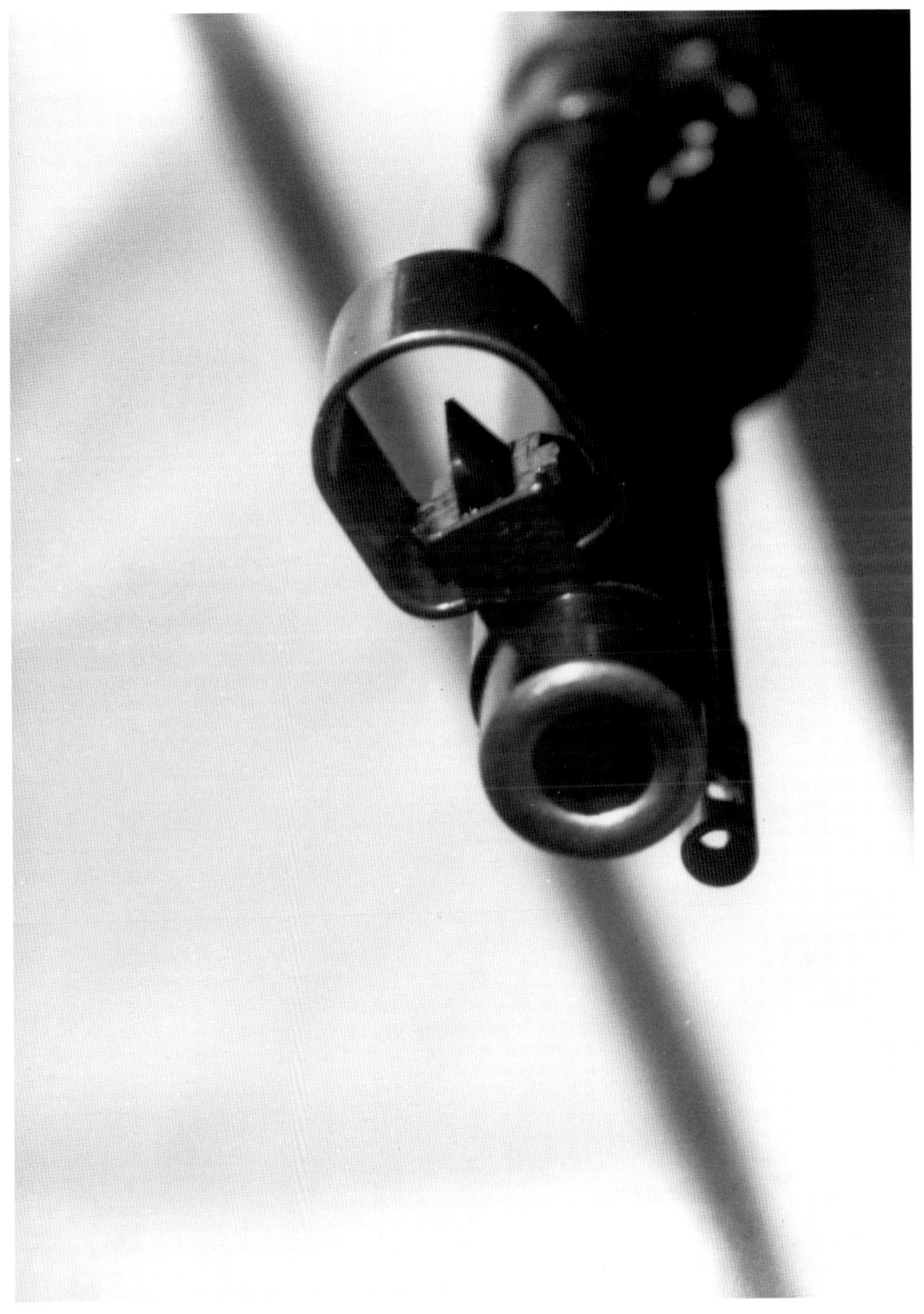

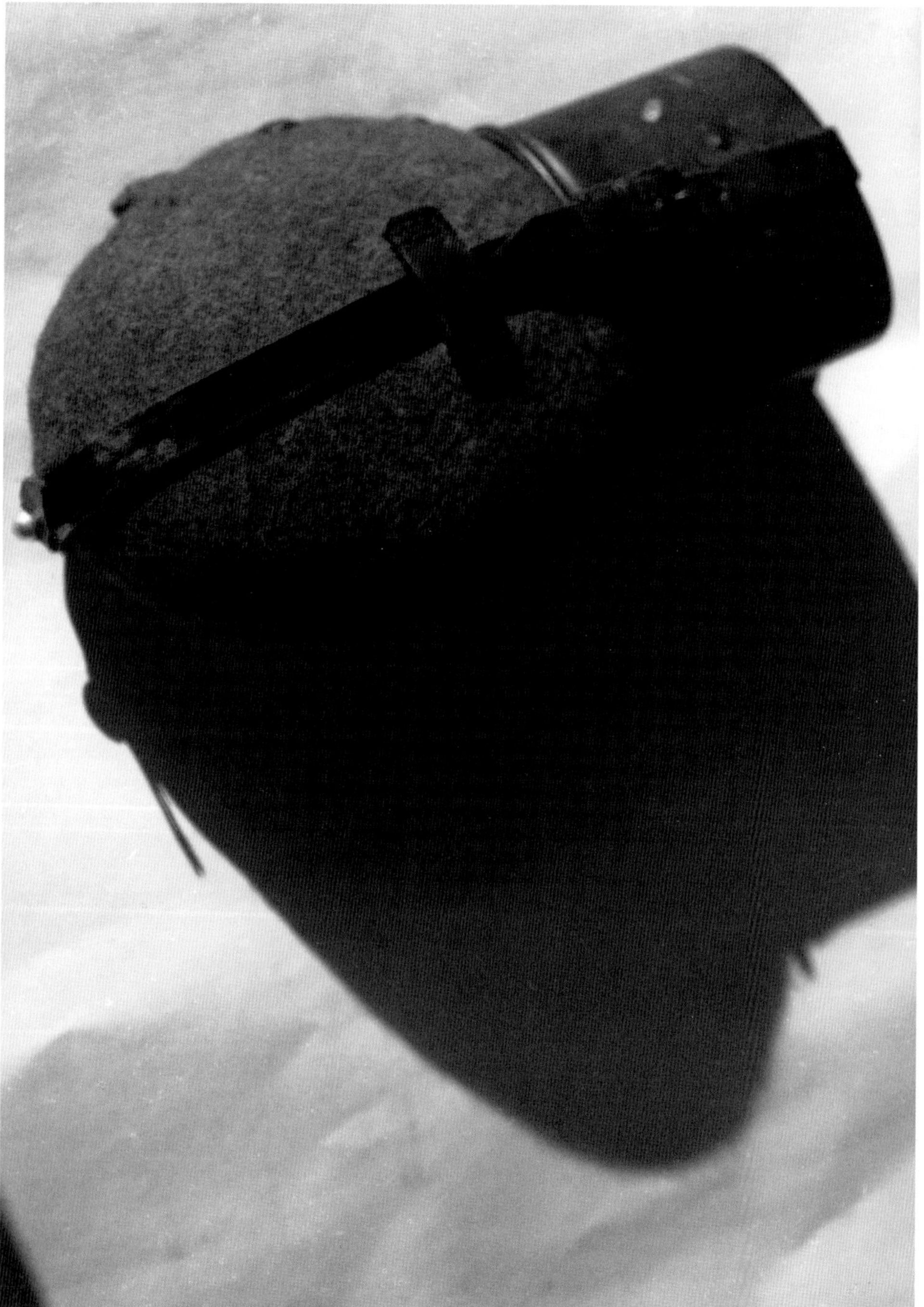

Feldflasche

Canteen

Gourde

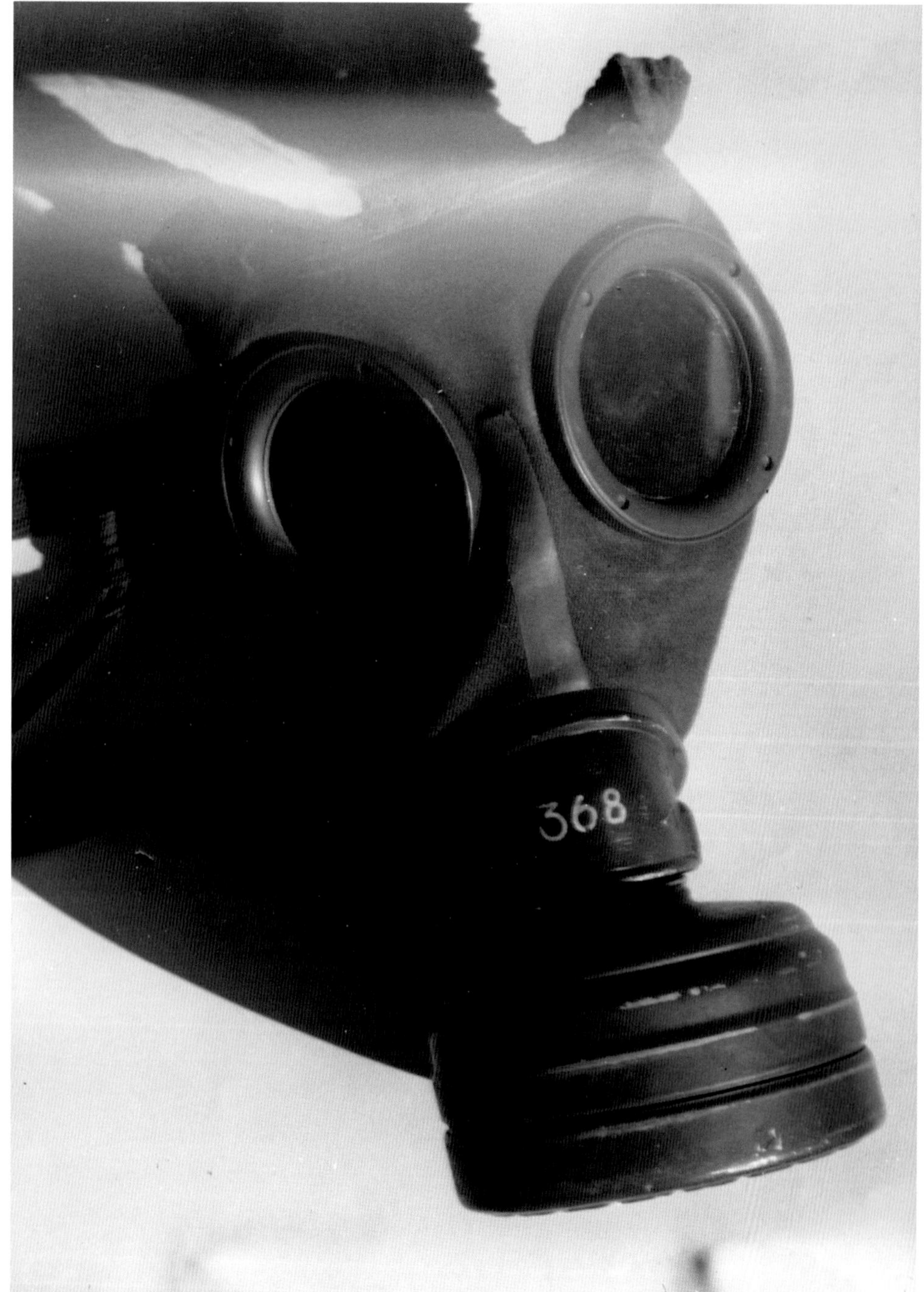
368

Gasmaske

Gasmask

Masque à gaz

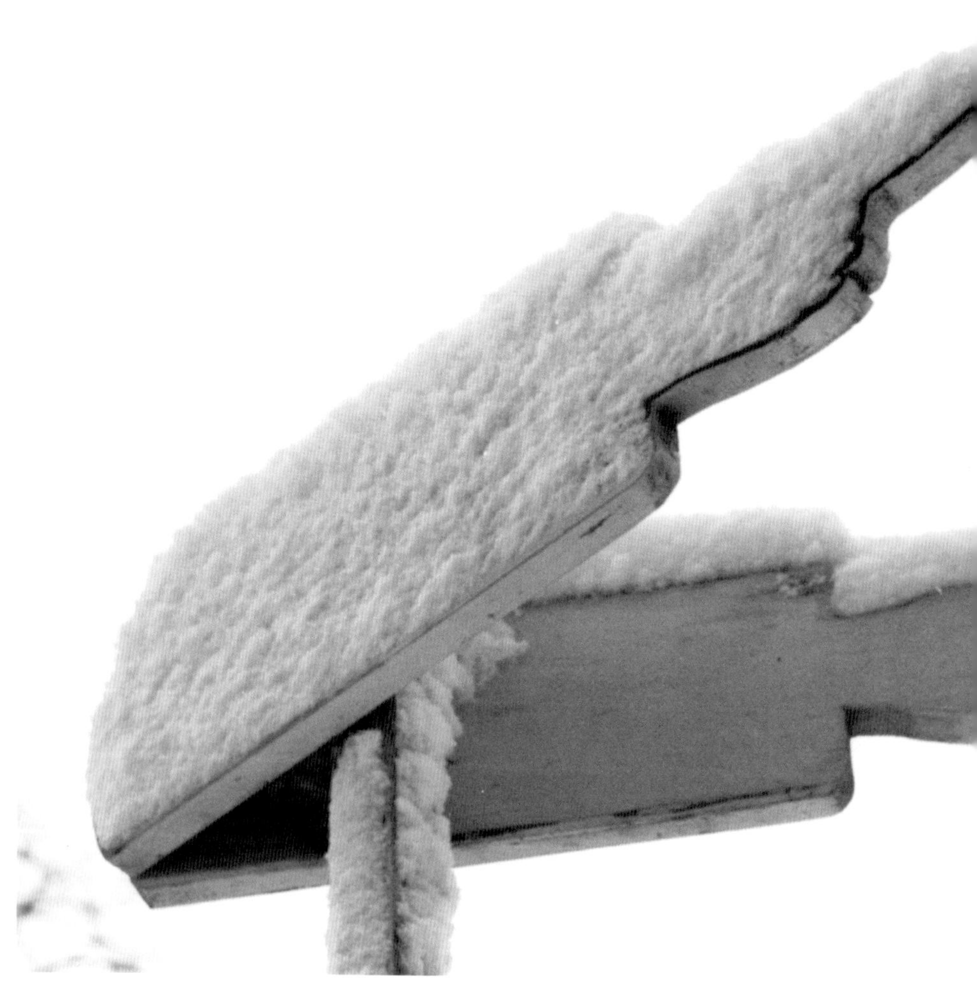

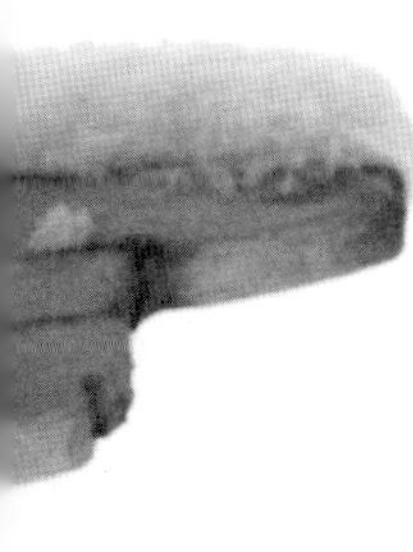

Kreuz

Cross

Croix

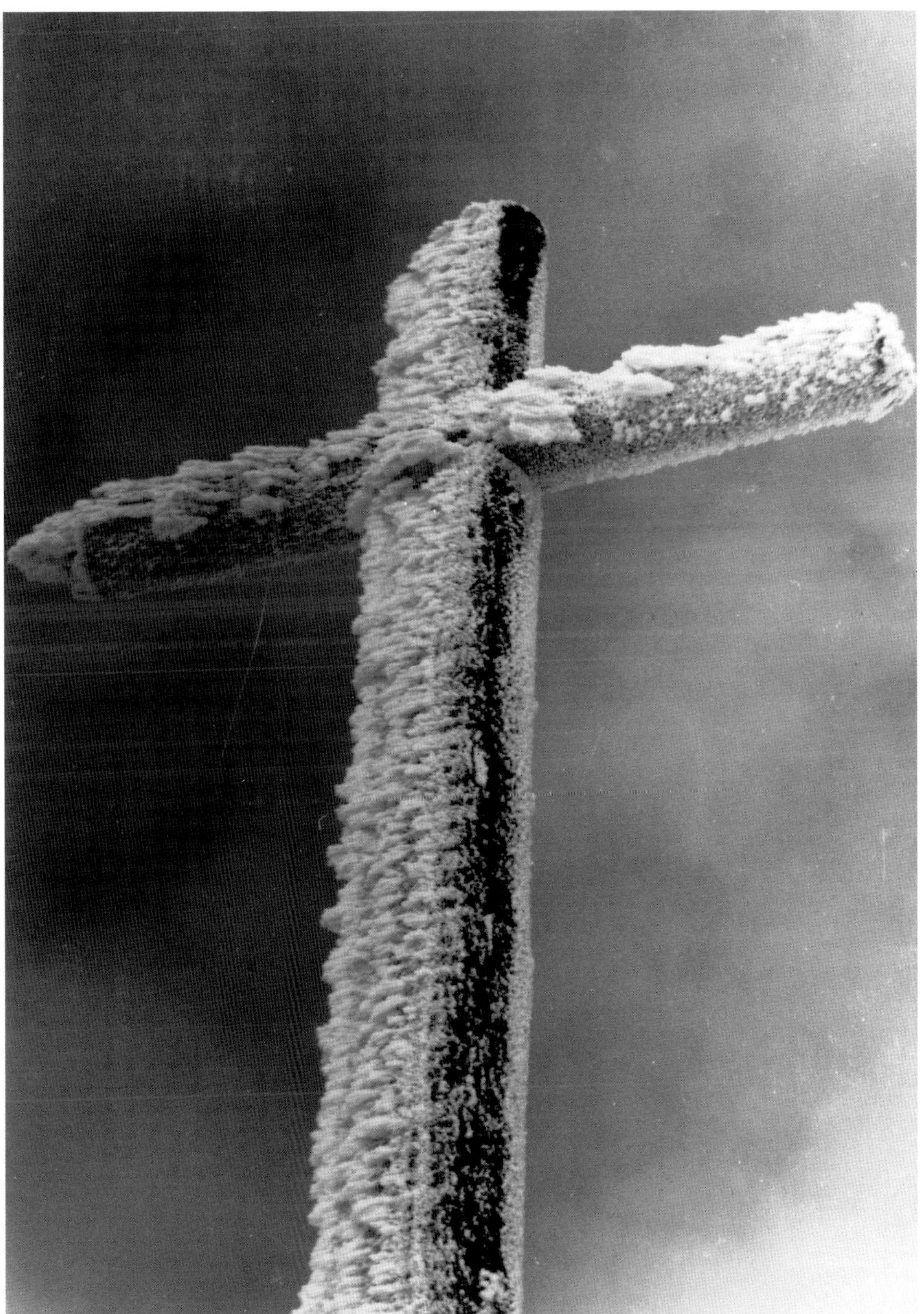

Eiszapfen

Icicles

Glaçons

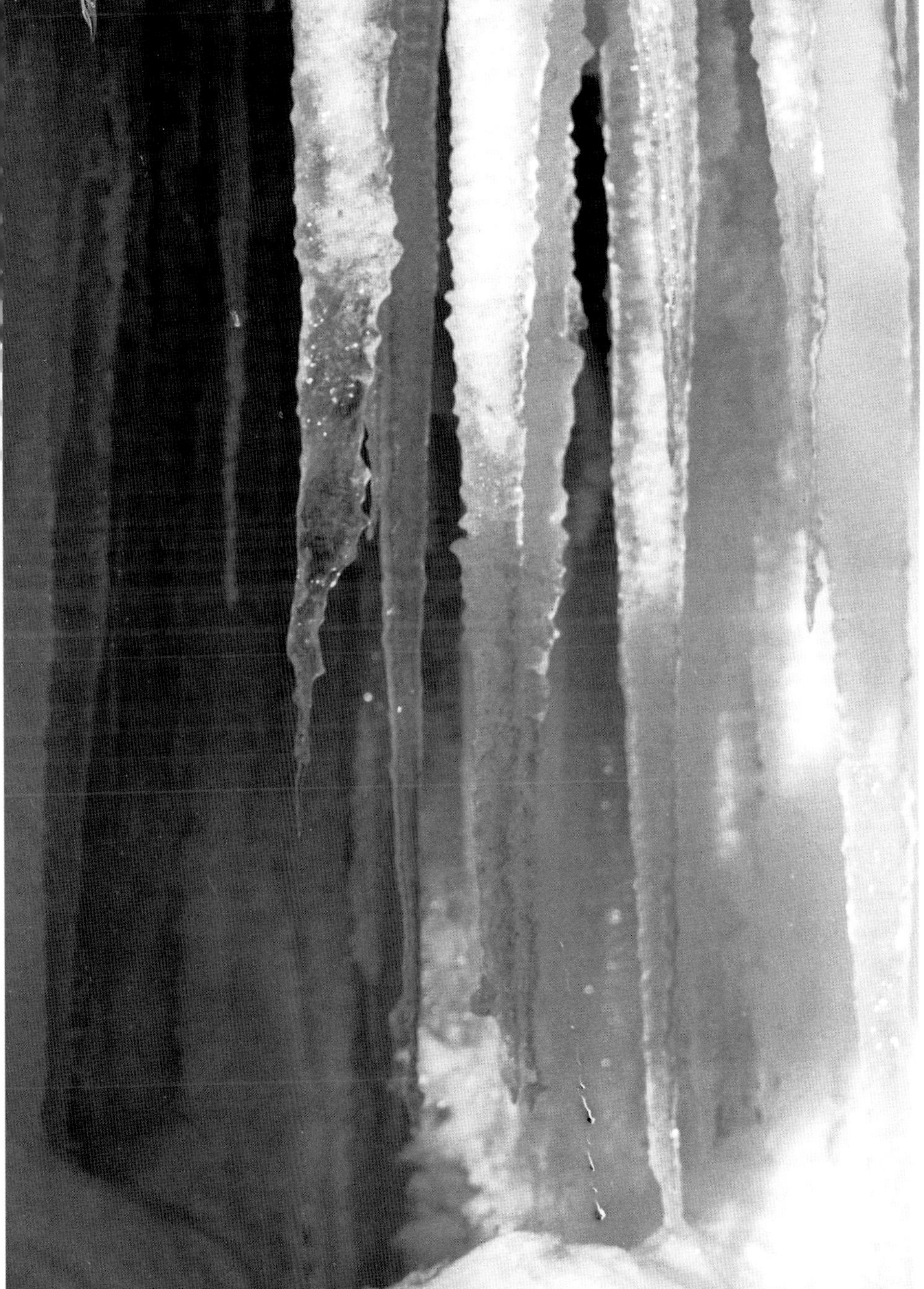

Schneeball

Snowball

Boule de neige

308/309

Schnee-Mann

Snow-man

Bonhomme de neige

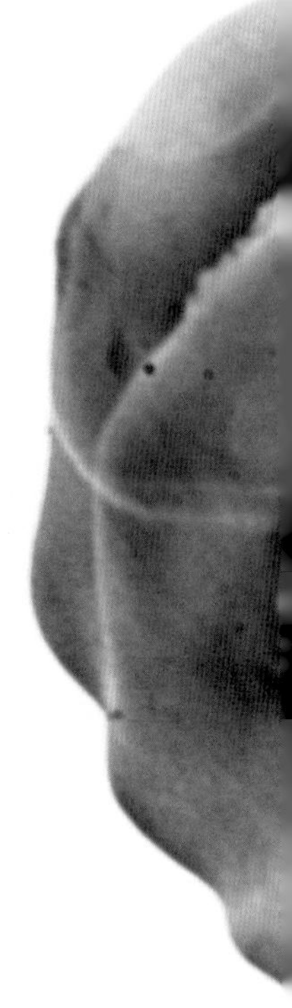

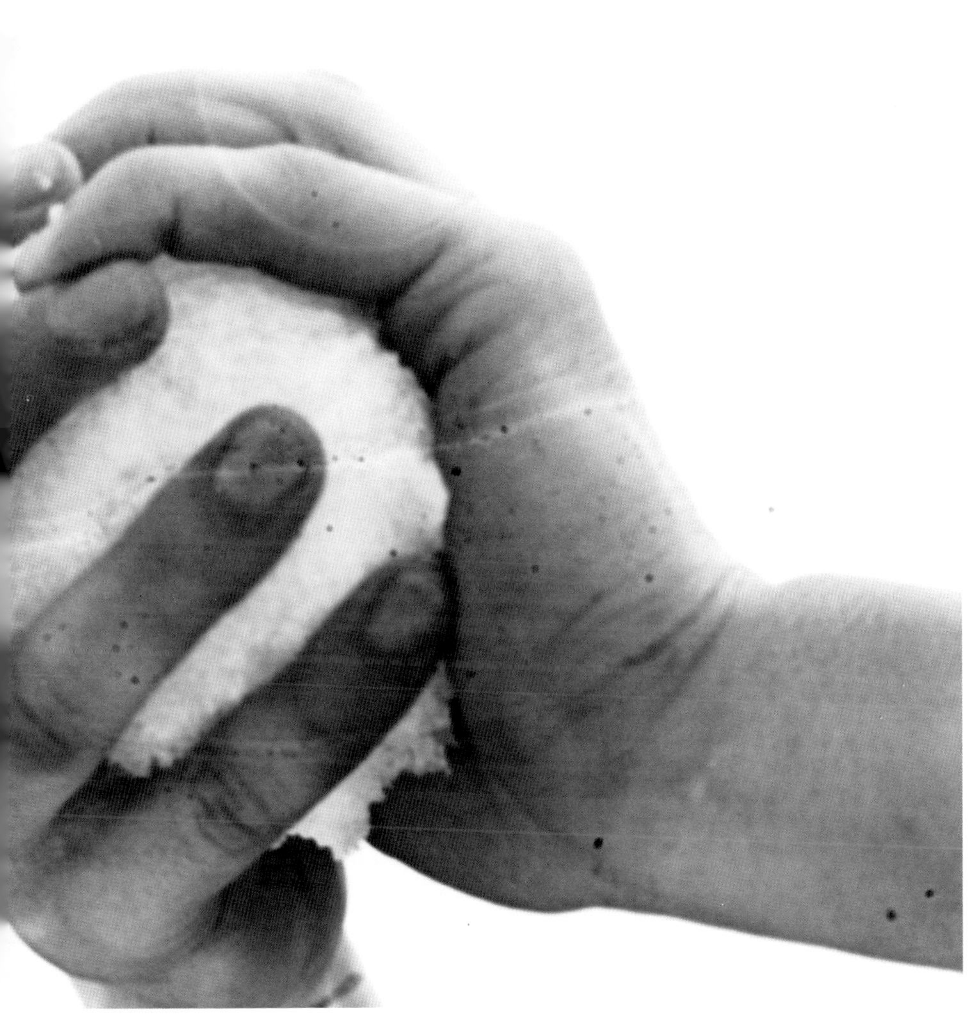

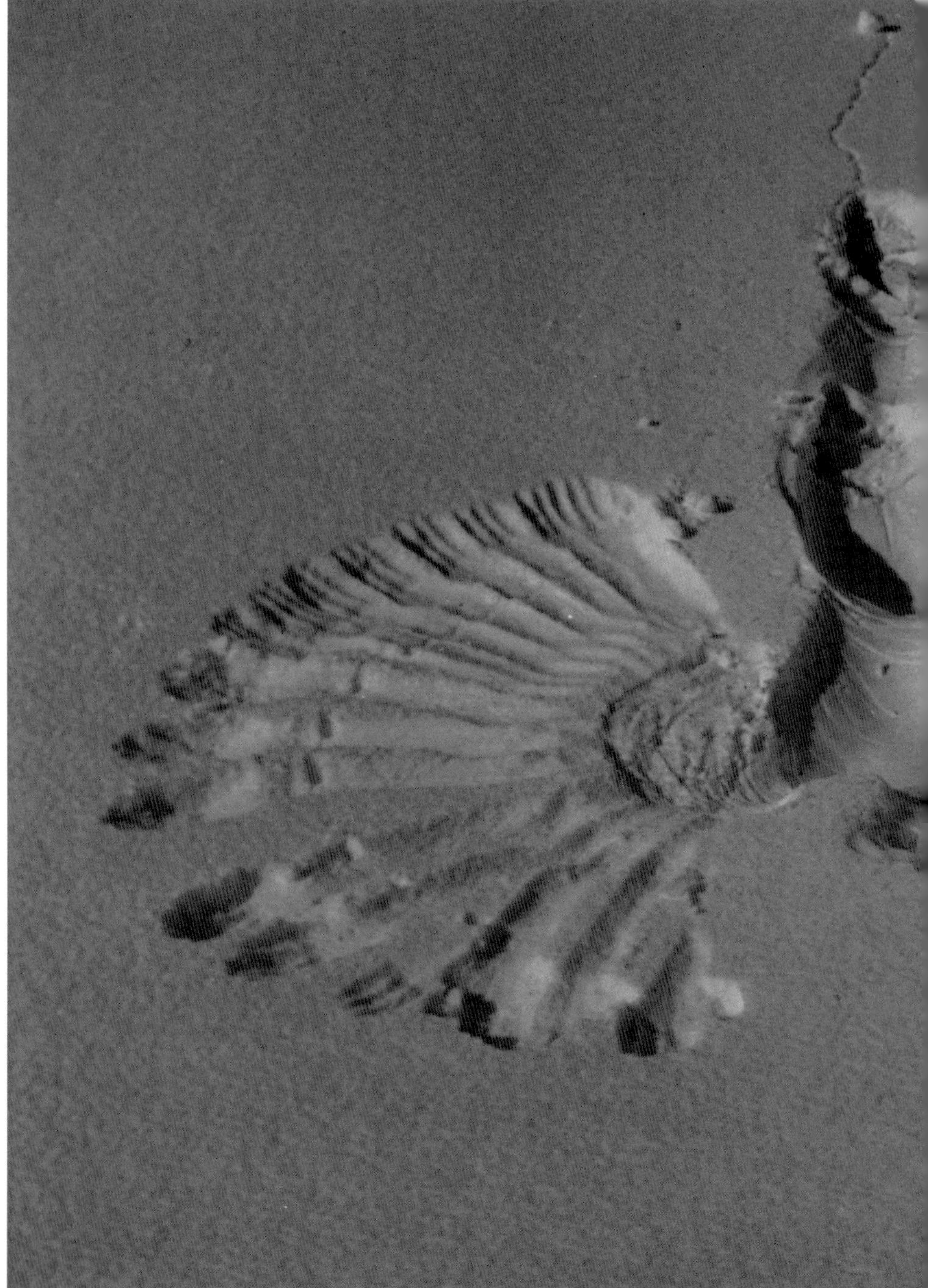

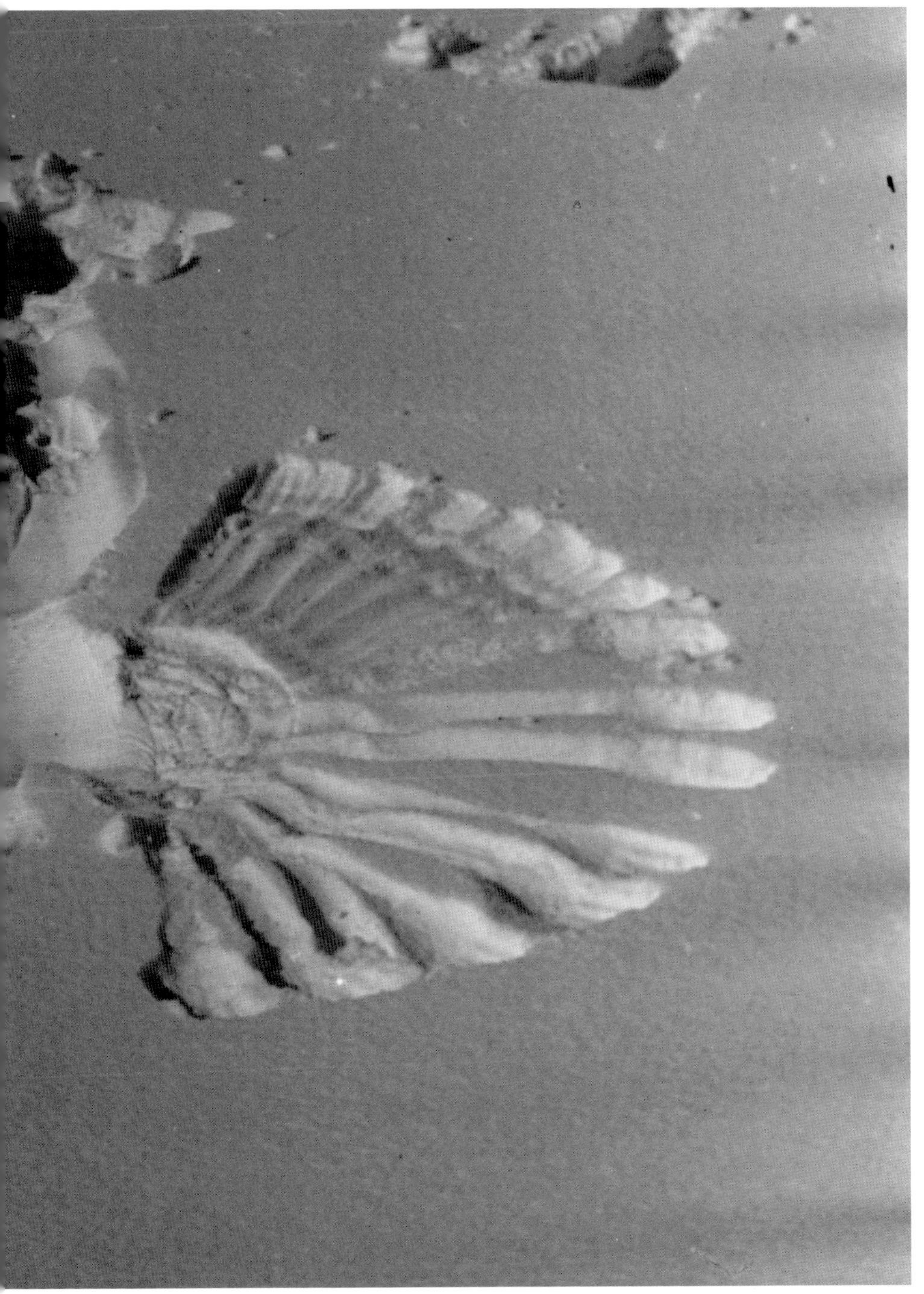

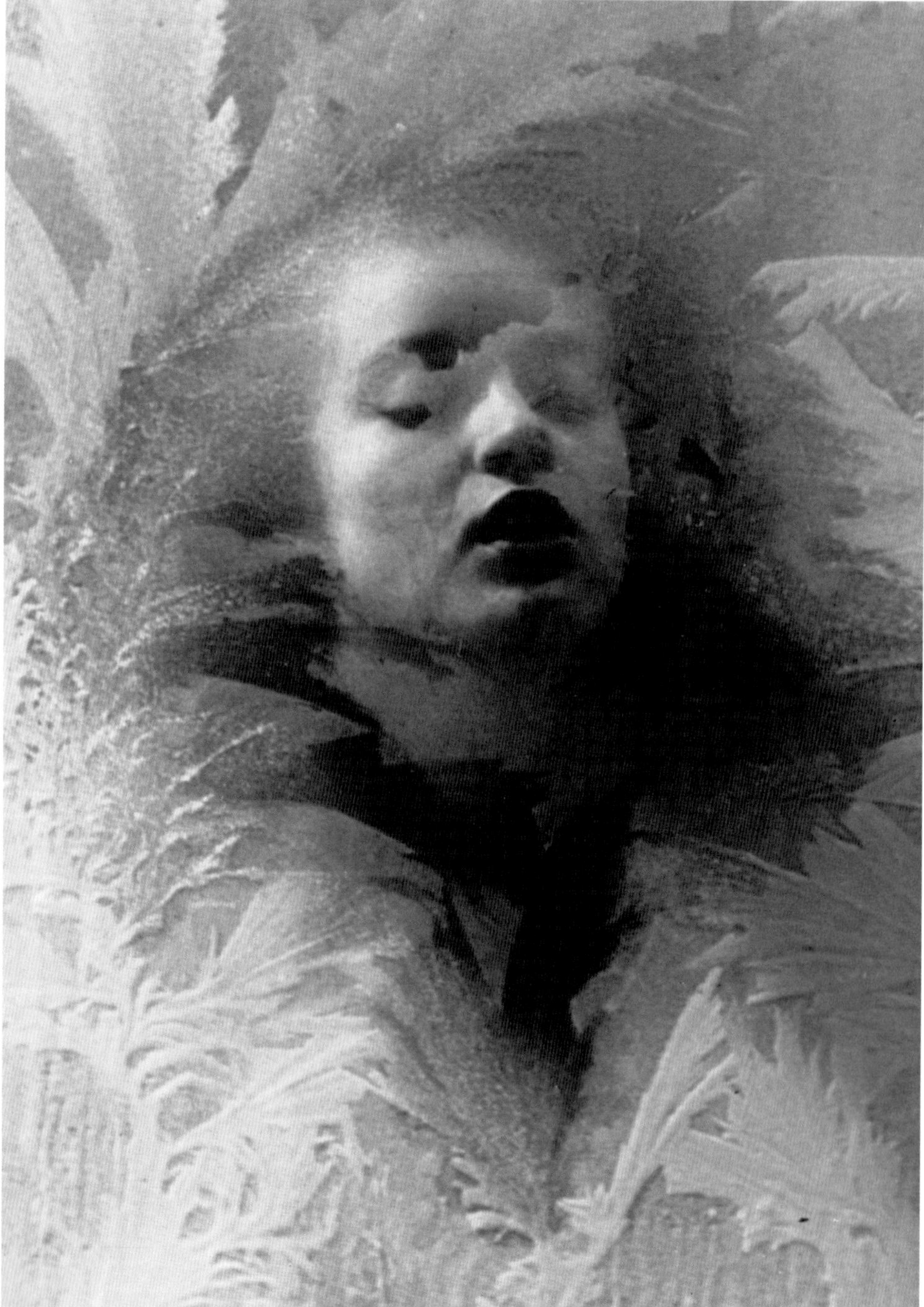

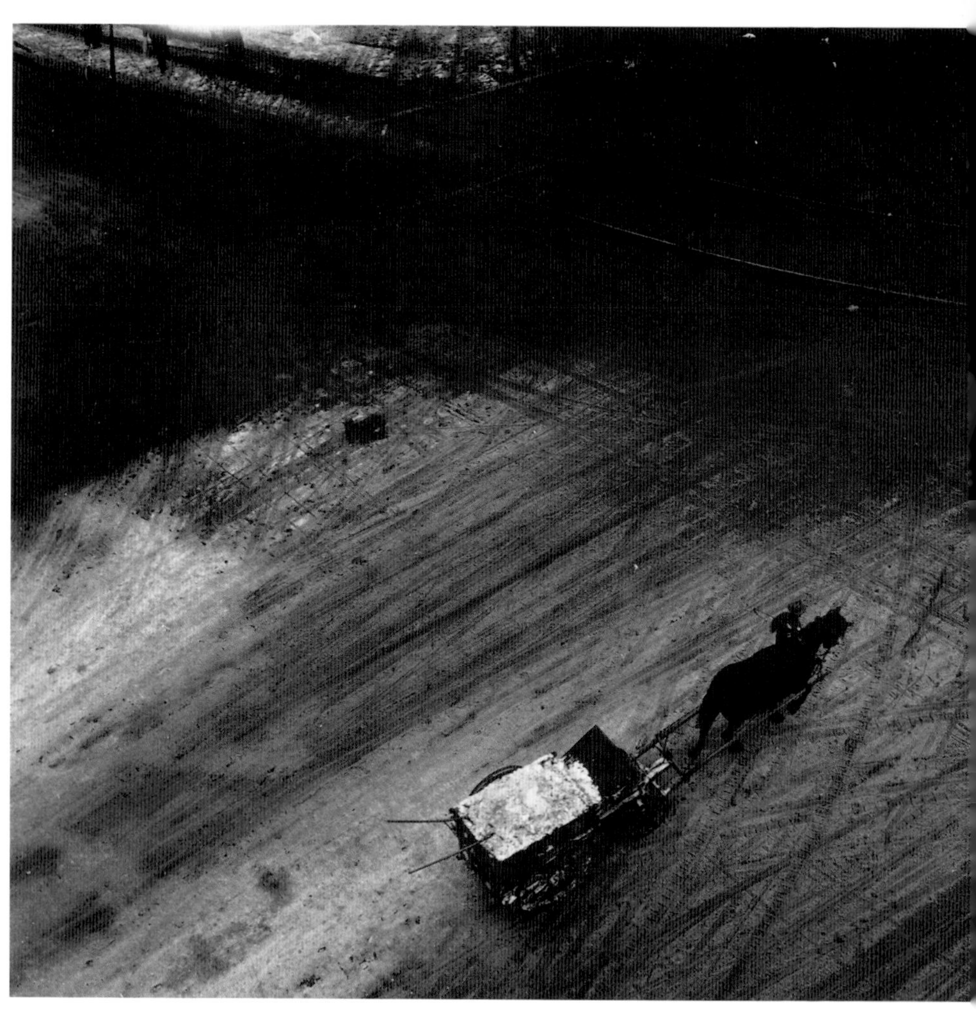

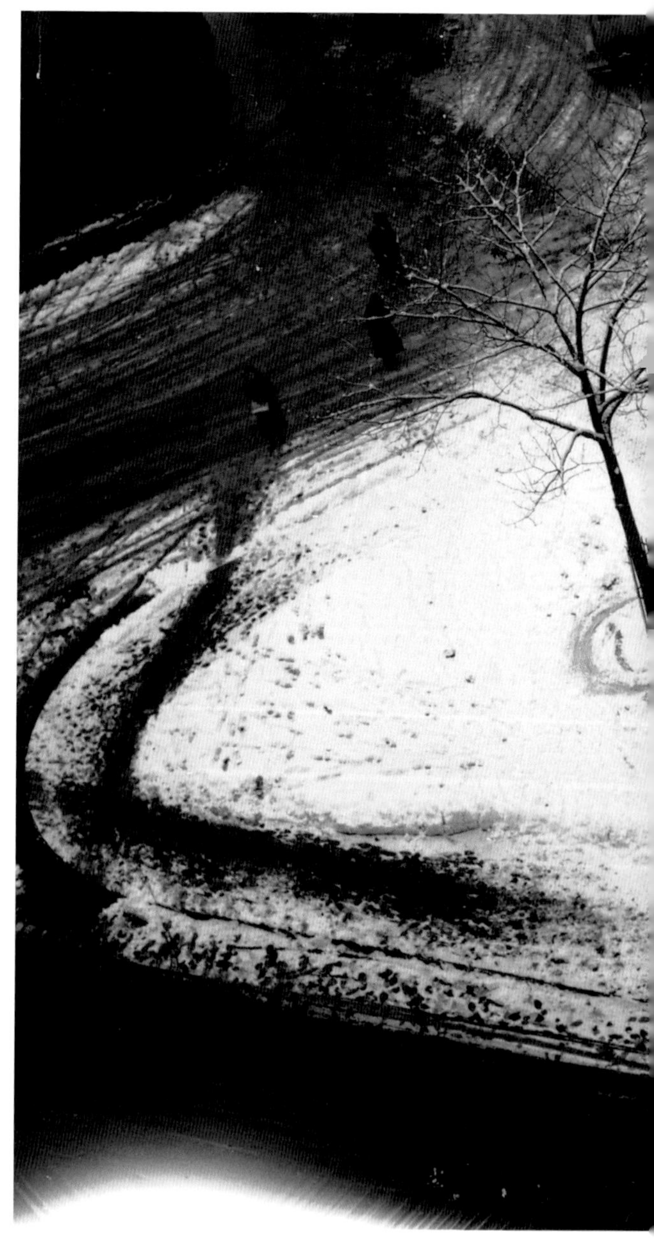

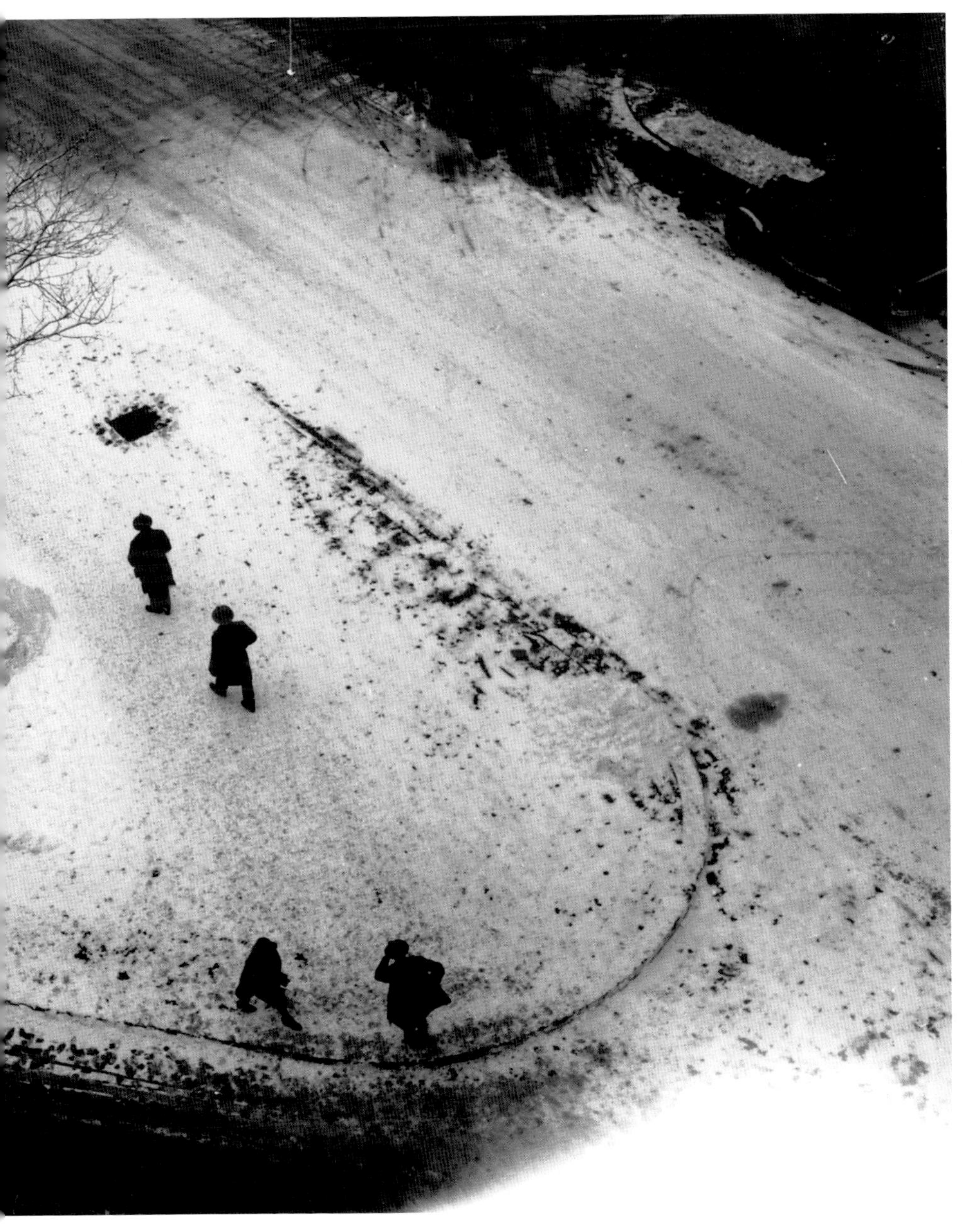

Paketbote

Package deliveryman

Livreur

318/319

Reifenprofile

Tire tracks

Empreintes de pneus

320/321

Auto mit Schupo

Car with policeman

Voiture avec policier

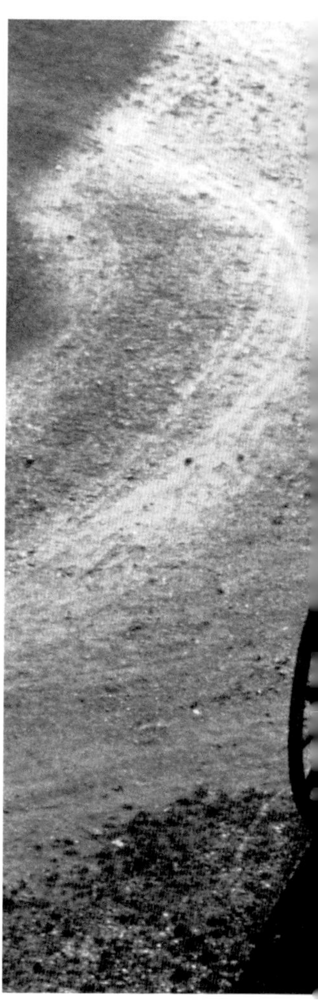

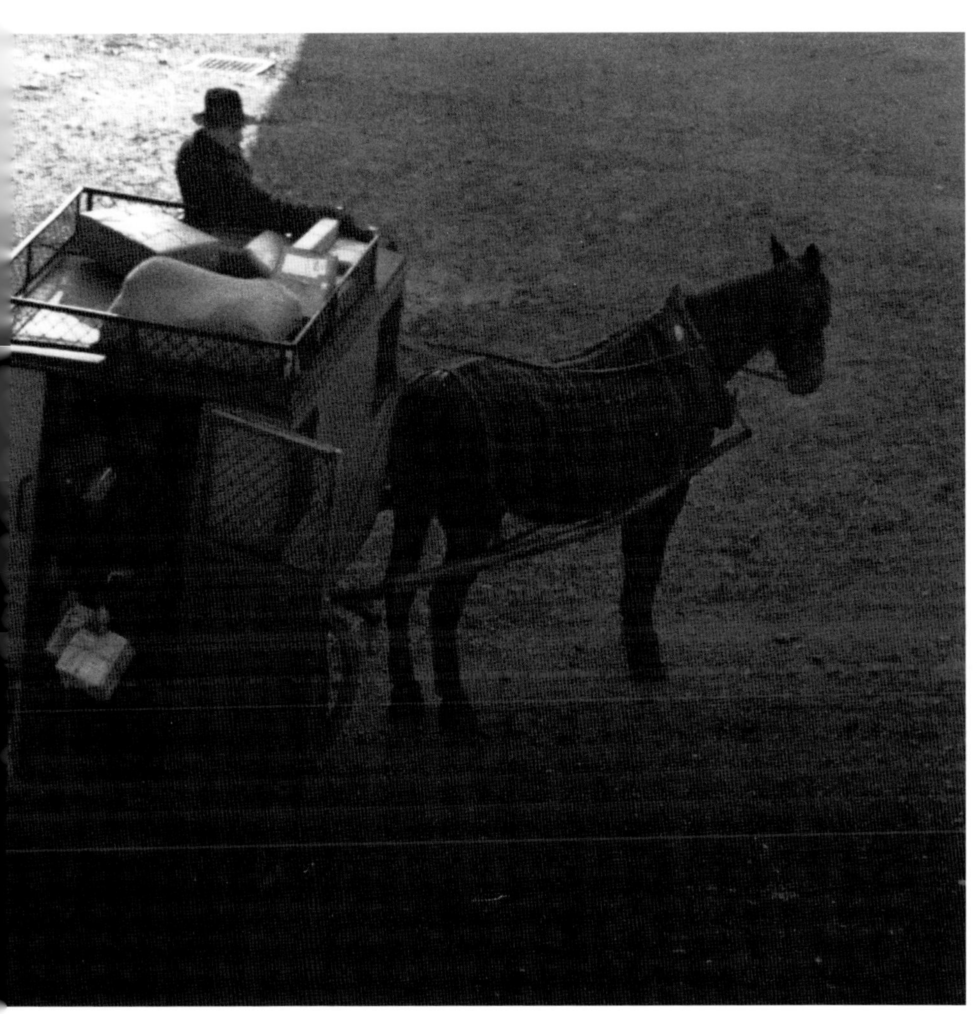

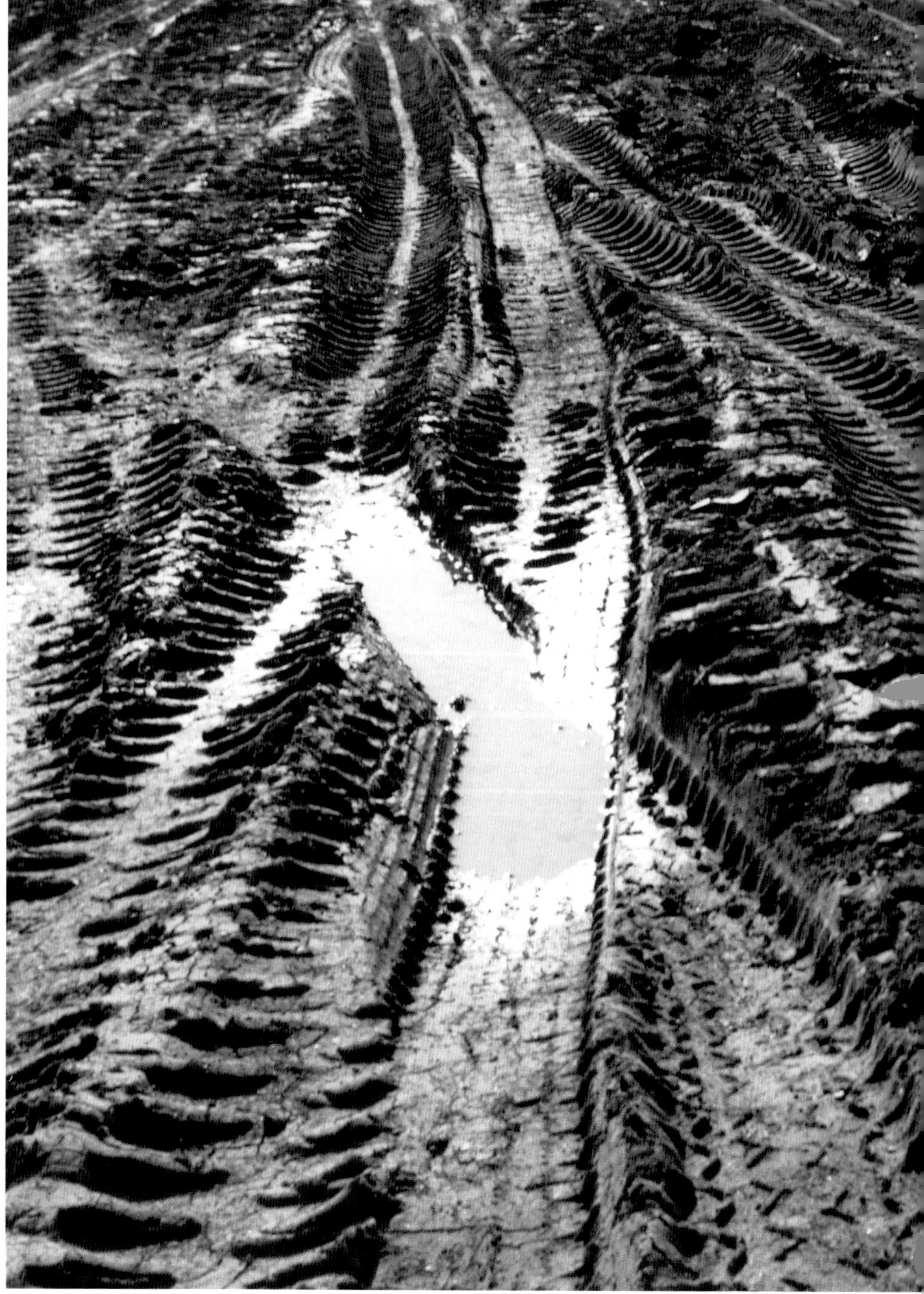

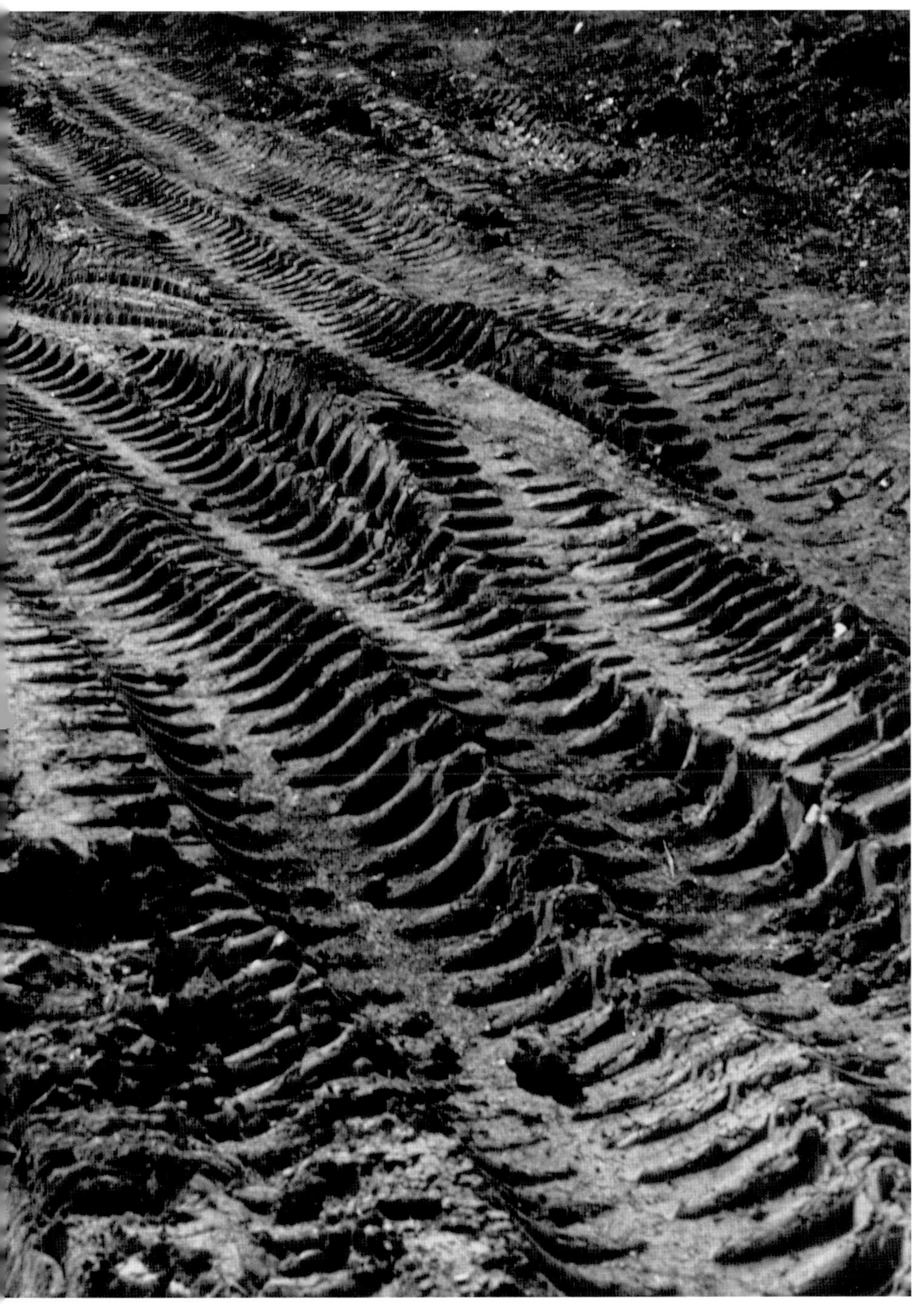

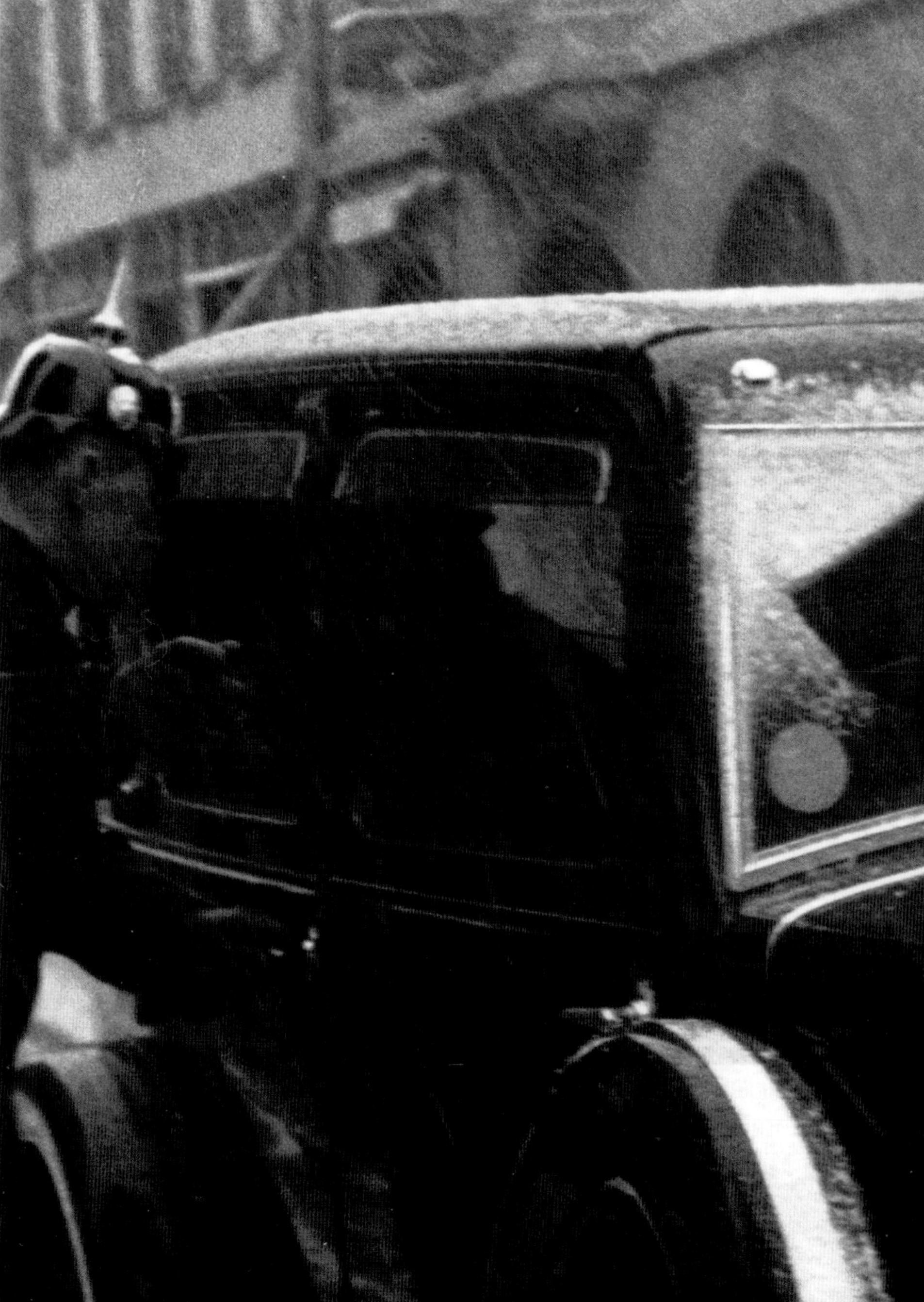

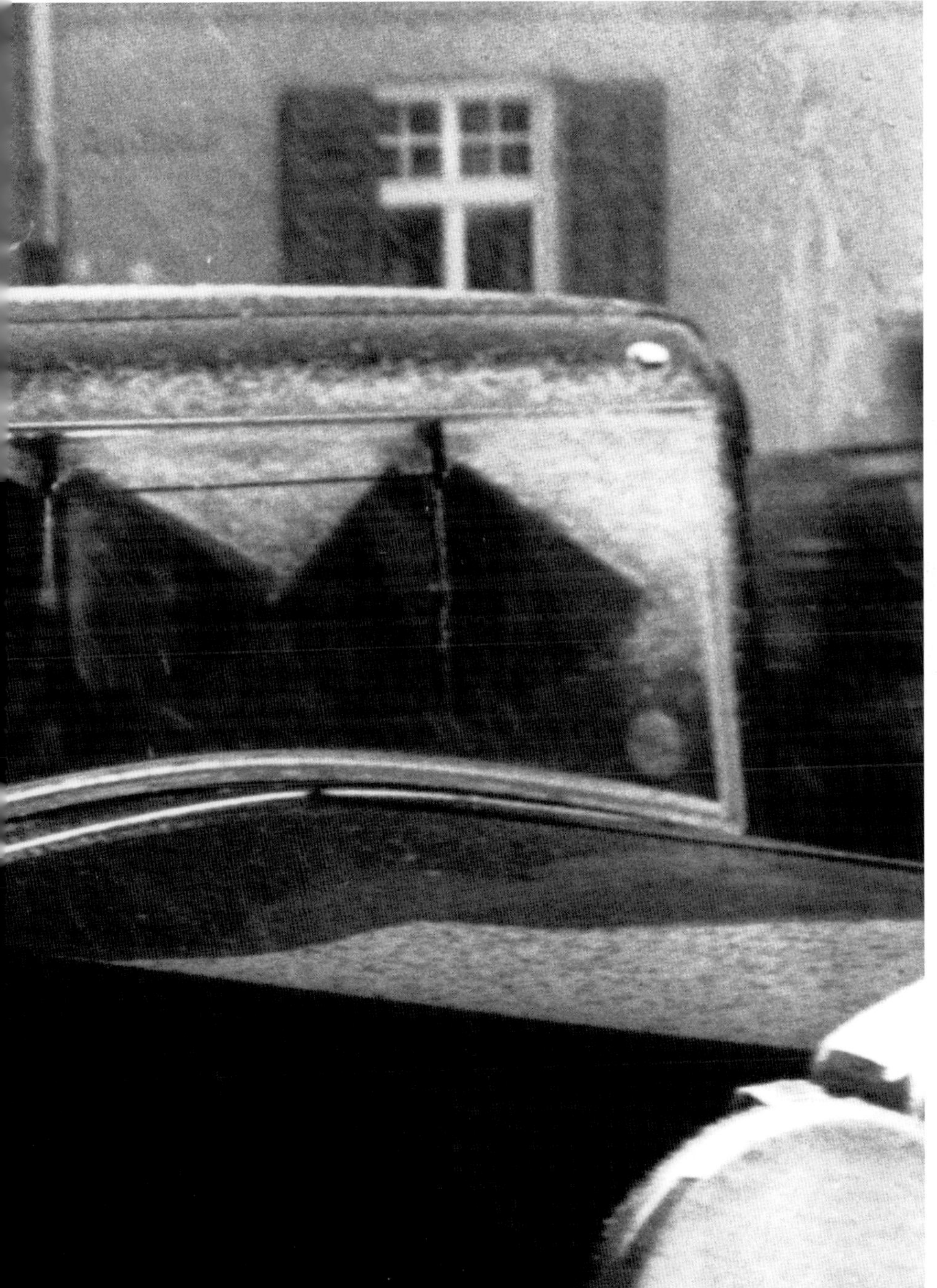

Auto im Schnee

Car in snow

Voiture dans la neige

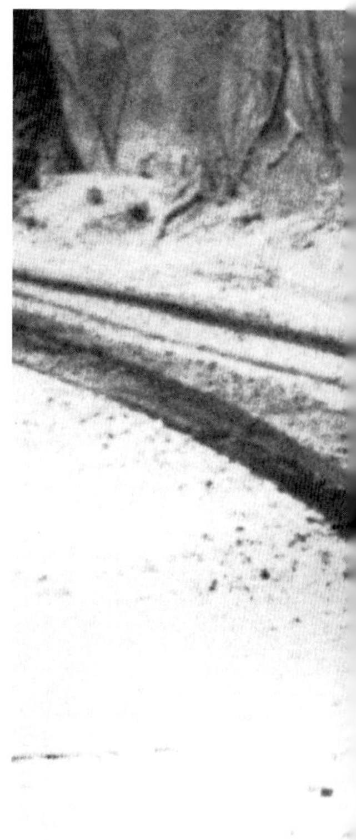

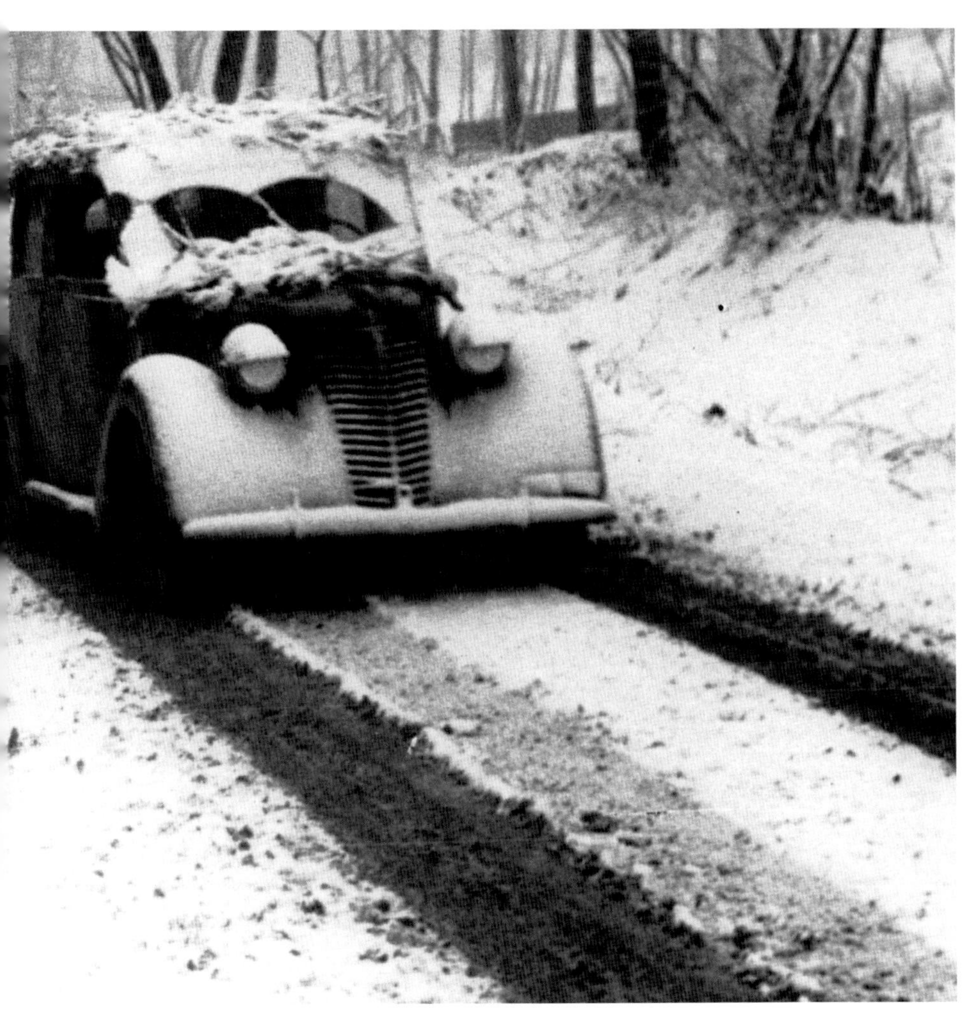

Schneeauto in Ulm

Car covered with snow in Ulm

Voiture sous la neige à Ulm

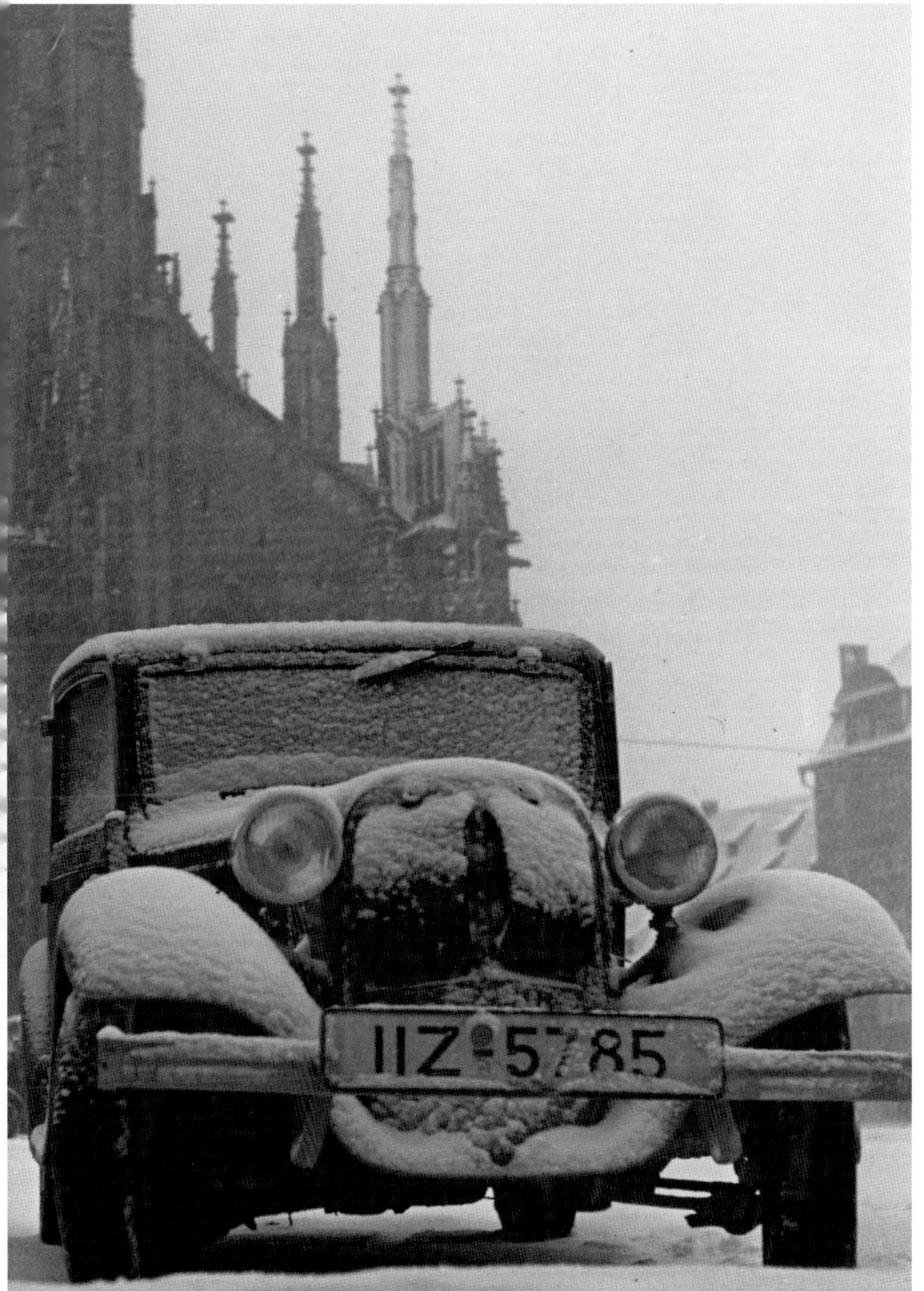

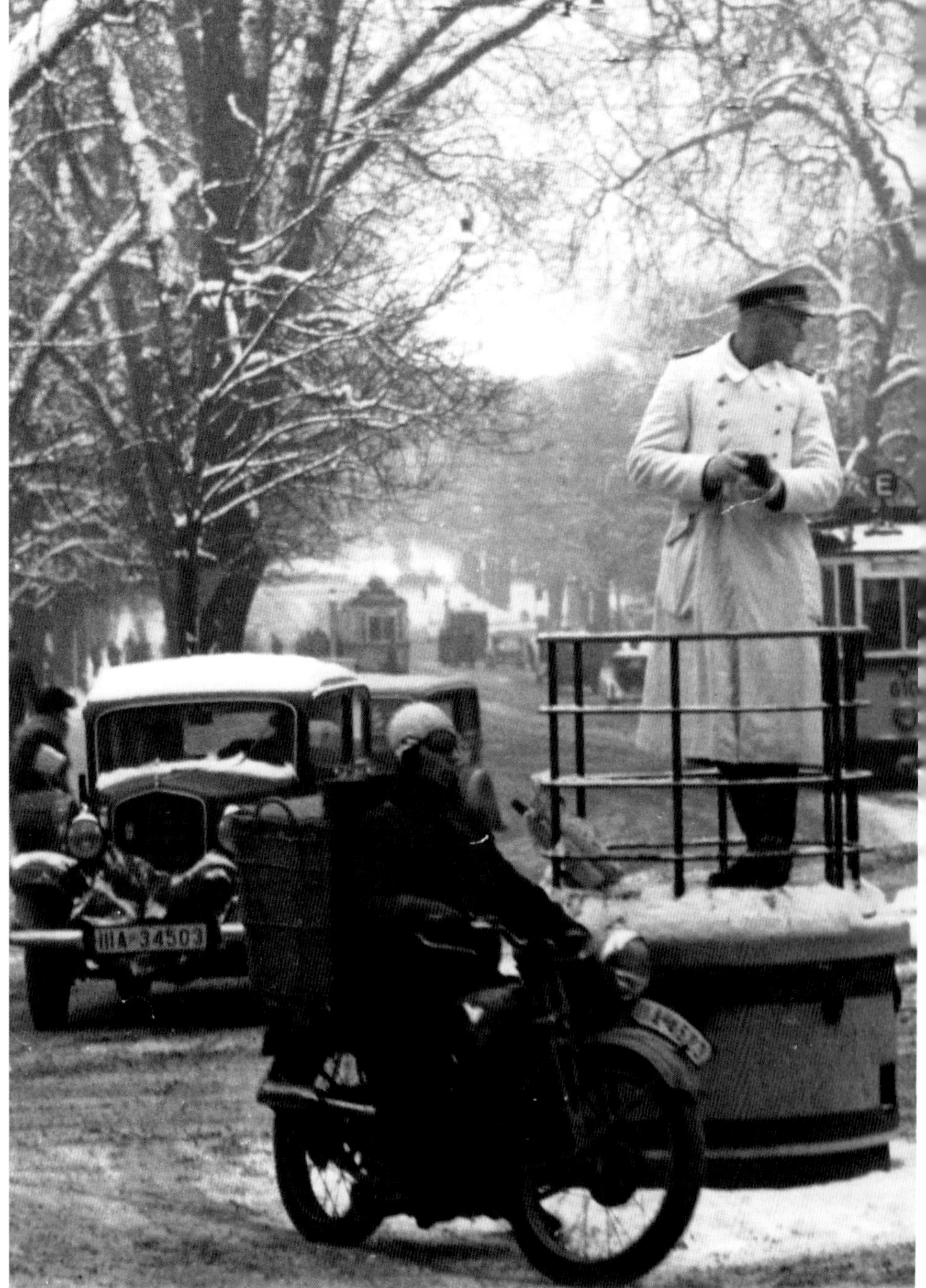

328/329

Nachtfahrt

Night driving

Route de nuit

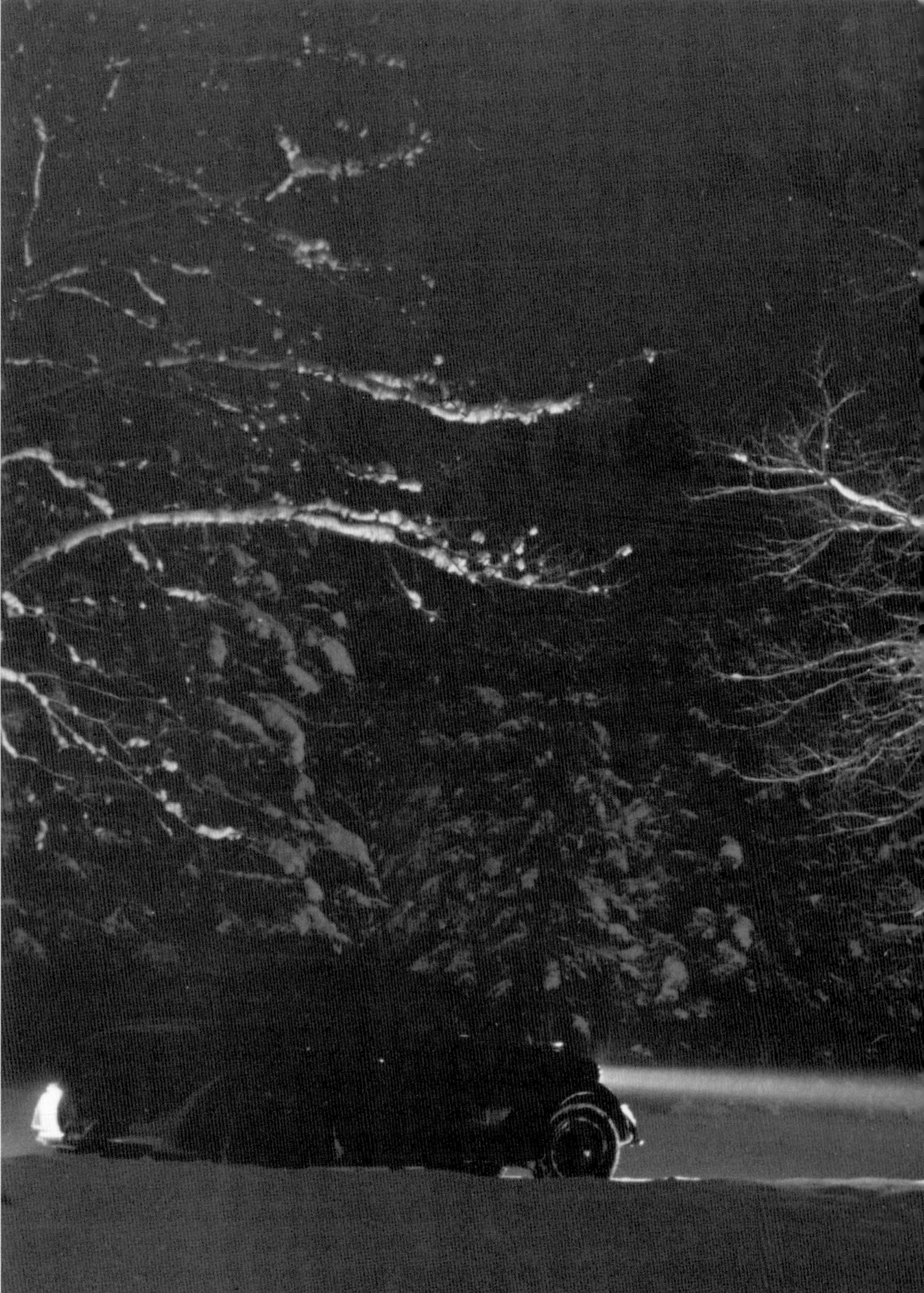

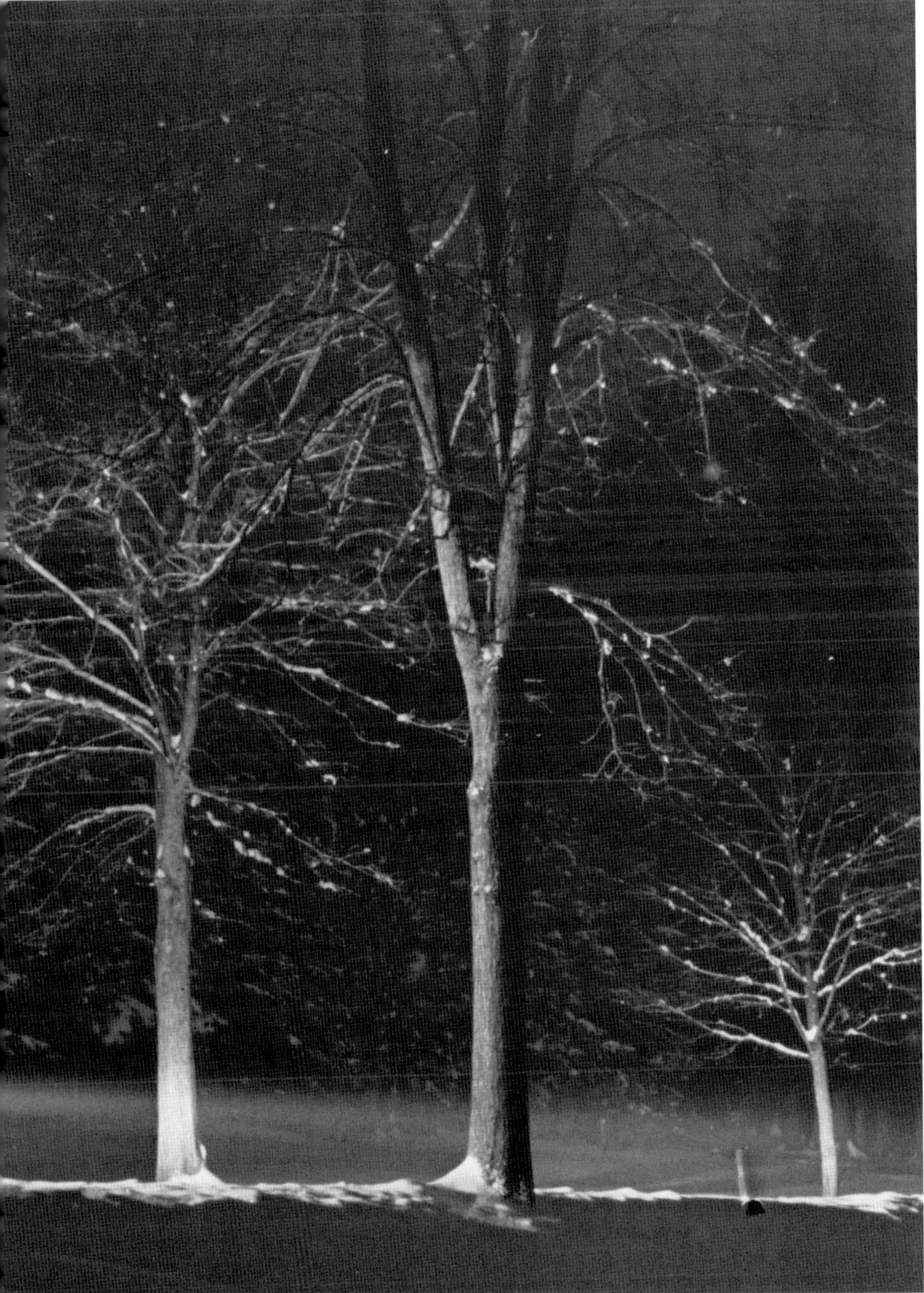

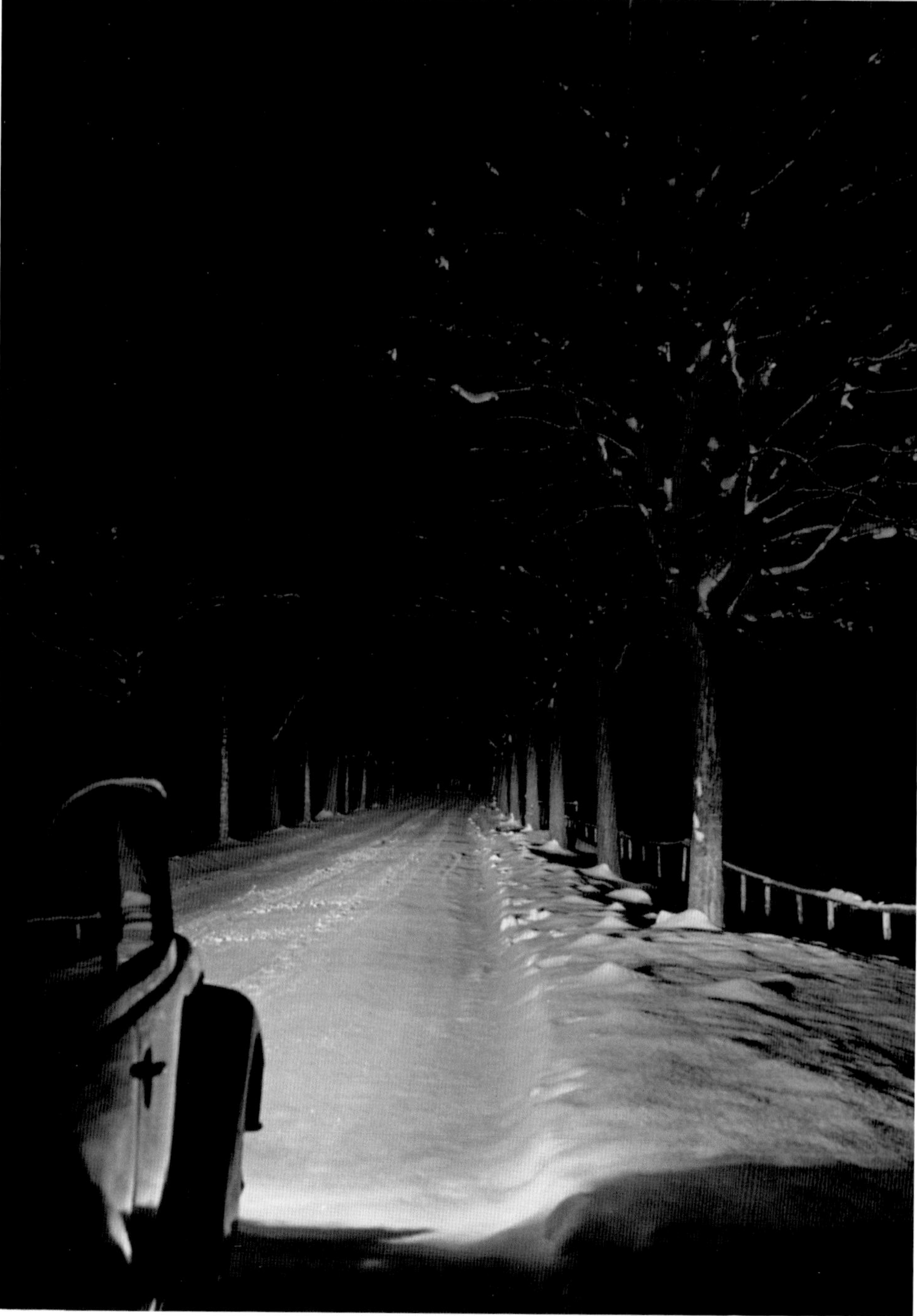

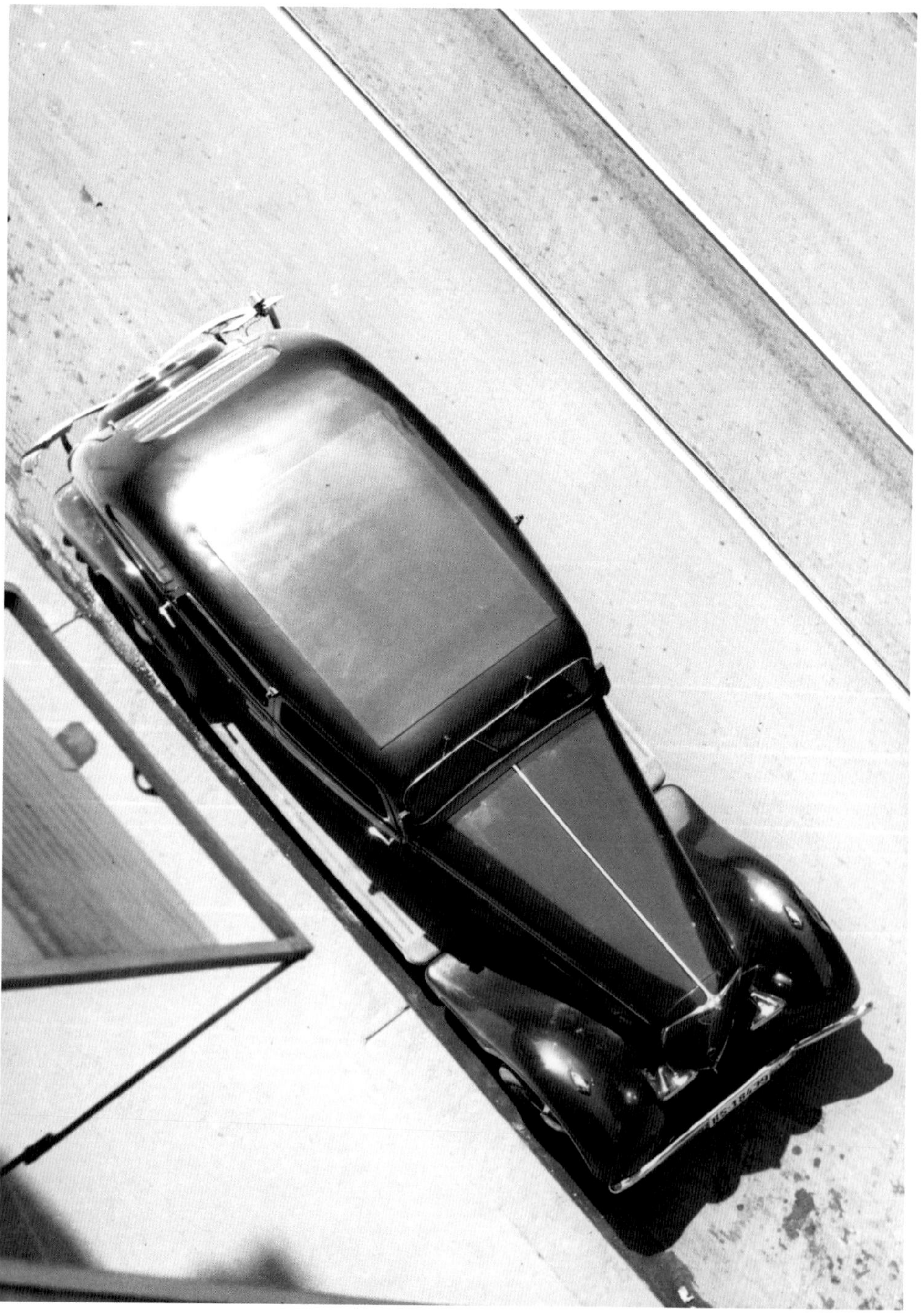

Limousine

Limousine

Limousine

334/335

Ferienreise

Vacation trip

Vacances

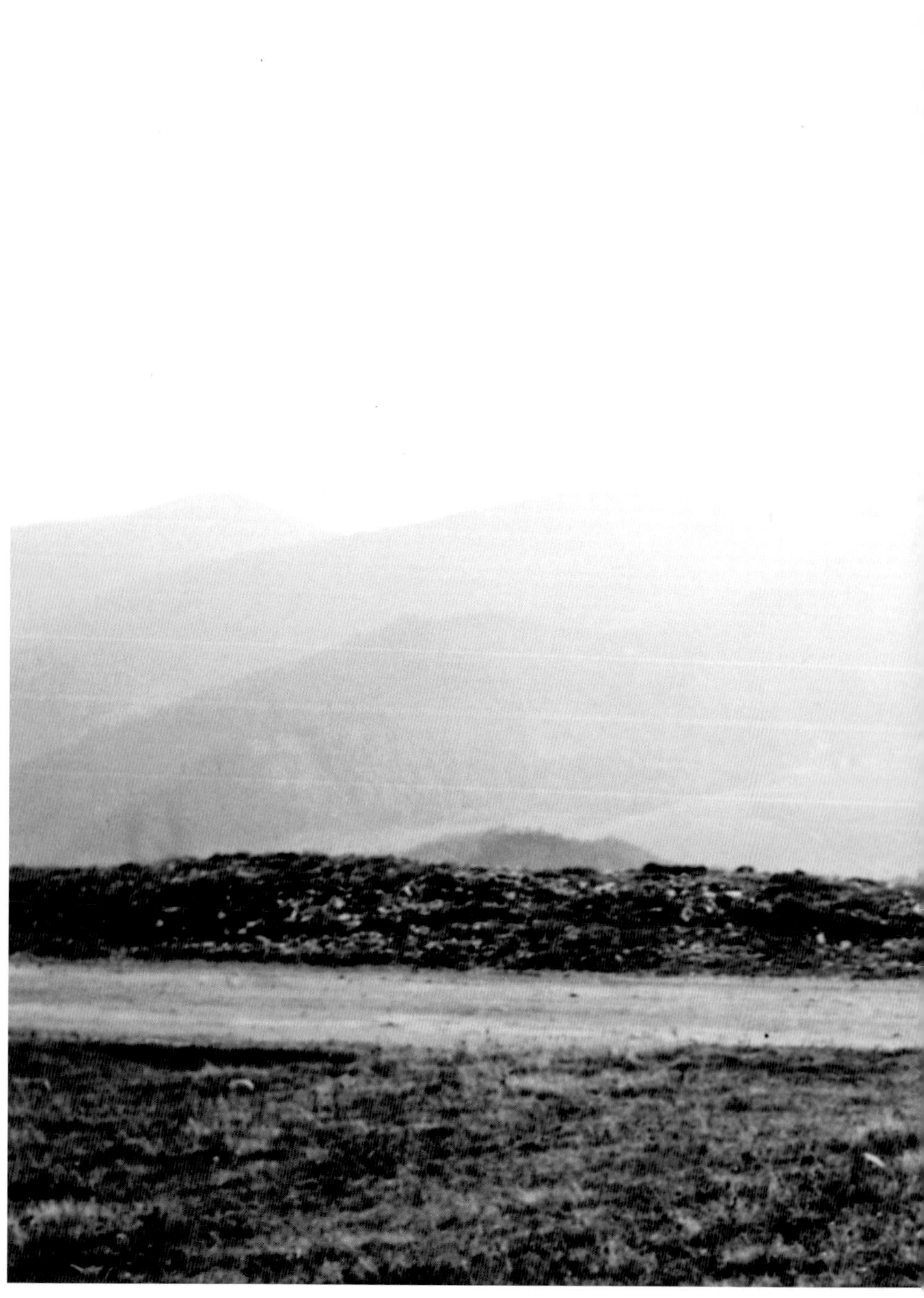

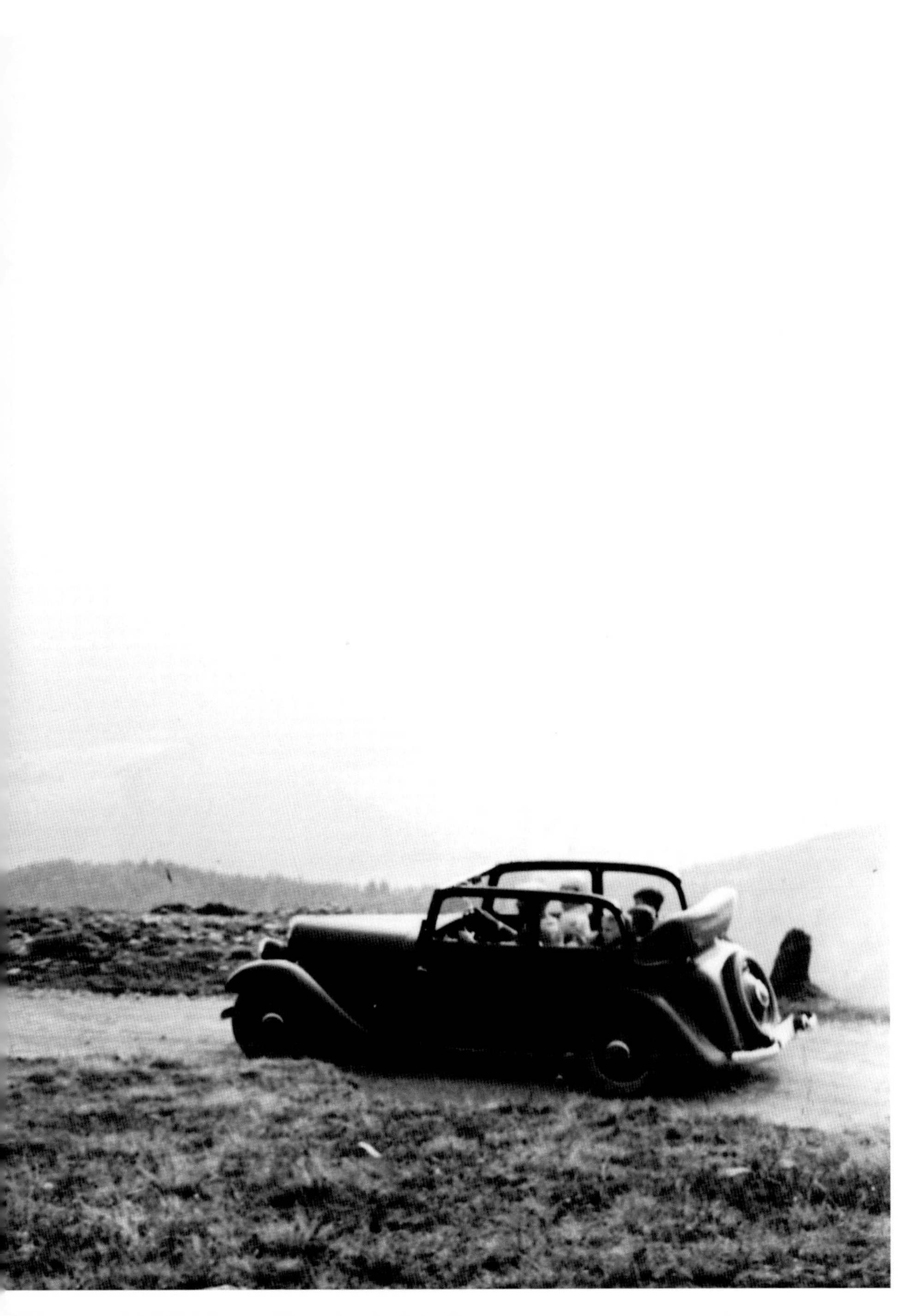

Lenker

Steering wheels

Volants

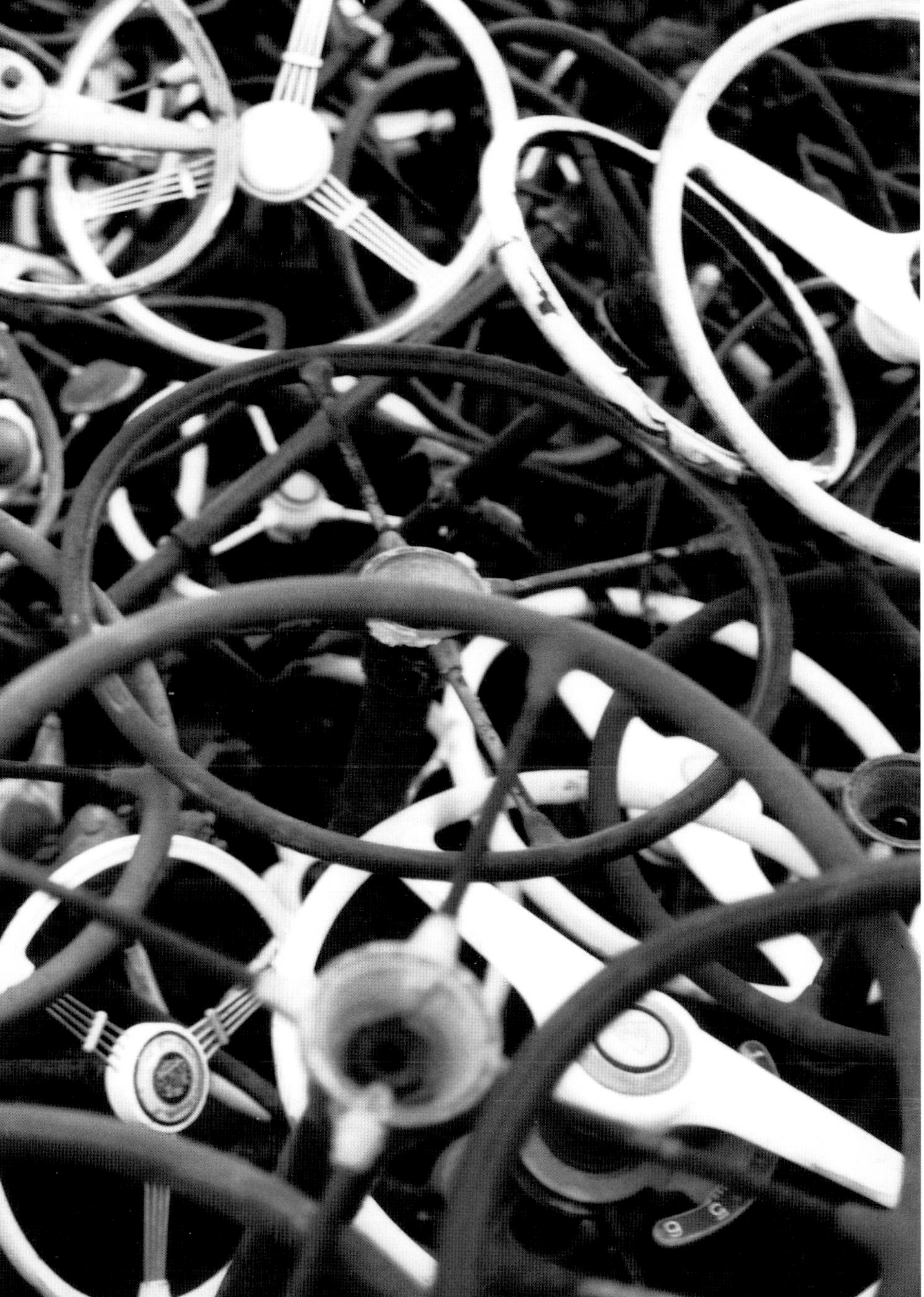

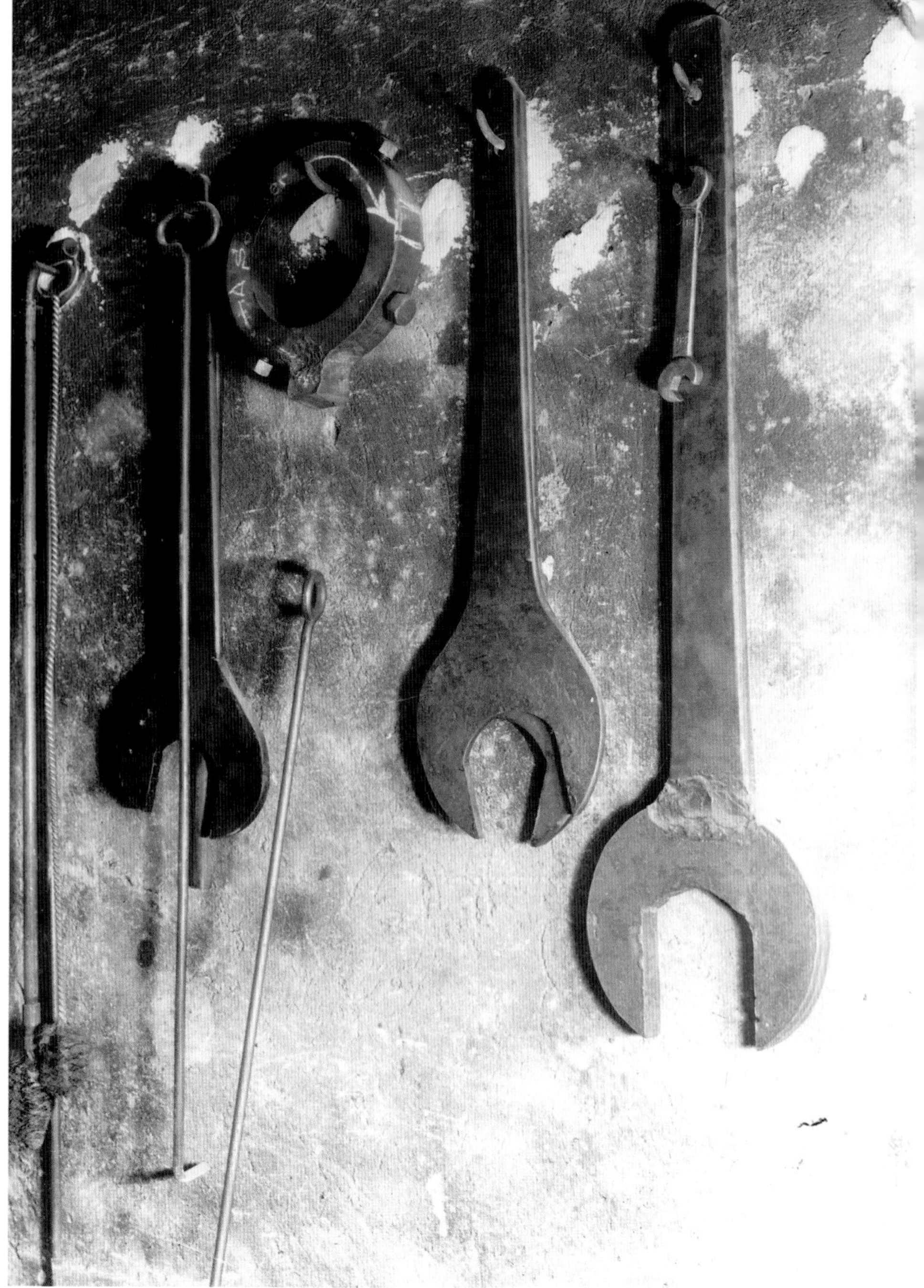

Schraubenschlüssel

Wrenches

Clés

340/341

Rennauto

Racing car

Voiture de course

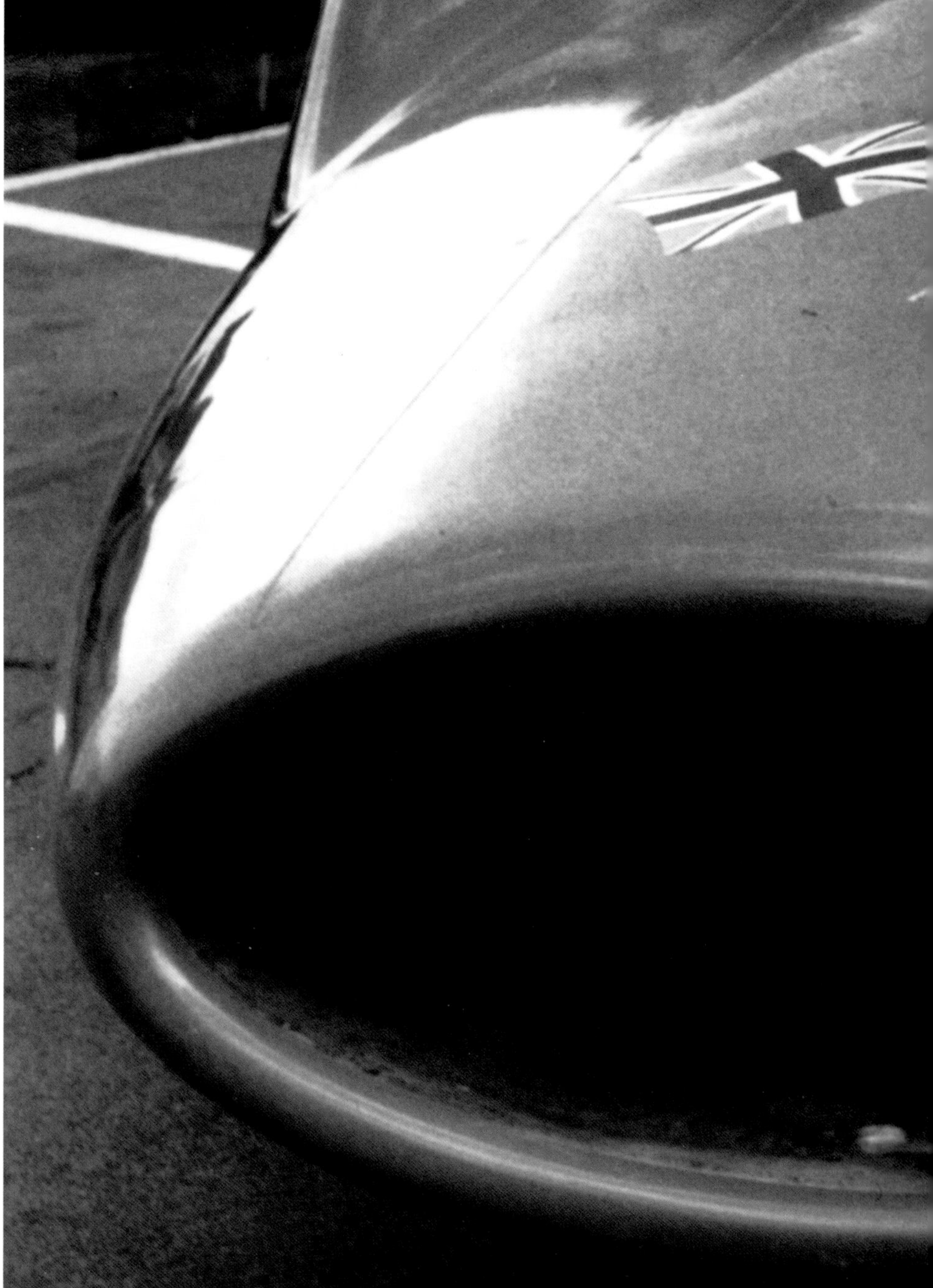

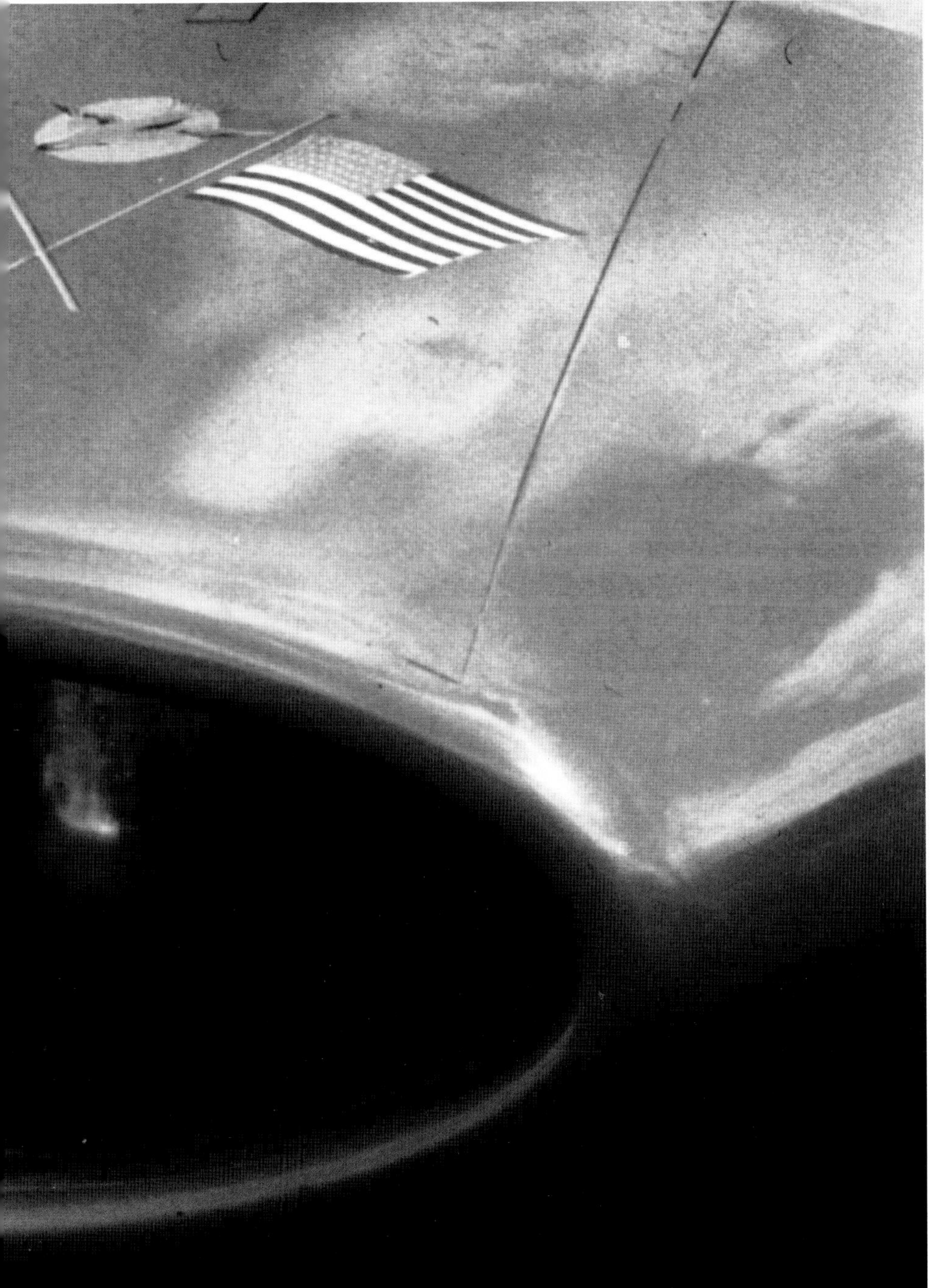

344/345

Feuerwehr

Fire engine

Pompiers

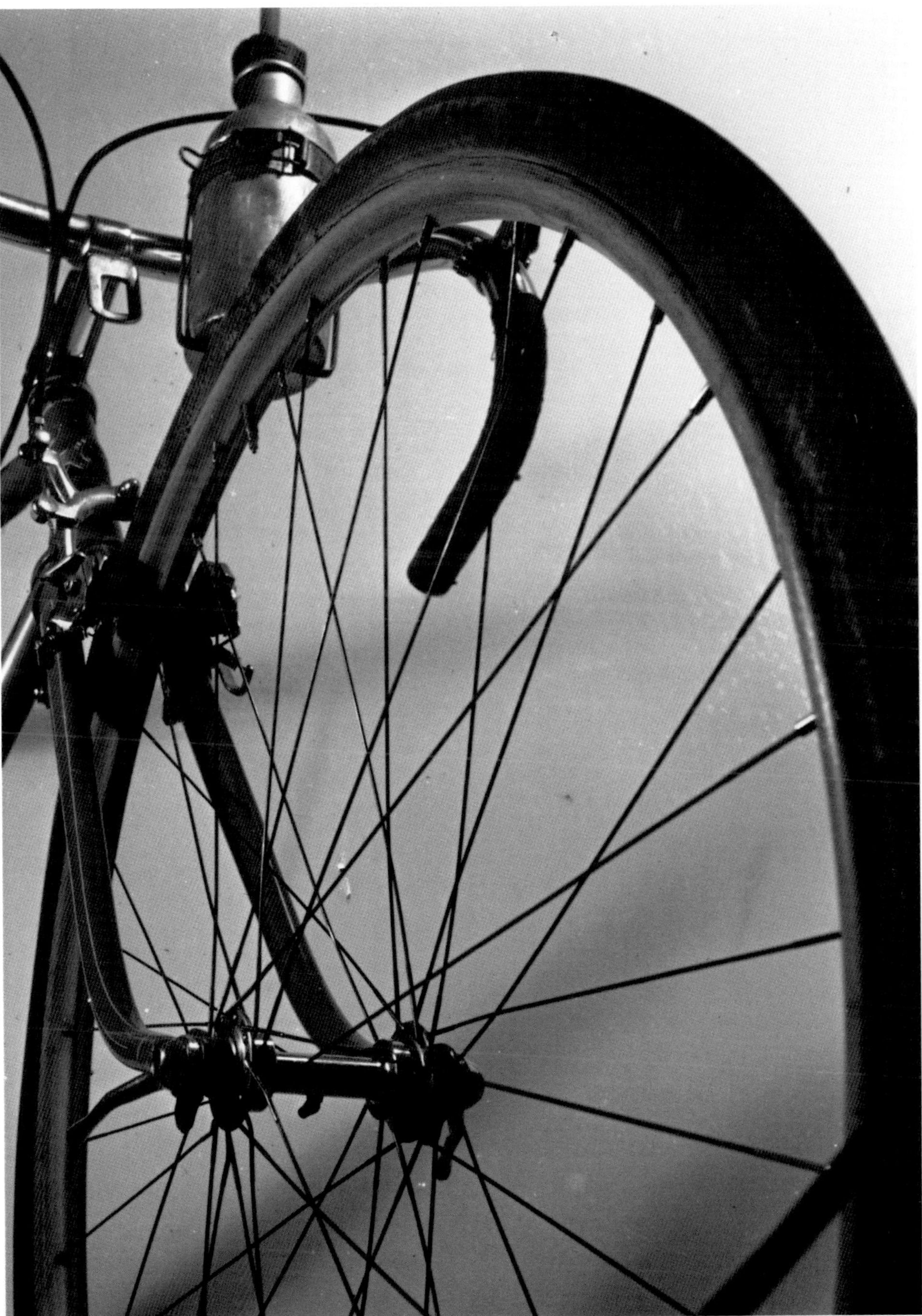

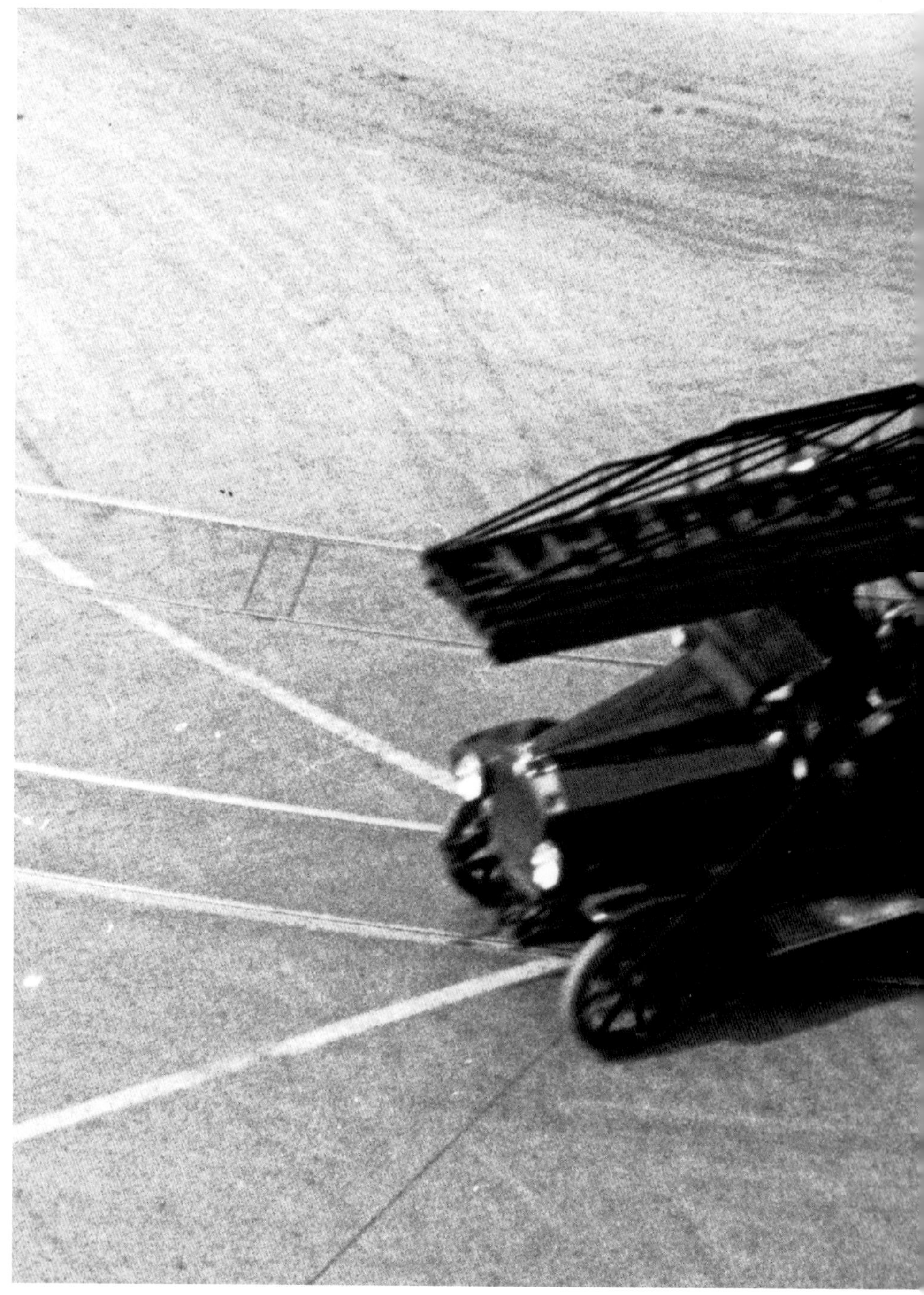

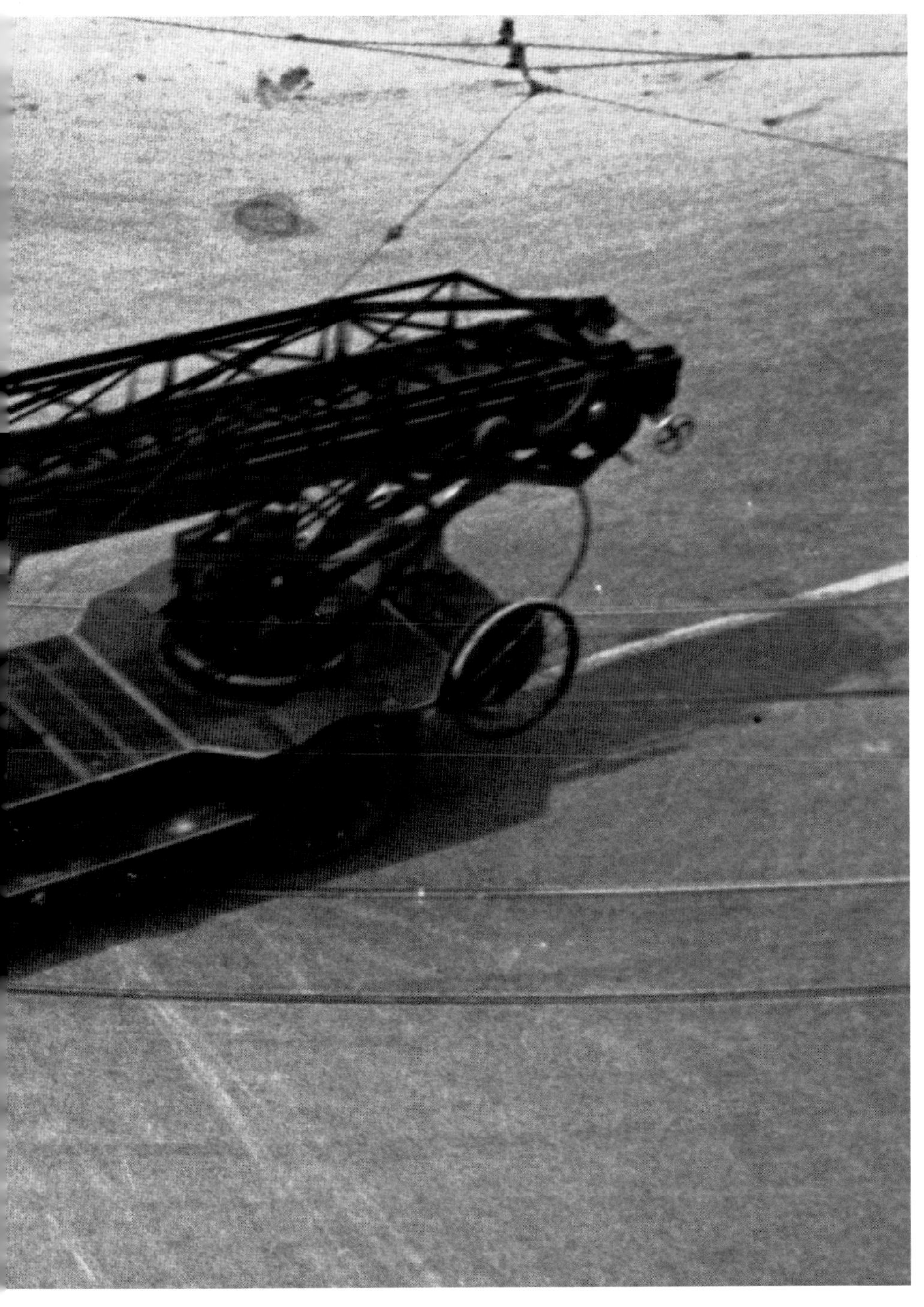

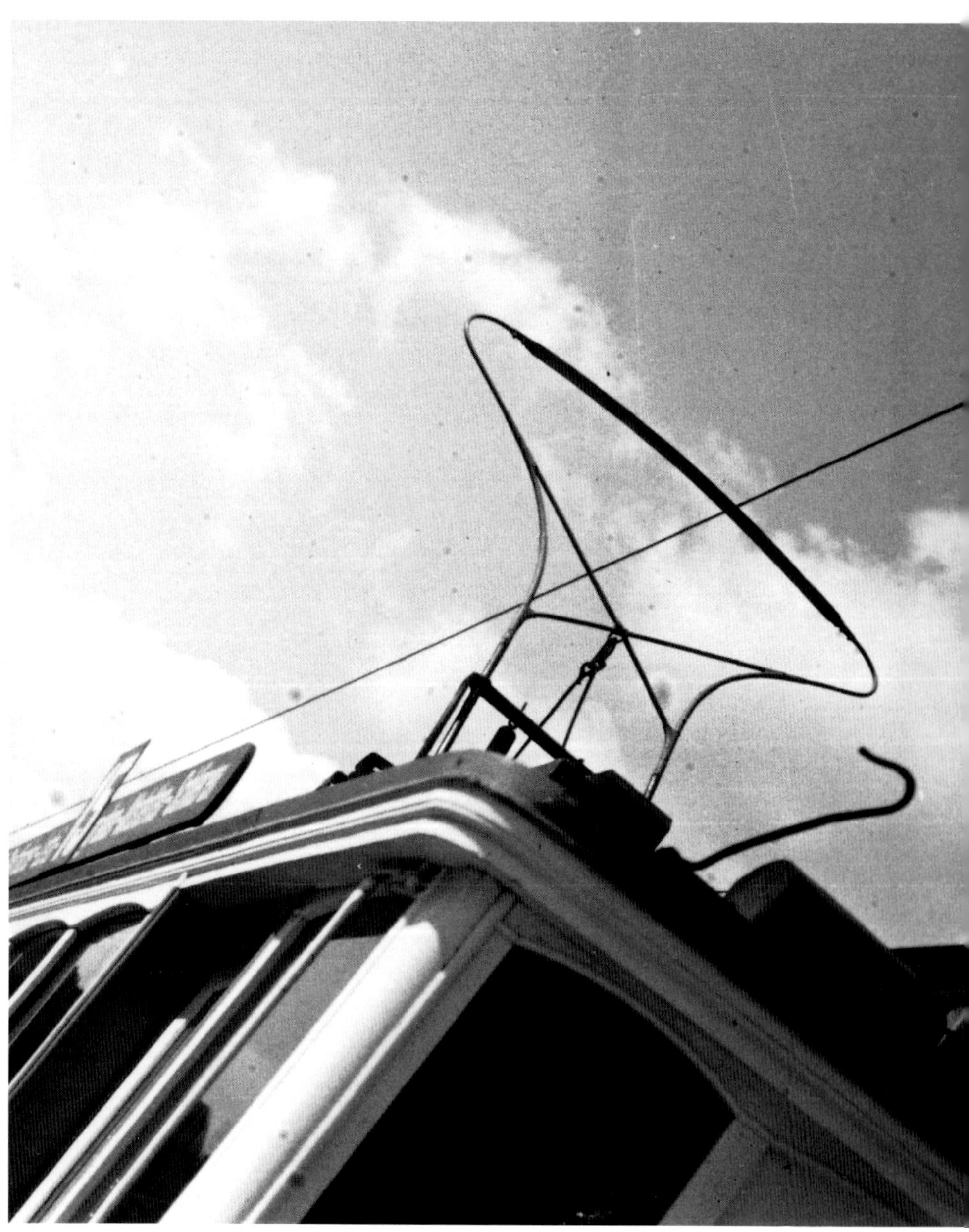

U-Bahn

Subway

Métro

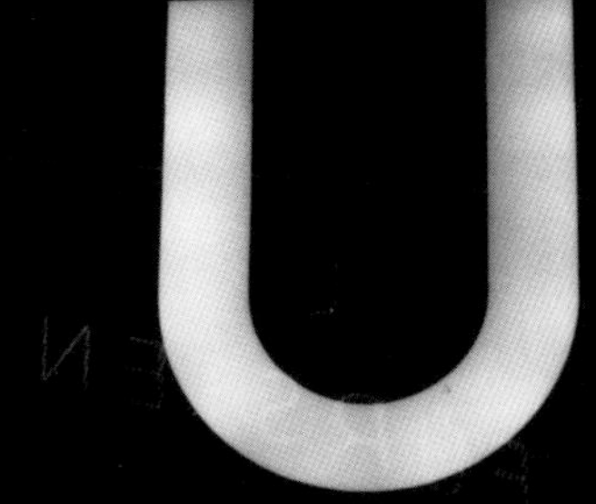

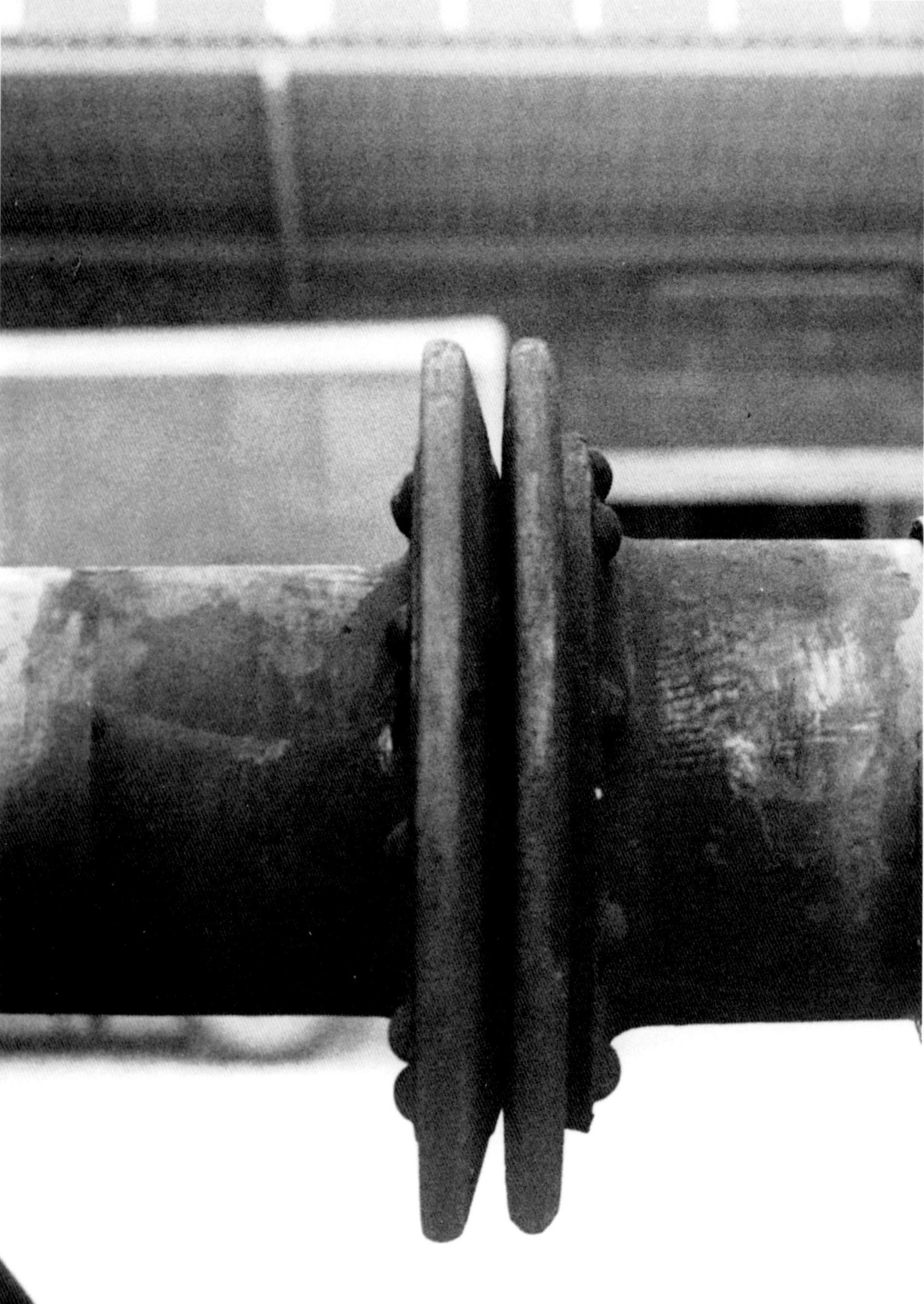

Lokomotive 39035

Locomotive 39 035

Locomotive 39 035

354/355

Dampflok

Steam locomotive

Locomotive à vapeur

356/357

Lokomotive auf Brücke

Locomotive on bridge

Locomotive sur un pont

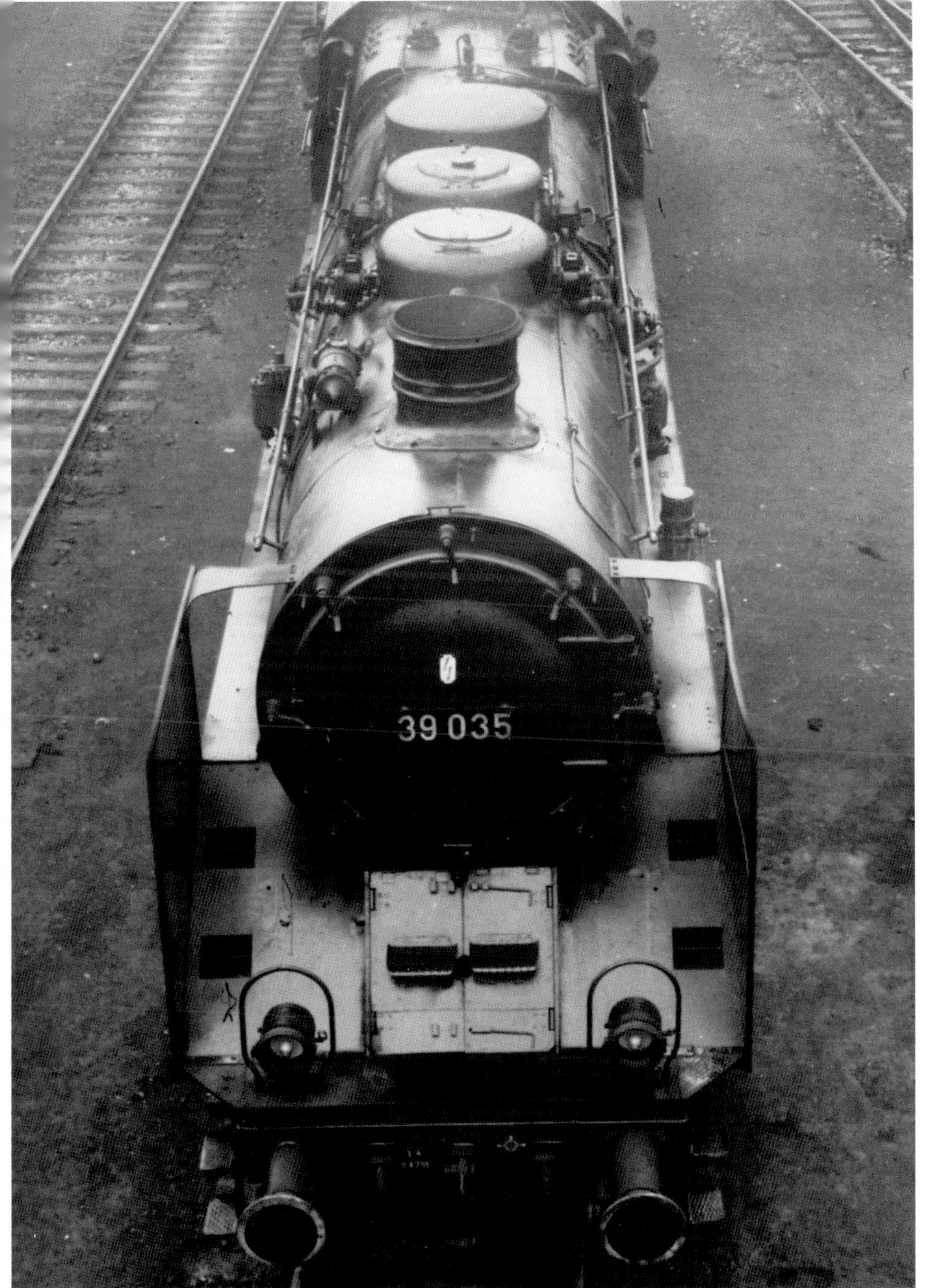
39 035

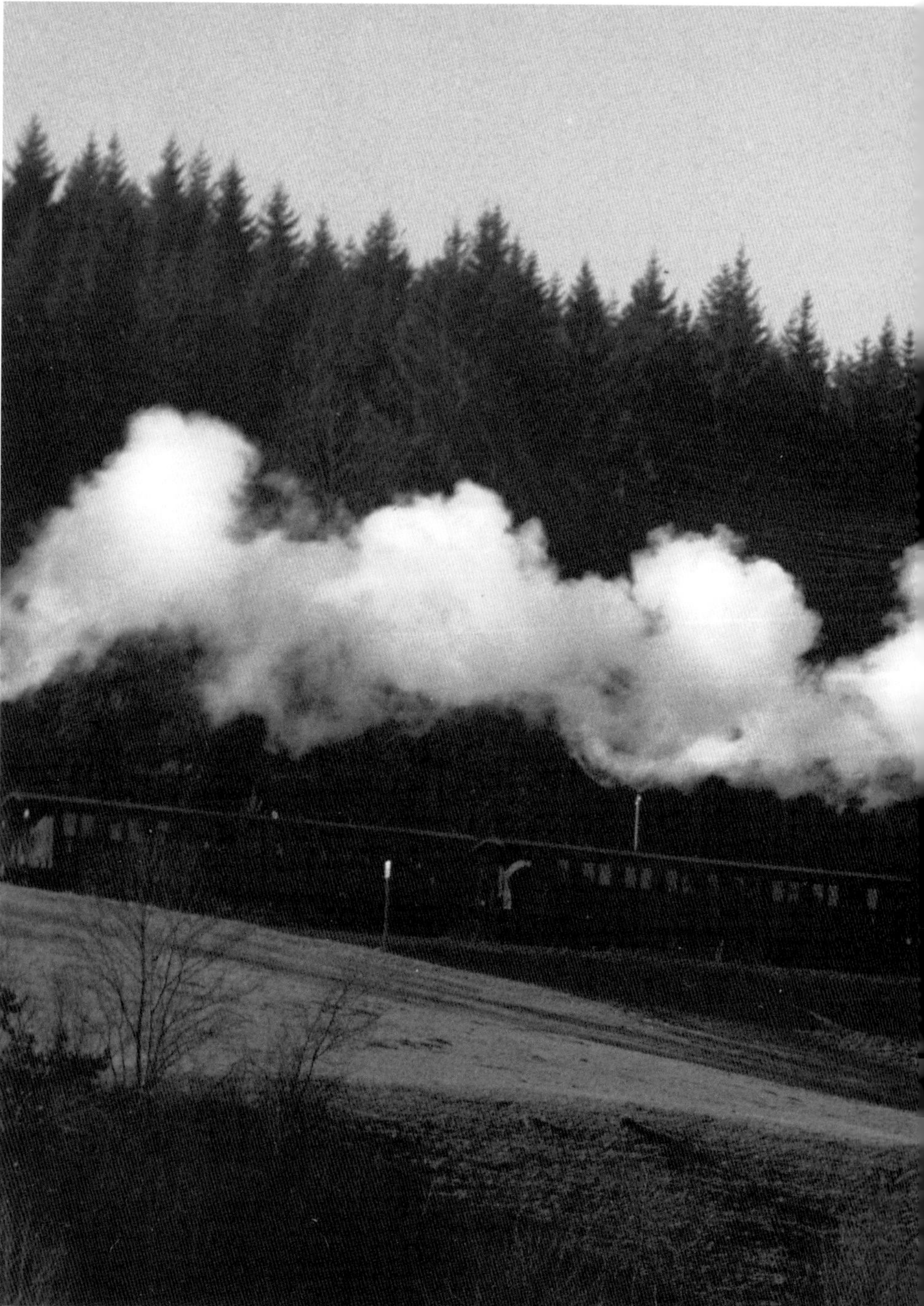

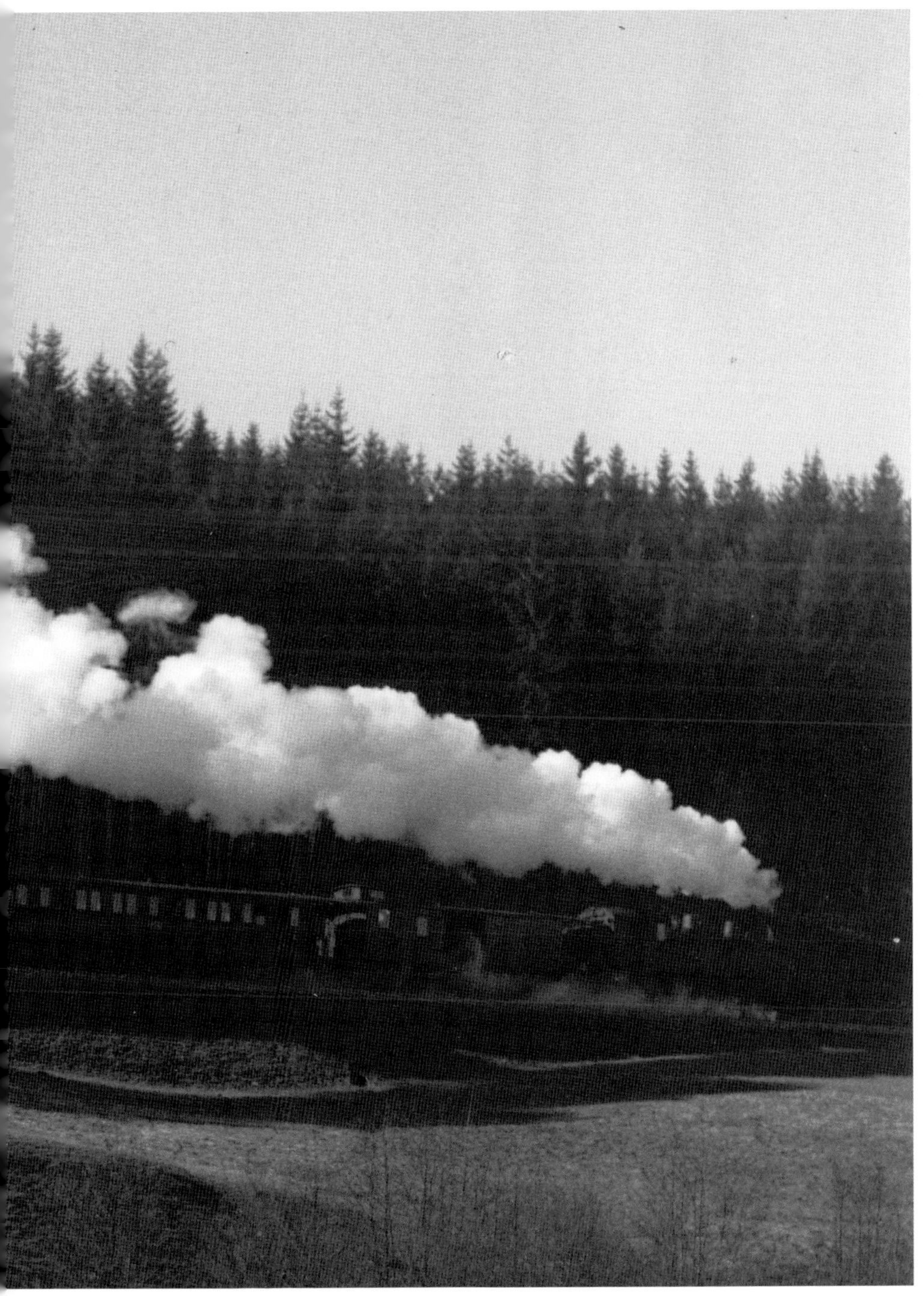

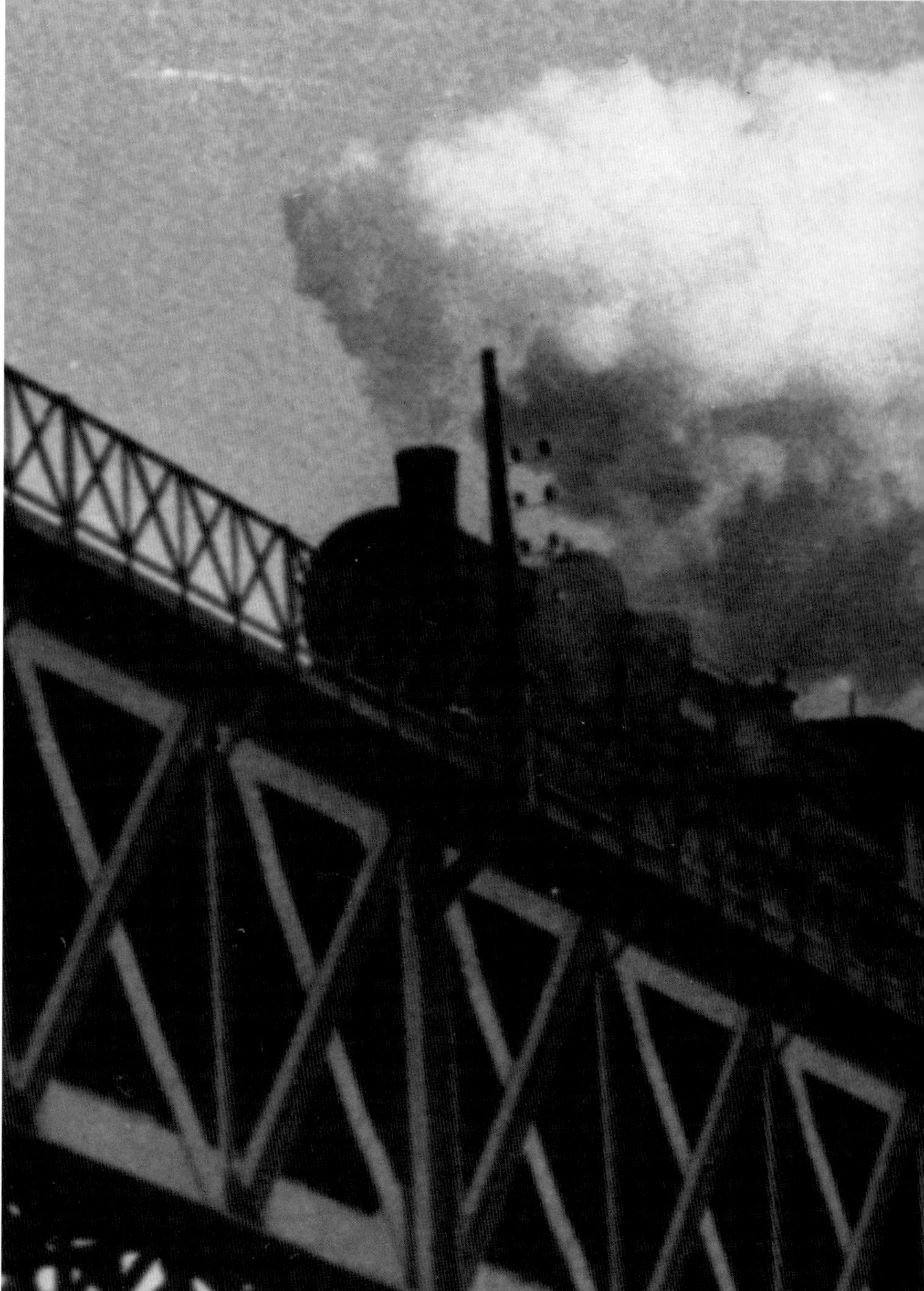

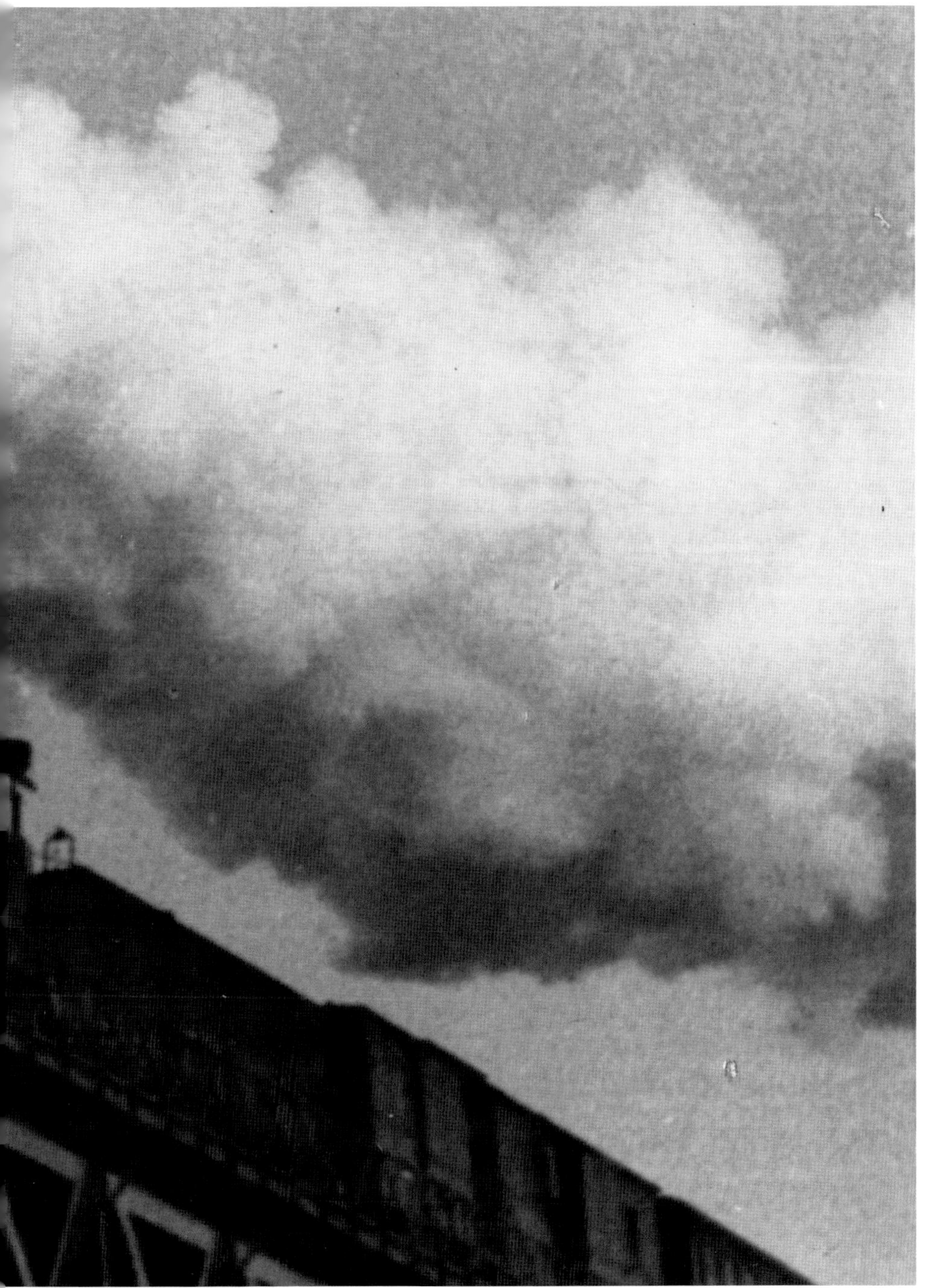

Segel

Sail

Voile

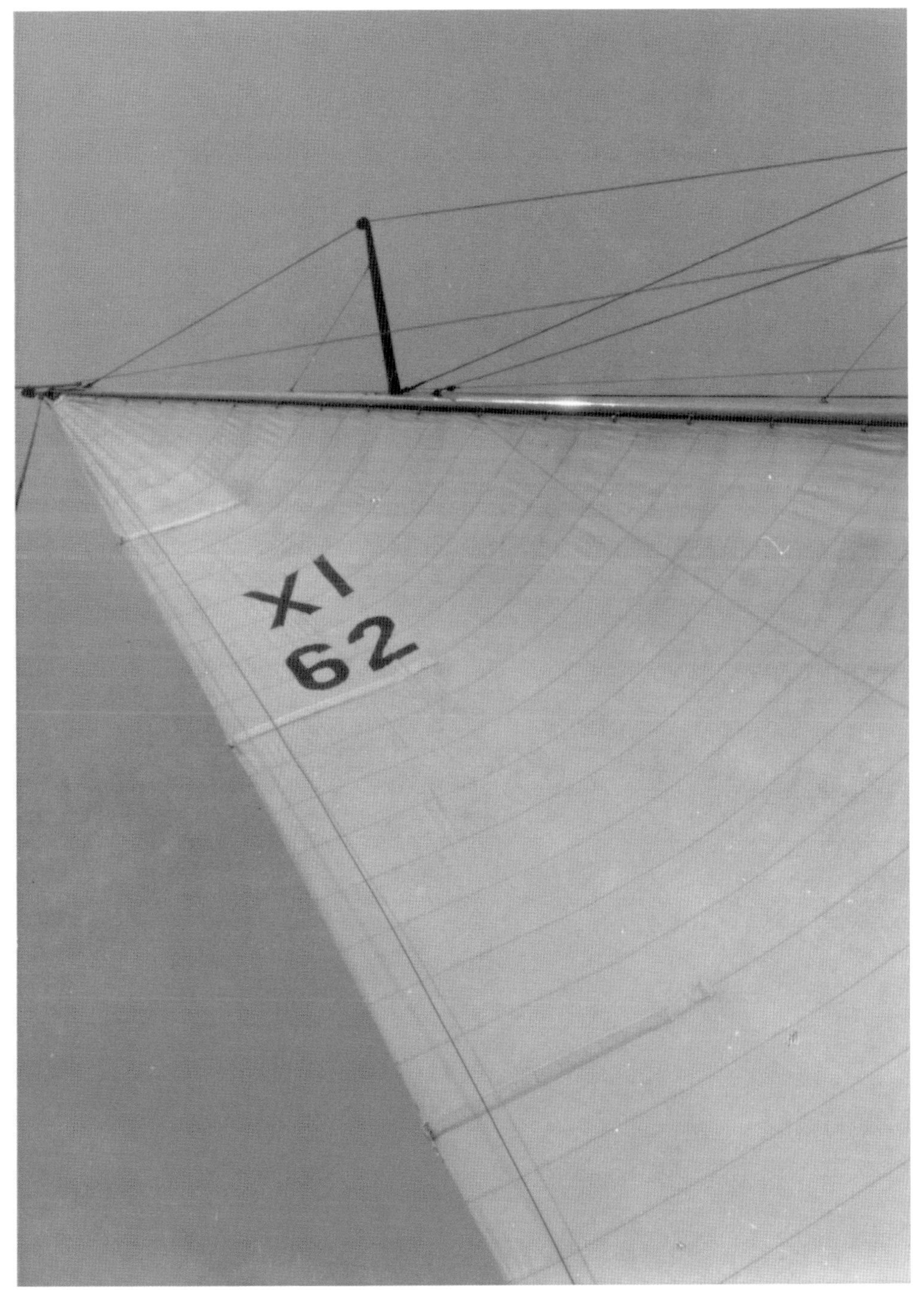
X1
62

Bug

Bow

Proue

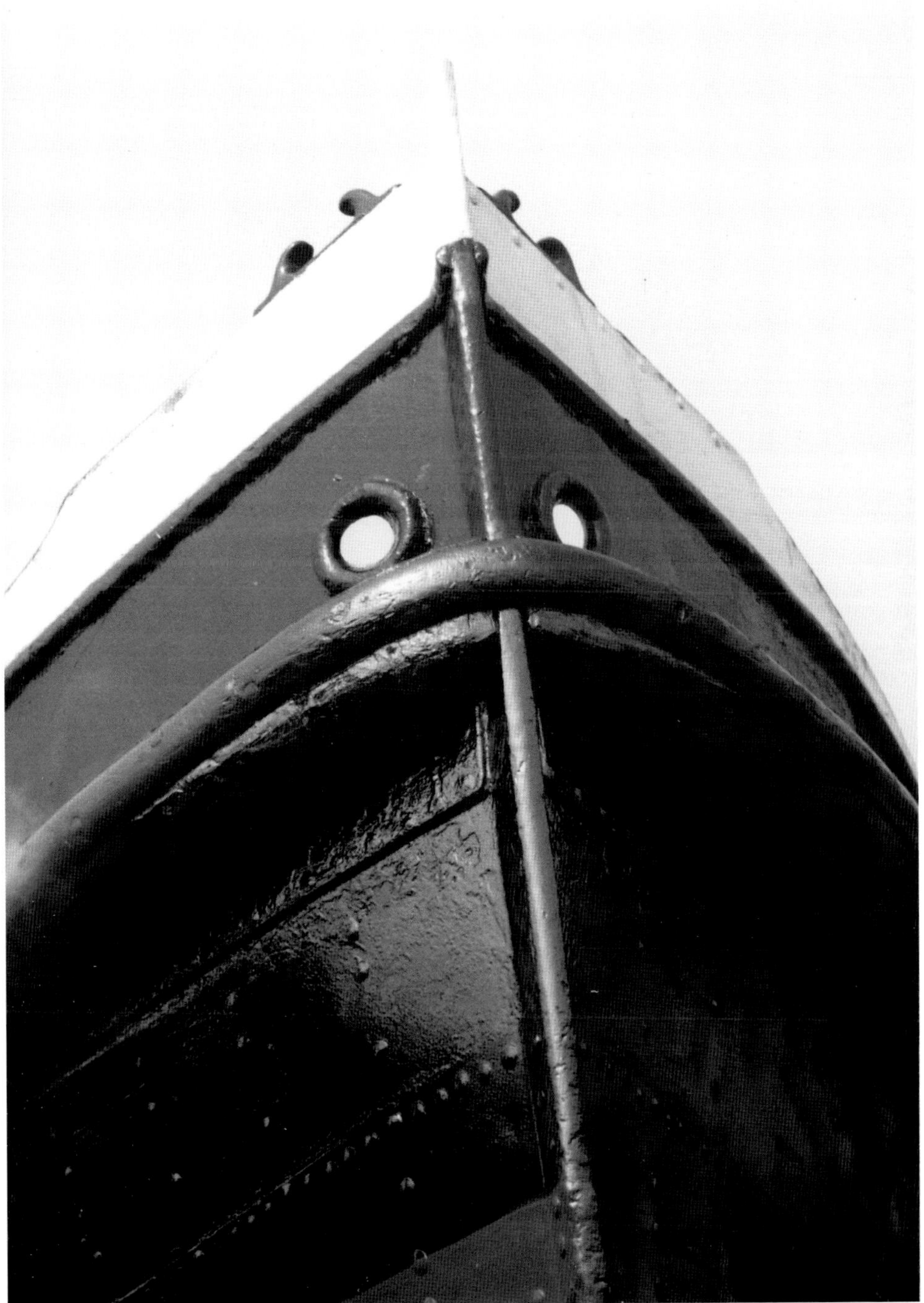

Schiff „Schalke"

Ship "Schalke"

Bateau «Schalke»

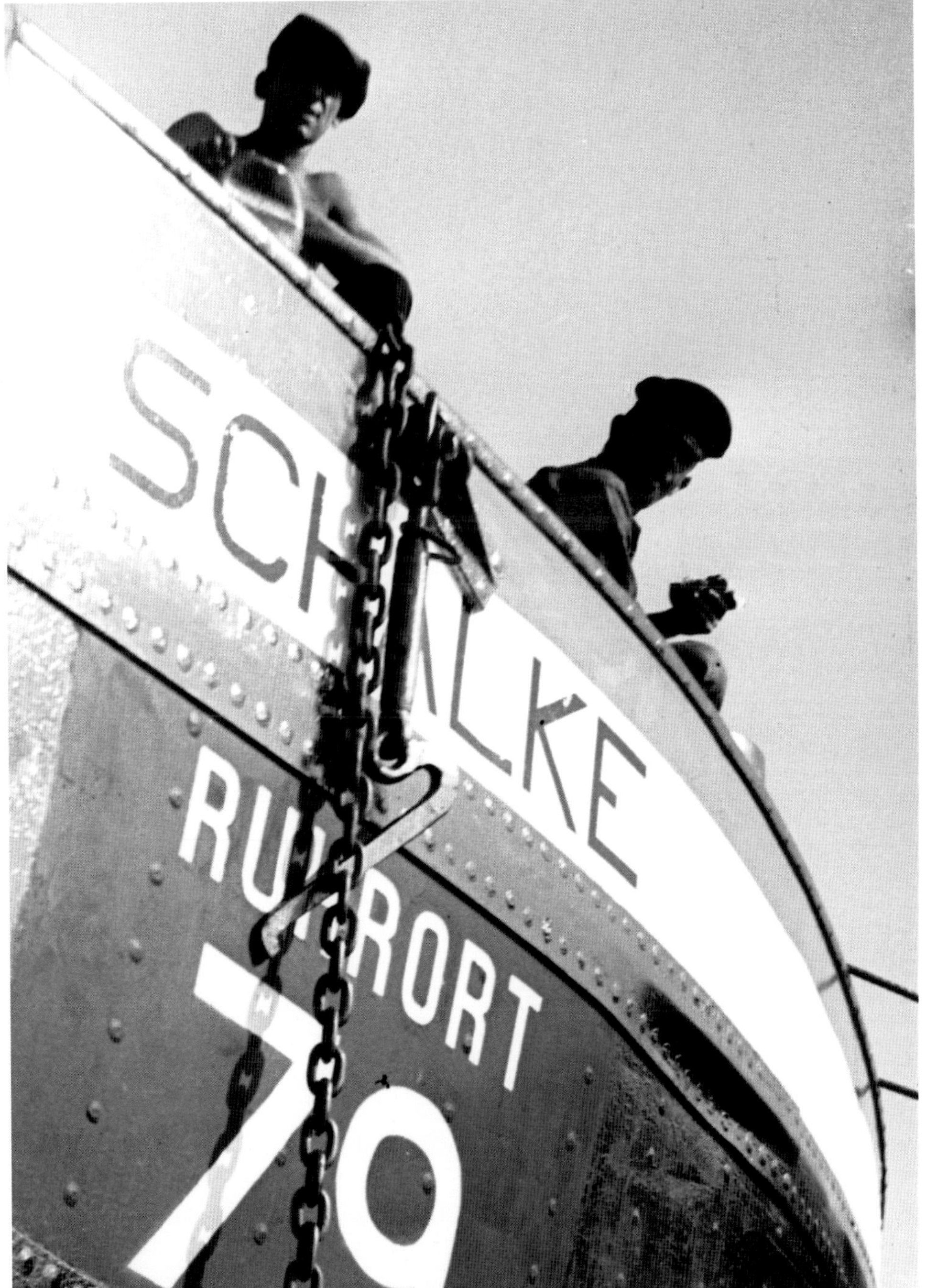
SCHALKE
RUHRORT
79

Schiffsfenster

Ship window

Hublot

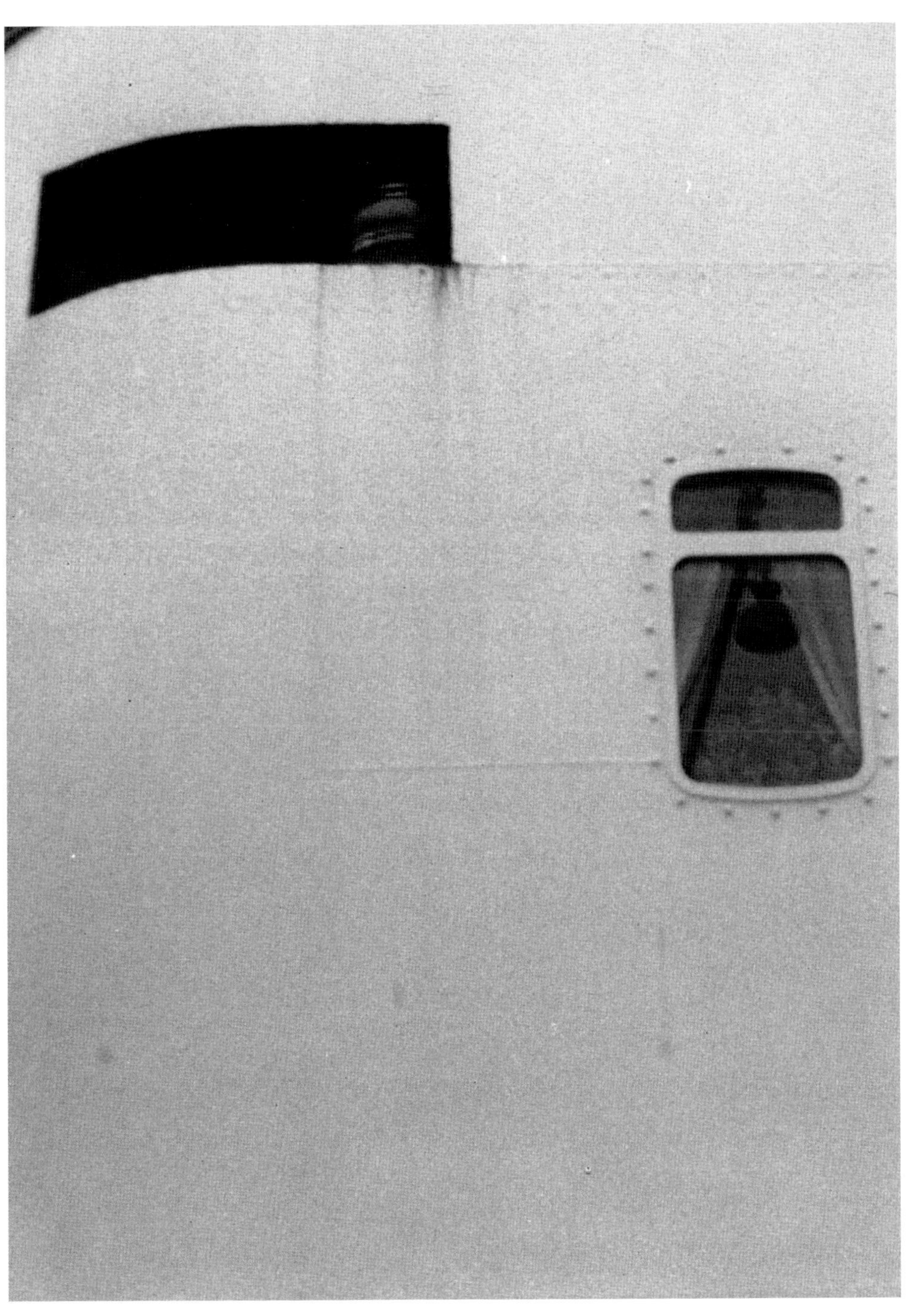

Schiff „Hamburg“

Ship "Hamburg"

Bateau «Hamburg»

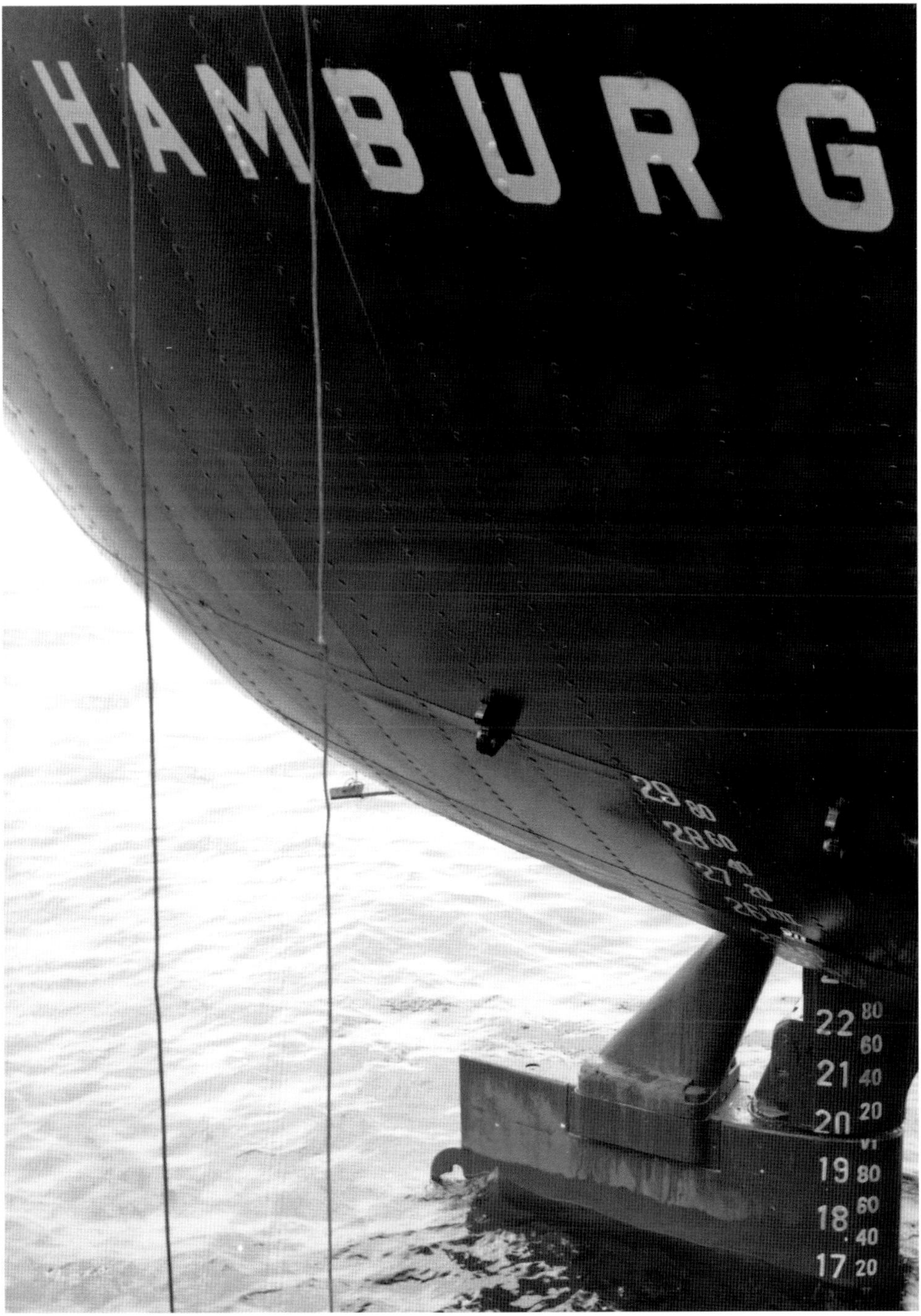

HAMBURG
29 80
28 60
22 80
60
21 40
20 20
19 80
60
18 40
17 20

Segler

Glider

Planeur

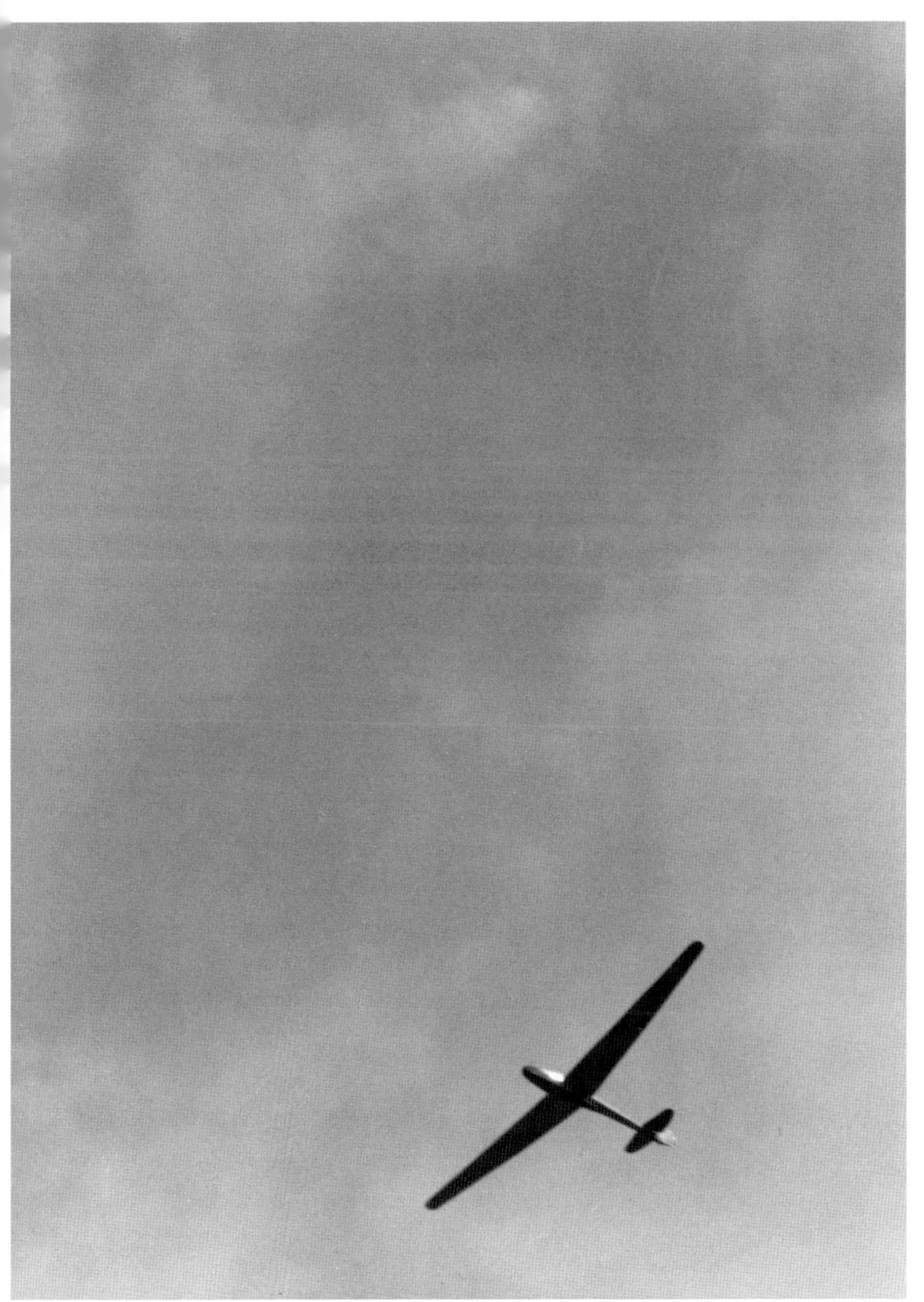

Propeller

Propeller

Hélice

372/373

Flug über den Rhein

Flight over the Rhine

Vol au-dessus du Rhin

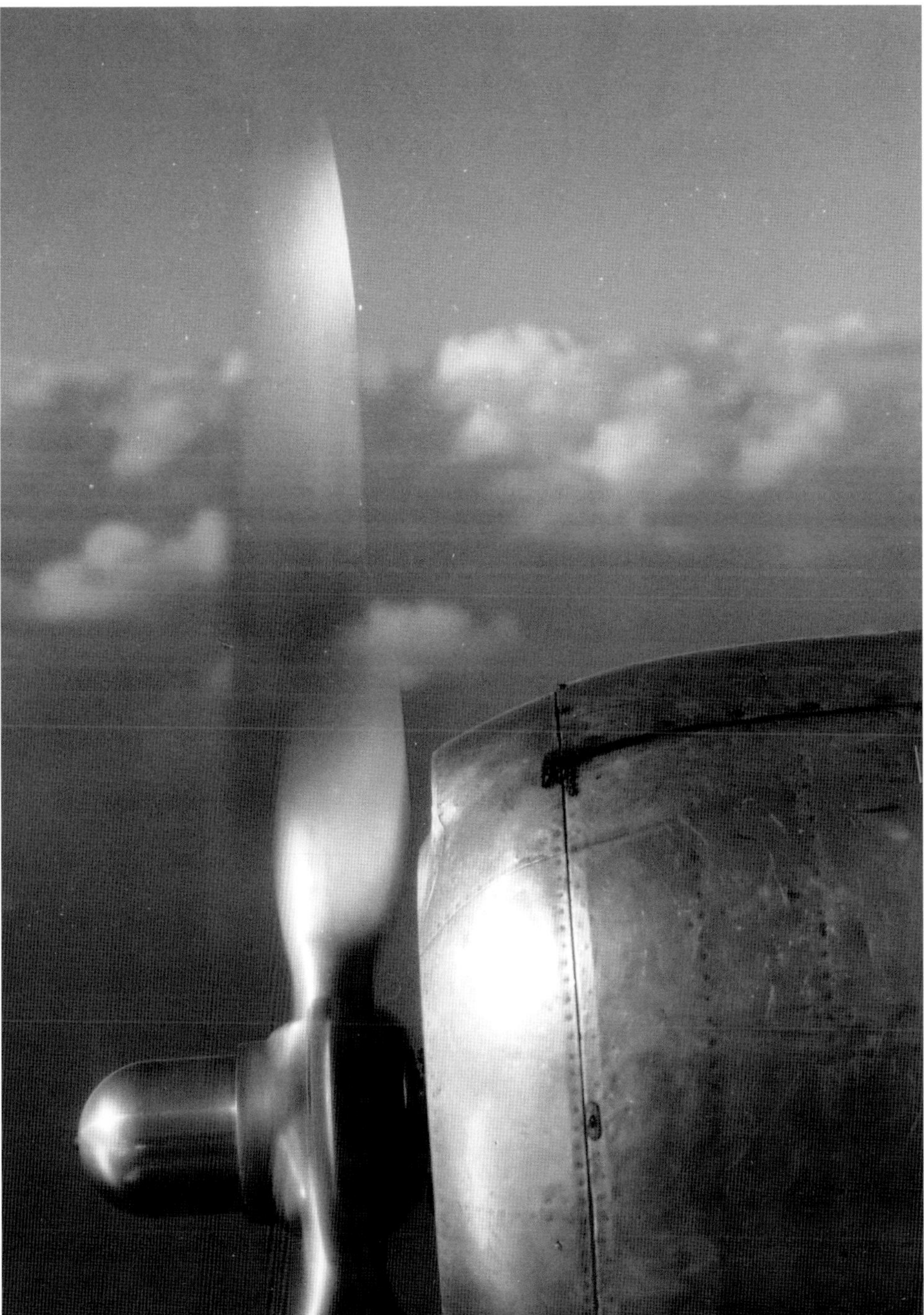

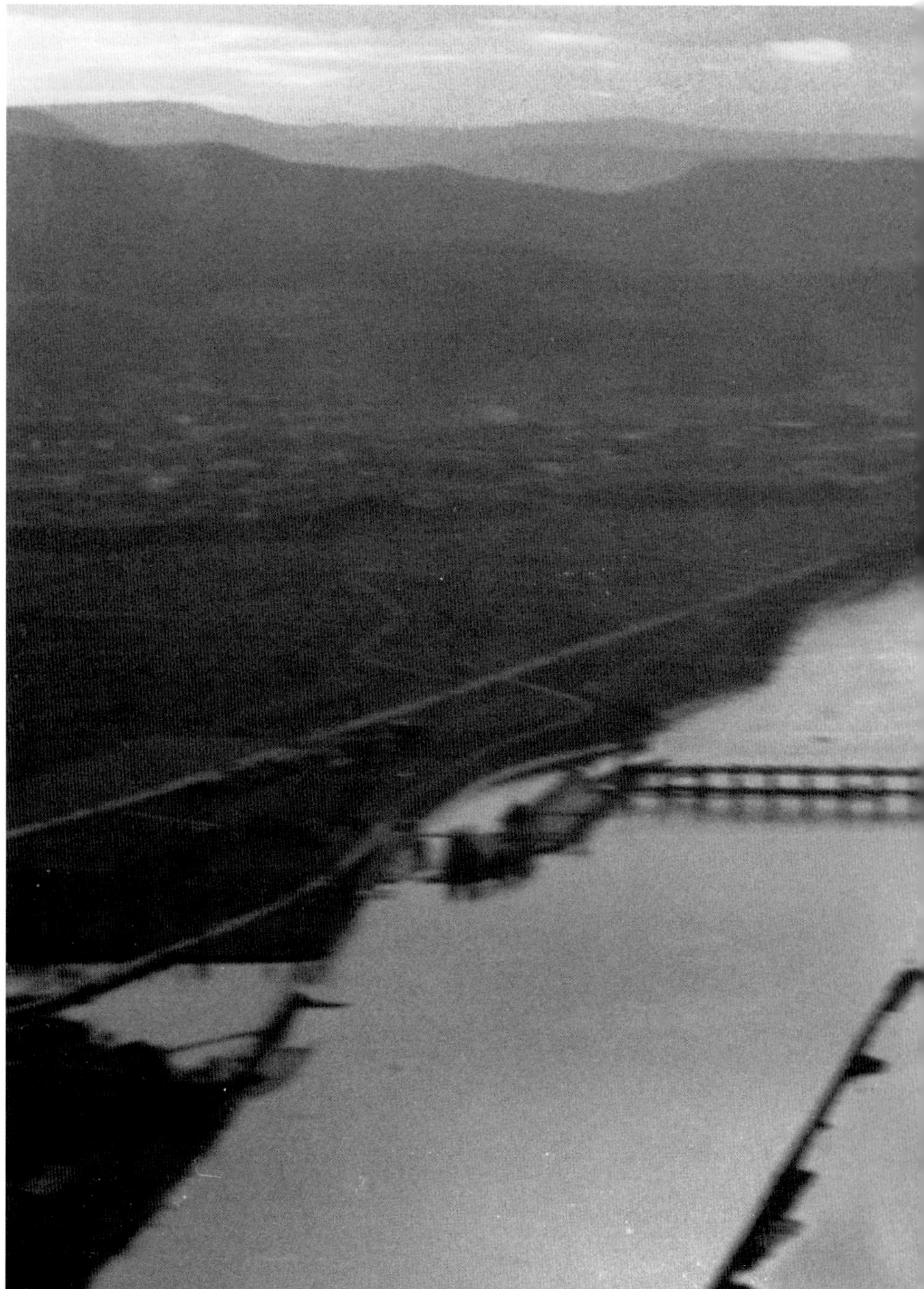

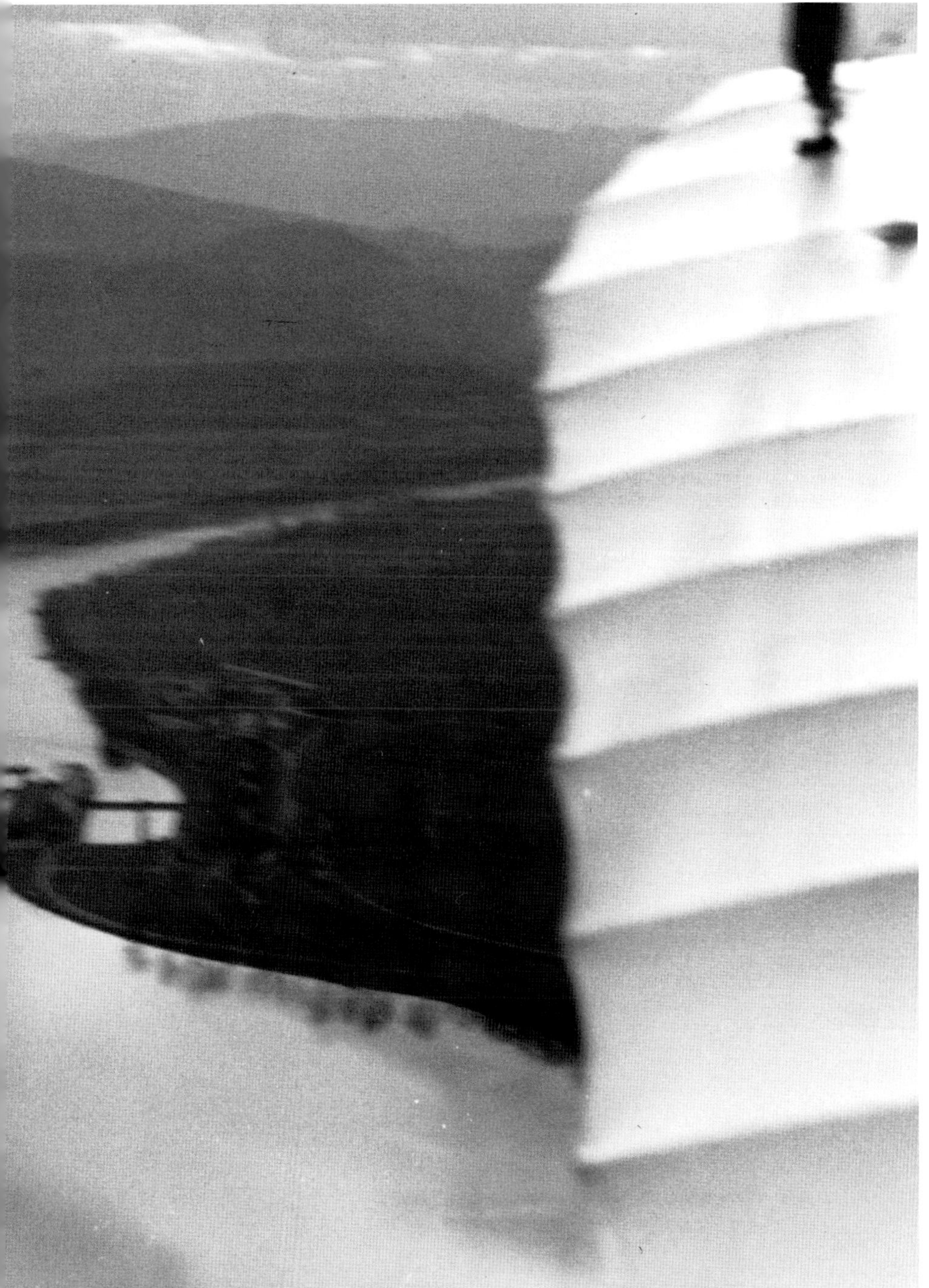

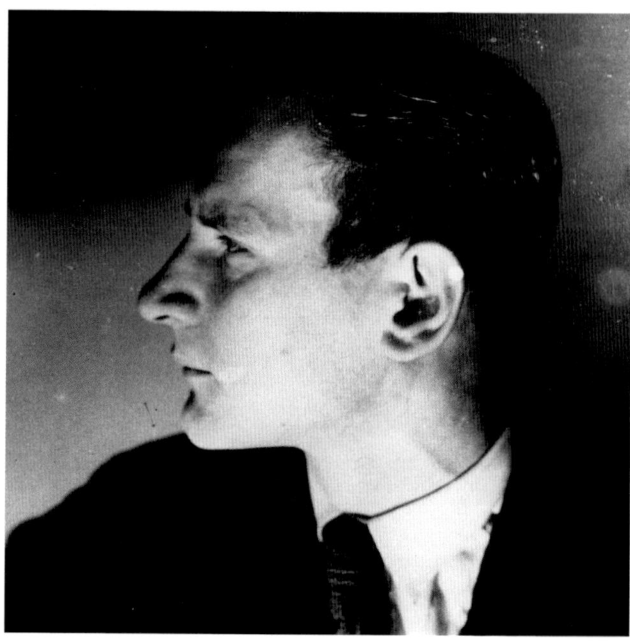

Am 18. Juni 1906 in Gelsenkirchen geboren, studierte Anton
Stankowski – nach Lehre und Gesellenjahren als Dekorations-
und Kirchenmaler – ab 1927 an der Folkwangschule in Essen
bei Max Burchartz. Neben Grafik und Typografie wurde hier
bereits Fotografie unterrichtet. Mit Burchartz und der Agentur
Canis entstanden in seinen Studienjahren die ersten visuellen
Erscheinungsbilder und frühe „Funktionelle Grafik".

1929 siedelte Stankowski nach Zürich über, arbeitete dort im
renommierten Reklameatelier von Max Dalang. Hier entwickelte
er mit seiner neuen foto- und typografischen Auffassung die
„konstruktive Grafik". Die Züricher Freunde Richard P. Lohse,
Heiri Steiner, Hans Neuburg sowie Coray, Fischli, Matter,
Heiniger, Loewensberg, Bill und andere bildeten einen kulturel-
len Kreis. In diesen Jahren vervollständigte Stankowski die
berühmte „Gestaltungslehre", in der er grundlegende Ausdrucks-
formen erarbeitete.
1934 musste Stankowski nach Entziehung der offiziellen Arbeits-
erlaubnis die Schweiz verlassen und gelangte über einen
Aufenthalt in Lörrach 1938 nach Stuttgart, wo er als selbstständiger
Grafiker arbeitete. 1940 wurde er Soldat und geriet bis 1948 in
Kriegsgefangenschaft.
Zurückgekehrt arbeitete er als Schriftleiter, Grafiker und Fotograf für die „Stuttgarter Illustrierte".

1951 gründete Stankowski auf dem Killesberg ein eigenes
grafisches Atelier. Mit Baumeister, Bense, Cantz, Eiermann,
Mia Seeger und anderen entstand ein neuer kultureller Kreis.
Er unterrichtete in Ulm an der Hochschule für Gestaltung.
Die Arbeiten im Grafik-Design für IBM, SEL etc., besonders
die „funktionelle Grafik", haben beispielhaften Charakter.
In den sechziger Jahren entstand das heute legendäre
„Berlin-Layout", das visuelle Erscheinungsbild der Stadt; die
Wortmarken IDUNA und VIESSMANN.
1969 – 1972 war Anton Stankowski Vorsitzender des Ausschus-
ses für Visuelle Gestaltung der Münchner Olympiade.
1972 tritt Karl Duschek in das Grafische Atelier ein, das er seit
1975 leitet.
In den siebziger Jahren entstanden so berühmte Zeichen wie
für die Deutsche Bank, die Münchener Rück Versicherungen,
REWE und den Olympischen Kongress Baden-Baden.
Mittlerweile sind eine Vielzahl weiterer Marken bzw. visueller
Erscheinungsbilder entwickelt worden.

Für Anton Stankowski gab es keine Trennung zwischen freier
und angewandter Kunst. Viele seiner fotografischen und
malerischen Werke flossen in seine gebrauchsgrafische Arbeit
ein.

Ab Mitte der siebziger Jahre wandte er sich dann zunehmend
der Malerei zu. Das bildnerische Werk weist von den späten
zwanziger Jahren bis in die heutige Zeit eine Kontinuität
der konstruktiv-konkreten Kunst auf. Ebenso zeigt die Aus-
stellungstätigkeit ab 1928 in den Bereichen Grafik, Malerei
und Fotografie den gleichen Weg.

1976 verlieh ihm das Land Baden-Württemberg eine Professur,
darüber hinaus erhielt Anton Stankowski, der als Pionier des
Grafik-Designs gilt, unzählige Preise und Ehrungen, zuletzt 1991
den Molfenter-Preis der Stadt Stuttgart.
1983 gründete Anton Stankowski die gemeinnützige Stankowski-
Stiftung, die alle zwei Jahre Personen und Institutionen
auszeichnet, die die Trennung von freier und angewandter
Kunst und Gestaltung überbrücken. So wie Stankowski selbst.
Im Dezember 1998 erhielt Anton Stankowski den Harry Graf
Kessler Preis, den Ehrenpreis des Deutschen Künstlerbundes,
für sein Lebenswerk.
Anton Stankowski starb am 11. Dezember 1998 in Esslingen
am Neckar.

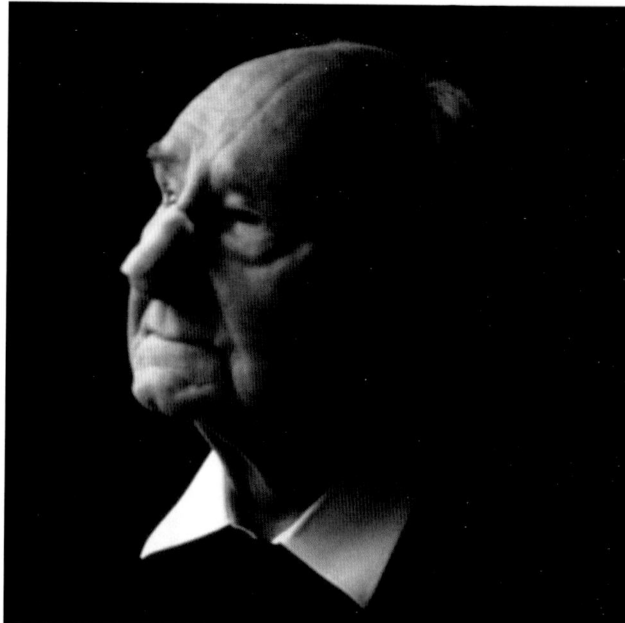

Born on June 18, 1906, in Gelsenkirchen, Anton Stankowski completed an apprenticeship as a decorative and church painter and enrolled at the Folkwangschule in Essen in 1927 under Max Burchartz. In addition to graphic arts and typography, photography had already been incorporated into the school's curriculum by that time. Stankowski created the first of his visual images and early "functional graphic art" as a student in collaboration with Burchartz and the Canis Agency.

In 1929, Stankowski moved to Zurich, where he worked at Max Dalang's renowned advertising studio. It was here that he developed "constructive graphic art" through an innovative approach to photography and typography. His Zurich friends Richard P. Lohse, Heiri Steiner, Hans Neuburg, and Coray, Fischli, Matter, Heiniger, Loewensberg, Bill, and others formed a cultural circle. During these years, Stankowski completed his famous "Theory of Design," in which he developed essential forms of expression.

In 1934, Stankowski's residence permit was rescinded and he was forced to leave Switzerland. After a stay in Lörrach, he arrived in Stuttgart in 1938, where he worked as a freelance graphic designer. He entered military service in 1940 and was captured and confined as a prisoner of war until 1948.

Following his return, he worked as a typographer, graphic
designer, and photographer for the "Stuttgarter Illustrierte."

In 1951, Stankowski established his own studio on the Killesberg
in Stuttgart and joined a newly emerging cultural circle
comprised of Baumeister, Bense, Cantz, Eiermann, Mia Seeger,
and others. He taught at the Hochschule für Gestaltung in Ulm.
His work in graphic design for such firms as IBM and SEL, and
particularly his "Functional Graphic Art," are of exemplary character. The now legendary "Berlin Layout" — the visual image of
the city — and the IDUNA and VIESSMANN logos were created
during the sixties.
From 1969 to 1972, Anton Stankowski served as Chairman of
the Visual Design Committee for the Olympic Games in Munich.
Karl Duschek joined the graphic design studio in 1972 and
became its director in 1975.
During the seventies, a number of now famous symbols were
created, including the logos for the Deutsche Bank, the
Münchener Rück insurance company, REWE, and the Olympic
Conference of Baden-Baden. Numerous other trademarks and
visual images have been developed since.

Anton Stankowski recognized no distinction between pure and
applied art. Many of his photographs and paintings have been
integrated into commercial graphic works.

Stankowski turned his attention increasingly to painting beginning in the mid-seventies. His creative visual oeuvre represents
a continuous progression of constructive-concrete art from the
late twenties to the present. His exhibition activities in the fields
of graphic art, painting, and photography have followed the
same course since 1928.

In 1976, he was awarded the title of professor by the state of
Baden-Württemberg, and Anton Stankowski, who is now re-
garded as a pioneer of graphic design, has also earned
numerous honors and awards, including most recently the
Molfenter Prize given by the city of Stuttgart.
In 1983, Anton Stankowski founded the Stankowski-Stiftung,
a non-profit foundation that honors institutions and individuals
who have contributed to bridging the gap between pure and
applied art and design — as Stankowski himself has done —
with an award presented every two years.
In December 1998, Anton Stankowski was awarded the Harry-
Graf-Kessler Prize presented by the Deutscher Künstlerbund for
his lifetime achievement.
Anton Stankowski died in Esslingen/Neckar on
December 11, 1998.

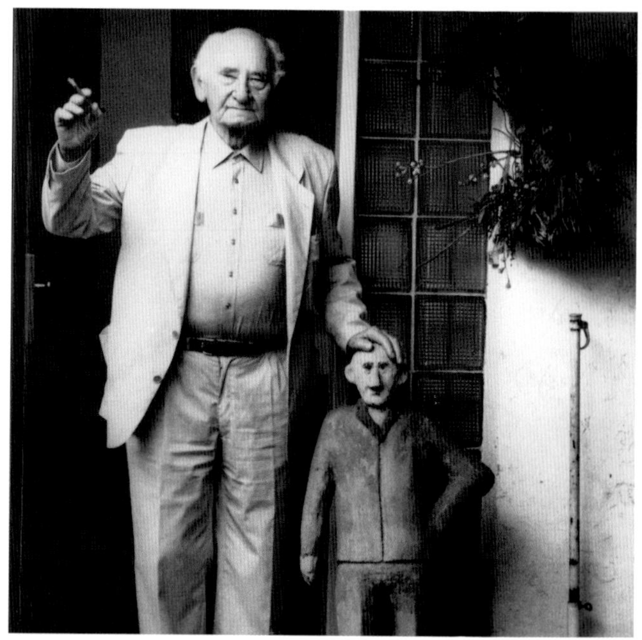

Né le 18 juin 1906 à Gelsenkirchen, Anton Stankowski suit
d'abord un apprentissage de peintre et décorateur d'églises,
pour ensuite, à partir de 1927, fréquenter les cours de Max
Burchartz à la Folkwangschule de Essen. A l'époque déjà, on y
enseignait, outre le graphisme et la typographie, également la
photographie. Dès cette époque, il travaille avec Burchartz
et l'agence Canis à des chartes graphiques et à ses premiers
exemples de «graphisme fonctionnel».

En 1929 Stankowski s'installe à Zurich pour travailler dans le
célèbre atelier de publicité de Max Dalang. C'est dans ce cadre
qu'il développe, à partir d'une conception nouvelle de la
photographie et de la typographie, sa ligne de «graphisme
constructif» tandis qu'autour de ses amis zurichois Richard P.
Lohse, Heiri Steiner, Hans Neuburg ainsi que Coray, Fischli,
Matter, Heiniger, Loewensberg, Bill et d'autres se constitue un
véritable cercle culturel. C'est également à ce moment-là que
Stankowski complète et achève sa célèbre «Théorie du design»
dans laquelle il élabore des formes fondamentales d'expression.
En 1934 Stankowski se voit retirer son permis de travail officiel;
il doit quitter la Suisse, et après un séjour à Lörrach, il s'installe
à son compte comme graphiste à Stuttgart en 1938. Il est
appelé sous les drapeaux en 1940, puis fait prisonnier en 1948.

A son retour il travaille d'abord pour le «Stuttgarter Illustrierte»
comme typographe, graphiste et photographe, avant de fonder
à Stuttgart (Killesberg) en 1951 son propre atelier de graphisme.
Il enseigne à Ulm à la Hochschule für Gestaltung tandis que se
forme autour de Baumeister, Bense, Cantz, Eiermann, Mia Seeger
et d'autres un nouveau cercle culturel stuttgartois.
Les identités visuelles qu'il réalise notamment pour IBM et SEL,
ainsi que son «graphisme fonctionnel» sont exemplaires de sa
pratique. Dans les années soixante on lui doit l'identité visuelle,
aujourd'hui légendaire, de la ville de Berlin, ainsi que les
logotypes typographiques des marques IDUNA et VIESSMANN.
Entre 1969 et 1972 Anton Stankowski est président du Comité
chargé de la charte graphique des Jeux Olympiques de Munich.
En 1972 Karl Duschek intègre l'atelier de graphisme de
Stankowski qu'il dirige depuis 1975.
Les célèbres logos de la Deutsche Bank, de la compagnie
d'assurances Münchener Rück, de REWE et du Congrès
Olympique de Baden-Baden ainsi qu'un grand nombre d'autres
lignes graphiques et identités visuelles sont réalisés dans le
courant des années soixante-dix.

Pour Anton Stankowski il n'y avait pas de séparation entre les
Beaux-arts et les arts dits appliqués. Beaucoup de ses travaux
de photographie ou de peinture sont indissociables de son
travail de graphiste.

A partir du milieu des années soixante-dix il se tourne de plus en
plus vers la peinture, où son œuvre, de la fin des années vingt
à nos jours, présente la continuité d'un constructivisme concret.
Ses expositions de graphisme, peinture et photographie à partir
de 1928 relèvent de la même démarche.

En 1976 il se voit attribuer par le Land de Baden-Wurtemberg le
titre de professeur, tandis qu'il est également lauréat de
nombreux prix et distinctions pour son travail de pionnier en
matière de graphisme, notamment en 1991 le Molfenter-Preis
de la Ville de Stuttgart.
En 1983 Anton Stankowski crée la Fondation Stankowski, qui
distingue tous les deux ans des personnalités et des institutions
contribuant à réunir les Beaux-arts et les arts appliqués –
comme lui-même avait su le faire.
En décembre 1998 Anton Stankowski recevait pour l'ensemble
de son œuvre le prix Harry-Graf-Kessler de la Fédération alle-
mande des artistes plasticiens.
Anton Stankowski est mort le 11 décembre 1998 à
Esslingen/Neckar.

Bibliografie – Auswahl Fotobücher
Bibliography – Selection of Photography Books
Bibliographie – Sélection de livres de photographie

„Das Werk"
Architektur – freie Kunst – angewandte Kunst
Offizielles Organ des BSA und des SWB
Zürich 1932

„Typografische Monatsblätter"
zur Förderung der Berufsbildung
Schweizerischer Typographenbund Bern (Hrsg.)
Bern 2/1933

„Typografische Monatsblätter"
zur Förderung der Berufsbildung
Schweizerischer Typographenbund Bern (Hrsg.)
Bern 3/1933

„Typografische Monatsblätter"
zur Förderung der Berufsbildung
Schweizerischer Typographenbund Bern (Hrsg.)
Bern 5/1933

„Typografische Monatsblätter"
zur Förderung der Berufsbildung
Schweizerischer Typographenbund Bern (Hrsg.)
Bern 1935

„Welt-Ausstellung der Photographie 1952 Luzern Schweiz"

„Funktion und ihre Darstellung in der Werbegrafik"
Die Sichtbarmachung unsichtbarer Vorgänge
Anton Stankowski
Teufen AR Schweiz 1964

„Neue Grafik New Graphic Design Graphisme actuel"
Internationale Zeitschrift für Grafik und verwandte Gebiete
Zürich 1965

„Die Zwanziger Jahre. Kontraste eines Jahrzehnts"
Kunstgewerbemuseum Zürich
Zürich 1973

„Konkretes von A. Stankowski"
Eugen Gomringer, Günther Wirth
Stuttgart 1974

„Das Experimentelle Photo in Deutschland 1918 – 1940"
Emilio Betonati
München 1978

„DuMont's Lexikon der Fotografie"
Foto-Technik, Foto-Kunst, Foto-Design
Köln 1978

„Film und Foto der zwanziger Jahre"
Ute Eskildsen, Jan-Christopher Horak
Stuttgart 1979

„A. Stankowski"
Eine Auswahl von Fotografien 1927 – 1939/1954
Kunsthaus Zürich Foto-Galerie
Heimerdingen 1979

„La Photographie sous la République de Weimar"
Stuttgart 1980

„Van Deren Coke Avantgarde – Fotografie in Deutschland
1919 – 1939"
München 1982

„Anton Stankowski – Das Gesamtwerk 1925 – 1982"
Stephan von Wiese (Hrsg.)
Stuttgart 1983

„A. Stankowski – Fotografien"
Zeitgeschichte, Sachfotos, Experimente
Eine Auswahl von 1925 – 1955
Stuttgart 1983

„Encyclopédie Internationale des Photographies de 1839
à nos jours"
Michèle Auer, Michel Auer (Hrsg.)
Genève 1985

„Self-Portrait in the Age of Photography"
Erika Billeter (Hrsg.)
Lausanne 1985

„Anton Stankowski – Aspekte des Gesamtwerks"
Volker Rattemeyer (Hrsg.)
Kassel 1986

„Anton Stankowski"
Fritz Seitz
DSL Bank
Bonn 1986

„Photographie Photography Photographie"
1840 – 1940
Stuttgart 1987

„Photogramme"
Sprengel Museum Hannover (Hrsg.)
Hannover 1988

„Fotovision"
Projekt Fotografie nach 150 Jahren
Sprengel Museum Hannover (Hrsg.)
Hannover 1988

„Fotoplakate"
Josef Müller-Brockmann, Karl Wobmann
Aarau 1989

„Anton Stankowski – Fotografien – Photos 1927 – 1962"
Benedikt Taschen
Köln 1990

„Fotografie, Wissenschaft, Neue Technologien –
Facetten der Interaktion"
Landeshauptstadt Düsseldorf (Hrsg.)
Köln 1990

„Das Fotogramm in der Kunst des 20. Jahrhunderts"
Floris M. Neusüss
Köln 1990

„Anton Stankowski – Kunst und Design. Fotografie"
Institut für Auslandsbeziehungen
Stuttgart 1991

„Anton Stankowski – Fotografie"
Ulrike Gauss, Graphische Sammlung
Staatsgalerie Stuttgart
Stuttgart 1991/1992

„Sprung in die Zeit"
Berlin 1992

„Zahlen"
Anton Stankowski
Stuttgart 1992

„Künstler mit der Kamera"
Fotografie als Experiment
Ludwigshafen 1994

„Photographie des 20. Jahrhunderts"
Museum Ludwig Köln
Köln 1996

„Anton Stankowski – Frei und Angewandt 1925 – 1995"
Stefan von Wiese (Hrsg.)
Berlin 1996

„Ellen Auerbach, Anton Stankowski"
Zeitgenossen
München 1997

„Deutsche Fotografie"
Macht eines Mediums 1870 – 1970
Bonn 1997

„Degress of Stillness"
Susanne Lange
Fotografien aus der Sammlung Manfred Heiting
Köln 1998

„Tatsachen"
Fotografien von Anton Stankowski, Willi Moegle, Guido Mangold
Esslingen 1998

„fotofokus"
Susanne Anna, Christina Orr-Cahall (Hrsg.)
Ostfildern-Ruit 2000

„Das zweite Gesicht/The Other Face"
Deutsches Museum München
Cornelia Kemp, Susanne Witzgall
München 2002

„Prestel-Lexikon der Fotografen"
Von den Anfängen 1839 bis zur Gegenwart
Reinhold Mißelbeck (Hrsg.)
München 2002

Herausgeber/Edited by
Stankowski-Stiftung, Stuttgart

Foto Einband/Photo Cover: Anton Stankowski
„Der Fotograf/The Photographer/Le photographe"

Foto Einband-Rückseite/Photo Back Cover:
Frank Kleinbach

Foto Frontispiz/Photo Frontispiece:
Anton Stankowski „Das Negativarchiv"

Foto Seite/Photo page 374:
Anton Stankowski 1928, Archiv Stankowski-Stiftung

Foto Seite/Photo page 376:
Anton Stankowski 1998, von/by Karl Duschek

Foto Seite/Photo page 378:
„2 x Anton" 1986, von/by Stefan Moses

Konzept und Gestaltung/
Concept and Graphic Design:
Stankowski + Duschek
Grafisches Atelier, Stuttgart
Karl Duschek
Mitarbeit/Collaboration:
Ekkehard Beck, Lutz Härer
Beratung/Advising: Markus Hartmann

Übersetzungen/Translations:
Englisch/English: John S. Southard
Französisch/French: Françoise Joly

Reproduktionen/Reproductions:
C + S Repro, Filderstadt

Gesamtherstellung/Production:
Dr. Cantz'sche Druckerei, Ostfildern-Ruit

Erschienen bei/Published by
Hatje Cantz Publishers
Senefelderstraße 12
73760 Ostfildern-Ruit, Germany
Tel. 00 49/7 11/4 40 50
Fax 00 49/7 11/4 40 52 20
www.hatjecantz.de

Distribution in the US:
D.A.P., Distributed Art Publishers, Inc.
155 Avenue of the Americas, Second Floor
USA-New York, N.Y. 10013-1507
Tel. 0 01/2 12/6 27 19 99
Fax 0 01/2 12/6 27 94 84

ISBN 3-7757-1288-7
Printed in Germany